国家社科基金重点项目：
“大时空视域中的中国政治发展道路特色问题研究”
（No:14AZZ001）

为人民谋权利

大时空视域中的中国政治发展道路特色问题研究

乔耀章　巩建青　著

上海三联书店

目　　录

绪论　政界学界相关文件、立项与研究成果

本研究认为要全面深入展开对“大时空视域中的中国政治发展道路特色”问题的研究，就要首先对政界与学界在有关政治发展，中国政治发展，中国特色社会主义政治发展道路问题方面的相关文件与理论研究成果，做出比较全面的考察与分析。只有在比较充分掌握大量相关研究资料的基础上，知晓政界在相关主题方面有哪些认知及其文献，学界曾有过有哪些相关研究课题与相关研究成果。这才有可能为本课题展开比较深入研究提供前提与基础性条件。

一、“中国特色社会主义政治发展道路”问题的提出

一般说来，对中国特色社会主义政治发展道路的开辟或实践探索，要早于“中国特色社会主义政治发展道路”概念的提出与普遍使用。在中国特色社会主义政治发展道路概念提出之前，无论是政界还是学界，几乎同时使用社会主义物质文明建设和社会主

义精神文明建设，简称“两个文明”建设或“两个文明”一起抓。值得注意的是，改革开放初期在“两个文明”正式提出之前，1979 年 6 月，中央宣传部会议上首次提出：“我们要建设高度物质、高度文明、高度民主的现代化国家”[①]。在“三个高度”基础上，党的十二大“两个文明”开始正式出现。党的十二大政治报告中既指出要“把我国建设成为高度文明、高度民主的社会主义国家”，又突出强调“大力推进社会主义物质文明和精神文明的建设”[②]。随着党的十二大把“两个文明”一起抓作为建设社会主义的重要战略方针提出，以及“两个文明”一起抓关涉中国社会主义事业兴衰成败，以至于在一个较长的时段，人们在理论研究、宣传和实践层面上，一直强调物质文明和精神文明“两手抓，两手都要硬”。

然而，在尚未完全达成共识的时段，人们对于社会主义初级阶段能否建设高度的物质文明和高度的精神文明存在着认识上的分歧。在推进“两个文明”建设的进程中，一度出现了一手硬一手软的“跛足”情形或现象。实践中的人们越来越认识到光有物质文明和精神文明建设还不够，政治要素、政治因素或“政治文明”建设同样也不可或缺。于是在此基础上，先后在学界和政界提出经济、政治、文化“三位一体”建设的理念。在继续坚持“两个文明”一起抓的同时，人们逐步提出并使用“政治文明”概念[③]。就事实而言，研究者也以为在使用“政治文明”概念问题上，国内学术界要先于政界十多年。

---

① 新时期党的第一个精神文明建设决议诞生记人民网[EB/OL][2015—2—12] http://dangshi.people.com.cn/n/2015/0212/c85037—26555923.html

② 全面开创社会主义现代化建设的新局面[M].北京：人民出版社，1982：10.

③ 马克思，恩格斯.马克思恩格斯全集：第 42 卷[M].北京：人民出版社，1979：238.早在 1844 年 11 月马克思在《关于现代国家的著作的计划草稿》中就提出“政治文明”。

有学者认为，在学界最早提出“政治文明”概念的是我国著名科学家钱学森先生。钱学森先生早在中国共产党“十二大”召开期间，就以系统论的思维视角，给中央写信，主张应用“三个文明”代替仅仅“两个文明”提法。同样，就课题主持人本身而言，在学习研究宣传党的十二大报告精神过程中，在给当时的本科生上课过程中，也曾提出并初步论证“政治文明”建设问题。1987 年初，课题负责人以“三个文明一起抓”为题，分析论证了物质文明、精神文明、政治文明三个文明建设的相互关系，同时对“政治文明”与“制度文明”的联系与区别进行了辨析。由于当时课题负责人的认知不从众，所以学报编辑把课题负责人论文“三个文明一起抓”改为《论“两个文明”建设》①。

在政界，21 世纪初期党中央也曾多次关注建设社会主义政治文明命题，如“不断促进社会主义物质文明、政治文明和精神文明的协调发展”②。特别是在党的十六大之后，开始以经济、政治、文化“三个文明”协调发展或“三个文明”全面抓或“三个文明”一起抓作为总的发展思路。党的十七大将包含经济、政治、文化、社会建设“四位一体”的中国特色社会主义总体布局写入党的章程；中共十八大又将生态文明建设加入，从此开始以“五位一体”建设，布局中国特色社会主义。党的十八大、十九大以后，我们党对社会主义的认知与实践逐步趋于全面，以全面治理的姿态开始进入社会主义全面建设新时代。

值得注意的是，几乎在政界提出“政治文明”，三个文明协调发展的同时，党中央就开始关注并提出政治发展道路问题。2002 年

---

① 乔耀章. 论“两个文明”建设[J]. 淮阴师专学报，1987(1).

② 江泽民. 江泽民文选：第三卷[M]. 人民出版社，2006：574.

5 月，江泽民同志在中央党校首次提出“政治发展道路”命题。在此基础上，党的十六大第一次系统阐释政治发展道路中必须关注的“党的领导、人民当家作主与依法治国”三命题的有机联系[①]。

2003 年，党中央把推进社会主义政治文明建设与推进中国特色政治发展道路联系起来共同思考。党的十六届二中全会强调，“推进社会主义政治文明建设……要坚持走中国特色的政治发展道路。”2004 年全国人民代表大会成立 50 周年座谈会提出，要“坚持中国特色社会主义政治发展道路，绝不照搬西方政治制度模式”。至此，“中国特色社会主义政治发展道路”正式进入党和国家政治话语体系。2007 年 10 月，党的十七大第一次比较系统地对中国特色社会主义政治发展道路的基本内涵做了科学界定。[②] 随后，十七届二中全会、中国共产党成立 90 周年大会、党的十八大等重要政治节点，“中国特色社会主义政治发展道路”更加频繁出现在党的政治文献之中。2012 年 11 月 8 日召开中国共产党第十八次全国代表大会，胡锦涛同志在政治报告中指出：“中国特色社会主义政治发展道路是团结亿万人民共同奋斗的正确道路。”

在党的十八届一中全会上，习近平同志明确表示：“我们要继续发展社会主义民主政治……走中国特色社会主义政治发展道路。”[③]随后，习近平同志在《在首都各界纪念现行宪法公布施行

---

① 江泽民. 全面建设小康社会开创中国特色社会主义事业新局面[M]. 北京：人民出版社，2002.

② 江泽民指出“坚定不移地发展中国特色社会主义民主政治，要坚持中国特色社会主义政治发展道路，坚持党的领导、人民当家作主、依法治国有机统一，坚持和完善人民代表大会制度、中国共产党领导的多党合作和政治协商制度、民族区域自治制度以及基层群众自治制度，不断推进社会主义政治制度自我完善和发展。”

③ 习近平. 全面贯彻落实党的十八大精神要突出抓好六个方面工作[N]. 人民日报，2013—01—01(001).

30 周年大会上的讲话》、《全面贯彻落实党的十八大精神要突出抓好六个方面工作》、《在庆祝全国人民代表大会成立 60 周年大会上的讲话》、《在庆祝中国共产党成立 95 周年大会上的讲话》、《决胜全面建成小康社会　夺取新时代中国特色社会主义伟大胜利》、《在纪念马克思诞辰 200 周年大会上的讲话》、《在庆祝改革开放 40 周年大会上的讲话》等系列政治讲话中进一步全面阐述中国特色社会主义政治发展道路，指出“中国特色社会主义政治发展，为实现最广泛的人民民主确立了正确方向”[①]，有利于实现党的领导、人民当家作主、依法治国有机统一，有利于保证人民民主、党和国家活力与人民积极性等多重政治发展目标，发展社会主义政治文明。习近平同志强调坚定不移走中国特色社会主义政治发展道路，能够实现“更加广泛、更加充分、更加健全的人民民主”[②]。习近平同志还总结从古至今政治发展实践的正反两方面经验，指出中国特色社会主义政治发展道路，是近代以来中国历史、理论与实践逻辑的必然结果，是党的本质属性、根本宗旨的必然要求[③]，“古今中外，由于政治发展道路选择错误而导致社会动荡、国家分裂、人亡政息的例子比比皆是”，作为发展中大国的中国，务必要坚持正确的政治发展道路，“是关系根本、关系全局的重大问题”[④]。“要毫不动摇走中国特色社会主义政治发

---

① 习近平. 在首都各界纪念现行宪法公布施行 30 周年大会上的讲话[N]. 人民日报，2012—12—05(002).

② 习近平. 全面贯彻落实党的十八大精神要突出抓好六个方面工作[N]. 人民日报，2013—01—01(001).

③ 习近平. 决胜全面建成小康社会夺取新时代中国特色社会主义伟大胜利[N]. 人民日报，2017—10—28(001).

④ 习近平. 在庆祝全国人民代表大会成立 60 周年大会上的讲话[N]. 人民日报，2014—09—06(002).

展道路……扩大人民群众有序政治参与，保证人民广泛参加国家治理和社会治理”①，实现更加切实、更有成效地人民民主②，“保证人民当家作主落实到国家政治生活和社会生活之中，形成生动活泼、安定团结的政治局面”③。习近平同志还强调，正因为改革开放 40 年来，随着“人民民主的内容更加丰富、渠道更加便捷、形式更加多样”④，人民民主的活力才更加得以体现。

从以上党的相关文献可见，提出和使用“政治文明”、“政治发展”这两个概念在时序上尽管有些许的差别，但总体上几乎同时体现。政治文明和政治发展就其内在本质是一致的。政治文明一般指人类在历史发展过程中创造的政治成果和取得的政治进步的总和⑤，是政治的一种进步状态。而政治发展一般是指政治变迁的过程与结果，即政治发展是政治形态不断从低级走向高级的总体性过程及其结果。从演变形式看，政治发展主要是政治革命和政治改革两种基本形式交替作用的过程。⑥ 我国改革开放以来，立足于建设中国特色社会主义，政治发展主要通过政治改革形式实现。虽然政治文明和政治发展所展示的本质、形式和侧重点有所不同，政治文明侧重于如何建设，而政治发展则侧重于如何发展及选择什么样的发展方向和发展道路，但无论是政治文明建设还是

---

① 习近平．在庆祝中国共产党成立 95 周年大会上的讲话[N]．人民日报，2016—07—02(002)．

② 习近平．在纪念马克思诞辰 200 周年大会上的讲话[N]．人民日报，2018—05—05(002)．

③ 习近平．决胜全面建成小康社会夺取新时代中国特色社会主义伟大胜利[N]．人民日报，2017—10—28(001)．

④ 习近平．在庆祝改革开放 40 周年大会上的讲话[N]．人民日报，2018—12—19(002)．

⑤ 王邦佐等．政治学辞典[M]．上海：上海辞书出版社，2009：8．

⑥ 乔耀章．略论作为社会主义定向的政治发展[J]．江苏社会科学，2002(2)．

政治发展方向和道路的选择或坚持，都是指政治处于动态的正在进行时之中。中国特色社会主义政治文明进步状态，只有通过坚持不懈地走中国特色社会主义政治发展道路才能得到充分的彰显。正是从这个意义上说，中国特色社会主义政治发展道路是中国特色社会主义政治文明建设的同义语或另一种发展性的表达法。

二、关于政治发展相关主题的国家社科基金立项情况

伴随改革开放以来政治文明、政治发展相关主题的出现，国家哲学社会科学基金委员会先后组织了多批国家社科基金相关研究项目。经过对 1993 年以来国家社科基金立项项目，与本课题最为相近的政治发展、政治文明研究主题的统计分析，其政治发展立项成果总共为 69 项、政治文明立项成果为 29 项。其中政治发展立项成果中，立项最早的项目主要有中国社会科学院张志荣的“东盟国家政治发展模式比较研究”(1992)、郑州大学汪恩键的“社会主义市场经济条件下河南及中国中部农村政治发展研究”(1994)以及华中师范大学王克安的“中国农村社区经济结构与政治发展若干模式之比较研究”(1994)。学者王彩波、李元书、程竹汝、刘世华分别有两项政治发展研究成果被国家社科基金立项。在国家社科基金的资助培育下，同时也涌现出了聂运麟、丛日云、卓越、王彩波、胡伟、关海庭、李景治、程同顺、蔡拓、燕继荣、邓名奋、周淑真、何显明、韩冬雪、辛向阳、宋俭、虞崇胜、佟德志、秦国民、马斌、葛荃、谭融等主要学者。

其中重大项目有4项，宋俭的中国特色社会主义政治发展道路研究(2011)；王彩波的“中国特色社会主义政治发展道路的理论阐释与实践路径研究”(2012)、山东大学葛荃教授的“中国传统政治文化与坚持走中国特色社会主义政治发展道路研究”(2013)、南开大学谭融的“非西方国家政治发展道路研究”(2015)等4个重大项目，其立项时间分别为2011、2012、2013和2015年。按学科分类为：马列科社1项；政治学3项。在这4个重大项目中，前两项侧重于研究中国特色社会主义政治发展道路的内涵与外延，理论与实践路径。第3个重大项目侧重于历史与现实，研究中国特色社会主义政治发展道路与中国自身历史传统文化的关系。第4个重大项目侧重于比较的视角，研究不同于西方国家政治发展道路问题，中国的政治发展道路则属于非西方国家的政治发展道路。重点项目主要有陈纯柱的“中国特色社会主义政治发展道路研究”(2011)、佟德志的“恩格斯合力论与当代中国民主政治发展研究”(2012)、虞崇胜的“中国特色社会主义政治发展道路的理论、路径与机制研究”(2012)、牟成文的“中国特色社会主义政治发展道路研究”(2012)以及本课题研究(2014)等。5个重点项目立项的时间分别为2011、2012、2014年。其中2012年比较集中有3项。按学科分类为：马列科社2项；政治学3项。在这5个重点项目中，第1、4项的学科分类和项目名称两个都一致，侧重于政治发展道路研究。第2项侧重于民主政治发展研究。第3项侧重于政治发展道路的理论、路径与机制的研究。第5项即本课题研究则侧重于大时空视域中的政治发展道路特色问题研究。这9项关于政治发展道路的研究显示出了不同的问题聚焦点和逻辑思维进路。此外，学者秦国民、辛向阳等还针对战略机遇期中国特色社会主义政治发展道路运行机制、马克思主义民主集中制思想与当代中国政治发展等问题做了多角度的课题分析。

经过对69个立项成果关键词的词频分析统计，研究统计得出政治、政治发展、中国、中国政治发展、政治发展道路、道路、特色、民主、社会主义、香港、路径、发展中国、改革、民主政治发展、农村、模式、香港政治发展、结构、思想、开放、政党等为立项课题所关涉的主要关键词。为使研究进一步精细化，研究把已有课题研究主题归纳为中国政治发展、政治发展道路、政治发展特色、政治发展民主目标、社会主义政治发展、区域政治发展（中国香港与台湾地区）、政治发展路径、改革与政治发展、政治发展模式、政治发展结构、政治发展思想、政治发展与开放、政治发展与政党政治等方面。具体以倒时序列表如表绪-1所示：

表绪-1　以政治发展为题的国家社科基金项目立项一览表

序号	项目批准号	项目类别	项目名称	项目负责人	工作单位	立项时间
1	18BZZ005	一般项目	社会主要矛盾转换条件下中国政治发展的生活政治路径研究	张敏	东南大学	2018/6/21
2	18CZZ040	青年项目	中央全面管治权与香港民主政治发展的相互支持关系研究	郝诗楠	上海外国语大学	2018/6/21
3	17CZZ001	青年项目	国家治理视野下的政治发展问题研究	张勇	中共中央党校	2017/6/30
4	16FZZ006	后期资助项目	结构分化与政治体系的发展进路——阿尔蒙德政治发展理论研究	钟冬生	浙江理工大学	2016/9/20
5	16BKS033	一般项目	中国特色社会主义政治发展道路认同问题研究	刘世华	东北师范大学	2016/6/30

（续表）

序号	项目批准号	项目类别	项目名称	项目负责人	工作单位	立项时间
6	15ZDA033	重大项目	非西方国家政治发展道路研究	谭融	南开大学	2015/7/31
7	15FZZ004	后期资助项目	社会变革中的福利政治发展研究	郑青	赣南师范学院	2015/7/2
8	15BGJ009	一般项目	外部势力影响香港政治发展的途径及对策研究	尤安山	上海社会科学院	2015/6/16
9	15BGJ040	一般项目	俄罗斯政党政治发展态势及其趋向研究	臧秀玲	山东大学	2015/6/16
10	15BKS074	一般项目	当代中俄政治发展道路比较研究	陶林	南京中医药大学	2015/6/16
11	15BZZ005	一般项目	比较政治学视角下东南亚国家政治发展中的族际整合研究	赵海英	河北师范大学	2015/6/16
12	14AZZ001	重点项目	大时空视域中的中国政治发展道路特色问题研究	课题负责人乔耀章	课题负责人所在单位苏州大学	2014/6/15
13	13&ZD008	重大项目	中国传统政治文化与坚持走中国特色社会主义政治发展道路研究	葛荃	山东大学	2013/7/1
14	13CZZ058	青年项目	中美“立国原则”与政治发展道路比较研究	刘晨光	中共中央党校	
15	13CGJ040	青年项目	美国“民主援助”对中亚政治发展的影响及我国对策研究	马斌	复旦大学	2013/6/10
16	13CZZ020	青年项目	政治发展视野中的当代领导干部特点研究	焦连志	上海电力学院	2013/6/10

（续表）

序号	项目批准号	项目类别	项目名称	项目负责人	工作单位	立项时间
17	13XSS003	西部项目	伊斯兰教与现代中东国家政治发展关系研究	慈志刚	内蒙古民族大学	2013/6/10
18	13BZZ003	一般项目	战略机遇期中国特色社会主义政治发展道路运行机制研究	秦国民	郑州大学	2013/6/10
19	12&ZD058	重大项目	中国特色社会主义政治发展道路的理论阐释与实践路径研究	王彩波	吉林大学	2012/9/1
20	12AZD032	重点项目	中国特色社会主义政治发展道路研究	牟成文	华中师范大学	2012/8/20
21	12AZZ001	重点项目	中国特色社会主义政治发展道路的理论、路径与机制研究	虞崇胜	武汉大学	2012/5/14
22	12AZZ005	重点项目	恩格斯合力论与当代中国民主政治发展研究	佟德志	天津师范大学	2012/5/14
23	12BGJ027	一般项目	北非阿拉伯国家政治发展研究	贺鉴	湘潭大学	2012/5/14
24	12BKS008	一般项目	马克思恩格斯民主思想与当代中国政治发展研究	王中汝	中共中央党校	2012/5/14
25	12BKS021	一般项目	科学发展观统领少数民族政治发展的路径和机制研究	李乐为	吉首大学	2012/5/14
26	12BZZ029	一般项目	近三十年台湾政治发展研究	王英津	中国人民大学	2012/5/14

（续表）

序号	项目批准号	项目类别	项目名称	项目负责人	工作单位	立项时间
27	12CZZ031	青年项目	香港政治发展研究	沈本秋	广州大学	2012/5/14
28	11&ZD071	重大项目	中国特色社会主义政治发展道路研究	宋俭	武汉大学	2011/10/1
29	11AZD041	重点项目	中国特色社会主义政治发展道路研究	陈纯柱	重庆邮电大学	2011/10/1
30	11BZZ036	一般项目	香港政治发展跟踪研究	陈丽君	中山大学	2011/7/1
31	11XSS004	西部项目	当代阿拉伯什叶派政治发展研究	李福泉	西北大学	2011/7/1
32	10BKS027	一般项目	马克思主义民主集中制思想与当代中国政治发展研究	辛向阳	中国社会科学院	2010/6/17
33	09BKS019	一般项目	当代中国政治发展中的民主风险问题研究	刘世华	东北师范大学	2009/6/4
34	08BKS029	一般项目	治理民主与中国民主政治发展的路径选择—基于沿海地区地方政府创新实践的经验研究	何显明	中共浙江省委党校	2008/6/4
35	08BZZ002	一般项目	改革开放三十年来中国政治发展的模式研究	韩冬雪	清华大学	2008/6/4
36	08BZZ003	一般项目	改革开放以来中国特色农村政治发展模式的选择与优化研究	季丽新	山东工商学院	2008/6/4
37	08BZZ004	一般项目	改革开放以来中国政治发展模式研究	程竹汝	上海市委党校	2008/6/4

（续表）

序号	项目批准号	项目类别	项目名称	项目负责人	工作单位	立项时间
38	08BZZ011	一般项目	三十年来中俄政治改革与政治发展比较研究	王立新	南京师范大学	2008/6/4
39	08BZZ017	一般项目	香港的政党演进与政治发展研究	朱世海	中央社会主义学院	2008/6/4
40	08CKS009	青年项目	改革开放以来农村民主政治发展研究	戴玉琴	扬州大学	2008/6/4
41	07BZZ011	一般项目	坚持“一国两制”与香港政治发展研究	张定淮	深圳大学	2007/6/4
42	07CZZ004	青年项目	我国民主政治发展的路径和战略研究	邓名奋	国家行政学院	2007/6/4
43	06BZZ009	一般项目	比较视野中的政党政治与当代中国政治发展	周淑真	中国人民大学	2006/7/1
44	06XZZ001	西部项目	科学发展观与西北民族政治发展研究	姚万禄	甘肃政法学院	2006/6/20
45	05BSS008	一般项目	印度八十年代末以来的政治发展新格局研究	林承节	北京大学	2005/5/18
46	04XZZ006	西部项目	边疆民族地区政治发展指标体系研究	肖飒	云南省社会科学院	2004/11/22
47	04BZZ006	一般项目	经济全球化与中国政治发展	蔡拓	中国政法大学	2004/5/9
48	04BZZ007	一般项目	中国政治发展及转型战略研究	燕继荣	北京大学	2004/5/9
49	04CZZ004	青年项目	妇女参政与政治发展	宋少鹏	中国人民大学	2004/5/9

（续表）

序号	项目批准号	项目类别	项目名称	项目负责人	工作单位	立项时间
50	02BZZ028	一般项目	我国社会阶层结构的变化与政治发展研究	李元书	黑龙江省社会科学院	2002/7/1
51	02CZZ012	青年项目	中国农民的组织化与农村政治发展	程同顺	南开大学	2002/7/1
52	01BZZ020	一般项目	江泽民“三个代表”思想与政治发展研究——以世界社会主义运动的历史经验和教训为例证	孔凡君	北京大学	2001/7/1
53	00BKS004	一般项目	一国两制与香港回归后的政治发展	孟庆顺	中山大学	2000/7/1
54	00BZZ003	一般项目	邓小平理论与21世纪中国政治发展研究	李景治	中国人民大学	2000/7/1
55	99BKS012	一般项目	邓小平政治发展思想研究	李贺林	北京市社科院	1999/7/1
56	99BZZ007	一般项目	中国政治发展中的司法结构研究	程竹汝	山西师范大学	1999/7/1
57	98BZZ002	一般项目	当代中国社会阶层和利益格局变化与政治发展和稳定问题研究	王彩波	吉林大学	1998/5/1
58	97BZZ001	一般项目	发展中国家的政治发展研究	胡伟	复旦大学	1997/4/15
59	97BZZ002	一般项目	当代中国和俄罗斯政治发展特点的比较研究	关海庭	北京大学	1997/4/15
60	97CSS002	青年项目	工业化进程中的德意志帝国政治发展研究	邢来顺	华中师范大学	1997/4/15

（续表）

序号	项目批准号	项目类别	项目名称	项目负责人	工作单位	立项时间
61	97CZZ003	青年项目	云南乡村政治发展研究	李敬	云南民族学院	1997/4/15
62	96BKS013	一般项目	政治体制改革：政治发展与政治稳定	聂运麟	华中师范大学	1996/7/1
63	96BZZ011	一般项目	政治发展研究	李元书	黑龙江省社会科学院	1996/7/1
64	96BZZ013	一般项目	西方政治文化的冲击与发展中国家的政治发展	丛日云	辽宁师范大学	1996/7/1
65	96BZZ014	一般项目	九十年代东南亚国家政治发展研究	卓越	厦门大学	1996/7/1
66	96CZZ005	青年项目	发展中国家政治发展与人权保障问题研究	韩大元	中国人民大学	1996/7/1
67	94BZZ006	一般项目	中国农村社区经济结构与政治发展若干模式之比较研究	王克安	华中师范大学	1994/7/1
68	94BZZ007	一般项目	社会主义市场经济条件下河南及中国中部农村政治发展研究	汪恩键	郑州大学	1994/7/1
69	92BZZ008	一般项目	东盟国家政治发展模式比较研究	张志荣	中国社会科学院	1992/10/25

其中政治文明的立项成果总共为29项，其中重大项目有两项，分别为原武汉大学虞崇胜的《全面建设小康社会阶段政治文明建设研究》（2004）与中国社会科学院夏勇的《社会主义政治文明建设与依法治国》（2004）。重点项目有五项，分别为清华大学万俊人教授的《政治文明的哲学基础与政治实践：理念、制度、行为》

(2005)、金太军教授的《社会主义政治文明建设与中国特色权力监督机制研究》(2005)、武汉大学李龙教授的《政治文明与法治国家》(2003)、国家行政学院许耀桐教授的《社会主义政治文明研究》(2003)、云南大学周平教授的《边疆多民族地区政治文明建设的条件、任务和途径》(2003)。在国家社科基金的资助下，涌现出一批政治文明研究的重要学者佟德志、颜德如、葛荃、龙太江、丛日云、孙晓春、王岩、颜佳华等。

经过对主题为政治文明的国家立项成果的关键词词频分析，发现其主要围绕政治、政治文明建设、社会主义、民主、法治、民族、政治文明实践、制度等核心关键词展开研究。经过对课题研究方向的精细化考察，发现国内学者在研究政治发展与政治文明理论问题方面，存在着深度的理论交叉。政治发展所涉及的核心学者、核心命题、核心关键词与政治文明研究存在较强的一致性。特别是研究政治发展与政治文明的核心学者(如葛荃、虞崇胜、佟德志等)，具有较大的交叉性与重叠性。关于政治文明研究主题方面的国家社科基金立项项目情况，具体如表绪-2所示：

表绪-2　以政治文明为题的国家社科基金项目立项一览表

序号	项目批准号	项目类别	项目名称	项目负责人	工作单位
1	04&ZD016	重大项目	全面建设小康社会阶段政治文明建设研究	虞崇胜	武汉大学
2	04&ZD019	重大项目	社会主义政治文明建设与依法治国	夏勇	中国社会科学院
3	05AZZ001	重点项目	“政治文明”的哲学基础与政治实践：理念、制度、行为	万俊人	清华大学
4	05AZZ002	重点项目	社会主义政治文明建设与中国特色权力监督机制研究	金太军	南京师范大学

（续表）

序号	项目批准号	项目类别	项目名称	项目负责人	工作单位
5	03AFX001	重点项目	政治文明与法治国家	李龙	武汉大学
6	03AKS004	重点项目	社会主义政治文明研究	许耀桐	国家行政学院政治学教研部
7	03AZZ001	重点项目	边疆多民族地区政治文明建设的条件、任务和途径	周平	云南大学政治系
8	09BKS031	一般项目	政治文明视域下中国政党制度的理论构建与实践创新研究	刘诚	扬州大学社会发展学院
9	06BFX003	一般项目	司法公正与政治文明的互动关系研究	董茂云	复旦大学法学院
10	05BKS005	一般项目	毛泽东民主政治思想与当代中国政治文明建设研究	颜佳华	湘潭大学毛泽东思想研究中心
11	05BZZ002	一般项目	政治文明进程中的程序化建设研究	赵振宇	华中科技大学新闻与信息传播学院
12	04BFX001	一般项目	政治文明建设法治化战略与对策研究	汪习根	武汉大学法学院
13	04BKS014	一般项目	政治文明建设中公民有序政治参与研究	魏星河	中共江西省委党校科学社会主义教研部
14	04BKS015	一般项目	我国社会主义政治文明建设的特殊规律研究	庄锡福	华侨大学人文社会科学系

（续表）

序号	项目批准号	项目类别	项目名称	项目负责人	工作单位
15	04BKS016	一般项目	社会主义政治文明与统一战线研究	王继宣	中央社会主义学院统战理论教研部
16	04BZZ002	一般项目	中国传统的道义理念与当代政治文明建设	孙晓春	吉林大学行政学院
17	04BZZ003	一般项目	西方近现代政治哲学流派批判与当代中国政治文明建设	王岩	中国矿业大学文学与法政学院
18	04BZZ004	一般项目	公民道德与政治文明研究	武经伟	云南大学《思想战线》编辑部
19	04BZZ014	一般项目	选举制度建设在社会主义民主和政治文明建设中的基础作用研究	袁达毅	中共北京市委党校政治学教研部
20	03BFX007	一般项目	政治文明与法治研究——边疆民族地区的政治文明与法治建设	张晓辉	云南大学法学院
21	03BZZ002	一般项目	传统政治文明与现代政治文明关系模式比较研究	丛日云	中国政法大学
22	03BZZ003	一般项目	中国传统政治文明的形成与特点研究	姚礼明	北京大学政府管理学院
23	03BZZ004	一般项目	当代中国社会政治意识与政治文明建构	葛荃	南开大学法政学院政治学系
24	03BZZ005	一般项目	西方政治文明中的政治妥协研究	龙太江	华中科技大学

（续表）

序号	项目批准号	项目类别	项目名称	项目负责人	工作单位
25	04XZZ001	西部项目	边疆多民族地区农村社会主义民主与政治文明建设研究	赵丽珍	云南民族大学政治学系
26	16CZS032	青年项目	“丝绸之路”与女真政治文明研究	孙昊	中国社会科学院
27	06CZZ001	青年项目	宪政民主与西方政治文明的内在矛盾	佟德志	天津师范大学政治与行政学院
28	04CZZ003	青年项目	中国传统政治文明及其转型研究	颜德如	吉林大学行政学院
29	03CKS002	青年项目	社会主义物质文明、政治文明和精神文明协调发展研究	王勤	中共中央党校哲学教研部

通过对政治发展与政治文明立项课题的考察分析，总体上，从学理渊源角度分析，政治文明与政治发展研究具有极强的学理一致性。国家社科基金已有立项成果，从各个层面展示了国内政治发展学者所主要关涉的研究主题、分析论域以及不同时期的研究侧重点。为进一步细化对“大时空视域中的中国政治发展道路特色”研究，研究拟对研究论域“中国特色社会主义政治发展道路特色”以及最核心关键词“政治发展”给予国内外学术述评。

三、相关研究成果述评

美国学者奥尔森在《权利与繁荣》中指出“许多研究者都有一

种本能的张力……有些文章的观点即使是正确的，但是他们几乎也不是随便就去相信和接受的……伟大的科学家也是一直在寻找可以产生科学发现突破点的领域，可以产生更有说服力的看法”①。奥尔森的理论概括警醒研究者在研究过程中，对前人研究成果的述评与分析，其主要目的不是单纯批判与否定先前学者的论述与观点，而是基于研究本身的冲动性思考，寄希望于通过对前人学术成果的梳理，在“巨人的肩膀上”，继续深化对研究主题的学术认知。

抛去早期政治文明理论研究，就单一的中国特色社会主义政治发展道路理论研究，在2003年前没有相关主题的理论著作。在目前已经查询到的近340本中文著作中，也仅有5本著作在2006年前使用“中国特色社会主义政治发展道路”特有话语。查阅中国知网所涉及的8700余篇相关文献，2003年前仅有9篇文献，使用相近话语表达；2006年前也仅有134篇期刊文献使用相近话语。查阅中文学位论文，会议论文，报纸，其结果也总体一致。从2006年以后，“中国特色社会主义政治发展道路”理论研究，迅速成为学术界所热捧的对象。粗略计算，2006年以来，有期刊论文8700余篇，中文硕博论文1000余篇，中文会议论文近300篇，报纸近8000篇。另外，在研究过程中，基于对已有研究综述的分析能更快捷的知晓研究领域的学术布局，我们对此命题的研究综述成果也做了相应考察，发现有10篇相关研究文献。这些文献总体上对“中国特色社会主义政治发展道路”命题从内涵、原则、特点与发展路径等方面做了总体描述。且这些研究综述方面的文献，基本上

① [美]曼瑟·奥尔森.权力与繁荣[M].苏长和，嵇飞，译.上海：上海人民出版社，2014：17.

是基于对现有期刊文献与著作文献的总结。

在“中国特色社会主义政治发展道路研究”期刊文献方面，影响较大的学者有张献生、施雪华、虞崇胜、俞可平、包心鉴、辛向阳与张明军等。张献生从西方协商民主的视角出发，认为在实践中国特色社会主义政治发展道路的过程中，应当充分利用西方协商民主所提供的协商精神。[①] 施雪华认为我国在追寻政治发展道路过程中，要坚持与借鉴好的经验，如坚持执政党和政府的权威性、组织化和制度化领导；在尊重基本国情的前提下走渐进式政治发展道路等[②]，同时对一些经验教训要深刻反省，如政治与经济的失衡发展带来政治衰败；激进式、运动式政治变革带来政治社会灾难等。施雪华主张社会主义政治发展中没有民主的效率和没有效率的民主都是不可持续的发展目标，动员型公民政治参与和无规则公民政治参与都阻碍我国政治发展。[③] 虞崇胜认为新中国成立以来，我国逐步走出了一条具有中国特色的社会主义政治发展道路。成功的政治发展既表现为政治发展表层的政治制度和政治体制的文明化，更同时表现为深层次的政治社会和政治思想、政治文化的文明化。[④] 包心鉴强调要在适应时代新变化、实践新要求和人民新期待的基础上，拓展中国特色社会主义政治发展道路。[⑤] 张明

---

① 张献生，吴茜. 西方协商民主理论与我国社会主义民主政治[J]. 中国特色社会主义研究，2006(4)：65.

② 施雪华，曹胜. 新中国60年政治发展的基本经验[J]. 天津社会科学，2011(01)：66.

③ 施雪华等. 新中国政治发展的主要教训与未来走向[J]. 社会科学研究，2012(01)：62.

④ 虞崇胜. 透视中国政治发展的深层逻辑[J]. 云南行政学院学报，2016，18(04)：83.

⑤ 包心鉴. 政治体制改革：历史的经验和现实的选择[J]. 山东社会科学，2009(01).

军等认为政治发展脱离不了经济社会发展的现实基础。[①] 闫小波认为近代以来，我国政治发展道路经历了两次转轨（19 世纪末和 20 世纪 70 年代末），“对抗”与“和解”是两次转轨最重要的特质。对包括国家道路等在内的制度构建应当依托于政治遗产、国家规模、经济发展状况、国家所处历史方位等四个方面的考察[②]。

在“中国特色社会主义政治发展道路”研究著作方面，李良栋以民主的共性与个性视角为切入点，认为任何国家发展民主的道路都是在坚持人类民主的共性的基础的同时，受本民族和国家的客观实际，即国情所制约，并在此基础上形成自己国家的政治发展道路。中国特色社会主义民主政治发展道路的理论基点在于中国特色社会主义初级阶段的基本国情。[③] 李君如从基本构架、走势、特点等多方面阐释“中国特色社会主义政治发展道路”。辛向阳等从中国特色社会主义政治发展道路的形成历史过程、根本政治制度、基本政治制度、全面推进依法治国坚持推进政治体制改革等方面对其做了全景式的描述。宋俭从制度篇、实践篇与改革篇入手，指出重视人民民主是社会主义的生命，应当立即启动政治体制改革。杨雪冬、陈家刚等认为民主政治是人类政治文明的共同成果，民主是近代振兴中华历程中的现代国家建构目标。我们中国共产党人以往奋斗实践的目标中包含着民主，在当今时代，推进社会主义民主政治建设仍然是我党奋斗不渝的目标所在。还有诸多学者，对此问题进行了深入的研究。

---

① 张明军，陈朋. 中国特色社会主义政治发展的实践前提与创新逻辑[J]. 中国社会科学，2014(05)：38.

② 闫小波. 从对抗到和解：中国政治发展道路的两次转轨[J]. 江苏社会科学，2009(03)：100.

③ 李良栋. 中国特色社会主义民主政治发展道路研究[M]. 中共中央党校出版社，2013：15.

以上所列举的相关研究成果，具有一定的代表性，基本上反映出目前我国学术界关于“中国特色社会主义政治发展道路”问题研究的现状以及所能达到的水准，这些研究成为我们进一步深入研究中国特色社会主义政治发展道路问题的重要文献来源和思想理论基础。我们以为针对“中国特色社会主义政治发展道路”命题研究的思路还应当广阔得多，还未被学者研究穷尽。基于此，我们把研究述评论域扩展到更为广阔的政治学核心关键词政治发展方面。研究也认为，基于中国政治发展道路特色问题研究与政治发展本身存在互耦包含关系，“大时空视域中的政治发展道路特色问题研究”离不开对政治发展本身国内外相关研究成果的分析述评。基于此，本研究着重对国内外学者们关于政治发展的相关研究做一详尽概括。

关于政治发展主题的研究述评，主要立足于通过对国内外相关文献的学术梳理，对其研究主题的研究历程与研究成果的现状做初步的合规律性分析。

（一）关于政治发展的国内研究述评

据笔者考证，在我国较早以“政治发展”为题的相关学术文献出现在民国时期。查询全国报刊索引数据库（上图晚清和民国期刊全文数据库）发现，1920 年陈茹玄发表《德意志独裁政治发展之基础》是较早以政治发展为题的学术性文献。① 此后，1932 年王成祖先生在厦门大学作《英日二岛国政治发展之地理背景：二十一年十月廿四日大学部纪念周讲》②，从政治地理学的视角对

① 陈茹玄.德意志独裁政治发展之基础[J].政学丛刊，1920(3)：65—78.

② 王成组等.英日二岛国政治发展之地理背景：二十一年十月廿四日大学部纪念周讲[J].厦大周刊，1932(7)：1—2.

英国与日本政治地理做了学理方面的介绍。进入 20 世纪 30 年代后期以后，关于以政治发展为主题的学术成果雨后春笋般出现，如胡景襄的著作《德意志独裁政治发展史》(1935)；张印堂发表《蒙古政治发展之地理障碍》①、会謇发表《中国古代社会政治发展的阶级》②。在此期间，学术影响较大的成果还有钱俊瑞在 1938 年分别发表《论政治发展之路·之一》与《论政治发展之路·之二》两篇文章。钱俊瑞强调中国政治发展必须基于经济独立性，通过民族经济的独立自主发展，民族生产力的茁壮发展，全国合作运动的发展，才能最终促进民族革命的政治发展。③ 张仲实在《一年来国内政治发展的总结》中指出，“抗战”爆发以后，我国初步实现了全国团结统一、民众运动的初步发展、抗战建国纲领的制度制定、初步民意机关的建立、政府行政结构的初步简单化等政治发展状况。④ 1938 年与 1939 年林清发表《原始政治发展理论之检讨》，对“父权说”以及“国家契约说”两种国家起源说，进行了有力批判，认为“社会之一切变化，乃以人类及其集团之利己的感情为最根本原因，利害关系一致则结合，利害关系对立则分散”⑤。进入 20 世纪 40 年代以后，我国政治发展研究有更多学术成果出现。周木斋出版了《中国近代政治发展史》(1941)，系统性的从“揭起资产阶级革命序幕的太平天国革命到

---

① 张印堂. 蒙古政治发展之地理障碍[J]. 西北导报，1936(3)：13—16.

② 会謇. 历史栏：中国古代社会政治发展的阶级(2613)[J]. 史地社会论文摘要月刊，1937(10)：2.

③ 钱俊瑞. 论政治发展之路(一)[J]. 国民公论(汉口)，1938(1)：6—7；钱俊瑞. 论政治发展之路(二)[J]. 国民公论(汉口)，1938(2)：6—8.

④ 张仲实. 一年来国内政治发展的总结[J]. 半月文摘(汉口)，1938(1)：9—10.

⑤ 林清. 原始政治发展理论之检讨(待续)[J]. 近代杂志，1938(9)：9—13；林清. 原始政治发展理论之检讨(续)[J]. 近代杂志，1939(10)：16—21.

新民主革命新发展的抗战建国”等十一个章节对中国近代政治发展史进行了梳理[①]。楼正华在《我国民主政治发展之特质》中指出：各国政治制度是历史的产物，历史前进的过程中原有制度就会显得相对滞后。楼正华亦强调各国民主政治发展虽形式各有特色，但真正民主政治不仅仅是“堂皇的装潢，仅仅为部分甚而为少数人谋利益，而主要是为全体人民谋福利”；“民主政治发展，不仅仅是要实现民治，而且还有实现民有、民享的境遇”[②]。此外，20 世纪 40 年代前期，其他有代表性的研究成果还有柳湜的《论政治发展的规律性》等。《论政治发展的规律性》对我国政治发展的趋势做了前瞻性审思。[③] 史飞对鸦片战争到民国百年中国政治发展的历史轨迹进行总结，指出实现真正代表人民意志的宪政以及执行宪政机构的国民代表大会，才是中国政治的历史发展趋势。[④] 此外，此时期与之相关的其他研究成果还主要有 1944 年龚德柏发表的《日本最近的政治发展》[⑤]与方国瑜发表的《云南政治发展之大势》[⑥]等。

特别需要指出的是，1945 年民国国学大师钱穆先生发表著名的《建国信望》一文。《建国信望》结合中国传统文化与政治现实实践，对建国前的我国政治发展前景做了集中经典式概括。钱穆先生主张新中国的政治发展，其方向必定是民主政治，但此民主政治，绝非英美式、亦或苏维埃式或其他任何国家的民主政治。中国

---

① 周木斋. 中国近代政治发展史[M]. 一般书店，1941：目录.

② 楼正华. 我国民主政治发展之特质[J]. 改进，1940(1)：31—33.

③ 柳湜. 论政治发展的规律性[J]. 改进，1940(2)：67—70.

④ 史非. 中国政治的正途：鸦片战争百年来中国政治发展的历史轨迹及未来展望[J]. 四十年代(上海)，1940(创刊号)：7—9.

⑤ 龚德柏. 日本最近的政治发展[J]. 国是，1944(5)：12—15.

⑥ 方国瑜. 云南政治发展之大势[J]. 边政公论，1944(2)：17—19.

式的民主政治必然显现为中国文化圈的特有属性，且这种民主政治，将为一种“王道”政治而非霸术政治，也就是基于“全民”政治，“政民一体”，而非政民敌立的霸道政治。钱穆强调“政民一体”的王道政治集中表现为：人民直接组织政府；政府直接代表人民。人民对政府，无所用其监视；政府对民众，亦无所用其争取。政府以人民为体，人民以政府为用，“体”“用”只是一个。并不谓人民乃政府之主人；政府乃人民之公仆，主仆判成两体。王道政治确保了政民一体的“尚理”“和协”而非政民敌立、斗争的尚力政治。[①] 临近建国，学者陈柏心进一步指明《中国政治发展的途径》，指出中国政治发展必须奠基于国家统一的前提基础之上，然后通过社会改造彻底实现民治。政治制度的设计应当以促进民主为根本，强化行政效率与立法。[②]

建国以后，特别是改革开放以来，我国政治学者对政治发展理论做了多角度富有成效的研究，因此，我国政治发展研究也逐步走上了稳健快速的发展轨道。为更好地展示建国以来，特别是改革开放以来的政治发展研究进程，笔者以中国知网数据库为例，对建国以来我国政治发展研究做了全景式的分析考察。据统计，截至2018年11月1日。以【检索条件：(题名＝政治发展)(精确匹配)：哲学与人文科学，社会科学Ⅰ辑，社会科学Ⅱ辑，经济与管理科学；数据库：文献跨库检索】为检索方式，中国知网期刊数据库共有以政治发展为题目的中文文献总数3405篇。国内政治发展(包括学术期刊、硕博士学位论文、报纸在内)研究文献的总体研究年度趋势图如图绪-1所示：

① 钱穆．建国信望[J]．中央周刊，1945(43)：2—5．

② 陈柏心．中国政治发展的途径[J]．清议，1948(10)：19—22．

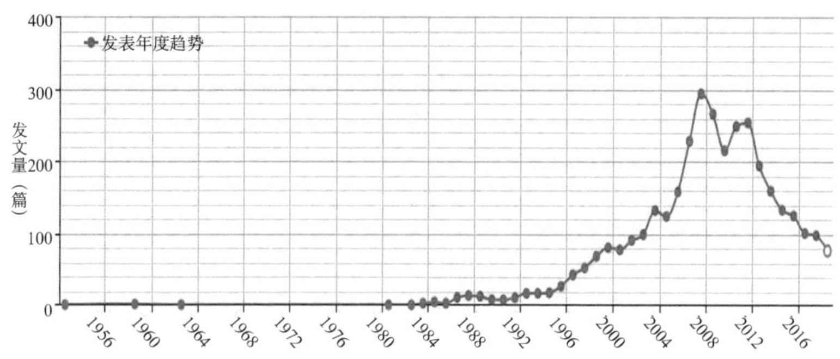

资料来源：通过中国知网数据库自制而成。

图绪-1　国内政治发展研究的年度趋势图

根据图绪-1，从数量上看，建国以来的我国政治发展理论研究，发端于二十世纪五十年代，兴起于政治学重新恢复以后的二十世纪八十年代。进入二十世纪九十年代以后，其研究逐步走向“高原”阶段，2008年前后其主题理论研究出现“高峰”。经过大数据分析，以“政治发展”为题目的3405篇文献中，其排名前40的主要学术关键词图谱如图绪-2所示。

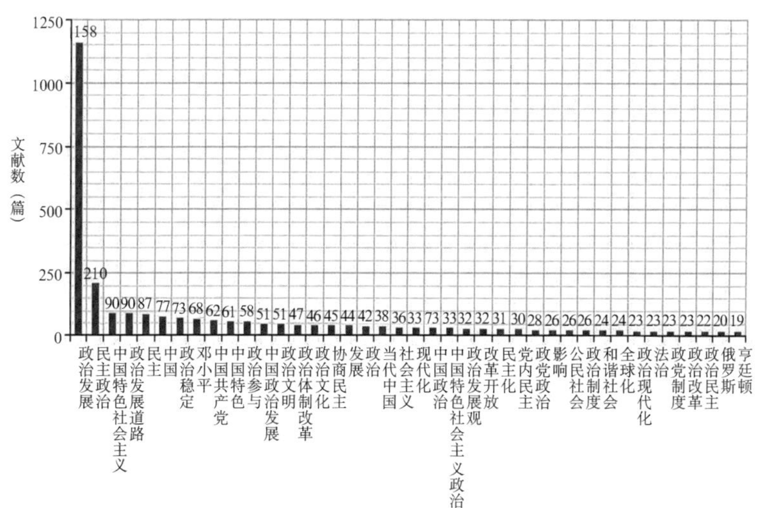

资料来源：通过中国知网数据库自制而成。

图绪-2　政治发展研究领域的主要学术关键词（前40个）

通过图绪-2，政治发展研究领域的主要学术关键词，可以较为明显的看出，学者们所主要关注的政治发展研究问题主要体现在以下几个方面：关注中国共产党领导的中国特色社会主义的政治发展道路；关注政治发展相近的政治文明、政治现代化等学术命题；关注政治发展内在的政治稳定、政治参与、政治民主、政治改革等学术命题；关注政治发展的方式，协商民主、党内民主、法治等。总体而言，在我国研究政治发展，更主要地服务于我国中国特色的社会主义政治发展。

为进一步凝练政治发展的主要学术前沿与理论聚焦点，研究把重心转向对核心学者的学术关注。研究以【检索条件：(题名＝政治发展)(精确匹配)：哲学与人文科学，社会科学Ⅰ辑，社会科学Ⅱ辑，经济与管理科学；数据库：学术期刊单库检索】为检索条件，选取中文文献，被引排序。研究过程中选取了中国知网国内政治发展研究领域被引大于15的194篇期刊文献作为国内政治发展研究的高被引分析文献(截至2018年11月1日)(具体194篇文献见附录一)。这些高被引期刊文献的指标分析图以及论文被引情况如表绪-3所示：

表绪-3　以政治发展为题的194篇高被引论文指标分析表(截至2018年11月)

文献数	总参考数	总被引数	总下载数	篇均参考数	篇均被引数	篇均下载数	下载被引比
194	940	8414	234182	4.85	43.37	1207.12	27.83

资料来源：通过中国知网数据库自制而成。

经过对194篇以政治发展为题的高被引论文的文献统计，发现这些学术文献来源期刊最主要为：《政治学研究》、《天津社会科学》、《学术月刊》、《学习与探索》与《东南亚研究》。其中发表在《政治学研究》的有 14 篇;《天津社会科学》的有 7 篇;《学术月刊》有 4 篇;《学习与探索》有 4 篇;《东南亚研究》有 4 篇。通过 Noteexpress 的作者词频云图分析,这些高被引学术文献中,署名为林尚立的有 11 篇;胡伟的有 4 篇;王子昌的有 4 篇;熊光清的有 4 篇;李景鹏的有 3 篇;杨光斌的有 3 篇;何增科的有 3 篇;燕继荣的有 3 篇;陈明明的有 3 篇;赵虎吉的有 3 篇。以上学者为政治发展主题研究中引用率最高的前十位学者。具体高被引学术文献作者词频云图,见图绪- 3:(通过 Noteexpress 数据分析软件制作而成)

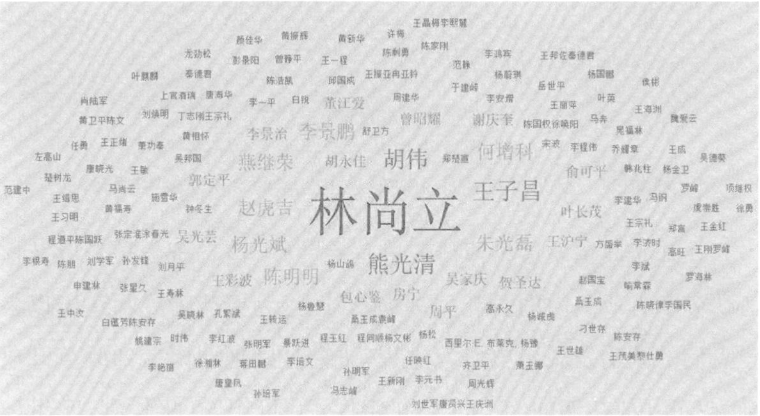

资料来源:通过中国知网数据库自制而成。

图绪- 3　关于政治发展研究领域引用率最高的学术文献作者分布云图

为了更清晰地把握国内政治发展研究的主要学术聚集点,本研究还关注了这些高被引学术文献的共引关键词,并自主绘制了共引关键词图谱,见图绪- 4:

可以发现,关于建国以来“政治发展”研究领域,引用率最高的 194 篇文献及其核心学者,其研究主题的聚焦性更为明显。学者们普遍把政治发展的关注点集中到政治生活、中国政治发展、政治现代化、政治进化、政治制度化、政治改革等问题方面。

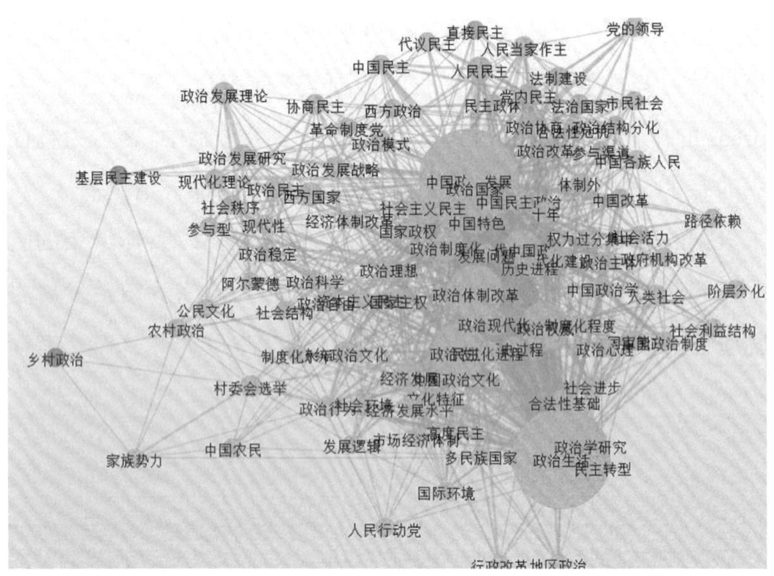

资料来源：通过中国知网数据库自制而成。

图绪-4 引用率最高的194篇学术文献的共引关键词图谱

在知晓政治发展整体研究进程趋势图、核心研究学者以及核心研究学者所关注的研究关键词基础上，为更清晰展示建国以来学者们的政治发展历史研究进程，研究分别把建国后到改革开放前，改革开放初期的20世纪80年代，20世纪90年代到21世纪以来的我国政治发展理论研究划分为以上三个阶段，并尝试性地对这三个阶段予以全景式述评分析，从而为本课题研究，提供政治发展研究视域的主要“学术共同体”与基本理论范式。

建国以后，在我国较早关注政治发展的学者主要有元方等。元方在1953年《世界知识》发表“黎巴嫩最近的政治发展”。20世纪60年代初期《世界知识出版社》翻译出版了新墨西哥大学泛美事务学院《第二次世界大战后拉丁美洲的政治发展》(1961)的研究报告。20世纪70年代，我国台湾政治学者罗志渊、刘家驹与吕亚力等分别撰写了《战后英法德政治发展评论》(1974)、《清初政治发展史论集》(1978)与《政治发展与民主》(1979)等著作。随着改革开放之后,我国大陆"政治学补课阶段"的开启,跟其他人文社会科学学科一样,包括政治发展理论研究的政治学研究领域也先后经历了"拿来主义"到"自我消化"的研究历程。随着国外以及我国台湾地区的政治学理论话语体系传入到我国大陆地区,作为西方政治学学科细分领域的发展政治学也在我国大陆地区"扎根"并迅速成长起来。

就其具体研究进程而言,20 世纪 80 年代初期,较为代表性的研究成果与内容主要有:郭文豹在《民族译丛》译介《部族因素在非洲政治发展中的作用》(1981),杨鲁民在《现代外国哲学社会科学文摘》译介法国巴迪的《"政治发展"的概念及其源流》(1983),对整个西方政治发展的历史脉络进行介绍;学者李凡在《读书》杂志发表《现代化过程中的政治发展》,对亨廷顿的政治发展理论进行系统介绍;王惠岩强调"中国社会主义政治学是关于人民民主专政国家为核心的社会主义国家政治发展规律的科学"(1984)。进入 20 世纪 80 年代中期以后,我国政治学者逐步从政治发展理论的译介阶段过渡到对自身政治发展的审视与研究阶段。其中,学者王燕滨在 1986 年的《政治学研究》发表《中国的现代化与政治发展》,标志着这一过程的正式开启。王燕滨认为现代化是中国近现代史的主线,现代化本身包括政治发展。要在坚持社会主义政治发展道路的前提条件下,促成政治生活的民主化与政治体系的完善化(1986);王沪宁指出革命后社会的政治发展面临的条件各异,采取党政一体化、议行一体化、政经一体化、政法一体化、政社一体化有某种程度的历史阶段必然性(1987);李培华指出政治发展要与政治现代化相结合。我国政治发展要做好政治体制改革的目标、模式与宏观设计的理论准备(1987);高放把政治发展同政治体制改革结合起来，强调要做好集权与分权关系的处理，减少不必要的集权，加强分权(1987)。值得注意的是，在此阶段，学者一方面利用政治发展理论为我国政治现实所服务，另一方面开始对西方政治发展理论给予总体评价，如《西方“政治发展”研究述评》(王涛，1987)、《现代化过程中的政治发展——国外政治发展理论述评》(冯钢，1988)、《政治发展中的民主政治与政治稳定——政治发展理论述评》(吴志华，1988)。竺乾威指出西方政治发展理论，先后经历了以“民主”、“秩序”与“公共政策”等不同导向的研究时期(1987)，我国政治发展理论研究也应当逐步稳步推进。徐勇针对转型期的我国政治发展，主张既要保持权力体系的相对稳定，同时也要想方设法及时消除可能的权力惰性(1989)；李景鹏则对中国改革开放初期利益饥渴与权力缺乏有效监管导致的权力异化给予积极关注，强调要关注公权力私用现象对政治发展的负向作用(1989)；包心鉴主张政治发展过程中要关注社会政治环境与人的政治心理素质或政治意识(1989)；汪玉凯与李德昌等也在各自具体细分研究领域分别出版了学术著作《社会变革与科学进步　近代中国科学与政治发展的历史考察》(汪玉凯，1989)、《巴基斯坦的政治发展 1947—1987》(李德昌，1989)。其中，汪玉凯指出近代我国经历了向西方学习“外壳”到“内核”的过程，并最终推动了我国近代政治发展与演进(汪玉凯，1989)。随着政治发展本土化研究的进一步深入，八十年代末期我国政治学界也随之召开了多场政治学学术研讨会，如“政治文化与政治发展：中国的透视”学术讨论会(上海)、社会主义初级阶段政治发展战略研讨会(北京)，对 80 年代我国政治发展的理论与实践进行了总结与展望。

进入 20 世纪 90 年代，特别是 21 世纪以来，我国政治学者开始更加自觉进行本土化研究，政治发展理论研究进入一个成果井喷的时代。除了80年代已经开始关注政治发展研究的王沪宁、王燕滨、李景鹏、包心鉴、王惠岩、高放、徐勇、竺乾威、汪玉凯、冯钢等学者以外，其他老中青代表学者们都加入到了政治发展研究的行列之中，这些代表性学者主要有：王邦佐、王浦劬、林尚立、桑玉成、周光辉、关海庭、朱光磊、俞可平、许耀桐、杨海蛟、任剑涛、李景治、杨光斌、房宁、虞崇胜、景跃进、黄卫平、何增科、蔡拓、陈明明、胡伟、王松、李元书、谢庆奎、郭定平、周平、孙关宏、金灿荣、张凤阳、萧超然、张贤明、燕继荣、施雪华、周淑真、赵虎吉、张明军、孔繁斌、李良栋、李君如、臧乃康、张占斌、时和兴、王彩波、姚建宗、熊光清、董江爱、程竹汝、李路曲、刘京希、唐皇凤、刘学军、张宏明、吴志良、方盛举、杨仁厚等。可以说，基本上每个关注中国政治现实，立足于理论自觉的政治学者，都会在研究过程中有意无意地关注政治发展理论命题，自觉不自觉地针对中国政治发展实践开展政治发展理论研究。

根据对以上政治发展领域的核心学者以及这些学者所重点关注的政治发展理论问题的学术梳理，本课题研究把此阶段学者们所重点关注的研究成果归结为以下五个方面：政治发展的策略与动力的研究；政治发展的目的与方向的研究；政治发展的影响因素研究；政治发展的实践经验的研究；政治发展理论本身的研究等①。

---

① 应当承认笔者对20世纪90年代以及21世纪以来我国政治发展核心学者观点的归纳分析具有一定的误差。这种误差一方面是由于归纳分析的五个方面目的与方向的研究、策略与动力的研究、影响因素研究、实践经验研究与发展理论本身研究等方面具有一定的研究视野交叉，另一方面也是由于学者们在研究政治发展理论问题方面往往本身涵盖五个方面。且研究难以做到对五个方面单独的精准区隔。论文把学者的研究成果归纳为五个方面只是为了提升研究的精准度，突出学者在政治发展研究领域更为关注的理论命题。

就政治发展的策略与动力的研究方面。张占斌通过对改革开放前多次政治运动的反思，指出改革开放后政治发展要承认不同利益群体的矛盾和冲突，承认政治体制的某些弊端，并通过制度手段加强民主政治建设(1990)；孙关宏指出在处理好经济发展与政治发展的相对平衡关系基础上，进一步强化在政治关系调整、执政党建设、政治管理与调控、民主与法制能力等方面的改革(1996)；张凤阳指出发展中国家政治发展既需要作出适时变革，同时为避免社会震荡，也要借助传统惯性和影响力，增强国民认同与弹性权力结构框架(1996)；王邦佐指出我国政治发展要处理好与政治体制改革的关系，对政治体制、权力结构、运行机制等方面做好有计划的调整(1997)；林尚立指出真理标准讨论是中国政治发展的思想基础。政治发展应在重塑权威、规范权力、重构体制、深化民主和消除腐败等方面进一步努力(1998)；桑玉成指出政治发展应当加强五大运动：健全体制、调整权力、拓展参与、建设文化、开放政治，坚持自主性、主导性、稳定性、渐进性发展的基本发展模式(1998)；李元书指出民族国家建立以后，应当首先关注政治秩序与政府能力，然后再启动公民政治参与。在政府体制选择顺序中应遵循集权主义的政府体制→集权技治主义的政府体制→集权与民主相结合的政府体制→民众主义的政府体制(1998)；蔡拓指出政治发展既要注重人的主观能动性(1996)，推动我国政治发展的政治一体化、制度化和结构化(1996)，也要促成经济发展与政治发展的相互推进，处理好社会主义市场经济的政治参与与政治稳定等多方面的相互关系(1998)；胡伟指出发挥体制内资源，走体制内的党内民主带动国家政治生活的民主化是中国政治发展的理性优先选择(1999)；谢庆奎指出中国政治发展应该符合中国东方文化的神韵特色、政党制度特色以及国家机构分工合作等特色(1999)；周平从我国少数民族政治的特殊性现实出发，对少数民族政治发展，特别是如何实现法律在少数民族地区的有效贯彻执行与保障少数民族的特殊权限的双重效果等进行了有益探索(1997)(1999)；黄卫平等比较了竞争性民主与协商性民主的各自优势，认为以协商民主为主、竞争民主为辅，逐步过渡到以竞争性民主弥补传统政治体制的局部缺失，应是我国民主政治发展的现实选择(2005)；杨光斌指出政治发展过程中要特别注重法治和民主。其中法治侧重解决权力的合理化问题，民主侧重解决权力的大众性问题(2010)；李景治指出在政治发展和政治体制改革中，坚持协商民主并不等于排斥票决民主。我国政治发展既要进一步坚持协商民主，更要完善利用票决民主，把其二者优势充分结合，为我国政治发展服务(2011)；此外，李景治还主张在法治民主基础上，以社会保障为主的社会权利实现应当作为我国政治发展的优先选择(2012)；周淑真指出中国政治发展中，中国共产党不但是现有"国家机器"的最初设计制造者，也是维护、修缮与改进者。作为国家政治主导地位的中国共产党，要适应革命党向执政党的现代政党转型(2012)；陈家喜指出中国政治发展应当坚持渐进主义而非建构主义，通过过程设计与制度优化，实现纸面民主向鲜活民主、文本民主向现实民主的转化，最终为人民政治的真正到来提供基础条件(2014)。

就政治发展的目的与方向的研究方面。萧超然指出近代以来我国政治发展经历了以资本主义到以社会主义为导向的发展历程，在资本主义导向阶段，独立、民主、统一、富强任何目标都未实现，进入到社会主义导向的政治发展阶段以后，多重目标已不同程度实现，故此必须进一步坚持社会主义发展导向(1993)；朱光磊指出改革开放以后，我国政治权力结构，正由一元化的政治权力结构向以党政为核心，有企业家和知识分子等参加的新型权力结构所代替，政治发展具有了新的“生长点”(1994)；时和兴重点关注了国家本身的限度问题，并以此为出发点，寄希望于探寻政治发展进程中国家与社会关系的发展、限度与制度变迁(1996)；周光辉总结了改革开放以来，国家政治发展的十大发展趋势：如从国家与社会的高度一体化到适度分离，政府权力的中央高度集权到央地关系的集权与分权的相互协调，政治权威从神圣转向世俗，权力主体从自律转向注重制度约束等方面(1998)；虞崇胜把政治发展与政治生活的文明化过程联系起来，强调政治文明建设是国家政治发展的优选之路(2003)，40 年来中国政治发展的制度秘笈是可变革制度(2018)；何增科指出中国应当在增量民主的道路上推进民主政治发展。政治发展的战略目标应当是加强政治制度、政治能力与政治文化等方面的建设(2004)；许耀桐同样把民主政治发展与政治文明结合起来，主张实现政府文明、权力配置文明、治道文明与政党文明等(2006)；齐卫平指出坚持选举民主和协商民主相结合的政治发展道路，体现人民当家作主，符合社会主义政治发展现实需要(2008)；杨海蛟针对我国政治发展所面临的实际问题，对社会主义政治文明建设的战略构想、具体部署与具体方案等做了有益探索(2009)；唐皇凤指出改革开放以来，我国政治发展的核心战略在于不断提高我们执政党的调试应对能力，通过意识形态创新，扩大执政社会基础，整合各种合法性资源，政党适应性得以不断提高(2013)；张明军指出我国政治发展应当是自主性与受动性的共同作用。实现中国政治发展应当以最小成本实现最大收益，从而达到最广泛人民民主(2014)；李良栋指出任何国家发展民主道路都是在坚持人类民主共性基础上，根据国情特色做出的选择。中国特色社会主义民主政治发展道路的理论基点主要在于中国特色社会主义初级阶段的基本国情(2014)。

就政治发展的影响因素的研究方面。陈明明指出影响政治发展的主要因素有两个:发展背景与发展取向,要关注政治发展的起点、目标和重点,根据自身国情选择适合自身的政治发展道路(1995),陈明明还指出了文化民族和部族民族的政治发展的首要任务应当是国家建设和民族建设,倘若民主建设、福利建设等“好事一块发生”,可能会加重政治体系的紧张(1996);关海庭既指出“文化大革命”的结束是中国政治发展的一个重要转折点,又指出要始终关注中国政治发展的两大障碍,即“民主虚无主义”与贫富差距(1997);王松指出承认我国社会主义的政治还处在起步阶段,政治发展历史起点较低,并不与社会主义政治远远高于资本主义政治的政治判断相矛盾(1998);俞可平等指出以改革开放为界,中国政治发展经历了从革命到改革,从专政到民主,从集权到分权,从国家到社会等的发展变迁,且造成这一政治变迁的最主要因素是作为核心力量的中国共产党本身的政治变迁(2010)。

就政治发展实践经验的研究方面。郭定平以新加坡的政治发展为典型案例,指出新加坡结合了东亚既有文化土壤,从而成功走出了从权威政治到民主政治的独特发展道路(1991)(1996);金灿荣等对“二战”后美国政治发展的权力分布态势进行考察,强调行政权力、联邦政府与总统权力的扩张是“二战”之后美国政治发展的特点所在(1995);王彩波指出东亚新兴国家的集权政府、权威政治是现代政治发展的内在必要过程(1998);唐贤兴从苏联解体的大背景出发,指出了俄罗斯在不断试错的政治发展过程中,开始不再盲目崇拜西方民主模式,开始把权威主义作为其大国复兴的理性选择(1999);王子昌对东南亚泰国政治发展进行了长时跟踪研究,王子昌认为长时间的以小农主导地位、以保护人——被保护人关系为主要特征的社会结构为泰国军人统治提供了基础;但随着工商集团等新兴势力的逐渐崛起，泰国民主政治发展具有了新的推动力(2002)；房宁经过对亚洲多个国家和地区的考察分析，指出对于那些优先推进社会理想目标的发展中国家，权力集中程度较高，反而有利于其政治发展目标的实现(2014)。就中国政治发展而言，房宁认为近代以来中国的民主政治发展经历了民族自决、人民认同和人民参与三个阶段(2006)；熊光清指出作为“关键节点”的改革开放，使中国政治发展出现了实质性制度变迁，要在进一步强化良性路径依赖，打破恶性路径依赖基础上，实现我国政治的民主、廉洁、稳定与效率的统一(2006)；李路曲等比较了儒家文化圈影响下的新加坡与我国政治发展模式的异同，指出二者政治发展实践过程的区别主要是民族形态与社会形态的政权更替模式以及以群众运动、武装斗争方式取得政权等(2008)；张贤明等对建国以来我国政治发展的主要经验进行了总结，指出与时俱进的指导思想、适合国情的政治制度、独具特色的发展道路是我国取得重大发展进步的关键所在(2009)；施雪华指出改革开放以来，我国采取了自上而下、自下而上和上下相结合的秩序优先型渐进政治发展改革方式(2008)(2009)；任剑涛对20世纪初的孙中山国家建构方案进行审思，认为孙中山建构现代国家的理念，是华人地区真正具有现代性政治构建的初始尝试，实现国家政治发展，要充分吸取孙中山先生建国路线的有益成分(2011)。

就政治发展理论本身的研究方面。王浦劬把政治发展同利益关系基础上的政治权力与政治权利等的变革联系起来，指出政治发展的根本推动力是生产力的发展，其主要形态与方式是质变式的政治革命和量变式的政治改革(1995)；姚建宗对民主政治与法治的理论关系、法治与政治权力、政治权利，公民政治参与等关系问题做了多方面理论阐释与梳理(1998)；燕继荣作为政治发展理论的重要学者，其在《现代政治分析原理》(2004)、《发展政治学　政治发展研究的概念与理论》(2005)、《投资社会资本　政治发展的一种新维度》(2006)等学术著作中，既系统阐释了西方政治发展理论的各类宏观与微观研究派别，同时又从社会资本的角度对政治发展理论进行了学理建构，燕继荣指出有别于西方现代化理论、民主转型理论，政府创新理论或许更能准确反映中国改革开放以来的政治发展(2006)；赵虎吉指出相对于西方发达国家政治发展的合法性呈现出“一元模式”的“自然生长”，后发展国家的合法性则主要呈现二元形态，即本国传统政治价值与外来民主政治价值的二元差异格局，合法性的二元性有可能导致后发国家政治发展理念与实际政治过程的脱节(2004)；孔繁斌指出治理理论使生活政治、低级政治、协商政治和复合政治这些被断裂了的知识重新登场，治理抵抗统治话语的独霸地位，导致以民主自治、公民权利为逻辑起点的政治发展范式开始进化人类政治思维(2005)；景跃进以达尔的《多头政体》以及第三波民主化研究为范本，解析了西方经典民主化理论的内在逻辑结构，认为改革开放以来的我国政治发展有别于西方经典民主化理论，需要理论工作者给予新的理论阐释(2011)；刘京希从政治生态的理论视角出发，指出民主政治比专制集权体制，呈现扁平化的体系结构状态，更加符合我国政治发展的生态化准则(2012)。

在此期间，伴随我国政治发展“高原”与“高峰”时期的到来，学者出版了350余本主题为政治发展的学术著作(包括译介著作)，其代表著作主要如下(按照时间先后顺序)：张占斌的《政治发展与当代中国》(1990)；包心鉴的《社会主义政治发展论》(1990)；萧超然的《中国政治发展与多党合作制度》(1991)；萧超然的《毛泽东政治发展学说概要》(1993)；时和兴的《关系、限度、制度：政治发展过程中的国家》(1996)；蔡拓，吴志成的《市场经济与政治发展》(1998)；姚建宗的《法律与发展研究导论》(1998)；王彩波的《经济起飞与政治发展》(1998)；周平的《政治文化与政治发展》(1999)；程同顺的《当代中国农村政治发展研究》(2000)；李景鹏的《中国政治发展的理论研究纲要》(2000)；马啸原的《边疆少数民族地区政治发展与政治稳定》(2000)；关海庭的《中国近现代政治发展史稿》(2000)；聂应德的《当代中国政治发展论》(2000)；李元书的《政治发展导论》(2001)；程竹汝的《司法改革与政治发展》(2001)；关海庭的《20 世纪中国政治发展史论》(2002)；赵虎吉的《现代化与权威主义：韩国现代政治发展研究》(2003)；俞可平的《全球化与政治发展》(2003)；常士訚的《马赛克文化中的政治发展探索》(2003)；闾小波的《中国近代政治发展史》；郑慧(又名杨海蛟)的《经济全球化与中国政治发展战略》(2003)；杨宏山的《经济全球化与政治发展》(2003)；任军锋的《地域本位与国族认同：美国政治发展中的区域结构分析》(2004)；万高潮，魏明康的《当代中国政治稳定与政治发展》(2004)；朱德米的《经济特区与中国政治发展》(2004)；李路曲的《当代东亚政党政治的发展》(2005)；胡仙芝的《政务公开与政治发展研究》(2005)；燕继荣的《发展政治学》(2005)；杨光斌的《制度的形式与国家的兴衰》(2005)；章开沅，严昌洪的《辛亥革命与中国政治发展》(2005)；刘青，牛可翻译美国学者霍华德·威亚尔达的《新兴国家的政治发展》(2005)；许耀桐，刘昌雄的《政治文明建设与民主政治发展》(2006)；周平的《香港政治发展 1980—2004》(2006)；杨光斌的《制度变迁与国家治理：中国政治发展研究》(2006)；燕继荣的《投资社会资本——政治发展的一种新维度》(2006)；刘京希的《政治生态论：政治发展的生态学考察》(2007)；周淑真，刘先传的《当代政党制度与中国特色政治发展道路》

(2007)；马春文翻译美国学者达龙·阿塞莫格鲁与詹姆士·罗宾逊的《政治发展的经济分析》(2008)；任晓、王元翻译美国学者鲁恂·派伊的《政治发展面面观》(2009)；秦德君编著的《政治设计与政治发展》(2009)；张桂琳等编著的《政治文化传统与政治发展》(2009)；尹保云的《民主与本土文化：韩国威权主义时期的政治发展》(2010)；王彩波的《政治发展模式比较研究》(2010)；吕增奎等的《寻求变革：当代中国政治发展》(2011)；杨光斌的《中国政治发展的战略选择》(2011)；史卫民的《"政策主导型"的渐进式改革》(2011)；刘建军的《创新与修复：政治发展的中国逻辑》(2011)；陈明明等的《中国模式建构与政治发展》(2012)；俞可平的《中国的政治发展：中美学者的视角》(2013)；李良栋的《中国特色社会主义民主政治发展道路研究》(2013)；任剑涛的《除旧布新：中国政治发展侧记》(2014)；王明生的《当代中国政治发展的历史与逻辑》(2014)；辛向阳的《马克思主义民主集中制思想与当代中国政治发展》(2015)；李路曲的《政党政治与政治发展》(2016)；梅荣政等的《中国特色政治发展道路》(2016)；刘捷，李宇娴翻译美国学者霍华德·威亚尔达的《拉丁美洲的政治与发展》(2017)；李元书等的《当代中国社会结构的分化与政治发展研究》(2017)；张树华的《新民主观与全面政治发展》(2018)等①；可以说，这些学术著作所关注的政治发展研究主题，都基本涵盖在此时期前述所论及的核心学者重点关注的五个研究成果方面。限于篇幅，本研究对近 1000 篇政治发展高质量的核心期刊学术文献以及 350 余本政治发展著作，就不再做一一重复介绍。

① 此时期出版的政治发展学术著作成果很多。限于篇幅考量，就主要列举部分有代表性的学术成果。

可以说，无论是民国时期学者们对政治发展的初始关注、还是建国后，特别是改革开放以来我国政治理论学者对政治发展研究的全方位理论关注，都从各个角度、各个方面展示了我国政治发展的总体轮廓，这些都为本课题研究提供了多维度的宝贵学术资源。

（二）关于政治发展的国外研究述评

如果从作为西方现当代政治学的“政治发展”概念使用开始，西方政治发展研究起始于20世纪初。从政治发展的总体研究进程看，1923年初哈佛大学卑尔（Raymond Leslie Buell），就已经从国别研究的角度对日本政治发展给予学理关注。① 20世纪30年代，关于政治发展概念的使用开始大范围的出现在美国政治学界。1932年美国国会文摘（Congressional Digest），就以国会的具体运行情况为例，对美国的政治发展进行了阐述。② 从20世纪30年代中后期以后，政治发展研究主要开始关注落后地区的具体政治发展状况，例如关于巴尔干半岛的政治发展③与关于伊拉克国家的政治发展④等相关主题如雨后春笋般出现。20世纪40年代，西方政治发展的研究还主要围绕落后国家与落后地区的政治发展而

---

① Raymond Leslie Buell. The Recent Aims and Political Development of Japan. By Fujisawa Rikitaro. (The Institute of Politics Publications, Williams College, Williamstown, Mass. New Haven: Yale University Press. 1923. Pp. xi, 222.)[J]. American Political Science Review. 1923, Vol. 17(No. 4): 660—661.

② The Month in Congress—Political Developments. [J]. Congressional Digest. 1932, vol. 11(No. 5): 150.

③ Gordon Gordon-Smith. Political Developments in the Balkans[J]. World Affairs. 1934, Vol. 97(No. 1): 36—38.

④ MacDonald A D. The political developments in'Iraq leading up to the rising in the spring of 1935[J]. Journal of The Royal Central Asian Society, 1936(No. 1): 27.

展开，如对战后直布罗陀海峡地区的政治发展[①]以及北非的政治发展[②]、远东地区中国的政治发展[③]、也门东部哈德拉毛地区的政治发展[④]、苏丹地区的政治发展[⑤]等的研究。总体而言，在 20 世纪 50 年代以前，西方学者的政治发展研究主要有两大特点：一方面主要侧重于对国别与区域问题的研究与思考，另一方面逐步把研究重心从发达国家本身转向对其他发展中国家与地区的关注。

进入 20 世纪 50 年代以后，西方政治发展研究进入繁荣期。20 世纪 60 年代，作为全世界政治学研究重镇的美国，陆续出现政治发展的一批重要学者以及主要学术流派。其中，国内发展政治学主要学者——燕继荣教授就对西方政治发展的多种宏观与微观政治发展理论进行详细的介绍。燕继荣指出西方政治发展兴盛时期，其宏观理论的主要代表学术流派有政治现代化理论、依附理论等，其中最为重要的是政治现代化理论。政治发展微观理论的主要代表性流派有政治发展中的政治参与、政治腐败、政治危机、政治文化、政治制度化、政治稳定与政治民主化理论等。[⑥] 赵虎吉指出西方政治发展理论有社会过程模式、结构功能

---

① Chapter Vii. the Political Development as To the Straits of Gibraltar During and After the War 1914—1918[J]. Nordisk Tidsskrift for International Ret. 1941, Vol. 12(No. 1): 61.

② Political Developments in French North Africa: A Day-to-Day Record[J]. Bulletin of International News. 1942, Vol. 19(No. 26): 1178—1181.

③ N. C. Liu. China's Political Development[J]. Far Eastern Survey. 1943, Vol. 12 (No. 20): 195—198.

④ Harold Ingrams. Political Development in the Hadhramaut[J]. International Affairs. 1945, Vol. 21(No. 2): 236.

⑤ Political Developments in the Anglo-Egyptian Sudan[J]. Africa. 1945, Vol. 15 (No. 4): 207—209.

⑥ 燕继荣. 发展政治学：政治发展研究的概念与理论[M]. 北京：北京大学出版社，2005：2.

主义模式、比较历史主义等。[①] 此时期，研究“高峰”的出现，很重要的标志性事件是“社会科学研究协会比较政治委员会”(1954)的成立，第一任主席是加布里埃尔·阿尔蒙德。在此委员会的学术共同体基础上，60年代初期开始出现一些影响深远的重要理论成果，如阿尔蒙德、派伊、韦纳、科尔曼、拉斯托与布兰克斯坦等共同撰写的《发展中地区的政治》(1960)。其中阿尔蒙德以政治体系的政治结构、政治功能、政治文化与政治社会化等对发展中地区的政治进行细致考察与分析。派伊等充分利用比较政治学的功能研究法，分析了东南亚地区的政治、南亚地区的政治、撒哈拉以南非洲的政治、近东的政治、拉丁美洲的政治。在分析这些地区的政治中，结构——功能主义学者使用了新的研究术语。他们开始倾向于使用“政治体系”，而不再使用“国家”这个受到标准和约定俗成意义限制的概念；开始倾向使用“功能”，而不再使用其涵义一致的标准概念——“权力”；开始倾向于使用“角色”，而不再使用“职责”；开始倾向于使用“结构”而不再使用正式标准概念的“制度”；开始倾向于使用“政治文化”和“政治社会化”而不再使用既正式又理性化的“民意”和“公民训练”[②]。20世纪60年代，阿尔蒙德和鲍威尔合作发表《比较政治学——体系、过程和政策》，进一步从结构——功能主义的视角对政治发展所涉及的政治体系、政治文化、政治结构，以及体系功能的政治社会化、政治录用、政治交流，过程功能的利益表达、利益综合、政治决策以及政治体系的实际作为的政策输出、政治结果和反

① 赵虎吉.比较政治学：后发展国家视角[M].广州：中山大学出版社，2002：128—135.

② [美]加布里埃尔·A.阿尔蒙德.发展中地区的政治[M].任晓晋，储建国，宋腊梅，译.上海：上海人民出版社，2012：2.

馈、政治产品和政治生产力等问题进行了深入探讨。[①]

1966年,派伊撰写《政治发展面面观》,对政治发展的一般问题进行了历史透析,对政治发展的特定问题:民主与政治发展;人格与政治发展、作为不稳定和僵硬性之源的法律对政治发展的影响、暴乱与叛乱等对政治发展的影响、政治传播与政治发展、政治发展进程中的暴力机器——军队建设、政治发展的前景等问题进行了全景式描述。派伊认为政治发展过程中隐藏着政治风险,孕育着认同危机、合法性危机、贯彻危机、参与危机、整合危机与分配危机等六个危机。[②] 60年代后期,保守主义政治学家亨廷顿在政治发展研究领域声名鹊起,成为西方政治发展研究的一面旗帜。他发表了一系列政治发展研究的重大理论成果,如《政治发展与政治衰败》(1965)[③]、《变革社会中的政治秩序》(1968)、《政治发展》(1975)[④]、《难以抉择——发展中国家的政治参与》(合著)(1976)、《失衡的承诺》(1981)《第三波 20世纪后期的民主化浪潮》(1991)。亨廷顿把政治发展与政治制度化、政治秩序结合起来分析,特别是其尤为关注政治秩序或者命题,把政治发展目标之一定位于政治稳定,从而博得了保守主义政治学家的称号。亨廷顿认为政治发展的真正意义在于政治稳定过程中政治参与的制度化实现。[⑤] 亨廷顿指出政

---

① [美]阿尔蒙德,小鲍威尔.当代比较政治学世界展望[M].朱曾汶,林铮,译.北京:商务印书馆,1993:目录.

② [美]鲁恂·派伊.政治发展面面观[M].任晓,王元,译.天津:天津人民出版社,2009:84.

③ Huntington S P. Political development and political decay[J]. World politics, 1965,17(3):386—430.

④ 转引自[美]塞缪尔·亨廷顿,乔治·多明格斯.政治发展[M]//格林斯坦,波尔斯比.政治学手册精选下.储复耘,译.北京:商务印书馆,1996:148.

⑤ [美]亨廷顿.变革社会中的政治秩序[M].李盛平等,译.华夏出版社,1988:43.

治发展过程中，必定会出现三种表现：权威理性化、政治功能分化以及全社会各阶层广泛参与政治。[①] 亨廷顿最为著名的命题是：现代性产生稳定，但现代化却会引起不稳定。[②] 也就是由于现代化过程中，早期现代化对晚期现代化的国家形成“示范作用”，从而一方面提高了后发现代化国家人们的期望，但同时现实的发展状况也加剧了后发国家人们的挫折感。[③] 而社会挫折感又促使人们向政治体系提供种种不切实际的要求，并因此导致迅速扩大的政治参与超过了政治体系所能正常容纳的“阈值”。同时，一旦后发国家政治制度化准备不足，就可能导致政治体系内部的动荡迅速加剧，引发政治秩序的失序现象。亨廷顿系统论证了“社会动员、经济发展、社会挫折感、流动机会、政治参与、政治制度化与政治不稳定的三组内在关联性：社会动员/经济发展＝社会挫折感；社会挫折感/流动机会＝政治参与；政治参与/政治制度化＝政治不稳定”。[④] 根据三个等式的内在关联性，亨廷顿主张后发现代化国家首要的问题在于创建一个合法的公共权力秩序。“人类可以无自由而有秩序，但不能无秩序而有自由”[⑤]。政治秩序与政治参与应

---

① [美]塞缪尔·亨廷顿. 变革社会中的政治秩序[M]. 李盛平等，译. 北京：华夏出版社，1988：35—37. 亨廷顿指出在传统社会中，政治参与紧局限于村落等层面、政治参与局限于少数贵族和官僚精英的范围。政治现代化基础上的政治发展要求整个社会的各个集团在超越村镇层次之上参与政治，以及创立能够组织这种参与的新的政治制度。

② [美]塞缪尔·亨廷顿. 变革社会中的政治秩序[M]. 李盛平等，译. 北京：华夏出版社，1988：41—.

③ [美]塞缪尔·亨廷顿. 变革社会中的政治秩序[M]. 李盛平等，译. 北京：华夏出版社，1988：46—47.

④ [美]塞缪尔·亨廷顿. 变革社会中的政治秩序[M]. 李盛平等，译. 北京：华夏出版社，1988：56.

⑤ [美]塞缪尔·亨廷顿. 变革社会中的政治秩序[M]. 李盛平等，译. 北京：华夏出版社，1988：8.

当在制度基础上形成相对平衡。某种程度上，亨廷顿还赞扬了社会主义国家的政治发展：一方面共产主义意识形态有助于社会主义现代化国家合法性基础的确立，另一方面共产党人能够创造有控制力的政府，能够有效应对现代化国家普遍出现的社会冲突和暴力，为保证政治秩序提供制度支撑，为现代化国家提供行之有效的逾越政治差距的有效方法。①

亨廷顿还认为进入现代化进程的早晚对政治秩序与政治参与的平衡有重大影响。亨廷顿强调与早期现代化发展国家相比，在晚期现代化发展的国家与社会，出现较早民主政治的可能性较小，但是社会动员速度较高、群众对政治体系的要求确更为强烈；亨廷顿还认为如果“首先出现国家统一，接着是中央政权制度化，然后出现群众性党派和选民，政治体系在民主稳定的情况下得到发展的概率较大。若序列混乱则有可能使政治体系负担过重，后发国家问题与危机同时显现，导致后发国家政治秩序与政治参与面临的平衡压力更大”②。

李普塞特(Lipset)在《民主的一些社会要求：经济发展与政治合法性》③；《新兴国家政治发展中的军队》(1964)④、《政治人：政治的社会基础》(1960)等学术成果中，对政治发展的民主秩序条件、合法性与有效性问题等政治发展的社会基础条件进行了深入关

---

① [美]塞缪尔·亨廷顿. 变革社会中的政治秩序[M]. 李盛平等，译. 北京：华夏出版社，1988：6—8.

② 参见[美]塞缪尔·亨廷顿. 变革社会中的政治秩序[M]. 李盛平等，译. 北京：华夏出版社，1988：47.

③ Lipset S M. Some social requisites of democracy: Economic development and political legitimacy[J]. American political science review, 1959, 53(1): 69—105.

④ Janowitz M. The military in the political development of new nations[J]. Bulletin of the Atomic Scientists, 1964, 20(8): 6—10.

注。李普塞特一方面指出只有在富裕社会，才能出现大批民众理智参与政治的良好局面[①]，另一方面也提出政治发展中的政治民主具有一定的历史惯性。也就是当民主政治系统一旦建立以后，就会“积聚力量”，创造社会基础（组织机构和制度）以保证其继续存在。故此，要想使幸存下来的“早熟的”民主社会存在下去，应当（格外）努力推进有助于民主的其他条件的成长。[②] 李普塞特还从经济的视角出发认为财富的增加，使社会财富结构从有强大下层阶级基础的高大金字塔形向中产阶级日益强大的菱形转变，既可以缓解政治秩序的冲突[③]，也可以为政治民主创造条件。李普塞特还强调当政治人有几种政治交叉隶属关系时，政治社会稳定民主的机会也会同步增加。[④] 李普塞特特别关注了政治发展社会基础条件的合法性与有效性等问题，指出稳定民主制度的有效实现，不仅仅是经济发展单一维度的结果，同时与其政治系统本身的有效性[⑤]与合法性[⑥]有着莫大的关联。且相对于工具性的有效性而言，处于评价性作用的合法性是政治发展稳定的长久基础性社会

---

① [美]西摩·马丁·李普塞特.政治人政治的社会基础最新增订版[M].张绍宗，译.上海:上海人民出版社，1997:28.李普塞特也强调一个分化成大多数贫困民众和少数显贵的社会，要么导致寡头政治（少数上层的独裁），要么导致暴政（以民众为基础的暴政）。

② [美]西摩·马丁·李普塞特.政治人政治的社会基础最新增订版[M].张绍宗，译.上海:上海人民出版社，1997:25.

③ [美]西摩·马丁·李普塞特.政治人政治的社会基础最新增订版[M].张绍宗，译.上海:上海人民出版社，1997:38.

④ 参见[美]西摩·马丁·李普塞特.政治人政治的社会基础最新增订版[M].张绍宗，译.上海:上海人民出版社，1997:64—65.

⑤ 有效性是指实际的行动，即在大多数居民和大企业或武装力量这类有力量的团体看政府的基本功能时，政治系统满足这种功能的程度。

⑥ 合法性是指政治系统使人们产生和坚持现存政治制度是社会的最适宜制度之信仰的能力。当代民主政治系统的合法程度，主要取决于解决造成社会历史性分裂的关键问题的途径。

条件。李普塞特最为突出的理论贡献是重点关注政治人的理论范畴,并把经济发展、意识形态等作为政治的社会基础予以考察。

福山从生物进化、社会进化到政治进化的广泛人类历史考察出发,提出了政治发展的进化演变理论。福山指出人类政治发展,既需要看到“不同制度的历史渊源,往往是一系列历史意外事件的产品,没有人能够预测”,同样更需要看到制度的拱肩,“其他社会可以完全以出乎意料的方式,加以模仿和采纳”。[①] 福山突出人类政治取决于人类重复的行为模式,既跨越文化,也跨越时间。政治发展依赖于人类政治的生物基础。福山也强调人类从未在无社会状态中生存、人类天生喜欢制定和遵循规范或准则。人类的政治发展有别于生物进化的基因选择,而更多体现为制度规则的进化[②]。福山强调人类社会的制度变异,不同于生物基因变异的那么随意,而能做到被选择的特征借文化而获得传递,最终实现政治进化按一定的计划商讨。[③] 福山政治发展的进化演变理论论证了从古典到现代、从专制到民主的政治演进过程,不仅讨论民主转型的政治发展问题,而且还将古今一切的政治发展扩展为生物一社会进化分析。福山的政治发展理论,突破了传统政治变迁的狭义政治发展理论,具有了极度扩展了的、广义的政治发展理论视野。[④]

此外,学者阿普特在《现代化的政治》中对现代化的各项特征、

---

① 任剑涛.拜谒诸神:西方政治理论与方法寻踪[M].北京:社会科学文献出版社,2014:28—30.

② 任剑涛.为现代政治秩序背书[N].东方早报,2013—1—20.

③ [美]弗朗西斯·福山.政治秩序与政治衰败从工业革命到民主全球化[M].毛俊杰,译.桂林:广西师范大学出版社,2015:430—438.

④ 参见任剑涛.拜谒诸神:西方政治理论与方法寻踪[M].北京:社会科学文献出版社,2014:28—30.

传统社会与现代社会的差异性，以及现代化工具的政党、政府要件、政治价值、意识形态、动员工具等问题做了集中探讨。阿普特还把不同现代化阶段的国家作为研究样本，对现代化引发的社会结构变迁与政治秩序稳定等问题展开多维度思考。[①] 韦纳（Weiner Myron）在《政治一体化与政治发展》（1965）中指出，在政治发展的过渡阶段，随着政府开始承担或试图承担更多的职能，整合问题变得最为严重。政治一体化过程中会遇到诸如国家认同，领土管理，制定处理公共冲突的规范等问题。韦纳还分析了《马其顿综合症：国际关系和政治发展的增长或衰退的历史模型》（1971）。他寄希望于利用欧洲历史上的数据，制定描述、解释和预测亚洲和非洲新独立国家的政治发展模式和国际行为有用模式。戴维·杜鲁门指出存在多重政治身份的集团成员容易产生政治稳定的政治局面。达龙·阿塞莫格鲁与詹姆士·罗宾逊在《政治发展的经济分析》中则探析了政治发展的四种道路。阿塞莫格鲁与罗宾逊指出第一种政治发展道路是民主一旦被创立，就不会受到威胁的道路，如英国的政治发展道路；第二种道路是民主得以创立，但创立之后很快迅速瓦解的道路，如阿根廷的政治发展道路；第三条道路主要指一国保持非民主或者民主化在很大程度上被推迟的道路；第四种道路是指民主从未出现，社会是相对平均正义的、相对繁荣的，使非民主的政治现状得以稳定的道路。如新加坡的政治发展道路。[②] 此外，达龙·阿塞莫格鲁与詹姆士·罗宾逊还指出各国政治发展道路有其经济、文化与国家等社会历史条件因素的制约。

---

① ［美］戴维·阿普特. 现代化的政治［M］. 陈尧，译. 上海：上海人民出版社，2016：1—4.

② ［美］达龙·阿塞莫格鲁，詹姆士·罗宾逊. 政治发展的经济分析：专制和民主的经济起源［M］. 马春文等，译. 上海财经出版社，2008：3.

在国外政治发展研究领域，引用率较高的政治发展学术文献还有约瑟夫·奈(Joseph Samuel Nye)《腐败和政治发展——基于成本收益的分析》(1967)、卡尔·多伊奇(KW Deutsch)的《社会移动与政治发展》(1961)、卡特莱特(P Cutright)的《国家政治发展：测量与分析》(1969)；鲁道夫(LI Rudolph)的《传统的现代性：印度的政治发展》(1984)；派伊等的《政治文化与政治发展》(2015)；S Hickey，G Mohan 的《从暴政到变革：探索参与发展的新途径》(2004)；拉帕洛巴拉等(J La Palombara)的《政治党派与政治发展》(2015)；拉帕洛巴拉(J La Palombara)的《官僚主义与政治发展》(2015)；EM Brumfiel，JW Fox 的《新世界的派系竞争与政治发展》(2003)等，这些学术文献既与前述国外政治发展核心学者的研究有重叠相关之处，同时也以不同的研究视角对国外政治发展理论做了多角度的分析与探索。这些研究成果为深入开展本课题的理论研究提供了诸多学术智慧，需要我们在学术的叙述及撰写研究过程中对其精华进一步消化与吸收。

同时也应当承认的是，从目前国外政治发展研究的趋势看，对政治发展研究的视角、主题、层次还有进一步探讨的学术空间。特别是对生成于西方政治发展实践沃土的政治发展理论的中国化研究还有待进一步开拓，对原本“拿来主义”的西方政治发展学术用语还有待进一步拓宽，对于政治发展这个贯穿于人类社会始终的命题，其概念的辐射范围还有待于进一步深入探索。

绪论小结

根据国内关于中国特色社会主义政治发展道路的理论研究，

特别是国内外关于广义与狭义政治发展的理论研究，我们以为政治、政治生活是同人类社会与生俱来的。政治、政治生活是社会非政治、非政治生活“合规律性”的集中表现，并能动地“正负反作用”于社会的非政治、非政治生活的方方面面。发展是事物的一种前进过程，政治发展则是政治的一种前进过程；文明是事物的一种进步状态，政治文明则是政治的一种进步状态。作为政治前进过程的政治发展与作为政治进步状态的政治文明，有其本质或学理上的一致性。一方面，政治及政治生活不完全是自在的自然而然地前进和进步的，它们要诉诸政治发展实践合规律的有效推进和政治发展理论合规律的引领与支撑。另一方面，政治发展实践与政治发展理论的合规律的互动是至关重要的。政治发展理论源于政治发展实践（如政治文件等）归根结底源于政治、政治生活实际以及非政治、非政治生活的实际。与此同时，根据共同但有区别的原则，国内政治发展理论之间，国内政治发展理论与国际政治发展亦即主要是西方政治发展理论之间可以相互学习借鉴，共同推进中国特色社会主义政治及政治生活的健康发展，共同推进国际政治及国际社会政治生活的健康发展，进而构建中华民族政治命运共同体与人类政治命运共同体。

第一章　研究课题解读：大时空与中国政治发展道路特色

何谓大时空，何谓中国，何谓政治发展，何谓道路及其特色，这些是本课题研究首先需要阐释界定的几个基本概念问题。这些问题事关时代潮流，事关国家、社会往哪里去，事关整个社会群体行进的道路和方向，事关中国在全球化过程中的历史方位，不能不论。

一、大时空视域

大时空视域主要聚焦于政党、国家、政府以及社会、民众，到底有没有发现错误及其纠错的机制与能力。新中国成立以来，经济领域经历了一次又一次的试错，从土地改革、公私合营、人民公社，再到包产到户、国企分流……多数经济改革都是前无古人、后无来者，且赌注巨大的。这期间，有过 70 年代经济被误认为“濒临崩溃”的记忆，也有改革开放以来经济腾飞的奇迹，问题在于这种奇迹之路能不能复制或持续？又有多少普通个体的悲欢离合被演绎和遮蔽。正如作家尤瓦尔·赫拉利在其著作《人类简史》中曾忧心道：身处瞬息万变的21世纪，我们还有多少试错的机会？这难道仅仅是经济领域的事吗？政党、国家、政府如何拿捏好大方向、大框架，社会及公民该做什么，如何做？研究非经济、文化领域的中国政治发展道路问题及其特色就显得更加迫切和重要[①]。

（一）大时空

时间和空间，是一切事物存在的基本形式。对中国政治发展道路特色问题展开研究，首先要基于对大时空问题的探讨。本课题中的"大时空"概念，有别于科幻小说中的"大时空"用语。"时空"概念本是对无限丰富多样性客观存在事物的抽象表达。"时空"，是由"时间"与"空间"简略组成的集合名词，是近代物理学、力学、天文学和哲学的基本概念。时间、空间是所有事物存在的基本属性。显而易见，"大时空"是相对于"小时空"而言的，是与人类社会的历史时代、历史时段或历史文明等问题密切相关联的。从特定意义上说，"大时空"也就是大维度地聚焦历史、文明、时代、环境等。亦即本课题提出的"大历史"、"大文明"、"大时代"、"大环境"。由于人都是具体的、历史的、时代的、环境的产物，由于人会犯错误，所以，从这个意义上说，历史、时代也难免会犯错误。大时空体现着大历史中、体现着大文明中、体现着大时代中、体现着大环境中诸要素的凝结。因此，特定的政治类型、政治发展往往依据一定条件"超越"时空的。中国政治发展道路就应当置于这样的大时空观的视域之中。

---

① Acemoglu，Daron. Why Nations Fail：The Origins of Power，Prosperity，and Poverty[M]. Random House Audio Publishing Group；Random House Australia[Distributor]. 2012.

(二)大历史

所谓“大历史”,亦即大跨度超越具体民族国家社会的一定时间史与空间的历史。历史,简称史,通常是指客观世界运动发展的过程,可分为自然史和人类社会史两方面。与此相对应,有关历史学,也有广义与狭义之分。其中,社会史是在一定的时空里,由人的活动所构成的连续性的过程,由此产生的历史学,是人们对过去自由活动的如实记录。历史学产生和存在的意义是让人们总结过去,以史为鉴,借古论今,以充实未来的生活。从时间维度看,历史是相对于现实和未来的古往今来的连续过程。从空间维度看,历史是由人类史的氏族史、部落史、家族史、宗族史、民族史、国家史、国际史、世界史以及全球史的连续性的延展过程。历史,确切地说是人类史,从不虚无,也不完美。人类不过是一群永远会犯错的宇宙低等动物。无论是个人还是民族抑或是国家都会犯错。历史不过是前人和后人错误的叠加而已。一部人类史就是前人和后人不断试错和改错,并且经常会越改越错的历史。虽然有前事不忘后事之师之说。20世纪是人类历史上充满传奇戏剧性的世纪,是革命的、抗争的、奋斗的世纪,是中华民族鏖战图强的世纪。这或许是15世纪地理大发现和全球化运动以来资本主义向全球帝国主义演化早已设定的命运。古往今来的人类历史,在时间和空间维度的结合上展现出恰适性的人类社会文明进步的特质和人类社会时代的特质。人类社会正站立在新旧历史的交汇点上,面临新的历史选择,在更合理、更公平的社会基础上重建世界历史体系。因此,历史尤其是局部的或某具体的历史阶段往往不总是表现为“进步”状态的。中国政治发展道路就应当置于这样的大历史观的视域之中。

（三）大文明

所谓“大文明”，亦即大跨度的超越具体民族国家社会的一定时间与空间的文明。文明是指人类社会的一种进步状态，是人类社会发展到一定历史阶段的产物，与野蛮相对应。文明关涉的问题很广泛。从人类文明的时间维度或时间意涵看，关涉到人类起源、文明的起源，文明的流向与流程，文明与文化等问题。我们的研究认为，凡文明的一定是文化的，而文化的不一定是文明的。关于文明，需要展开深入研究的有许多方面。如关于文明的源与流及其相互关系、发展不平衡问题等等。其中，文明源的问题就涉及四大文明的排列次序？为什么留存到今比较完整的只有中华文明？为什么希腊文明算不上文明源？又为什么不能算波斯文明源呢？人类发展到公元前5世纪的时候，人类文明进入德国法兰克福学派称之为的“轴心时代”。全人类最聪明的人先后诞生：释迦牟尼、孔子、苏格拉底、亚里士多德、孟子、庄子、阿基米德、韩非子，等等。在各文明的关键时刻，中华文明没有缺席。以思考人与人的关系为特长的中华文明，既有自身的“文明源”，又吸纳其他“文明流”，正是由于这种文明的源与流的汇合，才使中华文明延绵不绝。

关于文明与文明的关系就涉及文明进步的根本动力、文明演进的过程等问题。一般认为文明是指一种进步状态。既然是一种进步状态，那么，它们之间是否会发生冲突？如果不会，那么亨廷顿的《文明的冲突》观就值得商榷。从大文明视角看问题，文明关系可分为历时态的纵向文明关系和共时态的横向文明关系。其中的历时态的纵向文明关系是一种传承关系一般不表现为“冲突”关系。即人类文明可分为古代文明或称传统文明、近代文明、现代文明等，经历了原始文明、农业文明、工业文明、生态文明等演进过程。然而，其中的共时态的横向文明关系是一种普遍联系的共生关系。即从人类文明的空间维度或空间意涵看，涉及经济、政治、文化、社会、生态各领域，亦即有经济文明、政治文明、文化/精神文明和社会文明、生态文明以及不同民族文明、不同国家文明等。如果说文明之间客观地存在着冲突，也多半是只限于此论域内，亦即文明在有限的冲突中进步，这种“冲突”不致从根本上妨碍着不同民族、不同国家之间的命运与共。本研究从时间维度和空间维度的结合上侧重于政治文明及其相互关系论析。人们习惯于表达文明分类的一种“政治文明”，尚未真正学会表达“文明政治”、或“文明的政治性”思维，亦或“绿色政治”、“生态政治”、“政治生态”思维。因此，共时态中的不同质态的文明往往是在“冲突”的常态中进步的。中国政治发展道路就应当置于这样的大文明观的视域之中。

（四）大时代

所谓“大时代”，亦即大跨度的超越具体民族国家社会的一定时间与空间的时代。马克思恩格斯依据人类社会基本矛盾运动规律，在《共产党宣言》中创造和宣告的时代，既是一种科学的理论论证，也是在实际运用中不断得到检验、丰富和发展的。当今，我们所处在这个大时代，仍然是由资本主义向共产主义过渡的时代。我们既不主张我们的大时代已过时，也不主张以“时代主题”变化取而代之。需要特别指出的是，所谓我们的大时代的逻辑起点、现实历史起点是什么？学界尚无明确提出，也无共识。我们主张大时代的逻辑起点或理论起点是以《共产党宣言》发表就开启了。主要是因为，那时的资本主义已经是一种现实的社会制度和社会形态，资产阶级、资本主义是这个时代的主角、主导。此后，资本主义经历了从自由资本主义到垄断资本主义再到国家垄断资本主义、国际垄断资本主义、社会垄断资本主义的具体延伸和传承，这可视为是资本主义自我否定、自身的新陈代谢过程。而那时的社会主义、共产主义已从空想发展为科学，已是作为一种“神灵”①，共产主义的思想、理论、实践和运动席卷欧洲。研究者认为现实的历史起点是从十月革命开始的。列宁在 1915 年写作《打着别人的旗帜》一文时，曾指出我们生活在两个时代的交界点上。就是说，1914—1917 年之前是资产阶级、资本主义时代，自 1917 年开始，整个世界进入了由资本主义向社会主义和共产主义过渡的时代。1917 年十月革命开创了马克思主义社会主义从理论或理想开始（还在行进中）变为实践和现实、“一球两制”——即资本主义和社会主义并存、斗争、竞争的历史。从此，资本主义已经结束了它一统天下的格局，就像它自身结束了自由资本主义历史而发展到垄断资本主义阶段一样。虽然 100 年来的时代主题已从战争与革命开始向和平与发展的主题转化（1984 年，邓小平最初提出论及“时代问题”、“两个问题”后逐渐为中共十四大的“两大主题”、十五大后的“时代主题”主张替代。限于篇幅，在此不展开论证），虽然世界力量对比还是“资富社贫”、“资强社弱”、“资攻社守”的态势，虽然世界总体上还属于由资本主义主导的资本主义时代，还不是社会主义时代，呈现某种“木桶效应”。但是，资本主义被社会主义取代的历史总趋势并没有改变。还需要

---

① 李田心.《共产党宣言》首句应该如何翻译？——论 spectre 在语境中的意义[J]. 北京师范大学学报（社会科学版），2018(3)；李田心.《共产党宣言》首句翻译探析[J]. 科学社会主义，2015(6). 翻译教授李田心认为，《共产党宣言》引言开宗明义第一句话就出现被博古、中央编译局还在坚持的翻译错误，他认为“共产主义的幽灵”是漫骂共产主义的，而“共产主义神灵”才是马克思恩格斯的原意。

特别指出的是，千万不要把“从资本主义向社会主义过渡时代”中的“社会主义”只看成是或等同于“现实的社会主义国家”或“现实的社会主义社会”。如果不是这样，人们自然就会有理由认为，随着前苏联东欧剧变，中国的“改革社会主义”、“改造社会主义”，就意味着“告别现实社会主义”，“告别大时代”。因为资本主义已经远不是马克思恩格斯理论论证那时的资本主义，社会主义还远不是马克思恩格斯理论论证的社会主义的实现。因此，时代的部分或特定阶段并不总是表征为“进步”状态的。1917 年十月革命以来的现实中的社会主义社会不同于马克思恩格斯理论论证的社会主义社会。中国政治发展道路就应当置于从世界资本主义向世界社会主义过渡“大时代观”的视域之中。

（五）大环境

所谓“大环境”，亦即大跨度的超越具体民族国家社会的一定时间与空间的环境。环境与生态既有联系又有区别（如我们以为堆木构成环境要素，森林则构成生态要素）。环境问题不仅仅是环境问题，它涉及到经济、政治、科技、历史等一系列问题。环境一般分为自然环境和社会环境；人文环境。由此环境就有广义与狭义、大与小之分别。其中社会环境、人文环境主要包括以观念、制度、行为准则等为内容的物质、非物质社会因素。大环境或广义的环境往往指相对于人类这个主体而言的一切自然环境要素和社会要素的总和数。它们分别从不同角度、不同领域和范围，对人的心理发生影响，左右着人们的思想，情感和行为。如果我们从唯物论的维度分析问题，大体说来，“环境决定论”的作用主要表现在几个层面上：其一，自然环境的差异性决定着社会环境的差异性；其二，社会环境的差异性决定着人及人际关系的差异性；其三，人及人际关系的差异性决定着社会生活的差异性。其中，这种决定作用既有正向的积极性作用，又有负向的消极性作用。人们应当发挥积极的主观能动性，充分利用各种环境中有利的向上的因素，去除各种环境中消极的落后的因素，来达到人与社会与自然的结合，使人的心理在这种结合中得到健全发展，才智得到充分发挥，借以谋求人与人，人与社会，人与自然的和谐共生生态。生态，一般是指生物本身的生存发展状态，也指生物的生理特性和生活习性等。人类生态一般与人类社会史、民族史、世界史相关联。其中，与人类文明、时代、环境变迁史相关联的是全球化进程。美国学者托马斯·弗里德曼在《世界是平的：一部二十一世纪简史》（湖南科学技术出版社出版 2009 年 9 月版）将全球化划分为三个阶段。我们正处在全球化历史过程的新征程当中，全球化是一种双刃剑。全球化既为我们提供了解决相关问题更廉价的方案，这是一种方便，但也滋生了惰性，使得我们对外依赖不断固化，甚至束缚我们的手脚，影响走自己的路。因此，环境分自然环境、社会环境，民族国家环境和国际社会环境等，它们都是共生、共存、互动、互补的。中国政治发展道路就应当置于这样的全球化环境观的视域之中。

由此可见，行进在大时空视域中的中国政治发展道路体现着四个方面因素的互动。其一，中国政治发展首先和主要的是中国的，是内因，是根据，同时也是世界的，是外因，是条件；是中国与世界的互动，是内因与外因的互动，是根据与条件的互动。其二，中国政治发展首先和主要的是中国政治自系统中各要素及其各要素之间的互动，同时也是非政治系统中的各要素及其各要素之间的互动。其三，中国政治发展首先和主要的是中国政治自系统的事，但又不仅仅是中国政治自系统的事，它还要取决于中国非政治系统的各要素的发展，亦即它还要取决于中国政治自系统各要素的发展与中国非政治系统各要素的发展及其良性、有效的互动。其四,中国政治发展过程中的这一系列良性有效互动的最近和将来的理想景观,就是为着构建中华民族命运共同体和人类命运共同体及其这两种命运共同体的良性并有效地互动。如果没有中华民族命运共同体的构建,就没有人类命运共同体的构建,反之亦然。因此,构建中华民族命运共同体与人类命运共同体问题是大时空视域中中国政治发展问题的题中应有之义。

二、中国政治发展道路特色

"中国政治发展道路特色"这个命题,是由"中国"、"政治"、"发展"、"道路"和"特色"五个概念组成。分别可以提出何谓"中国"、何谓"政治"、何谓"发展"、何谓"特色"问题、何谓"道路",这些似乎都是人们已经熟知的问题,但并不一定是人们真知的问题("熟知并非真知"——黑格尔"小逻辑")。我们可以分成"中国政治"、"政治发展"和"道路特色"三个词组进行概念解析。

(一) 中国政治

"中国政治",以示有别于中国经济、中国文化、中国社会,也有别于别国政治、别国经济、别国文化等。中国政治之"中国",有"旧中国"和"新中国"之分别。据考证,最早使用"新中国"概念是1902年梁启超在《新中国未来记》中描述了未来新中国的政治理想,从此"新中国"成为追求中国社会进步人士的目标。中国清代小说家陆士谔1910年所著作的幻想小说《新中国》写下的代表作,该小说又名《立宪四十年后之中国》,全书共分12回,小说以第一人称写作，是一部以梦为载体的幻想之作。中国抗日战争胜利后，国共两党均提出过“建设和平民主团结统一的新中国”。蒋中正在《抗战胜利告全国同胞书》中宣告：“建立三民主义新中国，推行民主宪政还政于民。”1945 年 7 月 3 日《新华日报》称：“这样一个民主的新中国就一定要实现。”1947 年 12 月 25 日，中华民国宪法正式生效。宪法生效前，国民政府主席发布广播讲话，庆祝国家走上宪政之路。现在我们口中的新中国来自 1949 年 9 月中国人民政治协商会议。人民政治协商会议的召开，《人民日报》发表社论：旧中国灭亡了，新中国诞生了。新中国成立至 1978 年改革开放以后迎来历史性转折的中国可称之为“新新中国”①。

何谓“中国”(或称中华民族)？中国一词最早见于西周初年的青铜器“何尊”铭文中的“余其宅兹中国，自之辟民”，同时又以“华夏”、“中华”、“中原”、“中夏”、“神州”、“九州”、“海内”等代称出现。我们引出部分专家学者的研究观点。许纪霖指出，我们可以从另外一视角来看“中国”。课题负责人特别想从华夏与边疆这样一个特定的角度重新思考和反思一下我们实际上看来很熟悉的所谓的“中国”。② 我们是谁？何谓中国，何谓中华民族？中国是华夏，抑或包括蛮夷？华夏之天下等同于今日之世界吗？以朝贡关系为中心的天下体系，真的是古代中国世界关系的全部？诸多争议的真实背后，有一个多元脉络的“中国”。③ 许倬云在其新著《华夏论述》一书中阐述了一个基本观点：中国不是一根筋到底的历史。对此，葛兆光在《谁是“中国”？哪里是“华夏”?》述评中评论道：许倬云先生的《华夏论述》一书上下追溯几千年，取不同维度对“中国”的历史进行

---

① 张颐武．新新中国的形象[M]．济南：山东文艺出版社，2005.

② 许纪霖．多元脉络中的“中国”[N]．东方早报，2014—4—27.

③ 许纪霖．多元脉络中的“中国”[N]．东方早报，2014—4—27.

论证。他并不以现存中国来逆向追溯“中国”的合法性，而是从曲折变迁中回顾“中国”的形成过程，来理解其历史合理性的。在北大中文系李零教授眼中，认识中国，不仅需要读书，还需要行万里路。李零继《我们的经典》之后，又推出《我们的中国》（全四册）：《茫茫禹迹》、《周行天下》、《大地文章》、《思想地图》。从中国大一统国家的形成到寻访孔子、秦皇汉武的足迹，又从山川形胜、乡村考古讲到地理中的思想史进程，集中整理了“中国”概念的形成和演进。[①] 李零教授强调，中国的历史进程不是一成不变的，它的前与后，既有断裂，也有连续；它的内与外也不是铁板一块，既有辐辏，也有辐射，中心四裔，互为主客。中国是个实实在在的历史过程和地理概念。近些年来，国内兴起了国史热，国内图书市场上涌现出大量的、从各种视角描绘中国历史的著作。如有代表性的赵汀阳、许纪霖、葛兆光、姚大力、罗新、王柯、赵鼎新、王明珂、马戎、许宏等先生们的著作和论文产生了较大的学术影响力。国外学术界对中国历史也有相当多的思考，如美国新清史学派对大清帝国的研究，日本京都学派对中国史的重视，剑桥、哈佛的中国史系列等等。这些学者的思考和研究对中国学者极富启发性。国内青年学者施展在《枢纽——3000年的中国》中提到，第一，中国是一个轴心文明的载体。第二，中国具有超大规模性。这两点以一种人们经常知道却意识不到的方式相互发生作用，几乎涵盖了中国历史所有的运动逻辑。理解当下中国问题的切入点，都在对这两点的把握上。施展对“何谓中国”的回答是这样的：中国作为一个超级大国，从内看，它是一个体系，从外看，它是现代世界秩序当中的重要枢纽；中国也正是因其内在的体系性，成就了其外在的枢纽地位。如此说来，这个世界上本无“中

---

① 参见穆涛．“华夏、中国、中华”名称的由来[N]．文汇读书周报，2014—12—22．

国”,中国是中国人创造出来的中国。中国,是一个历史的中国,过程的中国,时间的中国,空间的中国(严格说来,空间的中国,或疆域的中国、完整的中华民族是指 1946 年 1 月 5 日国民党政府宣布承认外蒙古独立以前的中国),地理的中国,海陆枢纽的中国,中国的中国,亚洲的中国,世界的中国。现代意义上的中国,主要是中华民族的国家称号。除此以外,本研究我们还认为,中国不仅仅是自然地理的可视的中国,更是一个文化概念的中国。作为文化概念的中国,在思维方式上,更加凸显的是以“中”、以“道”亦即以“中道”思维为特色的中国。从“中道思维”解析中国,解析中国的历史,解析中国的现实,解析中国的发展,解析中国的政治发展道路问题,不失为是一种独辟路径的思维方式。①

由此可见,所谓“中国”,涵盖着古往今来历史的中国或中国的历史的全部密码。中国,不仅仅是指地理的中国,历史的中国,而且还指文化的中国,思维方式的中国等。其中最为主要的是:其一,地理中国或空间“中国”。应以十八世纪清朝版图为准②。其二,时间“中国”或中国史。就是历史的中国的全部历史。所谓全部,指外国侵略者强迫中国历届政府订立种种不平等条约以前,生活在中国领土上的各地区各民族的一切历史,也包括中国历代与域外诸国诸族交往的过程。中国史既不同于“王朝史”,也不同于“国史”。③ 历时态的中国可分为 1949 年以前的“旧中国”、1949—1978 年的“新中国”以及 1978 年以来的“新新中国”。其三,文化

---

① 乔耀章,巩建青.新时代中国特色社会主义政治发展道路的理论秘钥——“中”“道”思维的理论视角[J].阅江学刊.2017,9(6);乔耀章,巩建青.新时代中国特色社会主义政治发展道路的理论秘钥——“中”“道”思维的理论视角[J].复印报刊资料(中国特色社会主义理论),2018,(4).

② 朱维铮.中国人与中国史[N].文汇报,2014—12—19(T11).

③ 朱维铮.中国人与中国史[N].文汇报,2014—12—19(T11).

中国或思维方式中国。作为文化中国、思维方式的中国中最为关键的是“中”。在中国传统文化中，“中”既是方法论，又是世界观，通常与“和”相联系，一起出场。“中”“和”致“中和”，分别指行为尺度的适中和事物状态的和谐，以“中”为手段，以“和”为目的。而“中”的概念需要从静态和动态两个方面去解读。作为静态概念的“中”，指凡事应有一个适当的“度”，超过一定的“度”，就是“过”，没有达到“度”，就是“不及”。我们只有基于对外部世界的理性标准和价值判断体系之后，才可能客观理性地认识外部世界，达到“和”。作为动态概念的“中”，则主要指我们根据外部世界的变化对自己的心态、行为、策略进行调适。只有根据外部世界的动态变化对自己的心态进行适当调适，才能实现内心世界的再平衡，从而达到“和”。无论是静态之“中”还是动态之“中”，其最终目的都是为了“和”。① 可以从这个特定意义上说，真正能够解读古往今来“中国”的全部秘籍或钥匙就在于对中国之“中”的诠释。如果不懂得“中”，就不会真正懂得中国乃至中国特色、中国特色社会主义、中国特色社会主义政治发展道路。中国文化、中国思维、中国方法决定中国道路。极而言之，所谓政治，无论是“政”还是“治”，都应当达到致“中”致“和”致“中和”！避免极化思维，超越“左”右，走“第三条道路”即“中道”之路。美国印第安纳州诺特丹大学政治学教授彼得·穆迪就曾指出：“尤其是对中国来说，把中国放在特定文化中加以考察，可以更好地了解中国政治”。②

---

① 文选德.“中”“和”思想与和谐社会建设[N].光明日报，2013—11—09(011).

② 彼得·穆迪，郭虹霞.政治文化与中国政治研究(上)[J].国外理论动态，2010(11):81—86;彼得·穆迪，郭虹霞.政治文化与中国政治研究(下)[J].国外理论动态，2010(12):88—94;郭苏建.政治学与中国政治研究学科发展现状评析[M].上海:上海人民出版社，2016:55.

何谓“政治”？人们对政治的阐释充满着争议，在不同历史时期、不同文化、不同语言以及从不同学科角度，不同的学者对他的论述也不相同，始终没有一个确切公认的定义，不同时代对于政治的定义不同。首先，从字面看，政治概念由“政”和“治”组成。其中，政，从正从攵。会意兼形声。从支从正，正亦声。本义：纠正使正，匡正。政者，正也。政除了正之外，还有“公”、“公共”、“公共事务”之意等。与政组成的汉字、词极其的多：如：政变、政柄、政策、政党、政敌、政法、政府、政纲、政工、政教、政绩、政纪、政见、政界、政局、政客、政理、政令、政论、政派、政情、政权、政审、政事、政坛、政体、政委、政务、政协、政要、政德、邮政、民政、家政、政治，等等。“政”指的是正确的领导；“政”是方向和主体，“政”主要是政权，包含了政府，法院，军队，警察，监狱等要件。“政”代表硬件，“政”在中国古代一般主要指国家的权力、制度、秩序和法令，朝代的制度和秩序。治，本义水名，从水从台。自水的初始处、基础、细小处开始，以水的特征为法，进行的修整、疏通，是为治。治，一般做动词，亦可作名词或形容词。有统治、管理、治理、同治、共治、互治、治水、治山、治荒、治贫、治政，等等。在中国古代文献典籍上，《尚书》中的“道洽政治，泽润生民”，多被看作中国“政治”一词的较早来源。其中，“政”是指国家的权力秩序或制度、法令、政务等；“治”则指统治、管理等治理活动。“治”与“乱”相对称，显现为一种安定的社会状态。“政”与“治”的差别在于“政”指的是正确（如“政者，正也”）的领导，“治”则指的是正确的管理；“政”是主体，“治”是方法和手段，“治”围绕着“政”而展开。在《尚书》后的先秦许多文献中，政治经常被使用，如《管子》“以为天下政治也，此正天下之道也”。在《周礼・地官・遂人》中有“掌其政治禁令”。从“政治”的词源、发生学看，政治是随着人的产生而产生，有了人就有了政治。政治是随着人的发展而发展的。进而政治是人与自然相联系的一种普遍的社会生活现象。

作为西学的"政治"一词始于亚里士多德的《政治学》，其原本含意为城邦亦即公民对公共事务的管理、治理。政治的英文是"Politics"，当它刚传入中国时，汉语中没有与之相对应的词。孙中山曾经对"政治"作了学界皆知的界说，这一说法在当时及此后中国社会的政治生活和政治学发展中非常具有影响力。可见，政治同人相联系，也与社会相关联。人类社会历史发展到一定时期产生国家政治。国家政治是人类社会政治生活的特定历史阶段的特殊政治现象。所谓特定历史阶段，是指国家政治是一个历史范畴，有其产生发展和消亡的历史过程，不到产生国家政治的条件完成历史使命之前，国家政治是不会自动退出历史舞台的。所谓特殊政治现象，是指国家政治并不是也不可能是社会政治的全部，在国家政治存在的历史时期内，还存在着可称之为一般政治的"非国家的政治"，这种非国家政治往往同人类社会与生俱来，并且共始终。非国家政治总是直接或间接地同国家相联系。虽然非国家政治最终决定着国家政治的产生、存续和消亡，但是，在国家存在的时期内，国家政治却主导着或能动地反作用于非国家的政治。国家政治维护自身利益的方式主要表现为，以国家权力为依托的支配行为和以制约性权力为依托的各种反支配行为。这些行为取决于社会经济（尤其是生产资料所有制）关系所具有的必然性。

政治自系统又可分为政治实体（如人员、组织、机构等）和政治制度、政治体制、政治机制以及政治思维、政治思想、政治理论等三方面。前两方面大体归于政治存在或政治实践，后一个方面可归于政治意识或政治理论。它们之间是决定与被决定、作用与反作用的关系。政治自系统往往不自觉、不自决、不自证，归根结底要决定于政治他系统的存在状况及其发展程度，归根结底取决于经济。政治是经济的集中表现。

由是观之，要真正回答何谓“中国”及其何谓“政治”，我们认为就需要从文化思维方式的“中”、“道”、“中道”入手，解读中国，解析政治。中国文明是人类历史上唯一延续几千年的古老文明。被称为中国通的亨利·基辛格在他的《论中国》（中信出版社2012年版）一书中论证了中国文明特有的文化与政治根源。认为对于今天的中国人而言，不理解过去就无法塑造和开辟未来。政治不仅仅限于国家政治。政治有别于政治学和政治科学，它的本质体现国家政治的本质，就是通过各种基本形式实施对国家规范化的统治、管理和治理，进而通过各种基本形式实施对社会规范化的统治、管理和治理。政治由其所属的时空范畴。政治的时间范畴，即不同的时代政治、不同的世纪政治、不同的年代政治，历史上的政治、现实中的政治、未来的政治等等的时间维度；政治的空间范畴，即不同的社会政治、不同的政党政治、不同的阶级政治、不同的民族政治、不同的国家/度政治（国内政治、国际政治）、不同的领域（经济、政治、文化、社会等）政治、不同的区域（东、西、南、北、中等）政治、不同的地缘（乡村、农村、城市）政治，还有不同的性别（妇女）政治、不同的年龄（少年、青年、老年）政治、不同的职业（农民、工人、知识分子）政治等等的空间政治维度。政治是超然于一定人、物之上的一种“合力”。政治以其特有的政治思维、政治逻辑、政治思想、政治理论、政治实践、政治制度、政治体制、政治机制、政治行为等等的内容、形式和方式，表征着“政治自系统”自行运转的同时，还与“政治他系统”或非政治的经济、法律、文化、宗教、道德等社会现象有着密切的联系并且互相产生正负面的影响。中国政治，确切地说当代中国政治，首先和主要的是中国人（人民、公民）的政治，是中华民族的政治，是中国的政党（尤其是共产党）政治，是中国的国家/政府政治、是中国的社会政治。有什么样的中国人，就有什么样的中国国家，就有什么样的中国社会，就有什么样的中国政治。反之亦然，有什么样的中国社会，就会有什么样的中国国家，就会有什么样的中国政治，就应该会有什么样的中国人。我们应当树立共步人类政治文明发展大道的坚定意志。

因此，本课题认为中国政治，关涉到“旧中国政治”、“新中国政治”和改革开放以来的“新新中国政治”，以及国际政治、世界政治或全球政治。

（二）政治发展

“发展”的基本涵义主要是从历时态的维度展示事物从无到有、由小到大、由简到繁、由低到高、由旧到新的不断前进运动变化过程。就其过程而言，发展一般分为初级阶段、渐变发展阶段、部分质变或质变阶段。发展是事物的一种时空存在形式。发展是指事物从出生开始的由小到大、由简单到复杂、由低级到高级的一种连续不断的进步变化的过程，既有量的变化，又有质的变化，使事物的发育、进展、组织规模等不断更新。发展的根本动力根源于事物内部的矛盾运动。运动是物质的根本属性，而向前的，上升的，进步的运动即是发展。发展的近义词有开展、进展、发扬、发育、繁荣、变化、发达、起色、进步、兴盛、成长、生长等。发展的反义词有衰落、压缩、缩小、倒退、收缩、停顿、停滞等。发展可分为人的发展、个体发展、群体发展、整体发展、总体发展，社会发展、经济发展、政治发展、文化发展，科学技术发展，统筹发展，协调发展，持续发展等。发展学认为，发展包含两个方向，正向和负向。[①] 而政治发展中的“发展”，则主要突出的是政治的诸要素在其运动变化中不断前进（既是我又非我）的发展过程。就作为一个词组的“政治发展”而言，其既有别于经济发展、文化发展、社会发展，也是经济发展、文化发展和社会发展的使然与需要。

何谓“政治发展”？“政治发展”以示有别于经济发展、文化发展、社会发展等。政治发展是发展的一种历史类型。政治发展是与经济发展概念相伴生，又与政治衰败（政治退却）概念相对应。国内对政治发展概念做出学理界定的学者不下于数十位，其中有代表性的学者主要有张慰慈、王沪宁、李景鹏、王惠岩、李元书、王浦劬、燕继荣、陈鸿瑜、赵虎吉、杨龙、施雪华、杨仁厚等诸多学者。其中这些有代表性的学者的主要观点如下：早在民国时期，我国政治学家张慰慈先生，就对政治发展的相关概念做出探索性贡献。张慰慈先生尽管当时没有直接使用政治发展的学术概念，但是其确实从政治进化的角度关注了政治发展命题。张慰慈指出：“在宇宙之中，进化无处不在。无论是动物或植物，有形的物体或无形的组织，均是由渐渐的进化而变成现在情形的。国家、政治等概莫能外。基于进化原理，凡物的动作，必须变成适合于当时的环境，才能生存在宇宙之中，否则必在淘汰之列”[②]。张慰慈认为政治发展变迁具有一定的定律，且竞争和互助共同构成政治发展的驱动力。张慰慈还强调国家是进化的，“人类必须因时而动”，“万不能出一个永久的根本解决

---

① 参见李小云等. 普通发展学[M]. 北京：社会科学文献出版社. 2012。本书着重介绍发展的概念、发展的理论和发展的实践方法。主要论及的问题有：发展与发展学、古典发展理论、现代发展理论、参与式发展、发展指标、国际发展援助、贫困与发展、性别与发展、治理与发展、公民社会与发展、社会资本与发展、保护与发展、冲突管理与发展、健康与发展、权利与发展。

② 张慰慈. 政治学大纲外二种[M]. 安徽师范大学出版社，2017：65.

方法”。“要使每时期的人民能够用一种最适宜的调和方法,适用于当时的情势;同时又注意于情势的改变,再改变他们的方法,才能保持住持续不断的进化”①。王沪宁主张政治发展是与特定社会的历史—社会—文化相关联的变化的稳定政治体系。② 因此,王沪宁主张自从人类政治生活形成那天起,就一直萦绕于世。李景鹏先生从现实变动的政治过程视角出发,指出政治发展是指作为统治秩序代表者的国家与各种社会力量的较量过程,以及较量过程而形成的政治格局与发展趋势。③ 政治学元老之一丘晓先生认为,理解政治概念必须把马克思历史唯物主义关于生产力和生产关系、经济基础和上层建筑辩证统一的原理作为理论基础。④ 王惠岩先生也从马克思主义历史唯物主义的基本矛盾视角出发,指出政治发展是由进步阶级、阶层或集团等推动的,适应生产力和生产关系发展要求的政治制度与政治体制的变革与调整过程。⑤ 李元书先生经过对三十多种国内政治发展概念的归纳总结⑥,认为政治发展应当是不断寻

① 张慰慈.政治学大纲外二种[M].安徽师范大学出版社,2017:68.

② 王沪宁.比较政治分析[M].上海:上海人民出版社,1987:237—241.

③ 李景鹏.中国政治发展的理论研究纲要[M].哈尔滨:黑龙江人民出版社,2000:51.李景鹏特别指出至于以打碎现有的统治秩序为目的的革命,则是政治发展的特殊问题,而不是一般问题。革命虽然总的讲也是政治发展的一种形式,但革命对发展的作用主要在于革命所造成的结果为新的发展创造前提上。而革命过程本身则主要是起摧毁和破坏作用的。李景鹏认为从这方面来讲,革命并不意味着发展。所以,一般的政治发展都是在国家与社会上各种政治力量的相互作用中实现的。

④ 丘晓等.政治学辞典[M].成都:四川人民出版社,1986:419—420.

⑤ 王惠岩.政治学原理[M].北京:高等教育出版社,1999:255—256.

⑥ 李元书指出政治发展定义研究,主要集中体现为以下八个方面:政治发展是向西方某种既定政治体制模式的过渡过程;政治发展是传统政治社会向现代政治社会过渡,即实现所谓政治现代化的过程;政治发展是组织化程度提高和参与广泛化的过程;政治发展是用来描述民族统一构设和国家建立的过程;政治发展就是政治体系能力的增长过程;政治发展是政治的民主化过程;政治发展是一个从古至今并向未来延伸的政治生长过程;政治发展可看作是通过付出代价和扬弃代价以寻求再生之路的努力过程。

求发挥人的政治潜能的政治体制和政治生活方式的生长过程。李元书认为政治发展的终极目标是人的政治潜能的全面发挥、提高和政治人的彻底解放。① 王浦劬则从政治权力与政治权利的关系视角出发，指出政治发展实质上是利益变动基础上，政治关系（包括政治权力与政治权利）的变革与调整。政治发展的主要目标是政治民主。② 燕继荣对国内外政治发展概念进行了系统梳理，强调要把描述性与目的论的政治发展概念区别开来。燕继荣主张，既不能把政治发展描述性的理解为单一或一组过程，也不能把其简单作为目的论概念予以看待。燕继荣指出，相对于政治现代化的"破"的过程而言，政治发展是一个秩序的重构与新的平衡的"立"的过程。③ 夏征农与陈至立主编的《大辞海》中指出，从广义层面讲，政治发展指政治体系的更高社会形态演变；从狭义层面讲，主要指政治系统内部的发展与变化，特别是发展中国家从传统向现代社会的政治体系与生活的转型变迁。现代政治学中，政治发展包括若干相互关联的基本目标：秩序、稳定、民主、平等、自由等。④

我国台湾地区学者陈鸿瑜系统总结了西方学者对政治发展的研究定义，其主要有：杰克森和史坦恩认为政治发展可广义界定为，政治制度的有机体变迁的过程（Robert J. Jackson; Michael B. Stein, 1971）；毕尔认为政治发展主要指在历史过程中的一种方向或趋势的变迁（Samuel H. Beer, 1974）；亨廷顿把政治参与与政治制度化结合起来，指出能够实现政治制度化与政治参与程度的平衡的政

---

① 李元书.政治发展导论[M].北京：商务印书馆，2001：7.

② 王浦劬.政治学基础第2版[M].北京：北京大学出版社，2006：295.

③ 参见燕继荣.发展政治学政治发展研究的概念与理论[M].北京：北京大学出版社，2005：36—45.

④ 夏征农，陈至立.大辞海政治学·社会学卷[M].上海：上海辞书出版社，2010：5.

治体系是政治发展。反之，则是政治衰败(Samuel P. Huntington，1965)；科尔曼认为可以从历史的世界扩散、传统到现代的类型学转变和政治人的能力、政治结构的制度化演化等方面观察政治发展(James S. Coleman，1971)；阿尔蒙德认为政治发展主要指政治角色的分化、政治体系的自主化与政治文化的世俗化(Gabriel A. Almond，1959)；尼托认为政治发展是一组确定的已发展和低度发展的密切联系的顺序过程。政治发展既承认发展本身已成为需要的价值，也承认其有阶层次序(J・P・Nettl，1969)；亚伯特认为政治发展与各种类型的成长紧密相关，是经济成长、功能分化与社会整合的复杂模式的结合(David E. Apter，1970)；尼德勒认为一个国家的政治发展程度可由宪政和政治参与的单一分数代表得以体现(Martin C Needler，1968)；杜德认为政治发展是在一定发展目标基础上政治领域的一般变迁过程。且这种变迁关系包括政府权力的扩张和集中、政治功能和结构的分化和专业化政治参与的提升与政治人对政治系统的认同提升等方面(C・H・Dodd，1972)；达艾蒙认为政治发展是一种政治系统获得能力，成功持续地维持新型目标与建立新型组织的能力(Alfred Diamant)。[①] 此外，美国学者派伊、亨廷顿与福山等也从不同角度，对政治发展做了系统总结。如派伊在《政治发展面面观》中指出政治发展是经济发展的前提、工业社会的典型政治形态、政治现代化、民族国家运转、行政和法律发展、大众动员与大众参与、民主制度建立、稳定而有序的变迁、动员和权力、社会变迁过程的一个方面等十个方面的研究定义。[②] 亨廷顿与多明

---

① 参见陈鸿瑜. 政治发展理论[M]. 长春：吉林出版集团有限责任公司，2009：21—26.

② [美]鲁恂・派伊. 政治发展面面观[M]. 任晓，王元，译. 天津：天津人民出版社，2009：49—62.

格斯从地理的角度、派生的角度、目的论的角度、功能方法的角度对政治发展定义也进行了总结。亨廷顿等认为从地理的方法看，政治发展主要针对亚非拉或者工业化较差的国家；从派生的角度看，政治发展是更为广阔的现代化进程的政治后果；从目的论的角度看，政治发展是朝向一个或更多目标或代表政治体系的状态的运动①；从功能方法角度看，政治发展可看作是朝着现代工业社会所特有的有效发挥功能的政治必需品运动。② 福山则把政治发展与政治进化结合起来，指出政治发展侧重表现在政治制度规则的革新方面。③ 囿于西方诸多学者的政治发展定义已基本包含在我国台湾政治学者陈鸿瑜以及美国学者派伊、亨廷顿的系统总结之中，限于篇幅，就不再做进一步介绍。

本研究认为与“政治发展”相对应的概念是“政治退却”。政治发展通常是政治革命和政治改革两种形式的交替作用过程。从最广泛意义角度分析，政治发展同人类社会发展相并存。也就是没有哪一种社会能够出现脱离政治发展的现实状况；从政治发展的个性角度分析，不同地域、发展阶段的国家与地区，其政治发展存在着不平衡性与差异性。④

从一般意义上说，首先，就政治发展的含义而言。政治发展是基于一定经济形态基础上的政治或体制形态的不断变迁过程。

① 亨廷顿指出从多样化目标看，政治发展是民主、稳定、合法性、参与动员、制度化、平等、能力、变异、个性、渗透、分配、结合、合理化、官僚主义化、安全、福利、正义与自由等的结合体。从单一目标看，政治发展可看作是政治组织和程序的制度化。

② [美]塞缪尔·亨廷顿，乔治·多明格斯. 政治发展[M]//格林斯坦，波尔斯比. 政治学手册精选下. 储复耘，译. 北京：商务印书馆，1996：151—152.

③ [美]弗朗西斯·福山. 政治秩序与政治衰败从工业革命到民主全球化[M]. 毛俊杰，译. 桂林：广西师范大学出版社，2015：430—434.

④ 乔耀章. 略论作为社会主义定向的政治发展[M]//政府理论续篇. 苏州：苏州大学出版社，2013：116—117.

政治发展作为社会政治模式的变迁,有古代、近代、现代时代特征的区分与时代精神的要求。政治发展的历时态表现为从传统政治向现代政治转型发展。政治发展形式上表现为两种情形,即:政治革命——新旧政治制度更替的政治质变;政治改革——在自身政治制度基础上自我完善的政治量变。政治发展的这两种形式与情形往往又可以具象为"前进式政治发展"——成功的政治革命、政治改革和"后退式政治发展"——挫败的政治革命或举步维艰的政治改革。而举步维艰的政治改革往往又有可能会葬送成功的政治革命的成果。前者,关于挫败的政治革命如法国大革命后的复辟与反复辟的斗争。后者,举步维艰的政治改革,如中国的政治(体制)改革为着稳妥起见,选择了慎之又慎的历史心理依据,选择了相对滞后于经济体制改革的政治发展战略退却①。其次,是政治发展的动因与动力。抑或是政治发展的条件。唯物主义者就是唯条件论者。根据马克思主义基本观点,政治发展不是自然的自发的进行,而是受其客观规律支配的,必然有其发展的动因与动力。政治发展的根本动因是生产力发展的程度,导致经济基础的量变或质变,要求改革生产关系和变革政治制度或政治体制,在多种动因合力的作用下,将政治发展引向新的历史阶段或新的历史时期。这种发展的动因与动力可分为表层的和深层的两个方面:其表层的动因与动力往往是被一些偶然性或突发性的矛盾、冲突诱发政治发展。其深层次的动因与动力则是社会内在的基本矛盾运动,亦即生产力与生产关系、经济基础与上层建筑的矛盾运动,这是基于政治活动主体利益相关的

---

① 乔耀章.政治发展还是"政治退却"——新中国政治发展战略退却思问[J].阅江学刊,2009,1(01):23—29.

政治矛盾和政治斗争。这就说明社会转型(变迁)和政治变革、政治改革的终极原因是生产方式和交换方式的变更。这是不以政治活动中任何人的主观意志为转移的。

由是观之,"发展"、"政治发展"是一个非常严肃的、不可随意使用的大概念。政治发展首先主要是政治自系统的事,但又不仅是政治自系统的事。在中国,既要研究政治发展实践,也要研究政治发展理论,并且要勇于和善于正确处理好政治发展实践与政治发展理论的相互关系。如果没有中国政治发展的具体实践就不可能有正确的符合现实实际的政治发展理论,同样,如果没有科学的中国政治发展相关理论,就可能"盲人摸象",就难以正确指导迅速变迁的改革开放的中国政治发展具体实践。由此,我们认为研究中国政治发展要从中国社会实际出发,在政治发展实践和政治发展理论两条战线的结合部上下功夫。既要在根据中国政治发展实践升华出中国政治发展理论,又要在中国政治发展理论的指导下推动中国政治发展实践沿着正确的政治方向发展。

(三)道路特色

一个国家的道路问题关系着一个国家与民族的命运。与中国政治相联系的道路特色,以展示中国政治怎样发展、如何发展、发展途径、发展特色、发展模式、发展风采等等。

何谓"道路"或"发展道路"?道路是由"道"与"路"组成,道路在我国古代主要指通行之路。其用法较早出现于先秦文献。如"凡宾客会同师役。掌其道路之委积"①,现代汉语中,"道

① 《周礼·地官司徒》。

路”主要指“地面上可以供人或车马通行的部分”、“两地之间的通道”[①]，也可引申为“比喻事物发展的方向或途径”[②]“解决问题、处理事物或达到一定目标的方式方法”。通常政治学术语中，使用“道路”一词，主要是对其引申义的应用，即主要是指事物发展的方向和途径。如有革命道路、救国道路、发展道路、真理道路。道路是旗帜，是形象，是方向。“道”和“路”并称为道路的基本含义都是由一地通往/到达另一地的途/路径。其实，道与路是有区别的。从字形看，“道”字是由“首”和“走之底”构成的，“首”是指知、头、大脑，指言、思想，“走之底”则是言论、思想指导下的“行/动”。知行合一为“道”。“道”字指的应该就是陌生而必须走通才能到达目的地的路径。道则是眼睛看不到或看不清，必须由头脑分析、思考才能迈步前行的路径。如问道、闻道、弘道，大道、中道、小道，等等。“路”是连通人们经常前往目的地的路径，只需顺着就行。古时人经常借“路”表达“陆”字。因而，平陆上的、明显可见的路径便称作“路”。从唯物主义视角看，若无“路”便无所谓“道”。但从辩证的视角看，若无“道”则不成路。行之有道，方能路达天下。

就“道”与“路”分开使用而言，使用过程中，两个字极少能互换。如，鲁迅“世上原本没有路”，而没说“世上原本没有道”；从字形释义，“路”可理解为“顺步自动前行”；“道”字则应理解为“在脑袋指导下而走”；“路”是眼睛可见的，基本无需思考的路径；“道”则是眼睛难以看清，必须基于理性思考与探索才能迈步前行的路径。“路”只是一种达到目的路径，只需坚持前行就成路（世上本无路！）；“道”则是个人期望前往的前人少有开拓的路径或方向。我

---

① 李国炎等.当代汉语词典[M].上海：上海辞书出版社，2001：303.

② 杨庆蕙.现代汉语正误辞典[M].北京：北京师范大学出版社，2009：135.

们对“道”的探寻，必须随时用头脑思考分析，方能走通。

“道”，为中华哲学独有的哲学思想，对中华文明在各领域的影响巨大。道家的道，其最初意义是道路，后来引申为做事的途径、方法、本原、原理、境界、原则等等。老子在《道德经》开篇就说：“道可道，非常道；名可名，非常名。无名天地之始，有名万物之母。”主要意思是：道，可以说，可以名，永恒的道不是一般简单有名、有象事物，而应当是开天辟地之始，生育万物之母。“道”，难以彻底讲述出来，只可直观体验。同时“道”也不是口头上的空谈，而是实际存在。

在中华民族“道”智慧的启迪下，我们提倡关注“道”和“路”的区别是十分必要的，有其重要的学术价值以及理论意义和现实意义。“道”生“路”。“道”比“路”更为根本。好比“道”管头脑，通规律，“顶天”需要坚持上下求索，思想先于行动、先于可行之路。“路”管脚管足，两脚“立地”则可勇往直前。道不同，路则不同，道不同，路不相谋。正所谓“两股道上跑的车，走的不是一条路”（《红灯记》）。同样的道，具体的路则可以不同（同道，路途可殊）。再则，道与路的区别总是相对的。马克思发现唯物史观揭示了人类社会历史发展的客观规律就是“道”，但是在不同时空条件下人们通往未来的“路”则是不同的，有奴隶主义之路，有封建主义之路，有资本主义之路，还有社会主义、共产主义之路。同样是资本主义之“道”，就有英国资本主义之路，法国资本主义之路，德国资本主义之路，美国资本主义之路，日本资本主义之路等等。同样是无产阶级革命之道，就有法国的巴黎公社之路，俄国的彼得堡之路，中国的井冈山之路等等。中国特色社会主义道路，可以解析为“中国特色社会主义之道”和“中国特色社会主义之路”，相对于人类社会最终以世界社会主义取代世界资本主义之“道”来说，中国特色社会主义是“路”而非“道”。中国特色社会主义之“道”对中国特色社会主义之“路”来说不可或缺，如果离开中国特色社会主义之道，那么，中国特色社会主义之路就有可能走上“老路”、走上“邪路”（胡锦涛同志在中共十八大报告中指出既不走“老路”也不走“邪路”，而不是既不走“老道”也不走“邪道”，这似乎也可以作为“道”与“路”区别的佐证）。

此外，一个值得提出研究的问题是：为什么中国共产党历史上有那么多次的“路线斗争”①，而不是“道争”或“道路斗争”？为什么建国以来，特别是改革开放以来一直存在着非“左”即右或“左”与“右”之争？如果历史地凭实而论，中共历史上历次“路线斗争”尽管有些主观的人为因素，但在本质上都不是“道之争”，这些争论最初大多数因素不是因为“道”不同（尽管后来因矛盾性质发生变化，有投敌叛国的人除外），卷入“路线斗争”的那些中共高层领导人，起初都是为着反帝反封建，为了世界平等待我之民族，为了民族、民主之“道”走到一起来的，后来又为着中华民族伟大复兴、中国梦之“道”聚到一起来的。只是在把马克思主义普遍真理与中国革命和建设实践相结合过程之“道”中，产生认识方面的差别与矛盾，这些矛盾的性质属于“同道同志之间的矛盾”，在选择具体“路”径方面产生了分歧。生活常识告诉人们，你主张先迈开左脚，我主张先跨出右脚，无论是先左脚还是右脚，抑或是先右脚还是左脚，不管左脚还是右

---

① 这种所谓的“路线斗争”主要指中国共产党历史上曾经提到过的十次路线斗争。即所谓“陈独秀右倾投降主义路线；瞿秋白左倾盲动主义路线；李立三冒险机会主义路线；王明先左后右的机会主义路线；罗章龙右倾主义路线；张国焘分裂主义路线；高岗、饶漱石反党集团；彭德怀右倾机会主义路线；刘少奇资产阶级反动路线；林彪反革命集团”。此种错误提法，后来被邓小平同志在《对起草〈关于建国以来党的若干历史问题的决议〉的意见》中废弃。参见邓小平．邓小平文选：第2卷[M]．北京：人民出版社，2002：308.

脚，都必须行之有“道”，共同目的都是为着踏出一条路来。不迈脚，无论是左脚还是右脚，就没有路（人们总不能像麻雀一样“蹦着走”）。进而言之，不管是什么路，都不能离开“道”，更不能离经叛道！这就是“道”与“路”的辩证法。正因为如此，中国之路是由中国之道决定的。改革开放以来，不管是“四项基本原则”之首的坚持社会主义道路，还是“四个自信”之首的道路自信，“路”与“道”总是相随，形影不离。其中，无论是从逻辑的还是从历史的角度看，“道”始终是优位于先，并且寓于“路”之中。即便是中共十二大提出“走自己的路”，寓于此“路”之中的是把马克思主义普遍真理与中国具体实际相结合之“道”。“道”蕴含在“左”与“右”之中。由此可见，中国特色社会主义政治发展道路彰显着“中”与“道”的智慧之光辉。

还有一个值得提出研究的问题是，道路之“道”是直的，道路之“路”弯的。正如毛泽东指出的：“世界上没有直路，要准备走曲折的路”，只要“团结起来，就一定能够达到胜利的目的”。① “道”，抑或“理”是直的，曲折的则是“路”。生活常识启迪人们，自然界的河流一般不是直线的，而是弯弯曲曲的。在自然界，相对于走直路的非常态而言，走弯路往往反而是一种常态。我们可以把走弯路看成是政治发展前行的另一种形式、另一条途径。这样就可以像那些走弯路的河流一样，最终抵达那遥远的大海——政治目标。1996 年，课题负责人在《中国社会主义特色纵横谈》一书中就曾经如此说：社会主义的理/道是直的，社会主义现实之路是弯的。我们应当追求社会主义之理/道，小心走社会主义之路。为着始终如一的目标——建设有中国特色的社会主义，既要防止“左”，又要警惕右。② 我们

① 毛泽东. 毛泽东选集：第 4 卷[M]. 北京：人民出版社，1991：1163.

② 乔耀章. 中国社会主义特色纵横谈[M]. 苏州：苏州大学出版社，1996：64.

应当做好中国特色社会主义政治发展是一条曲折的闻“道”、弘“道”、行“道”、人“道”之“路”的思想准备。只要行之有“道”，方能“路”行天下。

中国道路是指适合中国国情的发展道路，有别于别国的道路。由中央文献研究室编著的《中国道路》一书，共有10章内容组成：历史选择；革命新路；艰辛探索；另辟蹊径；焕发生机；历史突破；发展新途；与时俱进；走向和谐；大道同行。① 全书展示了以中国共产党成立后推动中国革命、建设、改革为主题，展现了90多年探索取得的丰功伟绩和理论成果。中国道路，中国政治发展道路，其字面上是一种国别表达法，从性质或价值上说，则是一种“中性”或“价值中立说”。虽然在事实上，今天的中国道路，中国的政治发展不是中性的，也不是价值中立的，而是中国道路是坚持走社会主义的道路，中国政治发展道路是社会主义的政治发展道路，即中国社会主义道路，中国社会主义政治发展道路。但是，如果对“中国道路”、“中国政治发展道路”不冠以“社会主义”加以限定性，有人会理解为“中国资本主义政治发展道路”，甚至理解为“中国封建主义道路”、“中国封建主义政治发展道路”。或即便是把现在的“中国道路”、“中国政治发展道路”理所当然地理解为或看作是中国社会主义道路，中国社会主义政治发展道路，如果不加“社会主义”以性质定性，是否有将来可能嬗变为非社会主义的道路，或非社会主义的政治发展道路之忧。所以，我们主张在有关的正式文件、正式场合、正式研究成果中加“社会主义”限制词为好，不致引起歧义解释。中国道路之“道”，首先在性质上是指中国特色社会主义之道，

---

① 中央文献研究室《中国道路》课题组.中国道路马克思主义中国化经典文献回眸[M].北京：中央文献出版社，2011：目录.

中国特色社会主义政治发展之道；中国道路之“路”，在性质及其领域上可具体分为中国特色社会主义政治发展之路，中国特色社会主义经济发展道路，中国特色社会主义文化发展之路等。

何谓“特色”？特色本来有别于特点、特别、特征、特殊、独特等等。特色与事物的共性、个性密切相关。特色并不是事物的共性，但又与共性相关联；特色也并不简单地就是事物的个性，但又是个性的升华、扬弃和发展。共性包含于一切个性之中，无个性即无共性。特色并不是对共性的排斥，而恰恰是以它的存在为立论的前提的，如果不承认事物的共性，那么也就取消了承认特色的前提条件。研究特色必须研究事物的普遍性即共性，同时也要研究它的特殊性即个性，它们是紧密相连的。一般说来，特点、特性就是差异性，共性就是联系性、同一性。特色包含共性，但不等同于共性；特色不属于个性，但又是个性的升华与发展；特点、特性就是差异性，而特色除差异性的内涵外，还有自身的扬弃、自我肯定、自我创造、自我发展、自我完善、自我优化的能力等意义。① 由此可见，所谓“特色”不同于特别、特殊、特有、特点等等。特色不是强调一成不变，而是强调不断发展的。与其他概念、范畴相比，“特色”在特定的生态环境中体现出上述“六个自我”的特质。因此，人们对于“特色”追求的实践活动也不可能有一个尽头。

何谓“中国特色”？作为特定或专指的名词，“中国特色”本指用来修饰、限定“社会主义”的，这种社会主义是指把马克思主义普遍原理与中国具体实际相结合的产物，是中国共产党和人民在探索建设社会主义问题上的一次新的历史选择和伟大历史性创造。

① 参见乔耀章.区域政府管理问题初探[J].新视野，2006，(6)：38—40.

有中国特色的社会主义是其个性与马克思主义的社会主义共性的有机统一,是马克思主义的社会主义基本原理与中国国情相结合的科学概括。这里所说的“中国特色”,一方面,并不是指“中国特殊”、“中国特有”,并不是指体现中国国情的所有方面,也并不是指在国际社会主义实践中独一无二。既不能把中国特色理解为全部是中国特有的,也不能认为凡是别国有的东西,就不再是中国特色,也不能把中国所有的优与劣、好与坏等问题都说成是“中国特色”。中国特色具有整体表现的“单一性”和具体表现的多方面、多层次性的统一,我们可以从多方位、多角度,如从宏观、中观和微观方面考察中国特色的具体表现。另一方面,中国特色又不是一成不变的,而是不断发展变化的。社会主义初级阶段的生产力、生产关系、经济基础和上层建筑方面所具有的特色,会随着社会主义发展到更高阶段就会不再存在而被新的特色所替代。此外“中国特色”也应当有别于“中国模式”、“中国经验”、“中国方案”等等,限于篇幅不再赘述。由此可见,所谓“中国特色”首先和主要的是指中国所具有的事物,但又不仅仅限于中国所独具有的事物,尤其是指中国所具有的那种文明健康、积极向上发展、不断进步的事物。①由此要求我们必须从中外比较中,从普遍与特殊、共性与个性、一般与个别的关系中,从历史的、动态的、发展的观点中审视“中国特色”问题。②

中国道路产生和决定中国特色。相同性质、不同领域的发展

---

① 乔耀章,巩建青. 新时代中国特色社会主义政治发展道路的理论秘钥——“中”“道”思维的理论视角[J]. 阅江学刊,2017(6);乔耀章,巩建青. 新时代中国特色社会主义政治发展道路的理论秘钥——“中”“道”思维的理论视角[J]. 复印报刊资料(中国特色社会主义理论),2018(4).

② 乔耀章. 中国社会主义特色纵横谈[M]. 苏州:苏州大学出版社,1996:68—69.

道路有不同的内容与特色。它们共同的特质或特色都是中国特色社会主义发展道路。即便是在相同性质但在不同历史时期的发展道路特色也有所不同。在弘中国特色社会主义之“道”的前提和基础上，中国政治发展主要聚焦于走“路”问题，即：“既不走封闭僵化的老路，也不走改旗易帜的邪路”。“老路”与“新路”相对应；“邪路”与“正路”、“正道”相对应。新路、正路、正道就是坚持走中国特色社会主义道路。中国的政治发展正在路上，正在从“头”即为政之道做起，从“心”（初心）重新和再出发！中国政治发展之路在脚/足下。那么，中国特色社会主义政治发展道路的特色是什么，有哪些具体内容，这正是本课题所要着力研究的问题。

本章小结

通过对本课题主体概念的基本阐释表明，中华民族是一个有着几千年文明的古老民族，经历并正在经历了领先时代、落伍时代、赶上时代和引领时代的伟大的时代跨域。正如习近平同志在2018年博鳌论坛上所做的鲜明的论断那样：“一个国家、民族要振兴，就必须在历史前进的逻辑中前进，在时代发展的潮流中发展”[①]。在坚持新时代中国特色社会主义的前提下，中国政治发展取决于中国经济发展，有什么样的中国经济发展就有什么样的中国政治发展；中国政治发展是中国经济发展的集中体现，中国政治

---

① 中央宣传部编.习近平新时代中国特色社会主义思想学习纲要[M].学习出版社；人民出版社，2019：14.

发展能动地正负向反作用于中国经济发展；中国政治发展决定中国文化发展、决定中国社会发展；中国文化发展、中国社会发展也能动地正负向反作用于中国政治发展、中国经济发展。因此，中国政治发展是中国经济发展、中国文化发展和中国社会发展的关键“结合部”或“枢纽”。本课题主要聚焦于中国政治发展的时代背景、中国政治发展的逻辑起点、中国政治发展的历史起点、中国政治发展的性质条件和一般目的、中国政治发展的道路、中国政治发展的特色等问题的研究。

第二章　中国政治发展的时代背景

中国政治发展的时代背景，主要是指中国政治发展所隶属于何种时代的问题，它有别于“中国时代”、中国政治时代或中国政治发展时代等所具有的某种主导性或引领性的时代特质问题。何谓时代？我们身处其中的这个时代是什么时代？众说纷纭，不一而足。在本课题的题解部分里面，实际就已经给出一个潜意识，即政治、政治现象是与人相关联的，如果没有人，就没有政治及政治发展问题，从这个意义上说，政治、政治发展实质上就是或归根结蒂就是人、人的发展问题。由此，政治因人而开启“人类政治”，时代也因人而开启“人类时代”。我们认为政治发展首先和主要的是政治自系统的事，其次政治发展也不仅仅是政治自系统的事。同样，我们也认为中国的政治发展首先和主要的是中国自身的事，但也不仅仅是中国自身的事，同时也与其他民族国家及其所处时代相关联。因此，每个民族国家的政治并不虚无，每个民族国家的政治总是同人类所属时代紧密相关联。那么，什么是人，什么是人类，人类是从何而来的，现在何处，又向何处发展而去？从时间维度看，人类是大自然、是地球的创造物、生成物、存在物，人最终将回归自然。近几年来，学术界流行两个与此相关的热词：一个是

“Anthropocene”中文翻译为“人类纪”，是相对于地质学的概念，比如侏罗纪、白垩纪等等（虽然地质学家对此不完全认可），“人类纪”，一方面指，在过去七万年里的人类时代人类对星球的影响，大过其他一切因素；另一个是“后人类”，是当今哲学界针对人工智能时代来临而使用的一个新词“后人类”。[①] 根据马克思、恩格斯关于人类社会经历了“民族历史向世界历史的转变”的重要论断，民族、国家历史发展为世界历史、全球历史。全球历史、世界历史观照各民族国家的历史。本课题所论及中国政治发展的时代背景之“时代”是特指“人类纪”特定历史阶段，亦即人类社会从产生发展到资本主义历史阶段后，再从资本主义社会向社会主义社会、共产主义社会过渡这一大时代背景。这里所谓的“大时代”既有别于整个人类社会历史时代，又是相对于“小时代”而言的（如郭敬明先生写过的一部小说叫《小时代》）。从资本主义社会历史阶段过渡到社会主义共产主义社会的整个大时代期间又可以统领若干小时代。以下我们拟从人类史、世界史、全球化、人类命运与共以及资本主义与社会主义关系史及人类命运共同体方面切入分析论证。

一、从分散到整体世界历史的几个问题

汉语词汇中的“分散”一词的基本含义是在各处，不集中。整

① 参见 2017 年 11 月 27 日，在上海外国语大学虹口校区第 277 期“上外博士沙龙”活动中，华东师范大学政治学系教授吴冠军发表了题为“人工智能时代的政治哲学思考”的学术演讲。就是指 20 世纪 60 年代，一些发达国家进入以信息社会为特征的后现代之后，利用现代科学技术，结合最新理念和审美意识对人类个体进行部分地人工设计、人工改造、人工美化、技术模拟及技术建构，从而形成的一些新社团、新群体。这些人再也不是纯粹的自然人或生物人，而是经过技术加工或电子化、信息化作用形成的一种“人工人”的工业化 4.0 时代。

体就是一个有秩序、有组织的事物。在哲学上，整体相对于部分，关涉到事物的整体与部分的统一、联系与区别、相互作用与影响。整体（对应集体）有别于总体（对应群体）。广义的世界就是全部、所有、一切。世界代称的还有天地、天下、人间、世间、万物、世上等。世界之原意就是大自然的总和。人们通常所说的“世界”首先指的就是人类赖以生存的地球。人类原初是自然的，逐步走向自然与人化自然相统一的全球化了的世界。

中国政治发展是中国的，同时也是人类政治和世界政治的有机组成部分。依据马克思恩格斯在《德意志意识形态》中所阐述的世界历史思想。马克思恩格斯的世界历史思想高度概括了人类工业革命以来从民族史向世界史的整体历史进程。课题负责人曾在《政府理论》一书中认为，地球世界是属于全人类的，目前各民族国家基于私有性占有的疆域只是暂时的。康有为在其《大同书》中提出“全地公政府”概念，蕴含着“世界政府”的思想，但是当今时代条件下，一国政府还必须承认别国内政、主权的“私有”性，不能随意干涉。[①] 当今人类文明及其科学技术的进步，应当服务于地球世界全人类的福祉，而不应当沦为某个民族国家推进霸权政治的工具。为便于阐明本课题研究的总体思路起见，需要简介与整体世界历史进程相关的理论著述。

（一）从分散到整体的世界史

20 世纪 80—90 年代，在我国世界历史学界曾经有学者研究出版《从分散到整体的世界史》系列丛书。可见的有湖南人民出版社出版的由李植枬、陈隆波、罗静兰、尹元超等任主编的《从分散到

① 乔耀章.政府理论[M].苏州：苏州大学出版社，2003：70、156.

整体的世界史》(列上古、中古、近代、现代、当代分册)(1990)。这些著作在"从分散到整体的世界史"篇名下,又略有别于《世界通史》的编撰体例。从分散到整体的世界史,主要是从纵向时间维度素描人类文明形态的演进,即原始采集文明→游猎文明→农业文明→工业文明→后工业新型文明的演进。早自 15—16 世纪起的"地理大发现"起,后经 17—18 世纪末 19 世纪初的工业革命,人类开始走出分散状态,随着十九世纪后半叶兴起的帝国主义瓜分狂潮,到 19 世纪末,东西方世界已连成一体,资本主义世界体系最终完成,进入世界资本帝国主义阶段。

从分散到整体世界史的可贵探索,给予人们的启示主要在于:凡事都有其时间和空间的因果关联,既不要割裂历史,也不要光看眼前,还要看到未来的发展态势。亦即考察研究对象从何而来,现在何处,向何处而去。我们将从纵向的时间维度,略述人类史、时间史、轴心时代、人类文明史;从横向的空间维度,略述全球化、全球学及地球世界人类命运与共问题。

(二) 人类简史与时间简史

《人类简史》①,在 2012 年以希伯来文出版以来(中译本由中信出版社 2014 年 11 月出版发行),描绘了从十万年前人类生命迹象开始到 21 世纪以来的人类发展史,揭示了一个毫不起眼的族

---

① 参见[以色列]赫拉利. 人类简史变成神的这种动物[M]. 北京:中信出版社,2014. 该书主体由四个部分和后记组成。第一部分,认知革命:人类,一种也没什么特别的动物、知善恶树、亚当和夏娃的一天、毁天灭地的人类洪水;第二部分,农业革命:史上最大骗局、盖起金字塔、记忆过载、历史从无正义;第三部分,人类的融合统一:历史的方向、金钱的味道、帝国的愿景、宗教的法则、成功的秘密;第四部分,科学革命:发现自己的无知、科学与帝国的联姻、资本主义教条、工业的巨轮、一场永远的革命、从此过着幸福快乐的日子、智人末日;后记:变成神的这种动物。

群,如何成为地球主宰的历史。与《人类简史》集中探讨“人类纪”的来龙去脉,霍金的《时间简史》则集中探讨人类纪是怎样产生或人类纪的史前史态势。斯蒂芬·霍金[①]的《时间简史》是记录宇宙产生变化的科学著作,首次出版于 1988 年,现已被翻译成 40 多种文字,畅销全世界。《时间简史》[②],假定时间(和空间)是由宇宙大爆炸开始,演化到黑洞结束。《时间简史》认为随着宇宙的大爆炸,宇宙空间不断扩大。大约在距今 50 亿年前,太阳形成,然后大约在距今 46 亿年前,地球形成,并成为了太阳系的九大行星之一。这就是霍金的大爆炸宇宙的理论基础。

(三) 人类文明与轴心时代

文明的对应/立面是野蛮。人类文明的内涵一般指物质文明、政治文明和精神文明。文明社会有别于野蛮社会,是开始谋求公平规则的社会。人类的文明史,开始于文字的发明。

人类文明是伴随着生产工具的进步以及生存资料的相对过剩而快速演进的,在此期间出现了一些文明社会以及文明社会的思想家。特别是随着人类社会演进到公元前 800 年至公元前 200 年之间,人类社会进入了卡尔·西奥多·雅斯贝尔斯《历史的起源与目标》中所特指的人类文明的轴心时代。在轴心时代,各文明民族

---

① [英]史蒂芬·霍金.时间简史[M].长沙:湖南科学技术出版社,2002.霍金《时间简史》中用自己全新的物理理论回答了有关宇宙的基本问题。在具体写作时,他放弃了所有数学的理论公式,将关于宇宙的起源和生命的基本理念首次用简明、易懂的语言介绍给一般读者,致力于让更多的人去了解自己生存的宇宙,该书因此成为将高深的理论物理通俗化的科普范本。

② 全书共十二章组成:我们的宇宙图像;空间和时间;膨胀的宇宙;不确定性原理;基本粒子和自然的力;黑洞;黑洞不是这么黑的;宇宙的起源和命运;世间箭头;虫洞和世间旅行;物理学的统一;结论。

的精神导师们都提出了“终极关怀”的理论命题，开始用理智的思维审视世界。①

由此观之，从人类起源和文明起源史可见，人类起源决定人类文化，人类文化决定人类文字，人类文字决定人类文明。由此可以提出几个值得进一步深入研究的问题是：第一，文明是人类发展到一定历史阶段的产物。既然文明起源于文字的产生，那么，文明史亦即文字史，反之亦然，文字史亦即文明史（文字只是文明的一种标志，文明史应早于文字的产生）。第二，将近 9/10 的人类史前史是没有文字、没有文明的，但是应该有文化的。第三，基于亚里士多德、马克思关于人和政治的逻辑关系，人、人类、文化、文字和文明都与政治密切关联。第四，依照马克思主义的观点，与有人类文字记载以来的历史相依存的文化、文字、文明都与阶级斗争相联系。但是，阶级斗争是一个历史的范畴，有其产生、存在和消亡的历史过程。一切阶级斗争都是政治斗争。亦即人、文化、文字、文明都具有政治性。当阶级斗争退出历史舞台之时，人、文化、文字、文明及政治还将与时俱进。第五，一般文明是指社会的一种进步状态，与文化、文字、阶级斗争、政治相联系。那么，“文明际”亦即文明与文明之间会否有冲突呢？亨廷顿的《文明的冲突》一书给出肯定的回答。值得进一步探究的是，文明际会冲突吗？是文明冲突还是文化冲突？根据课题负责人对文化与文明关系的辨析认为，凡文明的一定是文化的，但凡文化的则不一定是文明的。（文明与文化是可以相互转化的。文化的精华与文明？文化的糟粕与野蛮？文明具有差异性、多样性。作为人类社会进步状态的文明，进步前的“原有文明”与进步后的“自身基础上的文明”会冲突吗？

① 杨凤霞. 史海探微[M]. 哈尔滨：黑龙江大学出版社，2013：153.

不同文化中的精华会冲突吗？不同文化中的糟粕的“合流”，与不同文化中的精华会冲突吗？“原有文明”会逆向为不文明的糟粕吗？与不同文化中的糟粕“合流”，与不同文明产生冲突吗？）从这个意义上说，亨廷顿的《文明的冲突》实质上可以理解为《文化的冲突》，准确地说是不同文化中的糟粕与各自文化自身中的精华之间的冲突，以及各自文化中的糟粕与不同文化中的精华亦即“文明成分”之间的冲突。各自文化中的精华与不同文化中的精华亦即“文明成分”之间共同但有区别，应当和谐共生、共处、共存、共享。而问题的关键在于什么是和如何区分精华与糟粕。第六，可否认为文明的冲突抑或是文化的冲突，是全球化历史过程中民族国家间的阶级斗争或政治斗争的另一种表达法。

（四）地理大发现对世界历史的影响

1923年，英国著名作家韦尔斯出版了世界史著作《韦尔斯世界简史》。其指出人类的历史是一部文明与蒙昧相交织、苦难与幸福并存的发展史[①]。在从分散到整体世界历史形成发展进程中，资本主义精神所幻化的地理大发现发挥了非常革命性的作用。地理大发现，又名大航海时代或新航路开辟。其主要是指15到18世纪年间，以克里斯托弗·哥伦布、瓦斯科·达·伽马、巴尔托洛梅乌·迪亚士、斐迪南·麦哲伦等为代表的欧洲船队，受经济利益与政治利益等的利益驱使，寻找新的贸易路线与贸易伙伴，以发展新生资本主义的探索过程。这样无意间，具有探索精神的新航路人，发现了诸多欧亚大陆、非洲以外的新的陆地，伴随着地理大发

---

① [英]韦尔斯.韦尔斯世界简史[M].郭清香，译.贵阳：贵州人民出版社，2004：364—442.

现,东西方之间的文化、贸易等的交流开始加速出现。欧洲这个时期的快速发展奠定了其超过亚洲繁荣的基础。地理大发现对于欧洲以外的国家和民族而言,既促进了文化交流,促进了文明的成长,同时也带去了灾难。但是无论如何地理大发现确实促成了人类历史从分散走向整体。正如《大国崛起》中所描述的"在15世纪中叶,人类知识总和中已知的陆地面积只占全体陆地的2/5,航海区域亦只有全部海域的1/10;但到了地理大发现结束时的17世纪末,人类知识总和中已知的陆地和海域都已达到全体的9/10。"因此,绝大多数历史学家认为从分散走向整体世界史开启于大航海时代(公元1500年前后)。也正是从那个时候起地理大发现让割裂的基本各自为政的世界开始引发国家竞争,不同的文明间开始相互联系、相互注视。[①]。在文明交流的过程中,地理大发现之中心的欧洲以及受欧洲工业革命力量辐射的地域,逐步产生了一些世界性资本主义强国。虽然这些世界性强国远不足以构成完整的世界,但是,它们的性能却在一定历史条件下制约着整体性世界,或它们的性能会对整体世界的性能状态起着决定作用。

(五)全球化与全球学

伴随大航海时代之后所兴起的资本主义全球扩张,整个世界开始从封闭、分散走向开放和联系,对此,马克思和恩格斯在《共产党宣言》中给予描述。大航海时代促进了全球联系的形成,促成了资产阶级政治势力的生长,促成了工业革命,为欧洲封建势力敲响了丧钟。这样,伴随着世界历史的整体化进程,人类社会开始走向

① 参见大国崛起CCTV十二集大型电视纪录片·解说词[M].北京:中国民主法制出版社,2007:3.

全球化。如果说最初推动全球化历史的主要推动力是资本主义开拓精神以及资产阶级政治力量，那么进入 20 世纪中期以后的全球化进程开始显现为一种自发的非政府力量推动。其中最主要的是代表资本主义市场力量的全球跨国公司。因此从这个意义上说全球化是一种资本主义内在地冲动性。进入 20 世纪 90 年代冷战结束以后，随着世界民族解放运动的基本实现，资本主义新阶段的帝国主义通过全球化单纯获利的历史阶段开始过去，这样全球化造成了不同国家国内与国际层面的社会两极分化。这样，全球化的双刃剑作用，导致不同国家、不同利益集团、不同个人，开始呈现对全球化的不同接受程度。在一些更多受益于全球化进程的原先边缘国家或者被动全球化国家开始主动接纳全球化进程，相反那些最早受益于全球化进程的国家内部却出现了强大的“反全球化”或“逆全球化”力量。

全球化趋势的社会现象已经引起世界各国的人们及学术界的广泛关注、思考和研究。伴随全球化问题的出现全球学理论研究随之兴起。全球学是以全球问题为研究对象的综合性学科。为全球学奠定了基本向度的是罗马俱乐部在 20 世纪 70 年代以后做出的《增长的极限》和《人类处于转折点》这两个研究报告①。我国较早关注全球化及全球学问题的研究者有俞可平、蔡拓、孙国强等等。北京大学著名教授俞可平先生的主要研究领域包括政治哲学、中国政治、比较政治、全球化、治理与善治、公民社会等。他是国内学术界比较早的研究全球化与政治发展问题的知名专家。他在《全球化与政治发展》(社会科学文献出版社，2005 年 2 月版)一书中认为，全球化是一个整体性社会变迁过程。全

① 蔡拓.全球学：概念、范畴、方法与学科定位[J].国际政治研究，2013(3).

球化在极大影响各国经济生活的同时，也对各国政治生活发生着日益深刻的影响。俞可平先生针对全球化如何影响国家政治发展、全球化与全球治理的关系命题、全球化时代的资本主义和社会主义走向、全球化时代对中国经济、政治、社会生活、行为方式甚至思维方式的具体影响以及中国的应对方式等问题做了详细探讨。2008 年 8 月，中国政法大学全球化与全球问题研究所教授、所长，著名全球问题研究专家蔡拓教授出版《全球化与中国政治发展》(中国政法大学出版社出版)一书，该书着重对全球化条件下中国政治发展的新视界、全球化与中国公民社会的成长、全球化与中国公共事务管理的变革、全球化与中国对外战略的转型等问题进行了研究思考。2008 年，贵州大学客座教授、贵州师范大学客座教授孙国强在贵州人民出版社出版《全球学》著作。为进一步深入探究这些人类所面临的重大问题，中国政法大学全球化与全球问题研究所于 2011 年 8 月在北京顺义召开了以“全球治理与全球学学科的构建”为主题的学术研讨会。会后，由蔡拓教授和刘贞晔教授编辑出版论文集《全球学的构建与全球治理》(中国政法大学出版社 2013 年版)，以全球学学科的构建、全球治理及其变革和国际法与全球治理三篇展开论述，内容涉及新世纪以来全球治理面临的危机与深度变革以及全球学的学科建构等方面的问题。在此基础上，2015 年 4 月，蔡拓先生又出版《全球学导论》(北京大学出版社)一书，为全球学知识体系建构提供理论基础。在此基础上，2017 年 12 月，蔡拓先生出版《全球学与全球治理》一书，对自己长达十年的全球学代表性研究成果进行系统化的集中推介。以蔡拓先生为代表的全球学中国学者寄希望于通过全球学理论研究为中国积极参与全球治理，解决人类共同面对的难题和挑战贡献中国智慧、中国方案。

（六）地球世界人类命运与共

现实人类休养生息的地球世界只是太阳系内部的一粒尘埃，在太阳面前地球也只是一粒砂石。原始自然孕育了地球世界人类。轴心时代，给人类提供了无穷的哲学思想智慧。地理大发现促成了人类文明从分散到整体的全球交融。也就是人类从自然历史孕育中走来，通过“天人合一”的演进历程，从各民族国家的四面八方走进当今世界的全球现实，并且还将在全球化行进中走向人类的未来。基于此，可以说人类社会同自然、同人类自身之间是一个命运共同体。人类命运共同体本身包含着各民族国家之命运共同体。有时人类命运共同体与各民族国家命运共同体两者在一定条件下可以相互影响，互相转化。人类命运共同体之整体具有其各民族国家命运共同体之部分在其孤立状态中所没有的整体性特性。根据以上关于整体世界、全球化、全球学相关内容的略解，需要关注以下几个问题。其一，人类命运共同体是由全球化的各内在要素相互联系构成的有机统一体及其发展的全过程。各民族国家命运共同体是指组成人类命运共同体有机统一体的各个方面、要素及其发展过程的每一个阶段。其二，人类命运共同体之整体和各民族国家命运共同体之部分既相互区别又相互联系。其区别主要表现在，人类命运共同体与各民族国家命运共同体二者之间有比较严格的界限，它们的地位和功能不同；其联系主要表现在，人类命运共同体与各民族国家命运共同体二者之间不可分割，相互影响。其三，人类命运共同体之整体与各民族国家命运共同体之部分的地位和功能不同。主要有三种情形：人类命运共同体之整体具有各民族国家命运共同体之部分根本没有的功能；人类命运共同体之整体的功能大于各民族国家命运共同体之部分功能之和;人类命运共同体之整体的功能小于各民族国家命运共同体之部分功能之和。其四,人类命运共同体之整体与各民族国家命运共同体之部分之间的联系主要表现在不可分割和相互影响两个方面。前者不可分割,人类命运共同体之整体由各民族国家命运共同体之部分组成,人类命运共同体之整体只有对于组成它的各民族国家命运共同体之部分而言,才是一个确定的人类命运共同体之整体,没有各民族国家命运共同体之部分就无所谓人类命运共同体之整体。各民族国家命运共同体之部分是人类命运共同体之整体中的部分,只有相对于它所构成的人类命运共同体之整体而言,才是一个确定的各民族国家命运共同体之部分,没有人类命运共同体之整体也无所谓各民族国家命运共同体之部分,任何各民族国家命运共同体之部分离开了人类命运共同体之整体,各民族国家命运共同体之部分就失去了它原来的意义。后者相互影响,人类命运共同体之整体的性能状态及其变化会影响各民族国家命运共同体之部分的性能状态及其变化,反之,各民族国家命运共同体之部分也制约人类命运共同体之整体,甚至在一定条件下,关键的各民族国家命运共同体之部分的性能会对人类命运共同体之整体的性能状态起决定作用。比如,人类命运共同体之整体构建会决定影响中华民族命运共同体的建构,反之,中华民族命运共同体之部分的建构会对人类命运共同体之整体建构的性能状态起决定作用。其五,理解人类命运共同体之整体和各民族国家命运共同体之部分的相互关系,就是要从人类命运共同体之整体着眼,寻求最优的目标,与此同时,搞好各民族国家命运共同体之部分着手,使人类命运共同体之整体功能得到最大的发挥。

由此可见,当今人类早已生活在马克思所揭示的“世界历史”时代,即生活在你中有我,我中有你、命运相连的全球化时代。构建人类命运共同体理念是全球化时代的题中应有之义。[①] 由于国际、国内斗争的复杂性，无论是各民族国家命运共同体得构建，还是人类命运共同体的建构抑或是这两种命运共同体之间互构、互鉴，目前都还处于一种理想状态。在经济全球化背景和构建人类命运共同体时代要求与召唤下，必然会对中国的政治发展产生广泛、深入而又持久的影响。[②]

二、中国政治发展面对的时代与时代主题

中国的政治发展是全球化时代国际社会整体化发展进程的重要组成部分。通常人们所说的人类社会已经进入全球化时代中的"时代"，只是多种关于时代表达法中的一种。解析时代观问题可以着眼于时间维度、空间维度和价值维度"三个维度"。无论是从时间维度还是从空间维度看，当今世界的二百多个国家和地区随着科学技术的进步、国际社会生产力和国际交往的普遍发展，正越来越显示出世界整体化的发展趋势。但从国际社会的价值维度来审视，人类社会依然处于马克思恩格斯一百七十年前在《共产党宣言》中宣告的人类社会已经开启从世界资本主义向世界社会主义发展、过渡或转型的历史时代。我们拟从世界资本主义、世界社会主义及其共时代共处的相关时代问题展开分析论证，以期达至四个再认识，即对世界资本主义再认识、对世界社会主义再认识、对世界资本主义与社会主义关系再认识以及对中国特色社会主义再

① 参见于沛. 从大历史观看人类命运共同体[J]. 求是，2019(2).

② 蔡拓. 世界主义的新视角：从个体主义走向全球主义[J]. 世界经济与政治，2017(9).

认识。

（一）关于世界资本主义

资本、资本主义最初来到世间只是局部的区域性的，但它后来逐步扩展到了全世界，因而成为了"世界资本主义"。

什么是资本主义？资本主义从何而来？资本主义现在何处？资本主义向何处而去？这是探究我们所处时代问题的"主角"问题。（我们所处时代的主配角及其相互关系）

新陈代谢规律反复证明，历史上产生的也都必将在历史上消失。我们已经知道，与传统的民族国家历史相对应的是整体世界历史概念，与传统的世界东西南北中相对应的是全球化概念。与传统的资本主义是西方社会发展的产物相对应的，是资本主义是人类社会共同发展的发明物、创造物，它既不是人类社会从来就有的，也不会永远存在下去。历史已经表明，人类社会的资本主义首先在西方社会产生，既有其历史的必然性又有其或然性。当人类社会演进到一千五百年左右最初孕育产生的资本主义只具有某些地区性或区域性，并不具有世界性或全球性。马克思恩格斯在《共产党宣言》中所揭示的从地中海沿岸城市市民中产生的最初的资产阶级分子，在反封建的斗争中，逐步走出地中海，走出欧洲，走向世界，按照自己的面貌，通过殖民侵略掠夺途径走遍全球，创造了一个世界。那么，资产者、资产阶级是如何走进历史舞台，走遍世界、创造世界的？本课题在对资产者、资产阶级、资本主义概念做出基本界定基础上，梳理推介相关研究文献为证。

1. 什么是资产者、资产阶级、资本主义？

循名责实。通常说来一个概念、术语从发明到使用一般要滞后它的实体的存在。同样，"资本主义"作为人类社会的一种思潮思想、意识形态、社会实践、社会运动、社会制度、社会形态等专有概念被人们发明和使用，要比它的实际社会存在要晚得多，也就是说，资本主义的实际、实体存在要比资本主义概念的发明和使用要早得多。不仅如此，“资本主义”要比“资产者”、“有产者”、“资产阶级”、“资产阶级分子”、“统治阶级”等概念的发明使用要晚得多。资产者是原子化、分子化了的资产阶级。在中文版的马克思恩格斯《共产党宣言》的第一部分或第一章中用了“资产者和无产者”标题。就在当页下注解“资产者是指拥有生产资料财产的资产阶级”，“无产者是指不占有生产资料财产的无产阶级”。其实这一用语的细节是不该忽略的。资产者或有产者是从前资本主义社会中逐步孕育产生的。资产者或“有产者”是一个个体概念，而资产阶级则是一个有资产者或有产者组合的集合概念或集体概念。在资本主义的现实社会生活中，在一定的主客观条件下，资产者与无产者是在不断地相互转化着的。资产者可由无产者发展或转化而来，资产者也有可能转变为或转化为无产者（即便是在当今不成熟的社会主义的历史条件下，这种转化现象也会经常发生的。譬如，在我国屡屡因“穷怕了的”权力腐败分子、蜕化变质分子等，他们或她们的非法巨富或戏剧性的巨富，会嬗变为资产者，进而嬗变为国内或国际的资产阶级，对此，善良的人们切不可等闲视之）。资产者、有产者进而组织成为阶级即资产阶级，事情就会发生局部性质或根本性质的变化。因为一旦形成资产阶级，就会显示出资产阶级的历史性的本性来（要展开深入的富有说服力的研究，关键还不在于资产阶级的“本性”是什么，而在于正确解读资产阶级本性的“历史性”）。因此本课题研究主张不应当混淆资产者-资产阶级-资本主义三者概念。

何谓资产者？资产者、有产者，一般是指资产、资本、财富的拥有者，尤其是指资本、生产资料用以剥削他人的所有者、占有者。何谓资产阶级？首先涉及到什么是阶级，在资产阶级之前有过哪些阶级的问题。关于什么是阶级，在人类思想史上，或在马克思主义发展史上，最早是由列宁在其《伟大的创举》中给“阶级”下过一个定义。[①] 在资产阶级出现以前，有过奴隶主阶级，地主阶级。从某种意义上严格说来，与奴隶主阶级、地主阶级对应的奴隶、农民都还不能称其为“阶级”。1852 年 3 月 5 日马克思给他在美国的朋友约瑟夫·魏德迈的信中指出，发现现代社会有阶级存在或发现各阶级间的斗争，都不是我功劳。马克思的新贡献主要有三个方面[②]。这里特别需要指出的是，人们从马克思的第一点新贡献可见，阶级的产生和存在是一种历史的范畴和历史的现象，它不是从来就有的，也不会永远存在下去，这不是以人们的主观意志为转移的。人类社会阶级的产生是基于生产力的发展，是基于私有制的出现，是基于社会分工的发展。阶级的产生是新产生力突破旧生产关系的结果，因而有利于生产力的发展，由此阶级的产生是一种历史的进步现象。尽管这是一个使绝大多数人沦为被剥削、被压迫的极其痛苦的过程，但阶级的出现毕竟是当时社会生产力发展所要求的，亦即阶级产生和存在既是历史发展所必然性的，也是对社会发展所必要性的。然而，问题在于阶级的产生往往是一个“润物细无声”的自发的过程，但是阶级的消灭和消亡则必须经过自觉的“烈烈轰轰”的反复斗争的过程。问题还在于，马克思关于“阶级的存在仅仅同生产发展的一定历史阶段相联系”的科学论断如何全面科学地理解与坚持的问题。当今的人类社会，当今的全

---

① 列宁. 列宁选集第 4 卷[M]. 北京：人民出版社，1995：10.

② 马克思，恩格斯. 马克思恩格斯选集：第 4 卷[M]. 北京：人民出版社，1995：547.

球化的世界，乃至当今的中国，阶级是否还依然存在？与阶级相联系的阶级斗争是否还依然存在？当今中国是否可以率先在人类的世界历史范围内告别阶级与阶级斗争的存在？人类文明发展进步的历史将会证明，一国范围内不会最终消灭或消亡阶级、阶级斗争，就像一国范围内不会单独产生、存在阶级和阶级斗争一样。

何谓资本主义？在《马克思主义原理辞典》、《马克思主义大辞典》、《马克思主义辞典》等工具书中指出资本主义主要是指以资本家剥削雇佣劳动为基础的社会制度，它是继封建制度之后的一个历史阶段。封建社会末期社会生产力和商品经济的发展，引起了封建制度的解体和小生产者的分化。其结果，一方面，产生了被剥夺了生产资料的“自由”劳动者，他们成为靠出卖劳动力为生的雇佣工人；另一方面，产生了积累起大量货币财富和占有生产资料的剥削者，他们成为靠雇佣和剥削工人以获取利润的资本家。这样，就形成了资本主义生产关系。在 14、15 世纪，地中海沿岸城市开始出现资本主义萌芽。从 15 世纪末开始一直持续到 19 世纪初的资本原始积累，使资本主义生产关系得到迅速发展。在此基础上，经过 17、18 世纪英、法等国的资产阶级革命，18 世纪 30 年代开始到 19 世纪中叶欧美各国产业革命的胜利实现，资本主义制度最终得以确立和巩固。① 资本主义制度的基本特征是：商品生产占统治地位，不仅一切劳动产品成为商品，连工人的劳动力也成为商品；资产阶级占有生产资料，剥削雇佣工人，而无产阶级只能靠出卖劳动力维持生活；以追求剩余价值为目的和动机；使用机器进行社会化的大生产；无产阶级和资产阶级的矛盾和斗争。资本主义政治上层建筑的主要部分，是资产阶级专政的国家政权及其法律

① 张占斌，蒋建农. 毛泽东选集大辞典[M]. 太原：山西人民出版社，1993：356.

制度，是在资本主义剥削制度的基础上建立起来并为之服务的。资本主义意识形态的核心，是资产阶级的极端利己主义和唯利是图，但又总是用“民主”、“自由”、“平等”的虚伪宣传掩饰资本主义制度的本质。①

由此可见，“资产者”有别于“资产阶级”，“资产者”、“资产阶级”有别于“资本主义”，“资本主义”又有别于“资本主义时代”。在共时态维度中或同一国度中，资产者、资产阶级的利益与无产者、无产阶级的利益往往是存在着对立的，但在历时态维度中或不同的国度中，资本主义与其后继者（特别是在其自身基础上成长起来的）社会主义则往往并非是对立的。讨论我们的时代是什么，应当以什么是资本？什么是资本主义？或资本是什么？资本主义是什么，作为立论的前提或逻辑起点。那种把资产者、资本家简单等同于资产阶级进而简单等同或混同于资本主义的观点是值得商榷的。相对于前资本主义而言，资本主义提供了最高的社会垂直流动性，下可上，上亦可下。“富不过三代”是资本家的失败，但却可能是资本主义的成功。产品、技能、知识、思想都可转化为资本，“不要说我们一无所有”，每个人都可以做自己的主人。创新和创业不问出身、人种、贫富、地位的高下，只要具备增值潜力就可走上资本的神坛。资产者、资本家、资本家阶级亦即资产阶级的失败、灭亡，并不等于或就是资本主义的灭亡。根据列宁关于资产阶级国家是被消灭的，而无产阶级国家是自行消亡的观点，由此得到启示，比较严格地说来，与其说是“资本主义灭亡”倒不如说是“资本主义消亡”更为确切些。当然，资本主义的消亡并不是“自行”的，

① 参见徐光春. 马克思主义大辞典[M]. 武汉：崇文书局，2018：198；许征帆. 马克思主义辞典[M]. 长春：吉林大学出版社，1987：1063；刘炳瑛. 马克思主义原理辞典[M]. 杭州：浙江人民出版社，1988：682.

历史进程中的确需要诉诸一定的“外力”。

2. 世界资本主义发展的历史阶段

关于资本主义发展阶段问题，学界大体上有两种划分法。一种是将资本主义发展分为五个阶段：第一、资本主义萌芽阶段（14—16 世纪）；第二、资产阶级革命阶段（17—18 世纪）；第三、自由资本主义阶段（18 世纪 60 年代—19 世纪 70 年代）；第四、垄断资本主义阶段（19 世纪 70 年代—20 世纪 40—50 年代）；第五、国家垄断资本主义阶段（20 世纪 40—50 年代以来）。对世界资本主义阶段的历史划分还可划分为两个大的阶段，即自由竞争资本主义和垄断资本主义两个阶段。其中，自由资本主义阶段（16—19 世纪），其主要特征是自由竞争、政治民主、商品输出；其中，垄断资本主义阶段（19 世纪末 20 世纪初～现在），主要特征是垄断组织形成以及金融资本与资本输出的形成。列宁指出：帝国主义是资本主义的最高阶段。世界资本主义社会从自由竞争的资本主义到垄断阶段的资本主义，是资本主义社会在其内部的一次局部调整。自由资本主义到垄断资本主义的资本主义演变，是资本主义内部的局部质变，意味着资本主义私有制正在向其更高的社会所有制靠近的方向发展。正是从这个意义上，列宁曾经指出，帝国主义是无产阶级社会主义革命的前夜，是社会主义的入口[①]，国家垄断资本主义中包含有社会主义因子。从整体世界历史观之，没有资本主义就没有社会主义，没有帝国主义就没有社会主义。需要指出的是，资本主义并不是一成不变的，从诞生之初到今天，与时俱进的本性使之适应了各种历史考验与时代变

---

① 转引自何萍. 列宁思想在二十一世纪阐释与价值[M]. 北京：人民出版社，2014：475.

迁。对于当今以英美为代表的典型资本主义国家来说，与十九世纪直至二十世纪前期的资本主义也是有很大差别的。当人们把资本主义的演变经历了自由竞争资本主义和垄断资本主义两个阶段时，其中的垄断资本主义的组织形式就有许多种，譬如：就有私人垄断资本主义、集团垄断资本主义、国家垄断资本主义、国际垄断资本主义或跨国垄断资本主义等垄断组织形式。其中，所谓国家垄断资本主义，或国际垄断资本主义，只是垄断资本主义的一种具体组织形式，而不宜作为资本主义发展的一个大的历史阶段。

3. 研究世界资本主义发展的主要文献

目前，国内外学术界研究资本主义发展的文献相当丰富。对此，需要特别强调的是，同样的资本主义社会存在，会产生不同的资本主义社会意识及其认知，比较难以达成基本的共识。这主要是由于意识形态因素的介入，除此以外，尤其是资本主义国家的人（往往不识庐山真面目，只缘身在此山中）与非资本主义国家的人（往往表现为旁观者清）对资本主义的认知，会显示出各有旨趣的不同侧重点，有时会大相径庭，甚至给人以“盲人摸象”之感。考虑到这方面的因素，为着更加全面地透析资本主义发展的历史真实和作者的思想体系而不是寻章摘句的个别观点，本研究主要推介与时代议题比较密切的《当代资本主义新论》（靳辉明、罗文东，2005）、《资本主义史》（沈汉，2009）、《资本主义的历史》（波德，2012）、《资本主义新论》（朗班，2015）、《资本主义简史》（科卡，2017）等著作。其中，《资本主义史》是由南京大学沈汉教授所重点关注的学术研究主题论域。其中第一卷主要对 14 世纪到 17 世纪初资本主义早期历史作了新探讨。沈汉指出资本主义经济形态与封建经济形态在一定时期存在着交叉或共维现象。且资本主义发展兼有连续性和非连续性特点。尽管历史上个别地区资本主义发展时有衰落，但资本主义发展链条则具有连续性，且不断发生着地理中心的转移。其中第二卷主要论述了资本主义的组织和制度（身份等级制的废除和阶级社会的形成、资本主义政治制度的建立、早期资本主义发展中的国家与经济、工商业经济组织的历史、世界市场和资本积累）、核心资本主义国家（荷兰资本主义的兴衰、英国工业革命和资本主义的发展、法国资本主义的发展）以及边缘资本主义和不发达国家。第三卷着重叙述第一次世界大战结束到20世纪末，即资本主义由自由资本主义进入垄断资本主义阶段后以及资本主义全球化时代，资本主义制度发展的历史。第三卷还特别关注了战后资本主义虚拟经济的发展对其制度本身的影响。《资本主义简史》则全面梳理了近代早期以来资本主义的崛起与发展以及19、20世纪以来资本主义的全球扩张。《资本主义简史》指出资本主义既是造就创新与进步的引擎，也是带来危机、剥削和异化的源头。相较于传统主要侧重于政治用语的资本主义，科卡教授已经把资本主义一词从政治术语回归到了学术用语。科尔教授指出“资本主义”一词出现及使用的年代并不久远，其正式进入法语和德语的时间也分别是在十九世纪中期及六十年代以后，而进入英语的时间则更为晚一些。面对2008年金融风暴的现实，科卡从当代资本主义问题出发，重新到历史中寻找能适应资本主义真实价值体系的理论体系。资本主义史也是一部西方近代发展史。一部资本主义史就是西方崛起与发展史。科卡也把马克思和韦伯两人关于资本主义的论述做了时间上的区分，指出马克思从经济、社会制度关注资本主义，关注工业化之后的资本主义；而韦伯的研究则把资本主义的含义从经济、社会制度拓展到一种文化精神，延伸到了工业化之前①。《资本主义的历史(从1500年至2010年)》主要叙述了资本主义500年从16世纪殖民掠夺、17世纪资产阶级崛起、18世纪三大革命,到19世纪工业资本主义兴起,从大萧条到20世纪两次世界大战、苏联解体,从21世纪全球化到国际金融危机等近500年的发展演变。波德指出资本主义从古至今的历史,呈现为不同的形态,如商业资本主义、种植园资本主义、工业资本主义和金融资本主义等②。《资本主义新论》则主要立足于全球经济背景下重新审视资本主义制度及其未来出路③。朗班分析了资本主义面对的种种批评,考察了资本主义系统性的弊病,总结了公司制资本主义的不同信条。后资本主义时代将实行何种社会和经济制度?被作者赋予厚望的公司制资本主义能否解决环境污染、生态恶化等外部性问题?社会民主主义式的改良能否使古老的资本主义制度恢复活力,能否帮助我们缩小贫富差距、再现经济繁荣?波德指出抛开资本主义过去历史性的贡献,如今其面临五个方面的问题:刺激金融投机;人为创造需求以及鼓励过度消费和物质化;无限增长的迫切要求与有限生态环境之间的矛盾;全球化和自由交换的负面效应;不平等的加剧等等。而公司制资本主义则是走出现有危机的最好前景和有利于经济和社会发展的一个新的增长战略。其中,《当代资本主义新论》主要从战后国际形势与时代主题转变出发,着重研究了社会主义与资本主义关系所表现的基本特征④。

---

① 于尔根·科卡.资本主义简史[M].上海:文汇出版社,2017.由经济学家吴敬琏推荐,许小年作序的德国于尔根·科卡教授所著的《资本主义简史》一书,以不到十万字的篇幅,处理这样一个宏大的题目。

② 参见[法]波德.资本主义的历史从1500年至2010年[M].上海:上海辞书出版社,2011.

③ [法]朗班.资本主义新论当前争论的分析与综合[M].北京:东方出版社,2015.

④ 靳辉明,罗文东.当代资本主义新论[M].成都:四川人民出版社,2005.

4. 世界资本主义的比较优势和劣势

资本主义的优势和劣势是在与其前阶段的封建主义和与其后阶段的社会主义相比较而言的。其优势主要体现在与其前阶段社会相比较，其劣势主要体现在与其后阶段的社会相比较。无论是其优势还是其劣势一般都不宜与其共时态社会所具有的优劣势相比较。依据新陈代谢规律，非平衡发展是人类社会发展的绝对规律。人类封建社会(东西方)发展不平衡规律作用的结果，使西方资本主义赢得先机走进人类社会历史舞台，从局部的民族国家的历史扩展到整体世界的历史。对于人类社会的整体或总体而言，资本主义是必经的历史发展阶段，并且在资本主义历史阶段，社会发展的不平衡规律又有日益加剧的趋势，这种日益加剧的不平衡发展趋势既体现在时间的先后维度上，也体现在空间的不同民族国家的社会领域维度上。依据新陈代谢规律，资本主义走出人类社会历史舞台也是资本主义社会发展不平衡规律作用的结果，就像它当初走进人类历史舞台是由其不平衡规律作用的结果一样。资本主义之所以既能走进历史舞台，又会走出历史舞台，这是由资本主义的比较优势和比较劣势决定的。其中，资本主义的比较优势既是巨大的，又是有限的。

说资本主义的比较优势是巨大的，主要在于：资本主义是以"资本"私有为本位主义、为本质特征的社会。在资本主义 500 多年的历史进程中，使资本成为全世界主流却不过是近 100 多年的事情。资本主义使私有制经济社会制度发展到最高最完备的阶段。资本主义由封建社会发展过来，将地主与农民的租赁关系改变为资本家与工人之间的雇佣关系，使民族国家的历史改变成为整体世界的历史。除了资本主义在社会经济生活方面的优势外，资本主义在社会政治生活方面的优势主要是它创造了政治文明、创造了一系列可操作性的政治规范，改变了民族、国家、世界的政治面貌，使民主共和制度为一切文明民族所认同，使得民主、平等、自由等等成为人类社会所追求的不可或缺的共同理想，成为一切人类文明的公共财富。在此过程中，资本主义的初心——从利己主义出发——要求不同资本对（民族国家及世界范围内的）不同资源发挥各自作用来推动社会发展，这样资本就不断地越出个体化的私域，就会不自觉地在经济、政治、文化领域初步展现全面社会化趋势。在展示这种全面社会化趋势过程中，在“一球两制”的全球化生态中，当今资本主义也在不断进行自身进化和升华为“新社会要素”。

说资本主义的比较优势又是有限的，主要在于：资本主义的比较优势与它的比较劣势是相伴而生，与生俱来的，并且是在它的比较历史优势发挥过程中日益或逐步显现出来的。资本主义的比较劣势主要表现为：其一，它并未能告别封建性。比如，列宁曾经说过，与封建主义相比，资本主义是福不是祸，显示资本主义的历史进步性。但是，资本主义反封建主义是不可能彻底的。这种不彻底性主要是指它的资本的私有性与封建的私有性具有同质性决定的，只不过是私有性的程度、内容及其表现形式不同罢了。其二，它在国内，在事实层面上依靠人民反封建取得经济政治上的统治地位以后，为了巩固其资本统治地位，在价值层面上开始走向虚幻，名实不符。其三，它在国际上，在走向世界的殖民化过程中，往往与前资本主义的民族国家的统治阶级、社会的上层政治势力相互勾结为盟（如旧中国的三座大山），反对弱势民族和人民的进步力量，用殖民地半殖民地国家人民的头盖骨盛美酒，走向历史性的反动。其四，它在全球拒斥异己，本能地对自身的生成物——选择社会主义发展、成长路径的民族国家（不管它们处于什么样的发展、成长程度或阶段)都进行无情的战争、扼杀、围追、堵截、封锁、制裁、和平演变,等等。其五,它的历史贡献有限。资本主义的比较优势或贡献客观上对于接替它的新社会只能提供有限的不可或缺的前提或基础,远不是、也不可能是大部或全部的前提和基础,这也是某种程度的资本主义的比较劣势。资本主义有限的比较优势和劣势表明,对于人类社会的可持续发展而言,资本主义所承担的历史使命或历史任务是有限的,不是无限的。或者说,对于"后资本主义社会"来说,当今资本主义并不负有无限的历史使命和无限的历史责任,因为资本主义并不是也不可能是人类社会历史的终结。因此,从某种意义上说,在世界范围内,或在全球社会范围内,资本主义应当肩负的人类社会反封建主义的历史任务尚未真正完成,它为新社会诞生创造的社会历史条件的使命尚未真正完成。有限的资本主义比较优势同时也隐含着它的弊端,与其比较劣势叠加在一起,它往往使人过度工具理性化,使理性发挥到极致,在资本主义中异化,丧失自我,变成理性的奴隶,追求微观自利有效,忽略宏观道义稳定无效。具体表现诸如:以最大的欲望追求剩余价值和超额垄断利润,造成社会的贫富分化加剧;用血和火去侵略亚非拉美各民族国家地区;社会化大生产和生产资料资本家私人占有之间的基本矛盾无法解决,造成周期性经济危机的出现等等。所有这些都可以充分证明资本主义的历史暂时性,它被自身基础上生长起来的更高的新社会发展阶段所取代,只是时间问题,不是可能不可能问题。

当然,这种取代过程,就是资本主义的消亡过程。正如上文所分析的,资本主义的消亡并不是"自行"的,历史进程中的确需要诉诸一定的"外力"。还需要特别强调指出的是,资本主义的消亡并不是生物学意义上的简单的消灭,从有到无的一种"死亡",而是哲学社会科学意义上的以努力保留其优秀成果为前提的“积极的扬弃”。

（二）关于世界社会主义

既然随着资本产生以后，资本主义由区域走向世界成为“世界资本主义”，那么，与其伴生的社会主义也应当成为“世界社会主义”。

上文我们简略论及人们通常把“有产者”等同于“资产阶级”，把“资产阶级必然灭亡”视同于“资本主义灭亡”，而不是“资本主义消亡”。同样，人们也普遍认为资本主义同社会主义是对立的，当然也还是没有搞清楚究竟什么是社会主义的问题，难免在理论和实践中产生许多误区和危害。毛泽东曾经在谈到在人类社会发展史上，为什么古老的中国有着悠久的文明历史，可是为什么资本主义没有最早在中国产生时说到，相比较而言，中国的无产阶级比中国的中产阶级的资格要老，这主要是西方资本主义通过殖民侵略来到中国开办工厂发展工业所致。这说明在中国最早的资产者、资本家、资产阶级不是中国的，而是西方的，但是，中国的无产阶级则是中国的，并且一开始就是具有世界性的。那么，中国的无产阶级同中国的资产阶级、资本主义是什么关系，中国的无产阶级同中国的社会主义是什么关系，中国的社会主义同中国的资本主义是什么关系，中国的无产阶级同国际或世界资产阶级是什么关系，中国的无产阶级同世界社会主义是什么关系，中国的社会主义同世界社会主义是什么关系？与世界资本主义相对应，什么是世界社会主义，世界社会主义从何而来，现在何处，向何处而去呢？①

---

① 参见中共中央宣传部理论局编．世界社会主义五百年党员干部读本[M]．北京：学习出版社，2014；孔寒冰，项佐涛著．社会主义制度从一国到多国的演进（1917—1991）[M]．北京：北京师范大学出版社，2018.

无论是世界资本主义还是世界社会主义都是人类社会发展的产物。但是有没有谁先谁后的问题呢？回答应该是肯定的。就像封建主义早于资本主义，资本主义晚于封建主义一样，资本主义早于社会主义，社会主义晚于资本主义。社会主义是后资本主义的。从时间维度看，资本主义和社会主义的关系是一种纵向的先后关系或历时态关系，如果没有资本主义就没有社会主义。这是符合马克思主义关于人类只有经过资本主义才能发展到社会主义以及资本主义和社会主义是先后传承关系的。由此，从时间维度的"辈分"意义上说，社会主义同资本主义不应当是对立关系，如同"父子辈分"关系不应该是对立关系而是传承发展关系一样。但是，问题的复杂性在于，人类社会的各个组成部分之间的发展往往是不平衡的和跳跃式前进的。在特定的时间范围内，人类社会的所有民族国家并不能一、二、三齐步走，同步进入社会主义，就像人类社会的封建社会历史阶段的所有国家齐步走同时进步资本主义社会一样。由此，从空间维度看，资本主义和社会主义又可能是一种横向的、共处的共时态关系。此种共时态关系下的资本主义和社会主义就是一种现实的异己的利益对立、矛盾、冲突关系。如果要使这种空间维度上的资本主义和社会主义之间的利益对立、矛盾、冲突的关系得到缓解或改善，就需要从历时态的时间维度上关照资本主义和社会主义的传承关系。例如，通过构建人类命运共同体实现这种和谐共生。

1. 什么是无产者、无产阶级、社会主义？

什么是社会主义？社会主义的对立/应面是资本主义吗！

自从 19 世纪 30 至 40 年代，"社会主义"(socialism)概念就开始在西欧流传，直至在全世界范围内被广泛使用，发展出不同的分支，不同的含义，归属于不同的问题，不能混淆。然而事实上，几百年来，人们在使用“社会主义”概念时候，常常有意无意地偷换概念，从而使原本比较清楚的命题变得复杂起来、含糊起来，不利于人们正确地认识当前的社会，不利于人们讨论问题和解决问题。如果对什么是社会主义都搞不清楚，那大谈社会主义就是一种扯谈，人们还能建设社会主义，搞好社会主义吗？正如 1984 年 6 月 30 日邓小平指出的那样，我们的经验教训有许多条，最重要的一条，就是要搞清楚什么叫社会主义，什么叫马克思主义这个问题。[①] 可见，弄清楚和回答什么是社会主义问题是必要的和重要的。如果我们不能回答什么是社会主义，我们就不能回答什么是资本主义；反之亦然，如果我们不能回答什么是资本主义，我们就不能回答什么是社会主义。

如上所说，在回答什么是资本主义问题时，应当辨析与其相关的资产者、资产阶级的关系问题，同样，在回答什么是社会主义问题时，也应当辨析无产者、无产阶级的关系问题。对此，马克思恩格斯早在《共产党宣言》中曾经对无产者怎样组织成为阶级，进而组织成为政党问题作出了经典的论证。然而，从语源学考究，与先有“资产者”、“资产阶级”后有“资本主义”不同，在“无产者”、“无产阶级”和“社会主义”关系问题上，“社会主义”却先于或与“无产者”、“无产阶级”几乎同时出现和使用的词汇。就是说，“社会主义”一词的发明、使用与流传应当早于“资本主义”一词。社会主义是从古代理想社会观发展而来的。同时与“社会主义”概念发明使用的还有“共产主义”一词。就课题负责人所知，国内最早、最全面、最权威研究“社会主义”专家是中国人民大学的高放教授，他在

① 转引自杨金海，李惠斌. 马克思主义经典作家关于资本主义、社会主义、共产主义社会一般理论的基本观点研究[M]. 北京：人民出版社，2017：256.

1982年1月就出版了《社会主义的过去、现在和未来》(北京出版社出版)一书。如上所说，人们把“社会主义”看着同“资本主义”相对立是值得商榷的。如上所说，从字面上看，资本主义是以“资本”为本位主义，那么，社会主义则是以“社会”为本位主义(这里“社会”的最大化就是“人类社会”、“国际社会”、“全球社会”、“世界社会”；既然社会主义可以理解为以“社会为本位主义”，那么进而言之就可以有以“人类本位主义”、“国际本位主义”、“全球本位主义”、“世界本位主义”；其中“人类本位主义”有别于“人类中心主义”)。这样，“资本”与“社会”并不无条件地直接构成对立面，构成相互矛盾的双方。但是，由于“资本”具有私人性、私有性或个体性的特质，人们可以将“资本”视为放大化、绝对化了的“个人”或“个人主义”。既然社会主义可以解释为以“社会”为本位主义，而“社会”则是以“人”、“个人”或“类的人”组成的。从这个意义上说，以“社会”为本位主义，就是以“人为本位”主义。由于社会是由一个个具体的个人为细胞有机构成的，所以，个人与社会，个人主义与社会主义往往构成矛盾双方的基本要素。社会主义的直接对立面不应当无条件的是资本主义，而是不恰当的或绝对化了的个人主义。由此，如果不处理好人与社会，个人与社会，个人主义与社会主义的关系，如果将个人无限放大成为“超我”，如果将适度的个人、个人主义无限放大、绝对化的个人、个人主义并且冠以“社会主义”名义，那么，就有可能造成个人与社会、个人主义与社会主义的为敌、对抗性矛盾，并使这种个人、个人主义与私性的“资本”具有同质性、等质性，从这个意义上说，那种“名义上的社会主义”与实质上的资本主义没有本质区别。譬如，那些贪污腐败分子，蜕化变质分子往往以人民的名义或以社会主义的名义，而实际上则站在与人民为敌的立场，将社会主义中的“社会”嬗变为绝对个人主义私化了的“资本”。应然层面上的社会主义、实际上的社会主义或实质性的社会主义与一般的资本主义并不无条件的构成直接的对立关系，因为社会主义的直接对立面不应当无条件的是资本主义，而是被不恰当的或绝对化了的个人主义。[①]

1875年恩格斯在《社会主义从空想到科学的发展》(马克思称赞为“社会主义的入门书”)一书中把什么是社会主义概括为“三个基本要素”即：1. 社会生产；2. 共同富裕；3. 充分自由。三者相辅相成，缺一不可。某种程度上说，改革开放以来党的全部理论与实践主题的中国特色社会主义命题就是在从回答“什么是社会主义”的争论开启的。直到1992年邓小平南方谈话以后，我们对这个基本的理论命题才有了较为清晰的论断。

由此可见，什么是社会主义问题是一个值得反复探索与思考的理论主题[②]。社会主义以“社会”为本位。以社会为本位主义就是社会主义。由于“社会”的主体是人，“社会是人们活动的产物”(马克思语)，所以，“人”是社会主义的本位，以人为本位主义就是社会主义。由于地球世界是人为主体的世界，所以“原来世界都是社会主义”。社会主义本质上世界的、世界主义的。我们试图给什么是社会主义做出如下界定：所谓社会主义就是指超越现实以“资本”为本位主义并以现实“社会”为本位主义亦即以现实“人/个人”为本位主义的那种社会主义。由于当今世界资本主义还远未成为过去时，理想的社会主义在相当程度上说来还是一种人类社会的未来情景。理想的社会主义既是民族国家的也是世界的，然而这种理想的社会主义只有世界的才能更好地成为民族国家的。如中

---

① 参见乔耀章. 科学社会主义的理论与实践第2版[M]. 苏州：苏州大学出版社，2009.

② 韦定广. 20世纪对马克思社会主义的四重误读[J]. 理论与改革，2017(5).

国特色社会主义就是世界社会主义的有机组成部分。

2. 世界社会主义的学说

世界社会主义作为一种学说、思想、理论，有空想和科学两种形态。空想社会主义是世界社会主义的最初形态，有其产生的思想来源和现实社会基础，是科学社会主义的思想来源。

空想社会主义思想间接源自中西方的古代理想社会观。从人类进入阶级社会以后，古代中国和西方的人民就开始追求没有剥削和压迫、没有阶级，财产公有，人人自由平等、生活幸福的太平世界、大同世界的社会理想。这种理想社会观从奴隶社会到封建社会，经久不息、代代相传，推动了劳动人民反抗剥削和压迫，成为近代空想社会主义思潮的历史渊源。例如，1516 年英国学者托马斯·莫尔撰写了一部名为《乌托邦》的著作，虚构了“乌托邦”的见闻。在那里，财产是公有的，人民是平等的，实行着按需分配的原则，大家穿统一的工作服，在公共餐厅就餐，官吏是公共选举产生。他认为，私有制是万恶之源，必须消灭它。可见，把乌托邦理解为“没有的地方”、“虚无”是很片面的，而把其中的“好地方”、“理想”的内涵被舍弃掉。由此莫尔就成为了空想社会主义的鼻祖。

中国古代传统的理想社会观是建立在前资本主义亦即农业社会的基础上的，有所不同的是，西方的空想社会主义产生是以资本主义生产方式的出现为现实前提。随着新航路的开辟，封建社会的生产方式开始解体，资本主义生产方式逐步形成。随着新科学技术促进生产力的迅速发展，社会阶层分化，在共同反对封建主义势力的斗争中，资产阶级和无产阶级登上了历史舞台。马克思和恩格斯在《共产党宣言》、《资本论》，特别是《社会主义从空想到科学的发展》等著作中指出，随着资本主义发展不成熟的状况下，无产阶级经历了从自在阶级到自为阶级、从自发斗争到自觉斗争的发展过程。不成熟的无产阶级渴望改变自身生存条件的想法，导致产生了空想社会主义。[①] 19世纪30—40年代是空想社会主义发展到顶峰时期，主要的流派有：英国的社会主义、法国的社会主义、德国的社会主义以及俄国的社会主义等。产生了许多杰出的空想社会主义者。高放教授在《乌托邦》五百年来的三次形态转变和八个观念创新——"纪念《乌托邦》出版和世界社会主义五百年"一文中指出，1516年英国莫尔的《乌托邦》最早提出未来美好的社会主义理想，当今社会要继承、超越、践行"乌托邦"的理想，就要创新观念，树立"优托邦"、"科托邦""谐托邦"、"华托邦"、"真托邦"、"善托邦"、"美托邦"和"世托邦"八个新名词、新观念。[②] 正是从这个意义上说，世界社会主义从世界空想社会主义开始起航。世界空想社会主义并不虚无！空想社会主义在研究人类社会发展史的过程中，在论证未来社会的过程中，萌发了引导人类历史发展方向的许多进步的思想[③]，已经包含着科学社会主义的思想萌芽。

就科学社会主义而言，科学社会主义是世界社会主义的成熟形态，有其产生的思想渊源和社会现实基础。首先，科学社会主

---

① 马克思，恩格斯著. 马克思恩格斯选集第3卷[M]. 北京：人民出版社，1995：608.

② 高放.《乌托邦》五百年来的三次形态转变和八个观念创新——纪念《乌托邦》出版和世界社会主义五百年[J]. 中共宁波市委党校学报，2016(6).

③ 我们也不否认空想社会主义思想的历史局限性，如：空想社会主义否认历史发展的必然性，崇拜幸运的偶然性，宣扬天才论和英雄史观；看不到人民群众特别是广大无产阶级群众的力量，因而始终没能找到改造现代社会的物质力量；离开阶级斗争去设计、谈论和实践社会主义，他们的设想便不能不是空话，他们的实践活动也不能不充满幼稚的幻想；他们的理论基础是理性原则，他们的社会主义是从道德情感出发的社会主义；他们的思想主张不是成熟的理论，是同不成熟的资本主义生产状况，不成熟的阶级状况相适应。

义是与空想社会主义相对而言的。马克思指出,“科学社会主义也只是为了与空想社会主义相对立时才使用”[①]。科学社会主义是马克思和恩格斯于十九世纪四十年代,以《共产党宣言》等为代表而创立的。在《资本论》、《哥达纲领批判》、《社会主义从空想到科学的发展》等著作中对科学社会主义都进行了深刻的阐述和发展。科学社会主义创立过程中,主要依赖于:资本主义的社会经济基础,现代无产阶级反对现代资产阶级的阶级基础,十九世纪初三大空想社会主义的直接思想来源。特别是马克思的“两大发现”论证了社会主义必将取代资本主义的历史必然,也论证了无产阶级的伟大历史使命。这是世界社会主义从空想发展为科学的关键。由此,课题组在本研究中还坚持认为,马克思的“两大发现”,不仅仅是使社会主义从空想发展为科学的关键,也是检验是否坚持和发展马克思主义科学社会主义的关键。通常人们可以用“两大发现”来检验社会主义是否科学以及科学程度如何。

其次,科学社会主义是马克思主义共产主义的同义语。科学社会主义以无产阶级解放运动为研究对象,主要研究无产阶级解放运动的性质、条件和一般目的的发展规律的科学,又称科学共产主义。如此看来,人们需要继续追问和讨论的问题就有什么是科学社会主义?什么是马克思主义?什么是共产主义?及其它们三者的关系问题。其中,每一个问题都绕不过去(近年来学术界有些人为了迎合某些人的政治意图,在马克思曾经说过的“我只知道我自己不是马克思主义者”[②],大做文章,这是应该予以澄

① 马克思,恩格斯. 马克思恩格斯选集:第3卷[M]. 北京:人民出版社,1995:290.

② 马克思,恩格斯. 马克思恩格斯选集:第4卷[M]. 北京:人民出版社,1972:474.

清的）。如，“社会主义”与“共产主义”的关系。我们知道，马克思恩格斯早年并没有将社会主义与共产主义作严格的区分，甚至经常当作同一个概念来使用。但稍后他们更多地使用“共产主义”而不是“社会主义”，如《共产党宣言》、共产主义宣言，而不用社会主义宣言，他们在宣言做了解释，因为后者被当时各种各样的“社会庸医”们用烂了。但到了晚年，他们则更多地使用“社会主义”而不是“共产主义”（或者是“未来社会”）。对于究竟什么是马克思主义，什么是共产主义？的的确确是需要认真加以研究的问题，甚至还需要重新定义。譬如：学者们有许多相关的著述，《理解马克思》、《为马克思辩护》、《重读马克思》、《永远的马克思》、《走进马克思》、《追寻马克思》、《回到马克思》、《从斯密到马克思》、《马克思历史辩证法的主体向度》、《马克思哲学的历史原像》、《探索者道路的探索——青年马克思恩格斯哲学思想研究》、《国外马克思学研究的热点问题》、《马克思归来上下》、《马克思主义之后的马克思》、《生态学马克思主义研究》、《新马克思主义论》、《20世纪的新马克思主义》、《马克思思想导论》、《马克思的复仇》、《后马克思主义》、《马克思为什么是对的》等等。其中，“社会主义”的“社会”，是指由芸芸众生所组成的相互有机联系的整体。因此“社会主义”，也可简单理解为以“社会”为本位的组织形态与历史发展阶段。[①] 在现实生活中，空想社会主义并不全都是空想，而没有科学的内涵，就如同科学社会主义并不全都是科学，而没有空想的充分一样。科学社会主义也不可能垄断科学，终结对科学的探究。为了避免人们对“科学社会主义”的

---

① 韦定广.“什么是社会主义”：值得反复探索与思考的理论主题[J].理论与改革，2018(3).

某种误解，为此，高放教授出版了《社会主义学》、《马克思主义与社会主义》与《科学社会主义研究述略》等著作①。

再次，科学社会主义理论体系包含了理论论证和理论的实际运/应用两部分内容组成。其中，一方面，科学社会主义的理论论证部分，又可称为科学社会主义的原理设计，这部分内容是由马克思和恩格斯完成的。科学社会主义的理论论证或原理设计，是指导科学社会主义理论实际运/应用的理论依据。只要科学社会主义理论论证所依据的客观实际问题依然存在，那么，科学社会主义理论论证的原理就不会过时，当然，这种科学社会主义的理论论证的原理还要随着客观实际的发展而发展。例如，马克思主义谱系中的列宁主义、毛泽东思想，毛泽东思想谱系中的邓小平理论、三个代表重要思想、科学发展观、习近平新时代中国特色社会主义等。另一方面，科学社会主义理论的实际运/应用部分，又可称为科学社会主义理论的应用设计，这部分内容是指导无产阶级及其广大劳动人民依据科学社会主义理论论证的指导，进行科学社会主义实践的应用设计（比如斗争、革命、建设、改革等等），这部分内容主要是由马克思恩格斯身后的科学社会主义实践者即全世界无产阶级和劳动人民完成的。至于如何开展斗争、革命、建设、和改革等等，正如马克思恩格斯在《共产党宣言》德文文版序言中所指出的，“随时随地都要以当时的历史条件为转移”②。科学社会主义的理论论证/原理设计与科学社会主义理论的实际运/应用/应用设计是统一不可分割的两个部分。如果没有科学的理论论证指

① 参见高放．马克思主义与社会主义［M］．哈尔滨：黑龙江教育出版社，1994：429—441；高放．科学社会主义研究述略［M］．天津：天津教育出版社，1990：43—44.

② 马克思，恩格斯著．马克思恩格斯选集：第1卷［M］．北京：人民出版社，1995：248.

导，那么实践应用就会变成盲目的实践应用；反之亦然，如果不付之于生动丰富的实践应用，那么理论论证就会变成空洞的束之高阁的理论论证。由此，与上文讨论的“空想社会主义是世界社会主义的最初形态”相比较而言，“科学社会主义是世界社会主义的成熟形态”则具有相对的意义。空想社会主义与科学社会主义并不能截然分开。科学社会主义尽管经过了理论论证，但它并没有终结对科学的探讨；同时，实际应用中的科学社会主义也不能告别一定程度的空想！

由此可见，科学社会主义也可以简述为无产阶级解放条件的学说，是马克思主义完整理论体系的核心部分。科学社会主义与国际工人运动紧密结合起来，使得社会主义从空想发展到科学，实现了对社会主义认识的第一次历史性飞跃。当然，马克思恩格斯只是为人类开辟了认识社会主义科学真理的道路，但他们没有也不可能终结对社会主义科学真理的认识。这还有待于后来人继往开来。

3. 世界社会主义的现实运动

现实生活中有人有意无意地视马克思主义为“异端”，视科学社会主义为空想、“乌托邦”，视共产主义只是与未来相关联的“渺茫”。对此，我们恰恰可以从特定角度把“马克思主义”、“科学社会主义”、“共产主义”视为具有相同科学内涵的一个整体概念。如果仅仅在未来维度上理解共产主义是不全面的。马克思恩格斯在《德意志意识形态》中指出，“共产主义对我们来说不是应当确立的状况，不是现实应当与之相适应的理想，我们称为共产主义的是那种消灭现存状况的现实的运动，这个运动的条件是由现有的前提产生的。”也就是说，共产主义不是彼岸的理想、先验的圣物，而是现实的历史的个人用实际手段来追求实际目的的最实际的生成性运动。可见,共产主义在哪里?世界社会主义在哪里?作为实践、作为运动、作为实践运动的社会主义、共产主义,就在人们日常生活的社会实践运动中!

相对于世界社会主义的理论或学说,世界社会主义的“实践”、“运动”、“道路”是几个具有同义性、同质性、现实性的概念。世界社会主义的理论通过世界社会主义的实践运动,推动和实现着世界社会主义从理论到实践、从理想到现实的第二次发展和飞跃。科学社会主义科学性使得世界社会主义取代世界资本主义开始具有某种必然性。但是,世界社会主义取代或代替世界资本主义,首先应当在世界资本主义的什么地方突破?对此,根据马克思恩格斯关于科学社会主义的整体理论论证,特别是依据历史唯物主义的基本原理,马克思恩格斯对世界社会主义历史进程的原初设计,提出世界社会主义应当在西方早发的资本主义国家首先突破的思想。其中以当时完成第一次工业革命的英法最为典型。社会主义运动发展的主要标志有 1864 年在伦敦成立的第一国际,1871 年的巴黎公社伟大尝试,1889 年在巴黎成立的第二国际。

西方不亮,东方亮。20 世纪初期,世界资本主义发展到帝国主义阶段,资本主义时代进入到帝国主义和无产阶级革命的新时代。1917 年列宁领导的俄国十月革命胜利,建立了人类历史上第一个社会主义国家,使科学社会主义理论开始变成现实。这是科学社会主义开始变为现实的第二次伟大飞跃,由此打破了帝国主义一统天下、开启了“一球两制”的世界新格局。列宁以后,斯大林在苏联进行社会主义改造和社会主义建设,推进了马克思主义俄国化的历史进程。1945 年第二次世界大战结束后,社会主义从一国发展到多国(低水平、同质性的重复)。这是世界科学社会主义从理想到现实的第二次飞跃的新的历史发展阶段。这其中以毛泽东同志为代表的中国共产党人把马列主义和中国革命实际相结合，创立了毛泽东思想。通过把马克思主义列宁主义发展到了中国化阶段，极大地壮大了世界社会主义力量阵营。

马克思恩格斯亦曾设想过社会主义首先在“文明国家”同时发生，但事实上这一设想未能实现，倒是东方落后国家相继发生了政治革命。并在革命成功后又不约而同地很快宣布要建设社会主义，甚至要“跑步进入共产主义”。由此在“什么是社会主义”问题上形成了一些至今困扰着人们的认识误区：以为任何国家和政党可以不顾本国的资本主义发展状况，人们只要主观努力，可以无视必备条件，可以发动革命，可以跑步进入社会主义和共产主义。其实，现实中的社会主义远不是科学社会主义的理论论证中的那种社会主义。理论论证的科学社会主义理想尚未真正实现，实践中的社会主义并非是理论论证中的科学社会主义的理想。基于此，只要坚持世界社会主义的实践运动，实现世界社会主义的理想终有可能！

4. 世界社会主义的现实制度

关于以世界社会主义特别是以科学社会主义为发展价值取向的社会、制度、国家等概念也具有同义性、同质性。除非有特别需要，一般对于它们之间的区别不做辨析。① 世界社会主义制度是世界社会主义理论指导世界社会主义实践运动的产物。在科学社会主义的理论指导下的世界社会主义实践。以十月革命胜利为标志初步开创的世界社会主义制度改变了世界的命运，也改变了以

---

① 譬如，列宁就曾经把社会主义国家与社会主义制度、社会做出过区分。他曾经强调不要把苏维埃社会主义共和国联盟与苏维埃社会主义制度、社会主义社会混同起来。因为列宁晚年的苏维埃社会主义共和国联盟还处在向社会主义过渡时期。1936年，苏联宣布建成社会主义，进入社会主义社会还是斯大林时代的事。

社会主义为发展目标的十多个民族国家的命运。1949 年中华人民共和国的成立，是以毛泽东为代表的中国共产党人把马克思主义同中国革命实践相结合，坚持以农村包围城市、武装夺取政权的革命道路的结果。令人遗憾的是，在苏联模式的指引下，20 世纪 80 年代末期，东欧剧变，苏联解体，世界社会主义实践运动走向低谷。值得注意的是，世界社会主义实践运动中的这种挫败，不是国际社会主义特别是马克思主义、共产主义、科学社会主义的失败，其最主要原因在于那些名义上宣称社会主义的国家实际上是背离了科学的理论论证的马克思主义、科学社会主义的挫败。

（三）世界社会主义与世界资本主义共时态并存互鉴

170 多年前，马克思恩格斯《共产党宣言》标志着科学社会主义理论的诞生。至此，人类开始了由世界资本主义向世界社会主义过渡的历史时代。马恩经典作家们在原初设想通往社会主义的突破口时主要是以西方发达资本主义国家作为备选答案的。但是随着世界社会主义运动的涤荡起伏，在《共产党宣言》发表近 70 年以后的 1917 年，列宁领导的十月革命改写了马克思恩格斯原初的理论论证与实际运用的序列。课题负责人认为的"首先"与"然后"的发展序列：即从"先建设后革命"到"先革命后建设"序列转换。前者，课题负责人称之为"革命问题上的唯物主义"。西方发达资本主义国家创造发展经济、政治、文化必备条件，然后进行西方资本主义国家的社会主义革命。这完全符合马克思主义历史唯物主义的基本原理。这是由于世界历史发展不平衡规律作用的必然结果。后者，课题负责人称之为"革命问题上的辩证法"。由于西方资本主义国家在对外侵略扩张过程中，转嫁他们国内的社会矛盾和危机到非西方国家的资本主义国家和殖民地半殖民地国家，加剧了那里的社会矛盾和危机，通过第一次世界大战造成了那里国家的革命形势，在不那么具备较成熟的革命的经济、政治、文化条件下“被逼上梁山”，只有先进行革命，等待革命成功后再进行“补课性质的建设”。这就是以铁一般事实已经所证明了的不可更改的历史逻辑。由此形成世界资本主义与世界社会主义“一球两制”共时态并/共存的世界历史大格局①。

1. 从世界资本主义“一统天下”到“一球两制”再到“一国两制”

世界资本主义与世界社会主义两种制度共处关系有其理论和实践依据。马克思恩格斯从理论论证与实际运用方面奠定了资本主义和社会主义两制在时间维度亦即历时态关系的理论基础。马克思、恩格斯论证了理想社会主义代替资本主义的必然性，对于二者的并存只存在于经典作家思维逻辑之中。十月革命后，列宁开启了世界范围内落后国家处理资本主义与社会主义两制，并在空间维度亦即共时态关系条件下并存的新道路、新思路。新中国几代领导人的艰难探索，逐步形成了较为系统的处理资本主义与社会主义两制关系的新理论。党的十八大以来，习近平关于构建人类命运共同体理论把当下如何处理资本主义与社会主义两种制度关系的理论与实践推向新的发展阶段。突出表现在在空间维度与本国的以及世界范围内资本主义共时态并存时期赢得优势，方能赢得与本国以及国际范围内资本主义历时态的未来。“一球两制”的国际大局决定了“一国两制”构想的基本框架。一个国家两种制

① 参见乔耀章.关于十月革命方式的思考[J].苏州大学学报，1988(3)，乔耀章.论在对外开放中借鉴吸取发达国家有益的东西——学习马克思主义经典作家论述札记[j].苏州大学学报.1992.(2).中国人民大学复印报刊资料F10从国民经济计划与管理1992.(6)首篇转载；乔耀章.论现阶段我国社会主义的基本点[j].苏州大学学报.1993(3).

度是与一个地球两种制度密切联系的。

以1917年列宁领导的十月革命为历史坐标，之前的世界为资本主义的"一统天下"。在这之后，20世纪中叶，当东方国家特别是中国走上社会主义道路以后，世界出现了资本主义与社会主义相对立的"一球两制"即一个地球两种制度并存的局面。万隆会议提出"和平共处"五项原则是解决"一球两制"的正确原则。70年代毛泽东提出三个世界理论、70年代末邓小平运用"一国两制"(即在一个中国的前提下，国家的主体坚持社会主义制度，香港、澳门、台湾是中华人民共和国不可分割的组成部分实行资本主义制度。)构想成功解决香港、澳门回归问题。随着香港、澳门回归，进一步实践了"一国两制"的伟大构想。进入新世纪以来，随着改革开放进一步向纵深方面发展，特别是中国大陆内地在经济上表现为社会主义国有制或公有制与非社会主义公有制以及混合所有制(还如市场与计划仅是手段和方法的认识的——资本主义观)的发展表明，"一国两制"的实践已经不限于香港澳门地区。所有这些就为进一步在"一国两制"构想框架下解决台湾问题夯实制度性基础。[①] 从"一球两制"到"一国两制"是对马克思主义国家学说作出了巨大贡献。在全球化的历史条件下，"一球两制"要求我们对现实世界社会主义与资本主义的对立统一关系有进一步的认识。"一国两制"要求我们对现实"一个中国"原则范围内的社会主义与资本主义的对立统一关系有进一步的认识。

① 1982年，邓小平就台湾问题指出"一个国家、两种制度"科学构想。"一国两制"构想成为邓小平所倡导的中国特色社会主义理论的重要组成部分。其构想本拟用之于台湾，后则提前用之于港澳。一国两制在保证中国主权完整的前提下，开辟了台湾回归祖国最有可能的途径。

针对"一球两制"问题，早在1995年，研究者就发文认为，有国家存在，就有国家财产、国家所有制和国有企业。在我们这个"一球两制"的世界上，存在着两种历史类型的国家所有制：一是资本主义国有制；一是社会主义国有制。资本主义国家所有制可谓"国家资本主义"；社会主义国家所有制可谓"国家社会主义"。① 研究也指出社会主义的历史贯穿着20世纪的整个进程，它既有过辉煌的过去和凯歌行进的年代，又遇到了前所未有的重大挫折和严峻挑战。当前，我们要冷静反思社会主义理论和实践方面的问题，更新社会主义的观念②。试图从整体世界的大历史观出发，概略地研究宏观社会主义和微观社会主义及其相互关系，探索"一球两制"下的世界社会主义运行轨迹。人类史、世界历史告诉我们，社会主义是人类社会发展的必然趋势。"社会主义"一词其本身主要是指人们对社会所持有的一种系统的理论和主张。这种系统的理论和主张并不是人类社会与生俱来的，它是人类社会发展到一定历史阶段的产物，确切地说是人类社会发展到世界历史阶段即资本主义社会历史阶段的产物。

2. 时代与共时态及时代主题

时代问题被列为目前亟须深入研究的理论问题之首，是理所必然，势所必至。无产阶级政党和社会主义国家只有科学地认识自己所处的时代，才能正确的制定政策、方针、路线和纲领，在改造客观世界的艰巨斗争中挺立在时代大潮的最前头、掌握主动权并具有预见性，从而根本不同于超越时代的冒险论、滞后潮流的保守信纸和随波逐流的自流论，始终发挥先锋队的引导和领导作用。

---

① 乔耀章.国有制产权改革比较研究[J].国外社会科学情况，1995(6).

② 乔耀章.宏观社会主义与微观社会主义初探[J].苏州大学学报，1995(3).

一般以经济、政治、文化等状况为依据而划分的时期，与时期、时间、期间、年代同义词。时代问题是一个带有全局性、根本性和全球性的理论和现实问题；时代的性质、主题、特征是由人类社会基本矛盾、主要矛盾和具体矛盾决定的；关于时代的种种言说（如欧洲时代、资产阶级时代、资本主义时代、金融时代、和平与发展时代、多维时代、改革时代、创新时代、信息化时代、生物时代、太阳能时代、基因时代、全球化时代、多极化时代、多样性时代、生态文明时代、亚洲时代等等）都不能取代"从资本主义向社会主义过渡的时代"①；研究者主张从时间维度和空间维度解释"时代"。时代是时间维度和空间维度的有机结合。做时代的文章，不仅要做好时间维度的文章，做好与时俱进的文章，而且还要更好地做好空间维度的文章。为什么？因为在课题负责人看来，时代的"代"不仅仅表明"空间"的涵义，而且还富含那个时代的不一般的、不寻常的代表之"代"省略号？

我们现在处于何种时代呢？我们认为，我们现在仍然处在马克思恩格斯揭示的从资本主义向社会主义过渡的"大时代"。只要是资本主义主导的时代，准确地说只要是美国主导的美国时代还存在，这个大时代的根本性质就不会改变。人们从"美国绝不搞社会主义"就可见一斑。2019 年 2 月 5 日，美国总统特朗普发布他在任期内第二个国情咨文讲演中誓言强调，美国永远也不会成为社会主义国家。他说，在美国让我们感到警惕的是那种要在我们国家施行社会主义的呼声。美国的建国基础自由与独立，而不是政府强制、主宰和控制。我们生而自由，我们将保持自由。今夜，

---

① 乔耀章，龚浩宇．我们的时代与旗帜——纪念《共产党宣言》发表 170 周年[J]．河南师范大学学报（哲学社会科学版），2018(5)．

我们重新坚定我们的决心，永远也不会让美国成为一个社会主义国家。西方国家的“社会主义”是指高税收、高福利，但不公开讲暴力的变种社会主义。很多经济政策，虽然名字不是社会主义，但最终起的作用都是限制、削弱乃至剥夺私有财产，削弱自由企业的作用，扩大政府权力，并向社会主义靠拢，采用的手段则包括高税收、高福利和国家对经济的全面极干预等。

根据我们对“大时代”的界定，时代有时间维度和空间维度两个方面。其中，时间维度通常称为“历时态”；空间维度通常称为“共时态”。由此，时态由历时态与共时态之区分。“一球两制”从时间维度亦即“历时态”看，是指资本主义国家与社会主义国家间两种不同社会制度、社会形态的先后承继关系。“一球两制”从空间维度亦即“共时态”看，是指资本主义与社会主义共同存在于一个时空中的千丝万缕的联系关系。必须指出的是，相比较而言，“一球两制”的空间维度、共时态比起时间维度、历时态来说更为紧迫、更为棘手，因而也就更为重要。因为时间维度和历时态更多展示的还是一种未来情景。有所不同的是，相比之下，“一国两制”则更多表现在空间维度的共时态，即一个国家内部同时实行或实际存在两种不同制度的关系更为现实更为重要。为什么？因为无论是“一球两制”还是“一国两制”，如果在两种制度的共时态并存中，如果社会主义制度不仅在国内而且也在国际范围内不能赢得与资本主义制度的比较优势，那么，社会主义制度也就不仅在国内而且也在国际范围内便不能赢得对资本主义制度的时间维度的历时态的未来！

时代决定着时代的时态，时代、时态及其维度决定时代的主题。时代的主题是这个人时代的主要矛盾和根本任务，带有全球性、战略性和关乎全局的核心问题。时代主题不是固定不变的，是要随着世界形势和世界基本矛盾变化而发展的。当马克思主义发展到列宁主义阶段时，他揭示了时代的主题是“战争和革命”。20世纪80年代，邓小平先是提出“和平与发展是当今世界的两大问题。”为的是使全党能集中精力搞建设。特别需要指出的是，邓小平所强调的是和平与发展是当今世界的两大问题，内涵两个不等式：其一是“当今世界”不等同于“当今时代”；其二是“两大问题”不同于“两大主题”。我们所说的“由资本主义向社会主义过渡”的大时代的本质，在其演变过程中会出现若干个时代主题来。大时代的本质不会因时代主题的变化而根本改变。

由此可见，根据“时代的主题”有别于“时代的本质”，邓小平结合客观形势的发展和实际斗争，20世纪80—90年代提出中国的发展需要分两步。我们应当全面完整地把握邓小平对时代问题的论断，重视“时代主题”与“时代本质”的结合与统一，丰富和发展马克思主义时代理论。注意防范在“时代主题”与“时代本质”问题上断章取义，把两者割裂开来，对立起来，片面强调“时代主题”，而有意无意否定“时代本质”。① 研究的初步结论是：千万不可以以“时代主题”置换“时代”、“时代本质”概念。不同时代有不同的时代主题。同一个时代有不同的时代主题。或同一个时代不同的发展阶段有多个时代主题。比如，同样是从资本主义向社会主义过渡时代，就有“战争与革命”、“和平与发展”、“全球治理”、“命运共同体”等时代主题。

3. 世界资本主义与世界社会主义共时态并存及角色转换

近代以来，对立统一的世界历史呈现着新的镜像：先是封建主

---

① 参见肖枫. 时代主题与时代本质[N]. 学习时报，2015—9—28(第A3版：思想理论)；参见李淑珍. 当今时代与时代主题[M]. 北京：北京大学出版社，2005.

义于资本主义的对立统一，后有资本主义与社会主义的对立统一。但是在资产阶级、资本主义曾经借助无产者、人民的力量反封建势力的历史任务尚未彻底完成的情境下，资产阶级、资本主义与殖民地半殖民地国家的封建政治势力相互勾结对付人民的正义力量(譬如在旧中国)，这是对人类历史文明进步的一种反动。当今世界上还有极少数封建君主制的残存，虽然只占极少数，但在总体上主要存在两种社会制度，即资本主义社会制度和社会主义社会制度。以社会主义价值取向为定向发展的东方经济比较落后的国家首先爆发社会革命并取得胜利，选择社会主义道路，与世界资本主义并存，体现着某种历史的自觉性。由于这些国家国内没有直接现成的资本主义发展的成果可以继承，或叫存在着不能直接"继承资本主义"的"先天不足"。为了社会主义自身的生存和发展，为了社会主义与资本主义长期并存，社会主义必须在靠自力更生搞建设的同时，必须向资本主义学习。社会主义与资本主义共时态并存是复杂的、艰难的和长期的。由此，在相当长的历史时期内，世界基本格局还将是一球两制，而且是资强社弱，亦如 170 年前马克思恩格斯在《共产党宣言》中揭示的"东方从属于西方"的格局还没有根本改观。社会主义与资本主义共时态并存过程总体上可分为三个战略阶段：即战略防御、战略相持和战略反攻。目前，社会主义在两种制度关系中总体上仍处于战略防御的特定阶段。我们既要坚信"社会主义必胜论"，又要防范"社会主义速胜论"，更要坚持"社会主义与资本主义的持久战"。如上所述，"一球两制"的基本格局起于 1917 年十月革命胜利后第一个社会主义政权——苏维埃政权的建立。自那以后，资本主义与社会主义两种制度较量不断，主要如下：

第一次较量，主要从苏俄政权诞生开始。14 国武装干涉者苏俄新生政权，意图把其绞杀在“摇篮”之中。然而，令侵略者惊奇的是尽管曾一度占领苏维埃新生政权大多数土地，但新生政权仍最终击退了侵略军，并通过三个五年计划迅速恢复经济，使苏维埃政权工业总产量很快跃升到欧洲第一、世界二位。特别是当 1929 年西方经济危机爆发，包括美国在内的整个西方哀鸿遍野，以罗斯福为代表的新政思维者，在从社会主义宝库中（尽管主观不承认）借去了诸多秘诀，才从危机中得以摆脱，“两制”孰优孰劣，当时高下立现。

第二次较量主要体现在第二次世界大战过程中。当时顽强的苏联红军，面对德军的闪电攻击，通过具有代表性的莫斯科保卫战、列宁格勒战役，消灭了法西斯有生力量的绝大多数。经过第二次世界大战，社会主义国家从“一座孤岛”扩展为“一片绿洲”。

第三次较量主要体现在“战后”的“冷战”阶段。第二次世界大战以后，随之而起的是“冷战”，西方国家对社会主义国家实行封锁禁运，然而并没有得逞，相反，社会主义国家经济得到了迅速恢复和发展，特别是在苏、中等社会主义国家的鼓舞下，战后民族解放运动风起云涌，使得资本主义、帝国主义几百年构建的殖民体系迅速土崩瓦解。第四次较量主要体现在 20 世纪 70 年代以后，随着时代主题由战争与革命转为和平与发展，“两大阵营”分成“三个世界”。一方面中国在十一届三中全会以来，取得举世瞩目成就。另一方面，世界社会主义运动遭受严重挫折。由于内外力量的绞杀，特别苏东改革者本身背离了社会主义方向，终于导致了苏联解体和东欧剧变，使得一定时期内的世界社会主义发展进入低谷。20 世纪 80 年代以来，无论是“一球两制”的世界资本主义还是世界社会主义都出现了新的变化，也都在自觉不自觉的反思自身存在的问题。

世界资本主义方面。当代资本主义进入新阶段，充分证明马克思关于“两个绝不会”理论论证的真理性①。2008 年震撼全球的金融危机是资本主义生产方式内在矛盾的集中体现，是资本主义蕴藏着的内在矛盾发展的必然结果。

世界社会主义方面，重点表现在社会主义国家在处理两制关系中成长的烦恼——经验和教训。在 20 世纪世界社会主义从高潮到低潮的曲折发展过程历程中，固然有世界资本主义外在封锁的客观原因，但是就其主管而言，社会主义国家实践与认识等的偏差也是重要原因。限于诸多社会主义国家，本身存在“先天不足”，需要“后天给/补养”。因此很有必要、而且也有可能借鉴和吸收资本主义有益成果(但不是补资本主义发展阶段的课)。

通过对新世纪两种制度国家关系发展态势的新探索，在经济全球化加速发展、世界多极化在曲折发展的今天，两种制度关系总的态势是“资强社弱”，“资攻社守”，“竞争重点开始转向综合国力”等。“一球两制”条件下，“资强社弱”相互竞争将是 21 世纪两制关系的总体发展态势。我们认为，社会主义和资本主义两种制度的关系及其发总趋势在于：资本主义与社会主义两种社会制度将在一个较长的历史阶段中共存，资本主义经济全球化的发展为资本主义和社会主义两种制度共存提供了物质基础。社会主义国家要充分借鉴和利用资本主义成熟有意的体制与管理方式，充分利用其创造的物质文明成果，为社会主义国家安全服务。②

---

①　马克思，恩格斯. 马克思恩格斯选集：第 2 卷[M]. 北京：人民出版社，1995：33.

②　参见蒲国良. 全球化背景下社会主义与资本主义互动关系新特点[J]. 湖南师范大学社会科学学报，2011(4)；臧秀玲. 社会主义与资本主义两制关系研究[M]. 济南：山东大学出版社，2010；周森. 正确认识社会主义和资本主义两种制度的关系及发展趋势-中国社会科学网[2016—12—2] http://ex. cssn. cn/mkszy/rd/201612/t20161212_3310410. shtml.

(四) 中国特色社会主义进入新时代

中国特色社会主义隶属于世界社会主义,从属于从世界资本主义想世界社会主义、共产主义过渡的大时代。在其自身发展的历史进程中又经历一系列的"子时代"或新时期、新阶段,将大时代推向前进。

1. 中国特色社会主义是世界社会主义的组成部分

如前所论,在马克思主义产生以前,世界上就有各种各样的社会主义、共产主义,在马克思主义产生过程中和产生以后,这个世界上也有各种各样的社会主义。马克思恩格斯的社会主义只是其中的一种社会主义、共产主义。但是与其他各种社会主义、共产主义有所不同的是马克思恩格斯的社会主义叫"科学社会主义"或"科学共产主义"。即在社会主义、共产主义之前加一个限制词、修饰语即"科学"二字。即马克思恩格斯理论论证的社会主义、共产主义,是他们建立在对当时现实资本主义社会基本矛盾科学分析的基础上的。虽然当时的资本主义并没有也不可能终止其发展,马克思恩格斯也不可能终止对资本主义社会基本矛盾的分析。也就是说马克思恩格斯理论论证的科学社会主义、科学共产主义也是在不断发展中的。而且,马克思恩格斯理论论证的科学社会主义、科学共产主义是世界范围内的,不限于民族国家范围内。亦即如《共产党宣言》所说的那样,一个国家的无产阶级反对资产阶级的斗争,虽然"形式是民族的,但其内容却是国际的"。因此,马克思主义,马克思恩格斯的社会主义、共产主义学说是同科学相联系的,是同世界同国际社会相联系的。如果离开了科学,离开了世界与国际社会舞台就不是马克思恩格斯的社会主义、共产主义。

“中国特色社会主义”这一命题有广义和狭义之分别。广义的“中国特色社会主义”可涵盖中国革命和新中国成立以来的历史实践。[①] 从中共十三大到十八大的政治报告标题中，均有“中国特色社会主义”字样。十三大政治报告的题目是“沿着有中国特色的社会主义道路前进”(1987年10月25日)、十四大政治报告题目是“加快改革开放和现代化建设步伐夺取有中国特色社会主义事业的更大胜利”(1992年10月12日)、十五大政治报告题目是“高举邓小平理论伟大旗帜，把建设有中国特色社会主义事业全面推向二十一世纪”(1997年9月12日)、十六大政治报告题目是“全面建设小康社会，开创中国特色社会主义事业新局面”(2002年11月8日)、十七大政治报告题目是“高举中国特色社会主义伟大旗帜，为夺取全面建设小康社会新胜利而奋斗”(2007年10月15日)、十八大政治报告题目是“坚定不移沿着中国特色社会主义道路前进，为全面建成小康社会而奋斗”(2012年11月8日)；十九大政治报告题目是“决胜全面建成小康社会夺取新时代中国特色社会主义伟大胜利”(2017年10月18日)。这就更加证明，改革开放以来的中国共产党人，始终不断坚守中国特色社会主义，不断开创发展着中国社会主义事业。

在这里我们需要强调的是：其一，“中国特色社会主义”命题的原意或本意应当是“中国特色科学社会主义”。因为它是马克思主义科学社会主义的基本原理同中国革命具体实践相结合的产物。若此，或许更能使人们对“中国特色社会主义”减少些误解，更能增强人们对马克思主义科学社会主义的理解力与执行力。其二，“中

① 参见乔耀章.略论“社会主义”的三个分子式或不等式问题——兼论我国社会治理与社会主义的关系[J].观察与思考，2015(6).

国特色科学社会主义”的理论与实践就其形式是中国的，但就其本质内容却是国际的、世界的。

2. 中国特色社会主义进入新时代诠释

习近平同志在党的十九大提出了“决胜全面建成小康社会夺取新时代中国特色社会主义伟大胜利”的时代号角，作出了“中国特色社会主义进入新时代”的重大政治论断。这一重大政治论断主要体现在报告中首次提出“三个意味着”。习近平同志还明确指出：我们必须认识到，这个新时代是中国特色社会主义新时代，而不是别的什么新时代。在这里，我们需要结合上文关于“中国特色科学/社会主义”的广义和狭义问题，来辨析“习近平新时代中国特色社会主义”和“中国特色社会主义进入新时代”这两种命题。

一方面，马克思恩格斯从 1848 年《共产党宣言》发表，宣告人类社会开始进入由世界资本主义向世界社会主义、共产主义过渡的时代。我们的人类社会今天还仍然处在或正行进在这个伟大时代之中，而不是别的什么时代。然而，即便是这个伟大时代也已经从过去的历史方位中走来，进入到新的历史方位之中。无论是广义的中国特色科学/社会主义，还是狭义的中国特色科学/社会主义，由于它们都是作为世界社会主义的有机组成部分，它们都是隶属于这个伟大时代的。因此，依据习近平同志关于“新时代”的原意，我们对“中国特色社会主义进入新时代”中的“新时代”理解为它不是指相对于“伟大时代”已经过时而言的“新时代”，抑或不是指因“伟大时代”变成“旧时代”而言的“新时代”，而是以“中国特色社会主义进入新时代”来表征着马克思恩格斯宣告的伟大时代正进入新的历史阶段、新的历史时期。

另一方面，“习近平新时代中国特色社会主义”这个命题还不能完全等同于“中国特色社会主义进入新时代”这个表达法。这两种表达法可以合为一个概念:“新时代中国特色社会主义进入新时代”。这一概念的中心词或词干是“中国特色社会主义”,用同一个词即“新时代”分别作为“中国特色社会主义”这个词干的前缀与后缀,用以限制和修饰“中国特色社会主义”。这里的关键是对“中国特色社会主义”作广义还是狭义的解释。其中,广义的中国特色社会主义的实践包括新民主主义革命、生产资料私有制的社会主义改造、文化大革命、改革开放以来的实践;广义中国特色社会主义的理论毛泽东思想、邓小平理论、三个代表重要思想、科学发展观和习近平新时代中国特色社会主义思想。狭义的中国特色社会主义的实践一般是指改革开放以来的实践,狭义的中国特色社会主义的理论主要是指邓小平理论、三个代表重要思想、科学发展观和习近平新时代中国特色社会主义思想。从一定意义上说,“中国特色社会主义进入新时代”=“中国特色社会主义进入新的发展阶段”。我们可以进一步表达为“新时期中国特色社会主义”“新阶段中国特色社会主义”“中国特色社会主义进入新时期”“中国特色社会主义进入新阶段”。因此,我们以为,“时代”是一个神圣的、庄严的大字眼,在维护“大时代”观精神的语境中,人们还是慎用“时代”概念为妥。

3.“中国时代”何以可能?

虽然我们主张慎用“时代”概念。但是,我们称之为“伟大时代”确实进入了新的历史阶段,新的历史时期;中国特色社会主义也进入新的历史阶段、新的历史时期。正是在中国特色社会主义的理论与实践的过程中,使得世界走进了中国,同时也使中国走向了世界。具体体现在中华民族发展史、在世界社会主义发展史以及在人类社会发展史三个层面上,坚持中国特色社会主义道路,使我国日益接近民族复兴,走近世界舞台中央,不断为人类特别是既

希望加快发展又希望保持自身独立性的国家和民族作出新的更大贡献的时代，

“时代”是一个时空概念，除了时间、空间的分期、分阶段的意涵外，还包含着“代”即特定时间空间场域的代表者、“佼佼者”之代。比如，有研究表明，世界进入近代史，开启了英国资本主义率先进入世界资本主义的时代——英国时代。从1870年年代正式开启了英美时代的时空切换期，经过第一次、第二次世界大战，加速了这一时代切换的进程。1941年，《时代》周刊创办人亨利·卢斯在著名的《美国世纪》中提到：“美国的经验是未来的关键，它将成为国际社会的领袖。”这篇文章成为开启“美国时代”的宣言书。第二次世界大战以后，整个世界的现代化运动、全球化进展几乎完全进入美国时间，美国时代进一步异化和升级为美国霸权时代。目前，世界格局整体上仍然属于美国时代。在《美国世纪》出版74年后，诺贝尔经济学奖得主约瑟夫·施蒂格利茨在《中国世纪》一文中提到：“中国经济以拔得头筹之势（以购买力评价计算）进入2015年，并很可能长时间执此牛耳。”[①]这篇文章预示“中国时代”已初露曙光。2009年9月28日的《时代》周刊刊载了美国著名中国问题专家沈大伟的文章《繁荣之路》，周刊封面配有五角星，“中国时刻”一词跃然纸上。随着时间的推移，“中国时刻”在越来越小间距间频频出场，将一个又一个的“中国时刻”串起来，这就是“中国时代”。[②] 对此，本着基于战略上藐视问题，战术上重视问题起见，我们应当采取神圣的态度。我们一定理性地、审慎地处理好“大时代”本质与（中国特色社会主义）新时代的关系问题；审慎地

---

① 李效东. 中国向何处去？当代中国治理基本问题研讨[M]，北京：北京交通大学出版社，2016：115.

② 参见陈曙光. 中国时代与中国话语[J]. 马克思主义研究，2017，(10).

处理好世界社会主义时代——中国时代——人类命运共同体的关系问题；审慎地处理好时空切换的关系问题。①

三、我们的时代与旗帜②

学术界对于如果我们的时代是什么和我们的旗帜是什么，尚未达成真正的基本共识，加之“多时代”的表述和“多面旗帜”的政治氛围的影响，因而人们经常会陷入迷思、丧失斗志甚至误入歧途。我们以为时代是现实的人铸就的，并规约着类本质的人的行为。时代关乎人类文明发展前进的方向。旗帜是价值的凝结与象征，引领现实的人之社会生活，载明共产党人的奋斗目标。我们的时代是马克思恩格斯以自己的《宣言》奠定的，我们的旗帜是马克思主义的共产主义——消灭私有制、构建自由人的联合体。有什么样的人决定有什么样的时代和旗帜，旗帜反哺时代、化育人。马克思恩格斯创造和高擎的时代与旗帜，仍然是我们的时代观与旗帜观的主旋律，是习近平新时代中国特色社会主义思想伟大旗帜的理论基础之源。有鉴于此，需要我们对时代与旗帜问题给予理论分析，以更好地分析主体论域的时代背景。

物以类聚，人以价值、利益群分。我们是谁？我们与民族自

① 参见李慎明．对时代和时代主题的辨析[J]．红旗文稿，2015(22)；赵明义．马克思主义时代观和当前我们所处何时代问题研究[J]．中共石家庄市委党校学报，2009(2)；秦宣，郭跃军．论马克思恩格斯的时代观[J]．江西社会科学．2009，(1)；李淑珍．当今时代与时代主题[M]．北京：北京大学出版社，2005；牟成文．论马克思的时代观[J]．党政研究，2016(4)；郝立新．习近平时代观的基本特征[J]．人民论坛，2018(3)．

② 参见乔耀章．龚浩宇．我们的时代与旗帜——纪念“共产党宣言”发表 170 周年．[J]．河南师范大学学报．哲学社会科学报，2018．5．

尊、自我意识相关。“我们”是一个常用代词，指包括我（自己）在内的一组人、若干人或一类人，与“你/你们”、“他/他们”相对应。在政治上，常常把力量对比分为敌、我、友三方。我方称为我们，即指自己人、人民等，值得信赖和依靠的力量；友方，常指尽可能团结和争取的力量；敌方，常指要千方百计地孤立和打击的力量。在本文中，根据不同类型、不同层次的人群，不同的语境、语气，“我们”可以包括专指或特指和泛指两方面。其中，专指或特指的“我们”就是全体共产党人。习近平同志指出，“不忘初心，牢记使命，就不要忘记我们是共产党人，我们是革命者，不要丧失了革命精神”①。从这个意义上说“我们”＝“全体共产党人”＝“答卷人”（毛泽东有一比喻为：“我们共产党人好比种子，人民好比土地”）②正如习近平同志于 2018 年 1 月 5 日上午在学习贯彻习近平新时代中国特色社会主义思想和党的十九大精神研讨班开班式上的讲话中所指出的那样：“时代是出卷人，我们是答卷人，人民是阅卷人。最根本的就是要高举中国特色社会主义伟大旗帜”。泛指的“我们”可以由两方面组成。一方面，“我们”应该可指包括全体共产党人在内的全体中国人、中华民族各族人民；另一方面，在国际间，“我们”也应该可指包括全世界共产党人和各国人民在内的以及作为命运共同体的全人类——生存在地球上的我们（超越民族史，立足于整体世界史的眼光）。从特定意义上说，从专指或特指的“我们”发展到泛指的“我们”的历史演进过程，就是马克思主义不断中国化的演进发展过程，就是马克思主义不断大众化的演进发展过程，就是地域/区域性共产主义不断扬弃的世界共产主义历史的演进发展过

---

① 人民日报评论部. 论学习贯彻习近平总书记“1・5”重要讲话[M]. 北京：人民出版社，2018：24.

② 毛泽东. 毛泽东选集：第 4 卷[M]. 北京：人民出版社，1991：1162.

程。从化“敌”为“友”到化“友”为“我”，积极处理好“我们”和他们的关系，将会体现人类文明发展的整体或总体历史进程。本文基于专指或特指层面的“我们”，为了叙述的方便起见而对“我们”不做具体区分，以便集中笔力对我们的时代的理论论证与实际运用及其相互关系，我们的旗帜与时代、理论基础、指导思想的相互关系展开初步分析。笔者以为，时代问题是一个带有全局性、根本性和全球性的理论和现实问题；时代的性质、主题、特征是由人类社会基本矛盾、主要矛盾和具体矛盾决定的；关于时代的种种言说（如欧洲时代、资产阶级时代、资本主义时代、金融时代、当今时代、和平与发展时代、多维时代、改革时代、创新时代、信息化时代、生物时代、太阳能时代、基因时代、全球化时代、多极化时代、多样性时代、生态文明时代、亚洲时代，等等）都不能取代“从资本主义向社会主义过渡的时代”；我们的时代决定着我们的旗帜，旗帜谱系决定于与时俱进的理论和指导思想，归根结蒂决定于世界共产党人矢志不渝的明确的奋斗目标。

（一）我们的时代是《共产党宣言》奠定的

170 年前的 1848 年是一个极其重要的年份。1848 年先后在意大利、法国、德国等国发生的革命，几乎波及、涵盖全欧洲，仅俄国、西班牙及北欧少数国家未受影响。这是平民与贵族之间的抗争，主要是欧洲平民与自由主义学者对抗君权独裁的武装革命。此次革命虽然造成各国君主与贵族体制动荡，但是所有革命行动均以失败而告终。不过，这次革命却间接导致法国等国无产阶级的觉醒和德国及意大利统一运动的发生。欧洲资本主义和资产阶级革命的发生发展助推了欧洲无产阶级的产生和工人运动的发展。1847 年 11 月，共产主义者同盟第二次代表大会委托马克思和恩格斯起草一个周详的理论和实践的党纲。马克思和恩格斯取得一致认识，并研究了宣言的整个内容和结构，由马克思执笔写成。1848 年 2 月 24 日《共产党宣言》(译名来自日语，最初是“共产主义者宣言”的意思，后来在 1904 年 11 月 13 日日本《周刊·平民报》上，这部著作首次被译成《共产党宣言》)在伦敦首次正式出版。《共产党宣言》的正式发表是马克思主义诞生的重要标志，并宣告了一个新时代的来临。为此，斯大林曾在《无政府主义还是社会主义》一文中指出：“马克思恩格斯以自己的《宣言》创造了一个时代”![1] 列宁曾经也强调指出：“在恩格斯的著作《路德维希·费尔巴哈》和《反杜林论》里十分明确和详尽地叙述了他们的观点，这两部著作也同《共产党宣言》一样，都是每个觉悟工人必读的书籍”[2]

我们的时代之所以是由马克思恩格斯奠定或者“创造”的，主要是说我们的时代既不是“天赋”的，又不是自然而然地自发的到来的。创造是一种“创新”、是一种“发明”，是主客观条件有机统一的产物。马克思恩格斯奠定、创造或宣告的时代，既不同于马克思恩格斯以前的时代，而是以马克思恩格斯以前的时代以及所处的那时代为前提和基础的。那么，这个前提和基础是什么呢？概要地说，马克思恩格斯所处的时代是 19 世纪上半叶到下半叶之间的这段时期。这段时期的欧洲社会已由“成熟的封建社会”孕育出自由资本主义并在其自身基础上越出欧洲向纵深及横广方面发展为“后封建主义社会的资本主义时代”。该时代在经济、政治、思想文化、自然科学领域为马克思恩格斯宣告新时代的诞生提供了理论

---

① 斯大林全集：第 1 卷[M]. 北京：人民出版社，1953：322.

② 列宁选集：第 2 卷[M]. 北京：人民出版社，1972：442.

科学基础。更为重要的是，马克思恩格斯自觉主动地亲历了当时的理论斗争和工人运动的实践，适时地完成了他们的世界观和政治立场的两个转变，完成了唯物史观和剩余价值理论的两大发现，从而才使社会主义、共产主义学说得以建立在现实的基础之上进而发展成为科学。

马克思恩格斯以自己的《宣言》创造的是什么样的时代呢？马克思恩格斯创造的时代的核心思想，是宣告“资产阶级的灭亡和无产阶级的胜利是同样不可避免的”，亦即研究人类社会生产关系发展总趋势及其规律，揭示了社会主义、共产主义社会取代资本主义社会的历史必然性。对此，他们在《共产党宣言》中阐明的基本思想和第一章“资产者和无产者”中做出了非常清晰的理论论证。《共产党宣言》始终贯彻的基本思想是：社会物质资料的生产方式的决定性作用；社会发展的基本动力问题；阶级社会的直接动力问题等科学命题。马克思恩格斯在《宣言》第一章资产者和无产者中的有关论述带有强烈的批判成分，但他们的批判具有典型的“德国哲学式”的特征，对资本主义绝不是弃之不顾、彻底打碎、颠覆重来，而是对资本主义在深刻剖析、反思基础上的扬弃和超越，是对资本主义在深厚文化积淀基础上的传承和推进，他们理论论证的社会主义、共产主义社会将是人类源自资本主义涓涓溪流逐步汇聚而成的滔滔大海，是人类社会在资本主义社会滥觞之上的伟大勃兴。

时间与空间是一切事物存在的基本形式，时代则是与人紧密联系的时空概念和历史范畴。作为时空概念的时代，既是现实的人铸就的，又是人们认识社会发展的时空坐标。时代与时间、空间是相互联系、不可分割的。作为历史范畴的时代，必然要经历一定的社会历史过程，规约着现实的人或类的人的行为，关乎人类文明发展前进的方向。在这里，我们所说的时代，是指“大的历史时代”。当今之世界，一方面，马克思恩格斯关于时代问题的理论论证依然放射着真理的光辉。170多年来，不管国际风云如何变幻，人类社会仍然行进在马克思恩格斯所创造的这个时代之中。马克思恩格斯以《宣言》奠定和创造的时代所产生的历史影响不仅是全景式和全方位的，而且是极其深远和至今远未过时的。比如，其中的一个有力例证就是，那些雄心勃勃的政治家们要继续“领导世界100年”，“让美国重新伟大”或“美国第一”的国度，就把《共产党宣言》收入美国麦当劳。希尔公司出版的《世界伟大文献汇编》、美国《图书》(book)杂志合刊的《改变美国的20本书》、美国《领袖周刊》(leader week)《领袖必读的100部名著》都收入了《宣言》。这足以说明，马克思恩格斯创造的时代精神的影响力和感召力已经成为不以任何人的意志为转移的事实。另一方面，虽然马克思恩格斯关于时代问题的理论论证已经做出，方向亦已指明，道路已然开通，但是理论论证的实际运用还有一个相当长期、复杂、曲折的历史过程。人类从资本主义向社会主义、共产主义过渡的历史必然性，要诉诸全世界共产党人、无产阶级和劳动人民历史主体的主观能动性与创造性的可持续发挥才能实现，其继续有赖于世界共产党人、无产阶级和劳动人民的实践和实际的运用及其程度来加以证明的历程还远未到期。正因为如此，那种对马克思恩格斯关于从资本主义过渡到社会主义、共产主义时代问题的理论论证持有种种“怀疑论”抑或“否定论”的观点是缺乏说服力的。这主要是因为马克思恩格斯创造时代的理论论证的客观依据依然深层次地、本质地存在着。从特定意义上说，虽然当今的资产阶级、资本主义已经远非是170年前的资产阶级、资本主义(马克思恩格斯生处时代的资产阶级、资本主义早已不存在，或已经“灭亡”了)，但是一个不得不需要冷静正视的现实是，当今世界资产阶级、资本主义依然主宰着世界，它“使东方从属于西方”的世界基本格局尚未根本改观。当今世界资产阶级、资本主义尚未心甘情愿地退出历史舞台，这些都恰好说明当今世界资产阶级、资本主义的历史使命、历史任务尚未最终完成和尚未到达终结之时。所以，秉持从资本主义向社会主义、共产主义过渡时代理念的全世界共产党人、无产阶级和劳动人民仍需继续努力。

相对于马克思恩格斯关于创造时代的理论论证的性质或实质来说，我们的时代“依旧”，亦即没有过时。我们的时代之所以依旧、之所以没有过时，主要原因在于马克思恩格斯关于时代问题的理论论证的科学性依然存在。但是马克思恩格斯的时代观是发展变化和不断臻于完善的。依据马克思恩格斯的观点，创造或宣告一个时代并不是批判者、思想家随心所欲的事。[①] 马克思、恩格斯认为，“时代”反映社会发展的某一特定历史阶段，具有自己的基本特征。[②] 可见，马克思划分时代的基本标准是生产方式和经济制度的变化。马克思在《资本论》中谈到经济时代的区别问题[③]。恩格斯在1884年的《家庭私有制和国家的起源》这一历史巨著中，把人类历史划分为“蒙昧时代”、“野蛮时代”、“文明时代”三大时代[④]. 就理论论证的实际运用而言，170年来，无论时代的内容还是形式，无论是“先在”的资本主义还是“后生”的社会主义，都在日新月异地发展变化着。

资本主义——封建社会经济结构的解体使资本主义的要素得

---

① 马克思恩格斯选集：第4卷[M]. 北京：人民出版社，1995：337—338.

② 马克思恩格斯选集：第1卷[M]. 北京：人民出版社，1995：33.

③ 马克思恩格斯全集：第23卷[M]. 北京：人民出版社，1992：257.

④ 马克思恩格斯选集：第4卷[M]. 北京：人民出版社，1995：174.

到解放。资本的生成和增值的条件是雇佣劳动，是财富在私人手里的积累。资本主义时代是从16世纪开始的。资产阶级、资本主义发展的历史进程，伴随着资产阶级革命，为资本主义生产方式取代封建的生产方式扫清了道路。对资本主义历史发展有“两阶段说”（自由资本主义、垄断资本主义）、有“四阶段说”（自由资本主义、私人垄断资本主义、国家垄断资本主义、国际垄断资本主义）。国家垄断资本主义的进一步发展——国际化，必然发展成为国际垄断资本主义（以垄断资本在全球的扩张为主要特征）、金融垄断资本主义（以金融资本主导社会政治经济，通过金融系统进行的货币财富积累凌驾于产品生产过程之上的一种经济制度）以及社会资本主义（是国际垄断资本主义在全球扩张的结果，在生产关系、生产力、经济基础、上层建筑、社会结构等社会化的程度越来越高的资本主义）。国际垄断资本主义的发展，充分表明资本主义最终已经超越其欧洲的起源和西方的国界，成为一种全球的或世界的普遍现象——亦即世界资本主义。随着经济全球化浪潮的袭来，国际垄断资本主义生产方式和自由市场经济日益全球化。全球化实质上是资本主义制度在世界的扩张，是资本主义在全球范围内的拓展，是资本主义在当代的最深刻变化，是当代资本主义的主要特征。由此观之，开始于17、18世纪，成长于19世纪，发展于20世纪民族、地域或区域国家范围内的那个资本主义时代正在开始结束，而将让位于一个全球化的新时代，一个世界性的新社会。虽然国际垄断资本主义还将主导着世界一个相当长的时期，但是必须指出的是，我们所说的国际垄断资本主义或世界资本主义，绝不等同于西方左翼学者所持有、右翼学者所认同的“全球资本主义”或“资本主义全球化”理论。因为正在进行中的时代还远未终结，更不可能终结于世界资本主义。正如约瑟夫·熊彼特针对该现象所指出的:“在资本主义体制范围内的逐步社会主义化,不仅是可能的,甚至是明显的可以指望的事情。”①这也就是说,资本主义是孕育社会主义的母体。在当今社会,虽然国际垄断资本主义内部社会主义因素不断增长,但如果出现不了质的飞跃,社会主义仍然只能在资本主义本质内部孕育着。因此,我们的时代还将处于由社会主义战略防御到与资本主义战略僵持阶段,战略反攻阶段还将会姗姗来迟。

社会主义——与资本主义的过去、现在和未来伴随着的是“资本主义时代的社会主义”(其实,作为社会思潮的“原始共产主义”、“封建社会主义”、中国古代“大同”理想社会观要早于与资本主义对应的“社会主义”)。这与上文所说的资本主义的“先在性”和社会主义的“后生性”是并不矛盾的,这主要侧重说明人类确立现实的资本主义生产关系和社会制度在时序上资本主义要早于社会主义。本来资产者和无产者是同时在封建社会母体中孕育的“双生子”。起初在反封建的斗争中,无产者与资产者一道“反对敌人的敌人”。斗争的结果,资产者成为民族国家的统治阶级,奉行资本主义,无产者则成为被统治阶级,主张社会主义和共产主义,应该说这种主张要早于资本主义时代。为了纪念1516年英国人托马斯·莫尔《乌托邦》一书发表500周年,我国曾先后出版了三本书,即于幼军和黎元江的《社会主义五百年》(三卷本)(广东教育出版社,2011年版)、武市红(笔名田恬秀)的《社会主义500年》(湖北教育出版社,2013年版)、中共中央宣传部理论局的《世界社会主义五百年》(党员干部读本)(党建读物出版社,2014年版)。我国

① 约瑟夫·熊彼特.资本主义、社会主义和民主主义[M].吴良健,译.北京:商务印书馆,1979:285.

著名学者高放教授在《世界社会主义风云激荡500年》一文中指出：世界社会主义源自托马斯·莫尔。莫尔《乌托邦》一书的出版距今已有500年历史。这是风云激荡的500年，是前赴后继的500年，是翻天覆地的500年，是继往开来的500年。这500年的历史告诉我们："建设社会主义，需要处理好封建主义、资本主义、社会主义、共产主义这四个主义之间的关系：要彻底铲除封建主义余毒，不能让专制主义等渗透到社会主义体制中来；要充分利用资本主义文明成果，不能急于消灭资本主义；要逐步发展社会主义，不能用党政命令和群众运动的办法急于过渡到社会主义等"。[①]这是高放教授对世界社会主义500年从何而来、现在何处、向何处而去做出的科学分析和定位，确实能够引领我们进一步深入研究从资本主义向社会主义过渡时代的一些重大理论与实践问题。

譬如，马克思恩格斯对他们身处的自由资本主义的揭露和批判所得出的理论论证为我们进一步认知他们身后的资本主义发展规律提供了科学的理论基础。当他们于1848年在《共产党宣言》中创造"两个必然"时代之时，他们依然清醒地认识到资本主义尚处在上升时期的自由资本主义时代，马克思于1859年在《〈政治经济学批判〉序言》中又深刻指出了"两个决不会"的客观规律。高放先生指出我们对马克思恩格斯提出的"两个必然"和"两个决不会"的原理应该结合起来理解和掌握[②]。但在世界社会主义运动实践中，知道"两个必然"客观规律的共产党人相对多，而知道"两个决

---

① 高放.世界社会主义风云激荡500年——正确把握四大历史进程处理好四个主义间的关系[J].党政研究，2016(6).

② 高放.世界社会主义风云激荡500年——正确把握四大历史进程处理好四个主义间的关系[J].党政研究，2016(6).即从长远来看是"两个必然"，而从近期着眼则是"两个决不会"。

不会”客观规律的共产党人则比较少，在革命和建设的实际进程中容易导致犯唯意志论的错误，处理不好资本主义与社会主义的关系。马克思主义认为，无论是在世界范围内，还是在一个民族国家范围内，如果没有资本主义一定程度的发展，就没有社会主义。既然如此，人们为什么还习惯于视资本主义为洪水猛兽呢？那可能是由于资产阶级、资本主义对无产阶级和劳动人民统治与压迫太不人道主义了。与此同时，虽然《共产党宣言》发表以后直至马克思恩格斯先后逝世期间，他们对自由资本主义有了一些新的认知和批判，但是他们终究不可能终结对私人垄断资本主义、国家垄断资本主义、国际垄断资本主义的认知和批判，对于他们身后的资本主义的再认识必然留待我们和后人了。列宁曾经认为，帝国主义是资本主义的最高阶段，是社会主义的入口，那么，能否认为当今世界帝国主义的新阶段——社会垄断资本主义，更能够趋近世界社会主义的入口呢？

譬如，马克思恩格斯十分强调对于他们理论论证的基本原理的实际运用，要随时随地结合具体民族国家的实际情况而定。一方面，马克思恩格斯特别强调唯物主义的决定作用，特别强调社会经济形态的演进是一个自然历史过程（世界社会主义取代世界资本主义是一个自然的历史进程，不可能违背社会生产力水平人为地缩短和改变这个历史进程），主张世界社会主义革命首先从西方发达资本主义国家同时爆发，主张不经过资本主义“卡夫丁峡谷”的东方不发达国家的社会革命必须要有西方国家无产阶级革命的“互相补充”。另一方面，马克思恩格斯又特别强调辩证法的自觉积极能动作用，特别强调世界无产阶级的历史使命，尤其是强调无产阶级政党的历史主观能动性的积极作用，特别强调无产阶级及其政党在改造客观世界的同时也改造自己的主观世界，将环境和人同时得到改造。但是在世界社会主义运动的实践中，共产党人往往比较忽略唯物主义对自然历史过程的最终决定作用，等不来西方发达国家无产阶级革命在政治上、道义上的支援与互动，情急之下往往会非常突出“革命辩证法”或将主观能动作用发挥到极致，往往出现唯心主义盛行、形而上学猖獗的历史现象，常常容易犯极“左”的错误，做出一些愚蠢的傻事，往往比较注意在改造客观世界时革别人的命，忽略在改造客观世界的同时也要改造自己的主观世界，即同时也革自己的命。

譬如，人们对马克思恩格斯的志向，对马克思恩格斯的共产主义学说往往存在某种误解。马克思自称是“世界公民”，一个十七岁的少年马克思所立志向就是选择“最能为人类而工作的职业”。恩格斯《在马克思墓前的讲话》中指出：我敢大胆地说，他可能有过许多敌人，但未必有一个私敌。作为马克思的亲密挚友的恩格斯又何尝不是如此呢！既然如此，马克思恩格斯为人类而工作所做出的思想理论学说贡献就是属于全人类的，当然首先是为着全世界无产阶级和劳动人民的，但也不仅仅属于全世界无产阶级和劳动人民，因为有产者、资产阶级也是全人类的有机组成部分，他们也是人。同样，马克思恩格斯首先和主要的是全世界无产阶级和劳动人民的精神领袖和伟大导师，但也不仅仅是如此。从特定意义上说，如果没有马克思恩格斯及其伟大的理论贡献，就没有今天世界上的资产阶级和资本主义及其如此现实的人类文明。人类资本主义文明发展离不开马克思主义。新近全球性的金融危机爆发以后，西方人尤其是有良的资产者、学者为什么再次向马克思请教，一时间《资本论》再次成为畅销书甚至脱销可能就是一个很好的例证。既然如此，有产者、资产阶级为什么仍然视马克思恩格斯、视马克思恩格斯的共产主义如“敌人”呢？这是归根结底由他们奉行的“人性自私”本能决定的。其实，马克思恩格斯共产主义学术深层次的本质内涵是指一种科学的思想理论、一种社会实践，一种社会运动，一种社会制度，一种社会形态。其中，共产之“共”，有别于“公”、“私”，有“私共”与“公共”之分之别；共产之“产”首先和主要是指生产资料、产权、财富等，但绝不仅限于此，也应该对此展开深入研究，甚至需要重新界定、阐释“什么是共产主义”（人们对马克思恩格斯的共产主义的理解至今不到位）。特别需要指出的是，作为社会制度、社会形态的共产主义社会是基于“共产”的自由人的联合体，每个人的自由发展是一切人发展的条件。这里是“每个人”、“一切人”，也就是“所有人”，包括当今的“资产者”和“无产者”在内，当人类社会发展演进到共产主义社会，那时的每个人就会质变成一体化、同质化的人——新人类共同体。在那里，无论是“有产者”还是“无产者”都得脱胎换骨，重新做人，把所有社会成员、各自都视为人而相互尊重，使自由的每个人都发展进化成为“我们”，既不苦于有产而不自由，也不苦于无产而不自由。那种使无产者变成“有产者”，使有产者变成“无产者”的现实社会认知绝对不是马克思主义理想的共产主义社会。可以认为，马克思恩格斯“为人类而工作”的精神境界和理论成果——自由人的联合体理想——为以习近平同志为代表的中国共产党人提出中华民族命运共同体和“人类命运共同体”的伟大构想提供了光辉典范。

综上所述，马克思恩格斯依据人类社会基本矛盾运动规律，在《共产党宣言》中创造和宣告的时代，既是一种科学的理论论证，也是在实际运用中不断得到检验、丰富和发展的。当今，我们所处的大时代，仍然是由资本主义向社会主义过渡的时代。我们既不主张我们的大时代已过时，也不主张以“时代主题”变化取而代之。需要特别指出的是，所谓我们的大时代的逻辑起点、现实历史起点是什么？学界尚未明确提出，也无共识。笔者认为，我们的大时代的逻辑起点或理论起点是以《共产党宣言》发表就开启了。这主要是因为，那时的资本主义已经是一种现实的社会制度和社会形态，资产阶级、资本主义是这个时代的主角、主导。此后，资本主义经历了从自由资本主义到垄断资本主义再到国家垄断资本主义、国际垄断资本主义、社会垄断资本主义的具体延伸和传承，这可视为是资本主义自我否定、自身的新陈代谢过程。而那时的社会主义、共产主义已从空想发展为科学，已是作为一种"神灵"（李田心教授认为，《共产党宣言》引言开宗明义第一句话就出现被博古、中央编译局还在坚持的翻译错误，他认为"共产主义的幽灵"是谩骂共产主义的，而"共产主义神灵"才是马克思恩格斯的原意，源自百度文库）、思想、理论、实践和运动席卷欧洲。笔者认为，现实的历史起点是从十月革命开始的。1917 年十月革命开创了马克思主义，社会主义从理论或理想开始（还在行进中）变为实践和现实、"一球两制"——即资本主义和社会主义并存、斗争、竞争的历史。从此，资本主义已经结束了它一统天下的格局，就像它自身结束了自由资本主义历史而发展到垄断资本主义阶段一样。虽然 100 年来的时代主题已从战争与革命开始向和平与发展的主题转化（1984 年，邓小平最初提出论及"时代问题"、"两个问题"后逐渐为中共十四大的"两大主题"、十五大后的"时代主题"主张替代。限于篇幅，在此不展开论证），虽然世界力量对比还是"资富社贫"、"资强社弱"、"资攻社守"的态势，虽然世界总体上还属于由资本主义主导的资本主义时代，还不是社会主义时代，呈现某种"木桶效应"。但是，资本主义被社会主义取代的历史总趋势并没有改变。还需要特别指出的是，千万不要把"从资本主义向社会主义过渡时代"中的"社会主义"只看成是或等同于"现实的社会主义国家"或"现实的社会主义社会”，如果不是这样，人们自然就会有理由认为，随着前苏联东欧剧变，中国改革社会主义，就意味着“告别现实社会主义”，“告别大时代”。但是，课题负责人认为理论与事实恰恰并非如此。为此，有必要提出和论证“三重社会主义涵义”问题，即在世界历史进程中，“从资本主义向社会主义过渡时代”中的“社会主义”有三重涵义。

其一，是在人类社会发展序列中处于资本主义社会之后的那个“社会主义”社会。这是按马克思恩格斯设想的在资本主义社会生产力高度发达起来以后，或在资本主义自身成熟基础上（或在下面其二、其三互动基础上）建立起来的社会主义社会，这种社会主义是全人类的事，是共产主义社会或自由人联合体的同义语，它不可能逆退回到资本主义社会。这种涵义上的社会主义目前世界上还从未有过。

其二，是在现实国际垄断资本主义本质范围内生成的社会主义因素或成分，也应该被认为是向社会主义过渡的一种路径。这种国际垄断资本主义与自身前几个发展阶段相比，无论在民族国家范围内还是在世界范围内都为世界社会主义积累着经济、政治、文化等方面的条件。这种积累主要取决于两方面的因素。一是垄断资本主义在自我新陈代谢过程中的自我否定、自我扬弃或自我异化；二是垄断资本在对外殖民化扩张过程中，理论上自觉不自觉地求教于马克思恩格斯，而且在冷战思维的现实中“向现实的社会主义学习”，自我改革，自我调节，以便缓解自身矛盾，延长自身的寿命。迄今还没有实践证明这种在垄断资本主义母体中增长着的社会主义因素是否可以和平长入社会主义社会，但有一点可以表明的是，未来在国际垄断资本主义自身基础上成长起来的社会主义是不会忘其本的，也不会出现逆退到它昨天或“原先的资本主义”去。

其三，是在十月革命及以后的特定历史条件下，由无产阶级政党领导夺取政权，剥夺资本家财产建立起来的走非资本主义道路并与资本主义并存竞争的社会主义国家。这是一种英勇/雄的壮举，因为它们极大地丰富并改变了二十世纪世界历史的航程。然而，这些国家曾经在相当长的时期内认为他们所选择的社会主义，就是马克思恩格斯理论论证的社会主义的实现，并把他们选择的社会主义同本文第一种涵义的社会主义等同起来。其实这是一个很大的认知误区。因为第三种涵义的社会主义很大程度上不同于马克思恩格斯理论论证的社会主义，在事实上，既没有自身足够的建设发展社会主义的基础，又遭遇世界资本主义的无情的围攻、封锁、欺压，举步维艰。所以，这种社会主义如果不及时改革，就很有可能逆转，复辟再变成资本主义社会的可能性，这在前苏联东欧等已成为现实。中国也属于这种涵义的社会主义，今天中国人的道路自信就是要避免重蹈苏联东欧人的覆辙。所有这些都说明，社会主义是一个世界性历史进程，从资本主义向社会主义过渡中的“社会主义”，不能只看现有社会主义国家的现状及前景，还要考虑到发达资本主义国家通过社会主义因素的积累，迂回渐进地向社会主义过渡的趋势，这也是我们大时代的重要组成部分之一。[①]

我们只有把这三重社会主义涵义视为一个有机的整体，才能比较完整准确地理解和把握我们的时代——从资本主义向社会主义过渡。前事不忘，后事之师。在中国，既要坚定不移坚持马克思主义的社会主义，又要坚持学习国际、国内的资本主义，坚定不移

---

① 于光远. 论时代问题[J]. 学海，2001(3)；赵明义. 马克思主义时代观和当前我们所处何时代问题研究[J]. 中共石家庄市委党校学报，2014(4)；乔耀章. 略论“社会主义”三个分子式或不等式问题[J]. 观察与思考，2015(6).

地改革和发展中国特色社会主义。虽然中国在相当长的时期内还存在着不同程度的非社会主义成分或因素，但不占主导地位。对外，中国在本质上与全球化大时代的发展方向保持一致；对内，中国自身在总体上属于中国特色社会主义时代的延伸和传承，始终坚守社会主义第一重涵义的质的规定性。正因为如此，习近平同志在党的十九大报告中做出了中国特色社会主义进入新时代这一重大政治论断。我们必须认识到，这个新时代是中国特色社会主义的新时代，而不是别的什么新时代。中国特色社会主义进入新时代，使中国的发展站到一个更高层级的历史方位上。党要在新的历史方位上实现新时代党的历史使命，最根本的就是要高举中国特色社会主义伟大旗帜。

（二）我们的旗帜是《共产党宣言》树立的

旗帜由“旗”与“帜”构成。其中，“旗”一般指物质层面的东西；“帜”则指价值层面的符号、图案等。比如，我们的党旗、军旗、国旗，都是以一定尺寸规格的红色的布为“旗”，而“镰刀和锤子”、“八一”、“五星”（一颗大星、四颗小星）分别为我们的党旗、军旗、国旗之“帜”。[①] 引申义上的旗帜可以指一种精神、主义、信仰，即人们愿意信奉并以之作为行为指南的思想理论和具有感召力的能够为人们指引前进方向的精神力量。一面旗帜，就是一个时代、一个国家、一部民族的历史；一面旗帜，就是一种信仰、一个方向、一种力量。一个政党，就是一面旗帜，人们可以从这面旗帜上判明这个党。正如 1875 年 3 月，恩格斯在致倍倍尔的信及同年 5 月马克思

① 乔耀章．中华人民共和国的社会形态、历史方位及其基本政治元素辨析[J]．阅江学刊，2011(6)．

在致白拉克的信中强调的，制定一个原则性纲领，这就是在全世界面前树立起一些可供人们用以判定党的运动水平的界碑。江泽民在党的十五大报告中指出："旗帜问题至关重要。旗帜就是方向，旗帜就是形象。"中国共产党人的旗帜至关重要，中国共产党人的旗帜就是中国共产党人的前进方向，中国共产党人的旗帜就是中国共产党人的形象。那么，中国共产党人的旗帜是什么呢？

一般说来，有什么样的人决定于有什么样的时代和旗帜，旗帜反哺时代、化育人。中国共产党人决定于世界历史从资本主义向社会主义过渡的大时代。这个时代决定中国共产党人高举马克思主义的共产主义旗帜，通过共产主义旗帜化育全体中国共产党人，化育中国共产党人的初心，通过中国共产党人坚守发展的初心化育全体中华民族各族人民，为中华民族伟大复兴而奋斗，为构建中华民族命运共同体、人类命运共同体而奋斗。

这就是说，除了旗帜总是与时代相关联以外，旗帜总是与一定的"主义"相关联的，没有主义的旗帜是没有的，也不可想象的。同样的"主义"会有不同的旗帜。不同的"主义"也可能镶嵌在同一面旗帜上。当然，不是所有的"主义"都会有相应的旗帜。中国共产党人的旗帜是由中国共产党人信仰的"主义"决定的。中国共产党人信仰的"主义"又是什么呢？毛泽东认为"主义譬如一面旗子"。经过长期艰苦卓绝的求索，他把"主义"与"旗子"定位在马克思主义上。他认为马克思主义能救中国。① 中国共产党成立近百年来的历史已经并且还将继续证明，马克思主义不仅能够救中国，而且也能够建设中国、发展中国、强盛中国。中国共产党人就是靠主义

---

① 张治江.毛泽东"主义譬如一面旗子"思想的形成[N].学习时报，2012—09—17.

(马克思主义)起家的,靠“主义”取得革命、建设和改革开放的伟大胜利的。① 因此,从特定意义上说,中国最大的“红利”之一就是我们有马克思主义这个克敌制胜的法宝。这是其他红利所不可替代的,可谓“优势红利”或“红利优势”。

中国共产党人的旗帜就是马克思主义,即是“道”,具有至上性,但必须既顶天又立地,从中国的具体实际出发。中国共产党已经走过的近百年历程表明,无论是干革命,还是搞建设,抑或是搞改革开放,虽然小错误不会断,但大错误,尤其是颠覆性的大错误不能犯,特别是千错万错,方向路线不能错。本文在这里需要强调两点:其一,毛泽东这里所说的“旗子”就是“旗帜”,马克思主义“旗子”就是“马克思主义旗帜”,是外来的文献、理论。“没有革命的理论,就没有革命的运动”。其二,毛泽东这里讲的是“方向路线”问题,不仅仅是“道”的问题。即使是“道”同或同“道”,也有可能走出具体的不同的方向路线来。② 但是,“主义”、“旗帜”确实非常重要,因为“主义”、“旗帜”即是“道”。道可道,非常道。“道”关涉到自然法则,关涉到社会历史规律性。因此,正是从这个特定意义上可以如是说:“主义”、“旗帜”抑或是“道”,要比具体的路径、路线重要得多。

中国共产党人的旗帜与中国共产党人的理论纲领和指导思想息息相关。党的指导思想又称为党的行动指南,是指导我们党全部活动的理论体系,是党的政治建设、思想建设、组织建设、作风建

---

① 乔耀章.社会主义核心价值体系多重解析——兼对“社会主义”的新释义[J].中共南京市委党校南京市行政学院学报,2007(6);乔耀章.略论“社会主义”三个分子式或不等式问题[J].观察与思考,2015(6).

② 笔者在研究中国特色社会主义政治发展道路问题时,专门把“道路”解析为“道”与“路”及其相互关系问题。参见乔耀章,巩建青.新时代中国特色社会主义政治发展道路的理论秘钥——“中”“道”思维的理论视角[J].阅江学刊,2017,9(6).

设、纪律建设、制度建设和反腐倡廉建设的理论基础。中国共产党从其诞生之日起就始终以先进的科学的理论作为自己的指导思想：1921 年，中共一大将“马克思列宁主义”作为党的指导思想；1945 年，中共七大将“毛泽东思想”确立为党的指导思想并写进党章；1997 年，中共十五大将“邓小平理论”确立为党的指导思想并写进党章；2002 年，中共十六大将“三个代表”重要思想确立为党的指导思想并写进党章；2007 年，中共十七大将“科学发展观”写进党章；2012 年，中共十八大将“科学发展观”确立为党的指导思想。2017 年 10 月，中共十九大将“习近平新时代中国特色社会主义思想”写入党章。习近平新时代中国特色社会主义思想作为自己的行动指南。这是新时期党的指导思想的又一次与时俱进。我们党指导思想的每一次与时俱进，都表明中国共产党人向人民兑现总体诺言——全心全意为人民服务的初心——一项新的工作重心的位移！

中国共产党在历史上先后树立、举起过四面旗帜：第一面旗帜——马克思列宁主义旗帜；第二面旗帜——毛泽东思想旗帜；第三面旗帜——邓小平理论旗帜；第四面旗帜——中国特色社会主义旗帜。这四面旗帜是中国共产党人伟大精神力量铸就的旗帜，正是在这些伟大旗帜的引领下，中国人民从胜利走向更大的胜利[15]这项研究所罗列的数字现象自然会引发人们的深度思考：为什么我们的旗帜是四面，而不是一面，也不是更多面，它们之间是什么关系；旗帜与共产党人的领袖是什么关系；旗帜与共产党人的信仰、理论指导思想是什么关系，等等。我们需要用有限的篇幅进行概要式地研究。

第一，共产党人的旗帜应当趋同于马克思主义旗帜。就目前我国所列旗帜的数量而言，这四面旗帜的排列已经比较注意到了历时态的先后抑或“旗帜际”之间的传承关系，但是这四面旗帜的共时态排列会给人以某种“并列化”、“均等化”或“同质化”、“无差别化”，甚至“厚今薄古”或前三面旗帜已经成为“过去时”的感觉之嫌。首先需要肯定的是，这种排列法的前三面旗帜是以导师或党的领袖、主要领导人的名字来命名的，第四面旗帜不以人而是以思想体系来命名，这样也许较为科学。但是需要研究的问题主要有两方面：一方面，它习惯性地把马克思恩格斯或马克思主义同列宁主义旗帜并列，视为同一个理论层次的问题。其实，马克思主义是所有后面旗帜的理论基础，是后面所有旗帜谱系中的“总旗帜”或“母旗帜”，世界共产党人的旗帜应当趋同于马克思主义旗帜。列宁主义同毛泽东思想、邓小平理论及中国特色社会主义一样或一起都属于马克思主义理论的实际运用层面的现实社会主义，属于上文所说的第三层面的社会主义涵义。严格说来不能把列宁主义同马克思主义并列作为旗帜或理论基础，或者最多可视为介于马克思主义和毛泽东思想之间层次的理论或旗帜。另一方面，后面的三面旗帜虽然不是共时态的，但都是中国的，问题主要在于怎么界定“中国特色社会主义”，更何况这三面旗帜不能“平起平坐”。“毛泽东思想”早于“中国特色社会主义”概念，但一般可以列入作为“广义的中国特色社会主义”，“邓小平理论”出现在“中国特色社会主义”概念形成之后或过程之中，当然属于“狭义的中国特色社会主义”题中应有之义。把“中国特色社会主义旗帜”列于毛泽东思想旗帜和邓小平理论旗帜之后，显然不是为了说明毛泽东思想旗帜、邓小平理论旗帜不属于中国特色社会主义旗帜之列，其弦外之音是什么和为什么？无疑这已超出讨论旗帜问题的想象力。诚然，今日中国之旗帜，首推毛泽东思想旗帜。正如彭真曾经指出的那样，毛泽东旗帜不能丢，丢了必然混乱。毛泽东思想永远是我党工作的指针。我们这么大一个国家，这样大的一个政党，没有毛泽东思想的旗帜不行。[①] 邓小平也指出毛泽东思想旗帜不能丢，丢掉毛泽东思想旗帜了实就否定了中国共产党的光辉历史。[②] 从特定意义上我们可以说，邓小平理论旗帜，尤其是习近平新时代中国特色社会主义思想的伟大旗帜是毛泽东思想旗帜的 2.0 版，是“行动中的马克思主义毛泽东思想”！

第二，共产党人的旗帜应当处理好与其领导人特别是与其主义、思想、理论体系的关系。在旗帜与领导人的关系上，如马克思主义旗帜与马克思恩格斯的旗帜是不同的。同样，列宁主义旗帜和列宁的旗帜是不同的，毛泽东思想旗帜和毛泽东的旗帜是不同的，邓小平理论旗帜和邓小平的旗帜是不同的。前者所体现的是集体智慧的结晶。在旗帜与主义、思想、理论的关系上：有“一对一”的一种主义、一种思想、一种理论对一面旗帜，如毛泽东思想旗帜；有“一对多”的一种主义、一种理论，尤其是基础理论或根本理论，如马克思主义理论（总旗帜）派生出多面旗帜，这里就体现着“共同但有区别的原则”；有“多对一”的多种主义、思想、理论对一面旗帜，新时代中国特色社会主义思想叠加在“中国特色社会主义旗帜”上。在旗帜与行动中，一般地说，举马克思主义旗帜的人，不一定懂得马克思主义；举列宁主义旗帜的人，不一定懂得列宁主义；举毛泽东思想旗帜的人，不一定懂得毛泽东思想；举邓小平理论旗帜的人，不一定懂得邓小平理论。同样地，懂得马克思主义并加以运用的人，有可能不专门打出马克思恩格斯旗帜；懂得列宁主义并加以运用的人，有可能不专门打出列宁旗帜；懂得毛泽东思想

---

① 《彭真传》编写组. 彭真：毛泽东旗帜不能丢丢了必然混乱[EB/OL]. 中国共产党新闻网：http://dangshi.people.com.cn/n/2013/0705/c85037—22094234.html.

② 邓小平. 邓小平文选：第 2 卷[M]. 北京：人民出版社，1993：164—165.

并加以运用的人，有可能不专门打出毛泽东旗帜；懂得邓小平理论并加以运用的人，有可能不专门打出邓小平旗帜。相比较而言，举物质、形式的旗比较容易，而真正阅读、了解、懂得、接受旗帜的价值、旗帜的主义、旗帜的思想、旗帜的理论则比较难，而且需要坚定的政治定力和更富有的胆略与智慧。与此同时，国际共产主义运动史和中国共产党历史证明，并不是所有共产党人的领导人都有自己的主义、思想、理论和旗帜的。甚至还存在“打着红旗反红旗”或举着“旗”反对“帜”的历史时期、历史现象或历史人物。如“两面人”，“伪忠诚”等等。

第三，共产党人的旗帜应当与其理论基础和指导思想有所区别。共产党人的旗帜是什么，和这面旗帜上写着什么，应该是有联系与区别的。1954 年，毛泽东在《中华人民共和国第一届全国人民代表大会第一次会议开幕词》中指出：“领导我们事业的核心力量是中国共产党，指导我们思想的理论基础是马克思列宁主义”①。毛泽东在这里突出明确指出了领导我们人民事业、社会主义事业的“核心力量”是谁，即中国共产党；指导我们思想的“理论基础”是什么，即马克思列宁主义。可见，毛泽东在首届全国人民代表大会上的开幕词，为新中国的社会发展价值取向、为共和国的制宪特质奠定了基调。共和国成立以来，这一基调一直在建设新中国的实践中与时俱进，不断得到唱响、阐扬、继承和发展。在这里，毛泽东主席非常清楚地把我们党的指导思想和指导思想的理论基础做了明晰的区分。在他看来，共和国初期党和国家的指导思想就是毛泽东思想，这是载入五四宪法的。本文主张我们的理论基础或元理论、基本原理是马克思主义，而列宁主义不宜与马克

① 毛泽东. 毛泽东文集：第 6 卷[M]. 北京：人民出版社，1999：349.

思主义并列作为理论基础(可作为“级差、次级理论基础”,相对于邓小平理论、中国特色社会主义思想,毛泽东思想又具有“理论基础”特质)。我们的指导思想是“总体性”、“综合性”的、与时俱进的。所谓“总体性”、“综合性”指导思想是指不是“单一性”的指导思想。如果继续说我们指导思想的理论基础是马克思列宁主义,那么,我们的总体性、综合性、与时俱进的指导思想就是毛泽东思想、邓小平理论、三个代表重要思想、科学发展观和我们党的最新的指导思想——习近平新时代中国特色社会主义思想——本质上是“行动中的马克思主义毛泽东思想”。我们是否可以如实说:我们党的旗帜上载明我们党的理论基础、总体性或综合性指导思想,而不能说我们党的旗帜就是我们党的理论基础和指导思想,否则,党的旗帜、理论基础、指导思想三者就会同义反复。如此说来主要基于两方面考虑:一方面,一面旗帜内涵多个思想体系,那么,每个思想体系的内部关系怎么样,以及思想体系与思想体系之间的关系如何处理。另一方面,多个思想体系叠加出来的一面旗帜,实质上是否等同于多面旗帜,各面旗帜之间如何协调一致,这样的一面旗帜,如何能召唤起全体人民团结在这一面旗帜下为之奋斗?所以,为了避免对多种思想体系、多面旗帜选择的不当的“各取所需”偏向,我们主张,党的旗帜和党的理论基础与指导思想之间可以兼容或包容并蓄,但是不宜等同,把旗帜的“共性特质”从各种思想体系中抽象出来“独立呈现”,以便规约各旗帜之间始终如一所保持着的“同质性”。

第四,共产党人的旗帜谱系中应当体现出“共同但有区别的原则”。共同但有区别的原则,是1992年联合国制定的《联合国气候变化框架公约》提出或倡导的核心内容。我们也可以引进说明世界共产党人的“旗帜际”的关系问题。所谓“共同”原则,即指世界共产党人的旗帜尤其是“帜”应当是共同的，其起点和终点始终都是马克思主义或马克思主义的共产主义为“总旗帜”。所谓“区别”原则，即指根据时代发展变化，完成历史使命或历史任务的进阶情况，适应各民族国家具体国情制作具体的多样性的“分旗帜”，如列宁主义旗帜、毛泽东思想旗帜、邓小平理论旗帜、习近平新时代中国特色社会主义旗帜等，使“总旗帜”的特质在“分旗帜”那里得到具体化落实。进而言之，在此基础上笔者还想进一步探讨或指出两点创意。创意之一，我们主张全世界共产党人的共同旗帜或总旗帜是“马克思主义”或“马克思主义的共产主义”是有三方面寓意的。寓意之一是针对那些言谈旗帜问题而有意回避马克思主义、回避共产主义的倾向；寓意之二是想辨析“共产主义”有马克思主义的共产主义和非马克思主义的共产主义之分别（如马克思主义以前的各种共产主义）；寓意之三是想辨析“马克思主义”与“共产主义”的关系问题。（1995 年 4 月 7 日 6500 多人的清华校园社团——清华大学学生马克思主义学习研究协会成立大会，当莅临该会的 75 岁的著名作家魏巍抬头远望舒展在礼堂上空的横幅上面写着：“我们的旗帜是共产主义”时，不禁发出让人心碎的感叹：这句很多大场合都不敢说的话，被年轻人写在了旗帜上！[①]）创意之二，我们应该把旗帜中蕴含的精神、精髓、精华、目的及其达至途径清晰地告诉人们[②]。然而，在我国学术界的相关研究成果中，在我们表达的众多旗帜中，在我们的主义、理论基础、指导思想中，是否已经萃取出这些思想的精髓并浓缩为精华了呢？答案是否定的。那么，是在我们的主义、理论基础、指导思想中没有我们所要

---

① 邓晖.“我们的旗帜是共产主义”[N]. 光明日报，2015—06—04(001).

② 丁一博客：我们有一面什么样的旗帜？[EB/OL]. 新浪网：http://blog.sina.com.cn/s/blog_7b9efaf10102vv07.html.

明确的精髓和精华(亦即本文所确定的“帜”)吗？答案亦是否定的。事实上，在我们所信仰的主义、理论基础、指导思想中是富含着我们旗帜的精髓和精华的，只是很少被提炼出来。之所以未被提炼出来，主要是因为我们时代和旗帜的精髓、精华在现实中尚未实现，或者说还做得不够理想，还在行进之中，处于进行时态，还有相当遥远的路程要走。既然如此，我们就越是需要端正我们的时代观和旗帜观，敢于发现真理，善于坚持真理。

概言之，我们现在还将长期(可以数百年计)处于从资本主义向社会主义过渡的时代，我们的旗帜是马克思主义的共产主义。在我们的旗帜上赫然写着：消灭私有制，构建自由人的联合体——源自《共产党宣言》。①

本章小结

本章基于政治发展与时代的关系，认为时代是现实的人铸就的，有什么样的现实的人就决定着有什么样的时代。时代关乎着人类政治文明和政治发展前进的方向，并规约着类本质的人的行为、化育人，引领着现实人的社会政治生活。我们的时代是马克思恩格斯以自己的《共产党宣言》奠定的。中国的政治发展不是一般的政治发展，而是人类社会从世界资本主义向世界社会主义过渡时代的政治发展。中国政治发展是在与中国封建主义政治、西方资本主义政治历时态和共时态并存互鉴中坚持马克思主义科学社会主义为定向的政治发展。在现阶段和以后的一个相当长的历史

---

① 乔耀章.消灭私有制的理性光辉不灭[J].学术季刊，1998(2).

时期内,中国的政治发展还不可能是纯而又纯的社会主义政治发展,特别是“中国特色社会主义”的政治发展还不是马克思主义理论论证的科学社会主义的政治发展。多质态的大时代背景决定着当代中国政治发展还不能不属于“多质态的政治发展”。

第三章　中国政治发展的逻辑起点

人是自然之子。人是追求价值与理想的存在物。人与人的共生共存性缔造了人类社会。社会、政治与人息息相关。政治是人的政治。在一定的社会之中，现实的人总与社会发生这样或那样的关系和联系，形成对社会政治组织的认知、情感与态度。也就是说，每个人都无法置身于政治之外。①

敢于直面政治的思想家如柏拉图、亚里士多德、马基雅维里、霍布斯、洛克、边沁、卢梭、黑格尔、马克思、尼采等，他们总是把人、人性问题置于考察政治的前提，其中当然是具有深刻意义的。中国政治发展的逻辑起点是人，是中国人，因为政治发展是与人的发展相联系的。正如费孝通先生晚年做过反思的那样，我们只有进入到具体的人的世界中，社会才会敞开、才会获得真正的生命。②

一般说来，在政治界和政治学界通常并没有把人，尤其是普通人、芸芸众生当回事来研究。比如，所有的社会科学都是回答重大社会危

---

① (美)罗伯特·达尔.现代政治分析[M].吴勇，译.北京：中国人民大学出版社，2012：3.

② 渠敬东.探寻中国人的社会生命——以《金翼》的社会学研究为例[J].中国社会科学，2019，(4).

机的产物。西学的古希腊回答了城邦问题，没有个人的权利，只是集体的存亡问题。希腊罗马以后，世界进入到中世纪，当时的主导学说就是讲神权，没有“人”的位置。文艺复兴开始到资产阶级革命，人的问题、个人权利问题都提到了首要位置。从洛克到亚当.斯密再到苏格兰启蒙学派，“人”指的是有财产的人。比如，当洛克强调财产权的时候，他正在贩卖奴隶，因此他所说的人的财产权不是一般人的，而是特定的有财产的少数人的。一旦少数人的权利得到确认以后马上就会出现了重大的社会危机问题，诸如没有财产的人是不是人，亦即穷人是不是人，他们怎么办？于是，社会平等等等的问题便接踵而至。①

早在1973年，德国经济学家修马克(E. F. Schumacher)出版《小即是美——一本把人当回事的经济学著作》(见李华夏译，台北：中国台湾立绪文化有限公司，2004年版)，当时国内学术界在评价这部书时，往往把重点放在中小企业上，而没有注意到这部书的副标题。其实，把人当回事来研究的理念绝不仅仅限于经济学领域。美国著名政治学家拉斯韦尔在阐述政治生活的本质时，曾经这样划定政治的范围指出：政治就是弄清楚什么人，以什么方法，得到了什么。可见，人的问题是政治的首要问题，其他的问题都是其次的问题②。正是从这个意义上说，政治、政治学发展的逻辑起点更应当是人，与所有的人相关，尤其是中国政治发展的逻辑起点当然也不能例外。那么，中国政治发展的逻辑起点之特色特在哪里呢？其实，中国政治发展的逻辑起点之特色特就特在它始终聚焦于“现实的中国个人”③，“让中国人成

---

① 杨光斌.从求变到求治：中国政治学研究范式转型[N].中国社会科学报，2017—04—19(007).

② 严强.政治生活与政治学基础理论[J].阅江学刊，2009(1).

③ 乔耀章.巩建青.现实的中国个人：中国特色社会主义政治发展道路的逻辑起点[J].江苏社会科学.2017(5).

为什么样的人，怎样让中国人成为这样的人”，尤其是聚焦于共和国的“人民政治”与“公民政治”及其相互关系。

一、关于中国政治发展的逻辑起点

中国特色社会主义的政治发展道路的逻辑起点是事关中国政治发展的出发点与归属点的问题，是中国政治发展实践逻辑的必然结果①。事关弄清楚中国政治发展首先是为了什么的问题，具有十分重要的意义。②

（一）政治发展的逻辑起点是什么

一般说来，逻辑起点是指所研究问题的思维的开始。比如《人民主体论：中国特色社会主义政治经济学的逻辑起点》（白暴力等，2017）一文把“人民主体论”作为马克思主义政治经济学进而作为中国特色社会主义政治经济学体系的逻辑起点③，对我们研究政治发展的逻辑起点有其重要的启迪意义。

华东政法大学政治学与公共管理学院的张明军教授等认为探讨中国的政治发展，不能局限于政治发展自身，错综复杂的客观情势构成了中国特色社会主义政治发展的逻辑起点。理性辨识其科学定位就在于：以最小成本获取最大化收益是原则定位，实现最广

---

① 习近平.决胜全面建成小康社会夺取新时代中国特色社会主义伟大胜利[N].人民日报，2017—10—28(001).

② 参见闵仕君.深刻认识中国特色社会主义政治发展道路的“三个逻辑”[N].解放军报，2018—03—02(007).

③ 白暴力，方凤玲.人民主体论：中国特色社会主义政治经济学的逻辑起点[J].中国特色社会主义研究，2017(1).

泛的人民民主是目标定位,客观务实地走中国特色社会主义政治发展道路是道路定位。这三重维度的科学定位,既共同构成了中国特色社会主义政治发展的基本框架,又内在预设了战略选择应从优化政治参与结构,建构治理型民生政治参与入手①,本课题研究以为张明军教授等所指出的政治发展的"自主性""被动性"和"基础性"见解是有学术价值的,但是,其论述"错综复杂的客观情势构成了中国特色社会主义政治发展的逻辑起点"的并非"唯一性"的见解是值得商榷的。

北京大学王浦劬教授在《"人民性"思维:新时代政治发展的逻辑主线》(2018)中指出:习近平新时代中国特色社会主义思想蕴含的"人民性"政治思维,具有划时代的创新性,是习近平新时代中国特色社会主义思想关于政治建设的逻辑起点和思维主线。习近平新时代中国特色社会主义思想内涵的"人民性"政治思维,正是基于历史唯物主义基本原理而形成的政治理论创新成果。其中人民性政治思维主要包括:以"人民为中心"的思维,认识和把握作为新时代中国特色社会主义政治逻辑起点的我国社会矛盾;以"人民政治属性"的思维,认识和确定作为新时代中国特色社会主义政治的经济基础的不同经济成分及其相互关系的政治属性、地位和功能等。② 我们拟可以把他的学术观点聚焦为把"人民性""人民政治"作为中国特色社会主义政治发展的逻辑起点。

此外,我们对"中国政治发展的逻辑起点"的探讨,还有别于对"探讨政治发展的中国逻辑"和"当代中国政治发展的内在逻辑和

① 张明军,陈朋.中国特色社会主义政治发展的实践前提与创新逻辑[J].中国社会科学,2014(05):38—59.

② 参见王浦劬."人民性"思维:新时代政治发展的逻辑主线[N].光明日报,2018.05.18(第11)版:理论.

基本特征"问题的讨论。前者，如2018年11月15日，上海市政治学会、中共上海市委党校政治学部联合主办的上海市社会科学界第十六届学术年会政治学分论坛在上海举行，与会专家围绕改革开放40年来政治发展的中国逻辑、发挥独特政治优势、政治发展以人民为中心、建设中国特色社会主义法治国家等问题展开讨论①。后者，如关海庭、马胜强等撰文指出：当代中国的政治发展就是不断实现"人民主权"的过程，进一步扩大社会主义民主，以政治发展的基础性、连续性、重点性三个特征为主要内容，全面提高人民群众的政治素质，构建具有中国特色的社会主义政治文明，是政治发展的必然选择。②

关于我国政治发展道路的逻辑起点的研究，国内学术界亦呈现异彩纷呈的状态。总的来说大家总体上认可中国政治发展道路应当走中国人自己的路。经过梳理，我们以为主要有以下几类学术观点：关于人民民生、民权、民主是政治发展道路的逻辑起点；关于党内民主是政治发展道路的逻辑起点；关于农村政治是政治发展道路的逻辑起点；关于国情、社情、世情是政治发展道路的逻辑起点。关于现实的人是政治发展道路的逻辑起点。其各类学术观点情况具体分别如下：

1. 关于现实的人是政治学术体系的逻辑起点

王沪宁先生在《政治的逻辑——马克思主义政治学原理》中指出，任何政治学说体系的逻辑起点和现实起点都应当是人本身。现

① 参见查建国. 探索政治发展的中国逻辑[N]. 中国社会科学报，2018—11—19(001).

② 关海庭，马胜强. 当代中国政治发展的内在逻辑和基本特征[J]. 太平洋学报，2013(6)；关海庭，马胜强. 当代中国政治发展的内在逻辑和基本特征[J]. 新华文摘，2013,(17).

实的人是构成政治社会的前提。王沪宁特别强调应当从现实社会活动着的人出发，而不是从抽象的或者臆想的人出发，去分析观察任何人[①]。因此，作为政治学术体系的政治发展其逻辑起点和现实起点都应是人本身。我们以为王沪宁先生等所提出的政治学体系（包括政治发展）的逻辑起点是人本身，抓住了马克思主义的逻辑起点——人本身，给我们研究中国特色社会主义政治发展道路的逻辑起点提供了视野。但是，我们以为作为政治发展的逻辑起点——现实的人，仍带有一定的抽象性，还不够具体，还有待进一步深入挖掘。

2. 关于人民民生、民权、民主是政治发展道路的逻辑起点

关于人民民生、民权与民主是政治发展的逻辑起点方面，不同学者基于不同的学科背景，体现出不同的研究侧重点。学者刘尚希等主张民生是政治发展道路的逻辑起点，刘尚希等认为相对于处于"工具价值"层面的自由、平等与民主等，民生具有最终价值。不论是经济发展、社会发展还是政治发展道路其最终落脚点都是为了人民，而人民最为关注的则是民生问题，刘尚希提倡把民生问题作为经济、社会以及政治发展道路的逻辑起点。[②] 相对于刘尚希等经济学者从民生问题，看待政治发展道路的逻辑起点，北京大学关海庭等政治学者主张人民主权的实现过程，也就是孙中山先生所提倡的民权，是中国政治发展道路的逻辑起点。关海庭强调人民民权的真正实现过程，有赖于人民群众政治素养逐步提升，法律监督制度逐步完善，选举广度与深度的逐步扩大等方面。[③] 中山大学肖滨则主

---

① 王沪宁.政治的逻辑马克思主义政治学原理[M].上海：上海人民出版社，2016：31.

② 刘尚希.论民生财政[J].财政研究，2008(8).

③ 关海庭、马胜强.当代中国政治发展的内在逻辑和基本特征[J].太平洋学报，2013(6).

张解放思想基础上的政治、经济民主以及法制等构成了改革开放以来中国政治发展的逻辑起点。肖滨并不完全赞同政治有效性是中国政治发展的逻辑起点或中轴原理，肖滨认为把改革开放以来中国政治发展的逻辑起点或中轴原理，定性为有效政治创造有效发展的故事叙述话语违反了逻辑与历史的统一原理，从历史行动的起点看，30 年中国政治起步的行动出发点不是"以变失效的政治为有效政治为行动起点"，而是以解放思想作为历史的行动起点。肖滨通过历史溯源，认为改革开放起始于以真理标准大讨论为开始的解放思想。肖滨强调以解放思想价值目标所倡导的政治民主、经济自主和法制规范一起构成了 30 年中国政治的逻辑起点。① 施雪华认为改革开放以来，随着我国民主法治步伐的加速，社会民主意识与能力得意提升，特别是在基层民主建设方面的加强，构成了我国政治发展道路的逻辑起点。需要在基层民主中进一步强化政治民主与社会民主，为我国政治发展奠定坚实的基础。② 肖金明等则主张人民民主是我国政治发展的逻辑起点。③ 我们的研究以为，无论是人民主权、还是人民民主都是我国政治发展发展的重要议题与重要内容，它们跟民生一样，作为政治发展的逻辑起点都值得商榷。包心鉴则认为应当把政治体制改革看作政治发展道路的逻辑起点。基于改革、发展与稳定的有序平衡，积极稳妥地推进政治体制改革，有效地规避了政治体制改革可能带来的政治风险。④

---

① 肖滨. 把握中国政治 30 年：叙述话语的选择[J]. 中山大学学报(社会科学版)，2008(05)：147—152.

② 施雪华，崔恒. 一种具有政治民主与社会民主双重性质的新型民主形态——中国共产党领导的多党合作制性质分析[J]. 江苏行政学院学报，2011(1)：95—102.

③ 肖金明. 公法之途[M]. 山东友谊出版社，2009：135.

④ 包心鉴. 中国共产党与中国特色社会主义政治发展道路[J]. 山东社会科学，2011(7)：93—94.

3. 关于党内民主是中国政治发展道路的逻辑起点

胡伟、周淑珍、魏礼群、奚洁人、丁晓强等学者主张党内民主是我国政治发展的逻辑起点。胡伟认为实现人民民主的根本目标需要党内民主的支撑与配合。作为社会主义民主基本内容的党内民主与人民民主，在我国本身有前后逻辑顺序。① 奚洁人认为以党内民主作为切入点，是我国政治发展的便捷之路。② 魏礼群则进一步指出，通过党内组织与制度创新，开发体制内资源，实现党内民主带动国家民主化。③ 丁晓强等进一步认识到，党内民主可以有效实现政治资源的整合，党内民主亦同时决定着政治体系吸纳人民政治参与的空间和能力。④ 冯留建则认为革命后政权的中国共产党执政体制是我国政治发展的逻辑起点。⑤ 中国共产党在我国政治生活中的核心地位决定了在我国党内民主的实现，会逐步取到示范作用，带动整个国家的政治发展。⑥ 共产党作为政治党，如果其党内都无法建立起完善的民主制度，人民民主就更无从谈起了。⑦

4. 关于农村政治是中国政治发展道路的逻辑起点

李明、傅大友等认为农村社会历史变迁是我国政治发展的逻辑起点和前提条件。⑧ 傅大友等进一步主张，作为我国政治发展的逻

---

① 胡伟. 对"党内民主"的几点思考[N]. 学习时报，2002—03—11.

② 奚洁人. 中国共产党的执政能力与领导哲学[M]. 上海：东方出版中心，2011：235.

③ 魏礼群. 深化行政管理体制改革全国行政学院系统获奖论文选[M]. 北京：国家行政学院出版社，2009：266.

④ 丁晓强. 党的执政能力与先进性建设——马克思主义政党学的重构及其内涵[J]. 黑龙江社会科学，2006(4)：1—5.

⑤ 冯留建. 从革命党到执政党：中国共产党执政体制发展研究[M]. 哈尔滨：黑龙江人民出版社，2009。

⑥ 胡伟. 对"党内民主"的几点思考[N]. 学习时报，2002—03—11.

⑦ 周淑真，陈勇. 变革世界中的政党政治[M]. 北京：华文出版社，2012：147.

⑧ 李明. 中国农村政治发展与农村社会治理研究[M]. 北京：知识产权出版社，2011：258.

辑起点与逻辑终点的农村社会，应当有能够代表其利益的全国性社会组织，构建乡村社会组织，提升农村组织化程度，有利于我国民主政治的发展[①]傅大友等认为中国农村是中国政治发展的逻辑起点，同时也是中国政治发展的逻辑终点；中国农民阶级的广泛群体性与其缺乏代表其利益的全国性社会组织不相对称。建立全国性的农民社会组织能够化解乡村社会给政治体系造成的压力。

5. 关于国情、社情、世情是中国政治发展道路的逻辑起点

在社情、国情与世情等问题上，闾小波等侧重认为历史国情是中国政治发展的逻辑起点。闾小波认为我国政治发展具有独特性。我国特有国情的历史遗产既是我国政治发展的逻辑起点，也是我国近代政治发展的重要变数。[②] 肖宾认为，我国现实国情中，以落实经济自主权、加强法制为核心内容的思想解放是改革开放以来我国政治的历史行动起点，解放思想所倡导的政治民主、经济自主和法制规范等构成了我国当前政治的逻辑起点。[③] 唐皇风等认为当代中国政治发展的逻辑起点是现代国家建设，历史起点则是洋务运动开始的现代国家建设。[④] 程竹汝、程道平等我们中国超大社会的政治演进历史基础，总体上决定着我们中国政治发展的逻辑起点。特别是差异性历史起点及社会条件影响着我国政治发展的我历史形态。[⑤]程道平则强调近代社会全球化、社会主义市场经济以及近代社会

① 傅大友，袁勇志，芮国强. 行政改革与制度创新：地方政府改革的制度分析[M]. 上海：上海三联书店，2004：205.

② 闾小波. 中国近代政治发展史[M]. 北京：高等教育出版社，2003：26.

③ 肖滨. 把握中国政治30年：叙述话语的选择[J]. 中山大学学报(社会科学版)，2008(5).

④ 唐展风. 现代化进程中全能主义体制的政治发展困境：1956—1965年中国政治发展研究[D]. 武汉大学，2009.

⑤ 程竹汝，上官酒瑞. 制度成长与发展逻辑改革开放时代的中国政治[M]. 上海：东方出版中心，2011：32.

的特殊政治社会结构等三重因素是构成我国政治发展的逻辑起点。① 姚尚建也认同现实国情是中国政治发展的逻辑起点。姚尚建进一步指出在社会主义市场经济体制逐步建立后，如何整合社会和经济秩序防止政党断裂、政府断裂和社会断裂已经是中国政府建设乃至政治建设的重要课题。任平等认为，“差异性社会”是我国政治发展的逻辑起点和真实社会基础。是贯穿中国特色社会主义全过程的基本国情。人民内部既有根本和长远利益的趋向一致性，又有局部与眼前利益的差异性。② 复旦大学秦德君指出东西方政治发展逻辑存在差异性。一般而言，西方社会在经历了文艺复兴、启蒙运动与宗教改革以后，先有自由、平等观念，尔后才是政治民主体制的生长。以中国为主的东方社会，自由平等等民主理念的洗礼相对滞后。直到以三民主义为代表的孙中山民主理论才真正意义上开启了我国现代民主理论先河。相对于西方社会的内源性民主生成方式，呈现更多外源性色彩民主生成方式的我国民主政治实践则显得困难重重。外源性民主的生成方式导致我国尽管后来逐步建立了民主的躯壳，但是在相当长的时空视域内，缺乏实践民主政治的社会基础。秦德君提醒我们在政治发展过程中，一方面，我们要对自己国家的民主政治建设的社会、历史、文化背景有清醒的认识，要防止脱离国情和超越历史发展阶段的“民主急性病”，另一方面要充分发挥的主观能动性与制度优势，吸取人类政治文明成果，从而推动我国政治发展。③ 冯留建认为中国共

---

① 程道平，陈国跃. 当代中国政治发展的背景及其理论建构[J]. 理论探讨，2000(2).

② 任平，王建明. 论差异性社会与中国特色社会主义民主政治的未来[J]. 马克思主义研究，2010(5).

③ 秦德君. 有民主理想，但不是“民主急性病”[J]. 探索与争鸣，1998(3)：13—15.

产党在革命成功后，应该构建什么样的执政体制，是关系到中国政治和社会发展的至关重要的问题。革命后政权的执政体制是中国共产党执政时期政治发展的逻辑起点。祝天智认为中国特色社会主义政治发展道路的逻辑起点可以追溯至鸦片战争时期，鸦片战争开启的“潘多拉魔盒”使中国被动走上了以实现民族独立为目标的近代政治发展道路。[①] 唐皇凤认为当代中国政治发展的逻辑起点是现代国家建设，历史起点则是洋务运动开始的现代国家建设。[②] 当下，我国政治发展实践过程中，必须基于对我国当前既定历史条件下的清晰政治认知，并把其作为政治发展的逻辑起点。把政治发展看成是人类政治文明的演进与建设过程，符合政治发展的实际，也符合建构中国特色政治发展理论的要求，是建构中国特色政治发展理论的逻辑起点，而中国特色政治发展理论的现实起点应当是中国当代政治文明建设与演进的实践进程。[③] 关海庭教授指出，我国自近代以来就存在的二元经济结构的基本国情，导致我国社会政治发展的严重不平衡。二元经济结构的失衡引发的政治社会不平衡性是我国政治发展的逻辑起点。[④] 我们以为历史、国情与世情尽管是我国政治发展的重要的政治生态，也不宜作为逻辑起点问题。世情、国情与社情是我国政治发展不同时期的特有历史特征，作为历史起点可以，但视为逻辑起点也值得商榷。

以上我们所列举的这些具有代表性的学术观点，对于我们进一步展开对政治发展逻辑起点问题的深入研究准备了很有参考价

---

① 余精华，杨晓旭. 近代国外政治思潮对中国特色社会主义政治发展道路的历史影响[J]. 安庆师范学院学报(社会科学版)，2015(1)：1.

② 唐展风. 现代化进程中全能主义体制的政治发展困境：1956—1965 年中国政治发展研究[D]. 武汉大学，2009.

③ 王宗礼. 论建构中国特色的政治发展理论[J]. 探索，2004(6)：48.

④ 关海庭. 21 世纪中国政治发展展望[J]. 新视野，1997(2).

值的思想材料。根据我们对研究起点与逻辑起点问题的辨析，以及逻辑起点所具有的独特性和唯一性特点，我们认为这些学术观点既值得借鉴，又有值得商榷之处。

在“中国政治发展道路的逻辑起点”研究方面，既继承了中国政治发展的逻辑起点的实践论，如国情研究视角，又继承了政治发展的理论或价值层面的逻辑起点论视角，如政治体制改革的民主视角。马克思认为政治发展的逻辑起点应当侧重于不同时代的“现实的人”。中国政治发展道路的实践主体离不开现时态的“政治人”。而这种现实的政治人，必定受制于其所处时代、地域物质生活条件的制约。毛泽东关于“认清中国的国情，乃是认清一切革命问题的基本的根据。”①和党的十八大关于我国是世界最大发展中国家的国际地位没有变，②这些可以作为当下中国国情的最权威阐述。在此社会主义初级阶段，从政治发展的实践逻辑起点，国情论的视角而言，作为政治人的人民始终面对着社会生产的相对落后供给与其物质文化需求结构性矛盾。从政治发展的理论逻辑起点而言，也始终面临着作为“现实的政治人”的民主素养与民主环境的制约。人民主权的实现过程受制于政治人的本身自觉程度。

可见，如果把中国政治发展的逻辑起点界定为“人”或“现实的人”未免显得过于抽象，但如果把中国政治发展的逻辑起点界定为“人民”“民生”“民主”“人民主权”“人民主体”或“多逻辑起点”或“复合逻辑起点”等等未免又显得有些过于具体。为了避免将中国政治发展逻辑起点作出过于宽泛或过于偏窄的理解，我们主张将

① 毛泽东. 毛泽东选集：第2卷[M]. 北京：人民出版社，1993：621.

② 胡锦涛. 坚定不移沿着中国特色社会主义道路前进为全面建成小康社会而奋斗——在中国共产党第十八次全国代表大会上的报告[J]. 求是，2012(22)：9.

中国政治发展的逻辑起点还是定位在“现实的中国个人”为宜。

（二）现实的中国个人释义及其理论依据

世上本无政治，人产生以后才有了政治。人首先是自然界的产物，或曰人首先是自然人（相对于法人、社会人，经济人、政治人、文化人、生态人、道德人）最后也回归到自然。同时，人也应当是社会的产物。人与社会是相互决定的。从唯物的视角看，是社会存在决定社会意识。从辨证的视角看，是社会意识能动地反作用于社会存在。在一定的情境下，同样的社会存在决定着不同的社会意识。人的差异性决定着社会存在的差异性。社会之共同体往往是由人的差异性互补构成的。这种差异性互补又有存在的差异性互补与认知的差异性互补构成。人的自然和社会双重属性相互依存、相互作用、相互转化。人的自然属性是指人作为自然界的组成部分，是一个生物人，是人的社会性的出发点、依归及彼岸；人的社会属性是指人作为社会的组成部分，是人的自然属性的作用对象及能动作用的此岸的载体。人的成长发展过程，是一个自然人成长为一个社会人，进而由一个生物人成长为一个政治人的过程。与社会人、政治人相对应的还有经济人、文化人等等。作为社会人，就要过上人的社会生活、政治生活、经济生活、文化生活。其中，社会经济生活归根结蒂决定、影响、支配着社会的政治生活和文化生活，虽然社会政治生活是社会经济生活的集中表现并能动地反作用于社会经济生活，社会文化生活能动地反作用于社会的政治生活和经济生活。

根据亚里士多德的蕴含真知名言：“人是天生的政治动物”，是对人的社会政治性的最精当的描述。他所说的“政治动物”指的就是人的合群性、自觉的组织性和理性。人类正是基于合群的本性，才从朦胧的群体，经过氏族、部落、部落联盟，最后进入高度组织化的政治共同体——国家，在国家层面上展开，由国家集中行使并延续至今。亚里士多德的名言说明人类注定要过政治生活是一种历史的必然。一方面，从整体的人类来看，人类社会政治生活是同人类社会与生俱来并且共始终的。大体分为三个大的历史进阶：前国家时期的社会政治生活——国家产生以来的社会政治生活（主要有古典神权国家取向的社会政治生活、近代民族国家取向的社会政治生活、当代全球化取向的社会政治生活）——未来国家消亡以后的人类社会政治生活。从一定意义上说，现实社会生活中的政治、政治生活所面临的问题，都是同国家的产生和存在直接相关联/连的。另一方面，从个体的人来看，历经十月孕育，新生命一朝降临我们这个社会，取名使他/她获得了社会性的符号，申报户籍使他/她获得了政治性的身份，同时决定和认同了他/她的国籍与公民身份，享有了国家法律所赋予的权利，并要在成年（一般 18 周岁）以后，对国家和社会就履行作为一个公民的应尽的义务。亦即作为个体的人至少有两种身份，其一是社会性的身份；其二是政治性的身份。其中的政治性身份包含有政治权利和政治义务两个方面。其中的政治权利先在于政治义务，同个人的生命与生俱来；政治义务则往往滞后于政治权利，并有赖于具体个人政治能力的成长。一个国家的公民享有的政治权利是承担或履行政治义务的前提和基础。一个没有政治权利保障的政治义务往往是不可思议的。可见，作为“政治动物”的人的政治权利、政治义务、政治能力等都不是“天生”的，而是作为自然人通过后天获得或习得的，尤其是人的政治能力就更是如此。因为政治发展就是作为个人的和作为类的人的发展，尤其是作为个人的和作为类的人的政治能力的发展。而人的政治能力的发展，就要诉诸过人的政治生活、要过类本质的人的政治生活。政治生活与政治能力往往是成正比的，有什么样的政治生活就有什么样的政治能力。人们可以用是否参加政治生活及其程度如何来衡量一个国家或社会的人的政治发展程度的试金石，舍此别无他途。

“现实的中国个人”主要关涉到现实，现实的人及现实的个人，现实的中国人及中国个人等几个方面问题。何谓“现实”？现实是相对于历史或过去、未来或将来，现实还相对于抽象，相对于理想等等。现实是个多义词。从字面上看，就是可见的存在物、现在、实在、实情、实景、实务、实物、事实、事物、真实、实践、实际等等。所谓现实，我们认为主要有三种时态，即：历史的现实，现在的现实和未来的现实。历史的现实是现在的现实的基础和前提；现在的现实是从历史的现实发展而来，是历史的现实的结果，是未来现实的起点；未来的现实是在现在的现实基础上的发展与升华。现在的现实至关重要，它是历史的现实通向未来现实的中介与桥梁。历史关照现实，现实指向未来。现实在历史与未来之间只是一个时间点。现实是无条件的，人们可以创造条件改变现实，实质上是在铸造未来。

“现实的人”及“现实的个人”。现实的人，一般是指活在当下的人，是相对于抽象的人、历史的人、未来的或理想（浪漫）的人而言的。同理，现实的个人是指活在当下的个人，有别于历史的个人，未来的或理想的个人，甚至也有别于抽象的个人。问题在于现实的人与现实的个人是什么关系呢？我们认为“现实的人”与“现实的个人”，在历史唯物主义基本范畴内是相对一致的。但是，也不能不加任何区别的混用。现实的人，并不完全等同于现实的个人。因为从字面上看，“现实的个人”是“现实的人”在个体层面上的表述。“现实的人”，可指两个或多个以上的“现实的个人”。“现实的个人”如果从数量上看,并不等同于“现实的人”。因此,从这个意义上说,“现实的人”相对于“现实的个人”具有某种抽象性,而“现实的个人”相对于“现实的人”则更带有具体性、现实性、指向性①。

“现实的中国人”及“现实的中国个人”。在学理或抽象辨析意义上,“现实的中国人”与“现实的中国个人”的关系如同“现实的人”与“现实的个人”之关系。从引申意义上讲,“现实的中国人”与“现实的中国个人”关涉到现实的华人、国人、国民、公民、人民等等。中国人是一个多义概念,可从地理、人种、国籍等方面界定。一般是由政府从国籍意义上界定中国人。“现实的中国人”及“现实的中国个人”是一个比较具体的、具有现实差异性的概念。根据2011年国务院公布第六次全国人口普查数据,中华人民共和国大陆(不包括香港、澳门、台湾地区)境内居住的自然人总人口:1339724852。2011年人口普查主要数据包括人口总量、家庭户规模、性别、年龄、民族、受教育程度、地区分布以及人口流动等②(我们对中国总人口、中国人、中国个人,这些问题不做具体的比较分析)。我们从政治、政治学视角审视这些可靠的数据,主要涉及人口政治、家庭政治、性别(如妇女)政治、年龄(如老、中、青)政治、民族政治、教育政治、区域政治、农村政治、农民政治、城市政治、工人政治、农民工政治及人口流动政治等等。我们研究中国特色社会主义政治发展道路,就应当处理好中国人与中国政治的关系,处理好“现实的人”与“现实的中国人”、“现实的个人”与“现实的中国个

---

① 朱亦一.“现实的人”与“现实的个人”的关系辨析——基于《马克思恩格斯全集》文本的研究[J].思想政治教育研究,2014,30(6).

② 2010年第六次全国人口普查主要数据公报(第1号)[EB/OL][2011—4—28]http://www.stats.gov.cn/tjsj/tjgb/rkpcgb/qgrkpcgb/201104/t20110428_30327.html.

人”的关系。如何看待现实的中国个人呢？现实的中国个人并不是“单个人所固有的抽象物”，而是活生生的、现实的具体的中国个人。他们都应当以一定的社会角色生活在当代中国社会的政治生活之中。这样合乎逻辑的中国个人就应当是指包括最广大的民众、群众、人民、干部、官员等等在内的所有现实的中国个人。我们认为“现实的中国个人”应当成为中国特色社会主义政治发展道路的逻辑起点。其主要依据马克思主义关于人与政治、“现实的人”与“现实的个人”的有关理论。

关于人与政治的关系问题。最早亚里士多德在其著作《政治学》的第一卷第一章中提出：“人是天生的政治动物”。这句话表达的是人与政治的关系。其基本要义是：人天生与政治有关，人类是群居动物，而政治所要表达的最基本的正是社会关系，所以人们在日常生活中的政治思考与行为几乎就是一种本能；人类是通过政治来定义的，也就是说，人类正是因为参与了政治才称其为人的，政治是人类的本能，也是人类之所以为人的一种基础。

马克思对人的社会本质有一种喻证：“人天生是社会动物”。马克思在《政治经济学批判》导言中指出“人是最名副其实的政治动物，从更广泛意义说是‘社会动物’”，马克思还进一步强调，“人不仅是一种合群的动物，而且是只有在社会中才能独立的动物。孤立的个人在社会之外进行生产——是罕见的事”。在这里，马克思与亚里士多德的区别不在于“人”、“天生”、“动物”上，而在于是“政治”还是“社会”上。在亚里士多德那里侧重于“人与政治”亦即社会的关系；在马克思那里则侧重于“人与社会”亦即政治的关系。正是基于这个区别或者说有所侧重，马克思与亚里士多德才有了共同的论域和对话的基础。为使群体生活有序就必须有政治。这里的“人”、“群体”、“社会”以及“政治”具有同质态的语意旨向。

有必要指出的是,这里的“天生”主要是指“人”的本性及与生俱来的和群性。从每个个体人的出生开始,就必然开始了其自身的社会化进程。社会人必须参加社会生活,以及包含在社会生活中的政治生活。如人的居家、结社是其人性的本身需求。而人的“天生”并不意味着“人”一出生,就具有参与政治的意识与能力。人有婴儿期、幼儿期、童年期、青春期、成年期、老年期。人在不同的年龄阶段具有不同的“政治性”或社会性。具体可分为婴儿期的政治性/社会性,幼儿期的政治性/社会性,童年期的政治性/社会性,青年期的政治性/社会性,成年期的政治性/社会性,老年期的政治性/社会性。相关研究表明,作为政治动物的人的政治性或社会性存量主要是从童年期以后开始增加并加速度的。因此,应该从童年期开始着手,加强对青年政治、成人/中年政治、老年政治以及“性别政治”问题的研究。人的政治生活意识、兴趣和能力等均要靠后天习得。这个习得过程就是人类的个体人不断地从自然人向社会人亦即政治人的政治发展过程。尤其要关注以下三个问题:其一,人的自然属性与社会属性彼消此长的问题。现实中的人的政治性在政治化过程中的要素或存量会与日俱增,只能越来越远离人初始的自然属性,但永远不能告别人的那份初始的自然属性,或者说日趋政治化过程中还存留着的那种初始的自然属性,已经是对初始的那份自然属性的异化。只要为人,就永远不能告别他或她那种初始的位于彼岸的自然属性。其二,人的政治性与政治化问题。所谓人的政治性是指人性的一个重要组成部分,是人之所以为人的本质属性亦即社会性,相对于人的自然性。所谓人的政治化是指人成为社会人、政治人的过程。这一过程,对于整个人类来说起始于作为人类个体的人产生,人作为类的存在物永远处于从自然人向社会人亦即政治人的飞跃的历史进程之中;然而对于作为类的人存在的每一个个体人来说，则从他或她出生的时日起便开始了他或她个人的政治化的生命历程。其三，人的社会政治化与政治社会化问题。从人类大历史观来审视，人的政治化亦即：从社会政治（国家）化到政治（国家）社会化[①]。一方面，社会政治化指市民社会与政治社会的彼此消长过程中，不断改写由政治社会所长期把持的“原生态政治”，通过增大政治的社会涵容量并增强其社会功能，从而形成新的顺应历史潮流的“衍生政治”过程。社会政治化具有政治社会与市民社会融合、互补以及后者对前者覆盖等“新政治”形态；具有诸项超越“原生态政治”价值的价值；其主要主体是第三部门、社区以及责任政府等方面[②]。另一方面，政治社会化则主要是使社会成员在政治实践的基础上，逐步通过获取政治知识与能力，逐步形成政治意识与政治心理的过程。政治社会化涉及政治成员与政治体系的相互互动的持续过程。这两方面互动的缩略图景便是：社会政治——国家政治——政治社会。即从社会政治，聚焦并经过国家政治的历史中介，上升到更高历史阶段上的政治社会。人：自然人——社会人——政治人。这是人类社会政治发展的普适性大道或总体趋势。

关于“现实的个人”的问题。马克思恩格斯关于“人”的理解，经历了费尔巴哈的“一般人”，即“抽象的理性人”到“现实的人”、“现实的个人”（马克思、恩格斯在历史唯物主义范畴内，有时分开使用、有时同一使用这两个概念）逐步演进发展的过程。在《德意志意识形态》一书中，他们对“现实的个人”做了多层次的说明。比如从人的生存基础、生产方式、生活方式、思维方式、生产关系、交

---

① 高清海，张海东. 社会国家化与国家社会化——从人的本性看国家与社会的关系[J]. 社会科学战线，2003(1).

② 孙正甲. 社会政治化刍议[J]. 学习与探索，2006(3).

往方式、社会关系、生产实践活动主体、认识主体、社会历史主体以及思想观念的主体等多维度，对现实的人、现实的个人做了科学的界定。因此他们把“现实的个人”作为马克思主义哲学的历史原点和逻辑起点，并使其在马克思理论体系中处于基础和中心地位①。马克思、恩格斯在《共产党宣言》《资本论》《反杜林论》《社会主义从空想到科学的发展》等著作中，通过对资本主义特定生产方式、生产关系的深入研究，使他们对“现实的人”、“现实的个人”有了更为详尽而具体地现实性解析，揭示出人类社会迄今为止的历史都只不过是客观规律自发发挥作用的历史过程，处于“必然王国”阶段。通过无产阶级反对资产阶级的阶级斗争，从资本主义社会向共产主义社会低级阶段的过渡开启了人类社会由“必然王国”向“自由王国”飞跃的历史进程。那么现实的人、现实的个人，通过人类解放进而获得无产阶级的解放，进入“自由人的联合体”——在那里，每个人的自由发展是一切人的自由发展的条件。

特别需要指出的是，在马克思主义的辩证法理论体系中的“现实的人”、“现实的个人”的基本逻辑思路历程是：人与自然关系——人与社会关系——人与经济关系——人与生产关系——人与生产力关系——人与劳动关系——人与人的阶级关系——统治阶级与被统治阶级关系——资产者与无产者关系。《共产党宣言》的第一章的标题就是“资产者和无产者”（而不是资产阶级和无产阶级）。这就明确地暗示人们，作为马克思主义理论体系的逻辑起点应当是现实的个人（既包括资产者，又包括无产者），这是非常耐人寻味的。

由此可见，既然“现实的个人”是马克思主义理论体系的逻辑

① 李西祥. 马克思历史辩证法视域里的“现实的个人”[J]. 教学与研究，2008(3).

起点，那么我们也完全有理由确认："现实的中国个人"可以作为中国特色社会主义政治发展道路的逻辑起点。因为我们如此作为完全符合"把马克思主义的普遍真理同我国的具体实际结合起来"的这一总体原则。

人与政治的关系实质上是人与阶级的关系，进而是人与所有制的关系。根据马克思主义理论的基本原理，只要有人就有政治。而现实的人总是属于一定的阶级的。而阶级、阶级斗争并不是马克思的发明。马克思的新贡献之一就是指出阶级不是从来就有的，阶级的存在仅仅同生产发展的一定历史阶段相联系①。这就说明：阶级、阶级斗争是一个历史范畴。只要产生阶级的条件还存在，阶级、阶级斗争就不会退出历史舞台。而阶级产生和存在的重要条件之一就是社会分工和生产资料所有制的私有性质。由此还说明人、现实的个人总是和一定的政治及阶级相联系的。那么，现实的中国个人一定是现实的中国政治的个人。现实的中国政治的个人与阶级是什么关系呢？对此，政界、学界的人们认知很不一致，由于种种原因人们也对此选择回避。

曾经有学者对新中国，尤其是改革开放以来我国的阶级、阶层问题做过权威性论述。他根据家庭人均收入数据和资源拥有量的差异将中国社会分为五大社会等级和十大社会阶层②。这种分类分层一定程度上直接回答了现实的中国个人与阶级的关系，并将现实的中国个人具体化了。

其实不管这些人的政治背景属于何种等级或者阶层，他们都

---

① 马克思，恩格斯. 马克思恩格斯选集：第 4 卷[M]. 北京：人民出版社，1995：547.

② 陆学艺. 当代中国社会阶层研究报告[M]. 北京：社会科学文献出版社，2002：9.

是现实的中国个人，他们都应当过现实生活。一方面，从历时态维度看，凡现实的中国个人都应当过现实的生活，不应当沉浸在历史的境遇中，尤其是思想观念远离现实还留在历史的堤坝那边；凡是现实的中国个人，虽然应当向往未来理想生活，但必须靠自己的辛勤劳动；现实的中国个人不能没有理想，但现实的中国个人应当把理想带入现实生活（高尔基语），而不是也不可能只是生活在理想或浪漫主义之中。另一方面，从共时态维度看，现实的中国个人应当过全面的现实生活，即现实的经济生活、现实的政治生活、现实的文化生活、现实的社会生活以及现实的自然生活。尤其是现实的中国个人应当过现实的政治生活，而不仅仅是只过动物化的经济生活、物质生活、非文化、非文明的生活、自然人的生活。因为人与政治须臾不可分离，政治就不应当只是个别人、少数人专有独占的事。现实的中国个人应当亲近政治，关心政治，参与政治。把政治与治政有机、有效地结合起来。然而事实上，许多现实的中国个人还不能过全面的现实生活，尤其是还“不能”过现实的政治生活，还处在远离现实政治生活（譬如“围墙”、“篱笆”、体制、氛围）之外。

此类“不能”的原因是极其复杂的。但从总体上可以认为：一个社会政治文明发展的程度如何，可以从该社会的成员与该社会奉行的政治观念、政治制度、政治体制、政治生活的亲和力程度来检视。一个接近野蛮的社会往往表现为大多数社会成员被排除在政治生活之外，那种的政治和政治生活只是极少数人的奢侈品；一个渐趋文明的社会则往往表现为大多数社会成员参与在政治生活之中，亦即大多数社会成员置身于社会的政治生活之中，此种的政治和政治生活不再成为极少数人的奢侈品，而成为社会所有政治人的共享。此外，除国家在制度安排存在短板、体制存在缺陷外，此类“不能”很大程度上是由现实个人的缺陷所致。这些缺陷表现为;该现实的个人尚未选择好自己所处的历史、现实与未来的方位;此类现实的个人尚未获得自由全面发展的思维、知识、技能等。

现实的中国个人,都是国家的主人。除了社会、国家、政府、他人把自己作为政治人看待以外,自己首先要把自己当作政治人看待,将自我修炼为政治人,提高自己的政治思想道德素质和科学文化技术水平及能力,为积极创造条件,主动参与社会、国家不同层次政治生活做好必要的准备。我们认为要使中国特色社会主义政治发展立足于中国社会现实的基础之上,就必须勇于和善于从现实的中国个人实际所具有的政治素质这个根本问题出发,通过社会、国家、政府以及宣传教育部门及时普及政治知识和政治常识,不断提高每个现实中国人的综合政治素质,不断地从现在的"强人政治"向未来的"常人政治"转型,让健康的政治生活步入寻常百姓家,那将会成为一幅中国特色社会主义政治发展的名副其实的"美政"景观。当现实的中国个人都有相应的政治素质来关心他们自己的政治生活、参与他们自己的政治生活之时,中国特色的政治发展就实现了真正的人民政治——社会主义政治。

二、中国政治发展要始终做好人民政治这篇大文章①

当今中国的政治发展问题是近百年来中国共产党人可持续写作的一篇大文章。这篇大文章的出题人是中华民族的各族人民,答题人是中国共产党。这篇大文章高扬的旗帜是马克思主义的共

① 乔耀章.共和国政治发展中的"人民政治"问题辨析[J].江苏行征学院学报,2020(1).

产主义。这篇大文章中有“三个关键词”和“两对关系”。其中，三个关键词分别是共产主义、共产党人和人民政治。两对关系分别是共产党与共产主义的关系，共产党和人民的关系。前者，主要体现在坚持把马克思主义同中国革命、建设和改革开放的具体实践相结合，坚持实事求是的思想路线，坚持走自己的道路的过程中。后者，主要体现在始终坚持全心全意为人民服务的宗旨之中。中华民族历史选择了中国共产党，中国共产党选择了马克思主义，中国各族人民选择了中国共产党。

（一）中国共产党人的初心与阶段性奋斗目标

2016 年 7 月 1 日，在庆祝中国共产党成立 95 周年大会上，习近平同志全面总结我们党团结带领中国人民不懈奋斗的光辉历程、伟大贡献和历史启示，深刻阐述不忘初心、继续前进必须牢牢把握的八方面要求[①]。之后到了十九大报告时，习近平同志又将其完善为“不忘初心，牢记使命”。从语义上看，“初心”就是出发时选择的目标、誓言或承诺。那么，中国共产党人的初心是什么呢？又怎样才能实现呢？消灭现代资产阶级私有制，构建自由人的联合体！这是 1848 年 2 月马克思恩格斯在《共产党宣言》中为共产主义者同盟、为全世界无产者和共产党人确定的初心。从此，170 多年来的历史已经并且将继续证明，这既是全世界共产党人的初心，又是全世界共产党人的最终奋斗目标。

---

① 这八个坚持主要集中表现在，坚持不忘初心、继续前进，就要保持党的先进性和纯洁性；坚持中国特色社会主义道路自信、理论自信、制度自信、文化自信；坚定不移高举改革开放旗帜；统筹推进“五位一体”总体布局，协调推进“四个全面”战略布局；走和平发展道路，奉行互利共赢的开放战略；坚持马克思主义的指导地位；坚信党的根基在人民、党的力量在人民；牢记共产主义、社会主义的奋斗纲领，坚定共产主义远大理想和中国特色社会主义共同理想等方面。

1921年7月，中国共产党人从上海出发，后转到嘉兴南湖的红船上，中国共产党应运而生。把世界共产党人的初心转换成中国共产党人的初心，具体表现在中国共产党第一次全国代表大会通过的党纲中。要实现中国共产党人的这个初心不可能一蹴而就，要分为若干历史阶段才能逐步地实现。1922年7月中国共产党第二次全国代表大会，第一次明确提出了彻底地反对帝国主义和封建主义的民主革命纲领，即党的最低纲领。这是中国共产党人分阶段实现初心的最初表白。至1949年10月，中国共产党人基本实现了它的最低纲领。

在中国共产党和人民的关系问题上，毛泽东等党的领袖们曾经作出过许多精彩论述。毛泽东等早期中国共产党人对中国共产党全心全意为人民服务的根本宗旨定位，深刻揭示了党的根本属性。毛泽东为中国共产党人界定的根本政党宗旨，为中国共产党指明了工作方向和工作态度①。习近平同志早在2007年地方工作期间，就多次告诫我们，"一个政党，只有顺民意、得民心、为民谋利，才能得到人民群众的拥护和支持，才能永远立于不败之地。"②在庆祝中国共产党成立95周年大会上，习近平同志对中国共产党成立95周年以来的历史贡献做了三个方面的高度概括与总结。历史事实证明，中国人民选择中国共产党作为自己的领导力量，是完全正确的。

（二）中国政治发展中的人民政治问题辨析

我们已知政治与人相关联，或人与政治相关联，由此，政治发展自然就是关于人的发展。同样道理，中国的政治发展就自然是指中

---

① 参见杨明伟.毛泽东与初心使命[N].学习时报，2018—07—04(001).

② 习近平.之江新语[M].杭州：浙江人民出版社，2007：216.

国人的发展。那么,与当今中国政治发展相关联的中国人是指哪些人呢？当代中国人通常主要是指当代中国人民,人民是中国人的主体,并不是中国人的全部。亦即当代中国政治主要是指当代中国人民政治,人民政治是当代中国政治的主体,并不是中国政治的全部。为此,我们对与“人民政治”有关的问题可从以下几方面进行辨析。

1. 人与人学

研究政治的逻辑起点是人。那么,什么是人,或人是什么,什么是人学等问题,应当成为我们关注和研究政治的首要问题。

“人”与“物”相区别,“人”与“神”相对应。人,就是指人的生物个体和思想、文化、教育个体。人与人类既相联系又相区别。恩格斯在《劳动在从猿到人转变过程中的作用》一文中明确地指出劳动创造了人本身。正是劳动构成了人类社会的基础。马克思主义认为,相对于人的自然属性而言,人更具有社会属性。所以,与其说“人是天生的政治动物”,不如说“人是天生的社会动物”。人的本质是社会关系的总和。

从字面上解释,人学就是关于人的学说、学问。在中国古代人学思想中,首先主张“天人合一”。另外关于人性的善恶问题也争论了数千年。西方从古希腊开始,同样重视人的研究。普罗塔哥拉认为“人是万物的尺度”。亚里士多德认为人是政治的动物、社会的动物。西方文艺复兴以及启蒙运动思想家伏尔泰、洛克、卢梭、费尔巴哈等对人的本质问题也进行了深入探讨,但无论如何直到马克思《关于费尔巴哈的提纲》,对人的本质的认识才走上了科学的正轨,马克思指出:“人的本质不是单个人所固有的抽象物,在其现实性上是一切社会关系的总和。”[①]基于此,研究人学问题,要

---

① 马克思,恩格斯.马克思恩格斯选集:第1卷[M].北京:人民出版社,1995:56.

充分运用马克思主义的基本立场、观点和方法，按照现实人生的内在结构，对“人生的存在”、“人的需要”、“人生的活动”、“人的能力”、“人的环境”、“人的活动尺度”、“人的价值”、“人的发展”等多方面问题进行思考与研究。使人学研究从人本身出发，落脚点着眼于人的全面发展。如果没有人的全面发展，也就没有人的政治发展，反之亦然。

2. 人与政治

人与政治的关系有别于“政治人”。在许多人看来，政治似乎只是国家、政党、政府官员们的事儿，与一般的平民没有关系。这是值得商榷的。

古希腊思想家亚里士多德在他的《政治学》中提出的“人是天生的政治动物”这一论题，常被人们定义为“政治人”，其实这是值得商榷的。如果将其解释为“人的政治性”或“人与政治的关系”更符合原意。马克思在《1857—1858 年经济学手稿》(及《资本论》一卷)中更为明确地提出，人是社会动物、合群的动物，只有在社会中才能独立的动物。正如上文所分析，亚里士多德所说的“政治动物”指的就是人的合群性、自觉的组织性和理性，人离不开政治生活。并不是说人一出生就是政治的动物，或每个人自然而然的就是政治的动物，就会过政治生活。古希腊人的政治观即是城邦政治，是城邦公民对公共事务的共同参与管理和统治，亦即城邦中的公民都可以参与国家的管理和统治，这是由人的本性决定的。不过这里的“人”却并不是指生活在城邦中所有人，而是专指这个城邦中的公民。在古希腊的城邦中，除了公民外还生活着一些没有身份的人，如妇女、异邦人和奴隶，没有政治权利参与过政治生活。即使是公民也只有在满 20 岁以后才能参与城邦的统治与管理。可见，在古希腊城邦的人大体分为两类，一类是作为公民、过政治生活的人;另一类是作为不具有公民身份的不过政治生活的妇女、异邦人和奴隶。其中,过政治生活并参与城邦的管理与统治的人,除了对那些不具有公民身份、不过政治生活的妇女、异邦人和奴隶施行统治和管理外,还要对包括具有公民身份过政治生活的“管理者”“统治者”实行“自我管理”“自我统治”。因此,所谓“过政治生活”不仅仅是指对“别人”而言的,也是对“自己”而言的。政治、政治生活不仅仅是哪个人或少数人的事。对于过政治生活的每个人来说总是“相互”的。正是从这个意义上说,人类(人人)注定要过政治生活是一种必然的被安排,但是对于具体的现实的个人来说,要不要特别是能否过上政治生活则并不可能是“天生”的,需要经历一个政治学习,不断提高过政治生活能力的过程。一方面,这在很大程度上还要取决于后天的社会实践活动及其制度安排。另一方面,对于具体的个人而言,则关涉到是“要我”过政治生活,还是“我要”过政治生活,抑或是“我会”“我能”过政治生活。从让“一部分人”过政治生活到让“所有的人”都过上政治生活;从原先一部分人的“政治生活化”,到所有人的“生活政治化”,这是政治发展的题中应有之义及其必然趋势。

李普塞特接过亚里士多德的“人本性上是一种政治动物”这一论题,在其代表性著作《政治人:政治的社会基础》中,不无创新性地提出公民是政治的社会基础。不是所有人都是政治人,或者说只有政治关系中的一部分人或少数人才能充当政治人。“政治人”有广义和狭义之分。王浦劬教授在《政治学基础》一书中、杨光斌教授在《政治学导论》一书中作出了相关论析。[①] 因此,我们认为

---

① 参见王春虹.转型期中国政治人的人格过渡性及其优化[J].新视野,2013,(6).

如何处理好狭义的政治人——公仆、党政领导干部与涵盖着芸芸众生或人民群众的广义政治人两者之间的关系，就成为成长中的政治人——中国政治发展的逻辑起点的“元问题”。

3. 人本政治

人本政治是人与政治关系问题中的应有之义。我们对人、对人学、对人与政治、对政治人等问题的关注与研究，都聚焦或围绕着一个中心问题——人、人之本位问题。我们以为对“人文主义”、“人本主义”、“民本主义”、官本主义、“以人为本”等概念，做简单的辨析，从比较的视角关注中西方的人本思想的源与流，关注资产阶级的人本主义与科学发展观中的以人为本及其融通问题。

人文主义，在西方主要指欧洲文艺复兴流传广泛的资产阶级思潮，因其文艺复兴时期代表人物研究对象是“人文学科”，（宗教神学相对立的世俗文化），又因其所贯彻的基本思想是以“人”为中心，提倡“人”或“人道”精神，故称“人文主义”或“人道主义”两词，在欧洲文字中是同一个词，且均源于拉丁文“hu-manus”（属于人的）或“humanitas”（人类性）。其思潮的代表人物被称为“人文主义者”。其思潮发端于 14 世纪，15～16 世纪发展遍布于整个西欧思潮。主要代表有：意大利但丁、薄伽丘、达·芬奇等；西班牙塞万提斯；法国拉伯雷和英国莎士比亚等。人文主义并没有严密的学术流派，其所研究领域、学术观点和政治倾向也不完全一致。但其也有共同基本思想。主要有：反对神权对人侵犯，抬高人的地位，歌颂人性完美；否定教会禁欲主义，主张人的自然本性的世俗生活；反对盲目迷信权威，提倡用自然科学造福人生；反对封建专制与等级制度，提出个性解放与平等。西方人文主义代表资产阶级世界观，反映新兴资产阶级利益和要求，它用世俗文化代替封建神学，用人道主义否定神道主义，把人的眼光从神转向人，启发了人的理性。[①]

很多学者主张人文主义是"舶来品",我国古代人文主义思想较少。牟宗山、唐君毅、徐复观、张岱年、杜维明等学者则持不同看法。新儒家的代表人物之一——牟宗山,较早通过心性之学,在《人文主义的基本精神》、《人文主义的完成》和《人文主义与宗教》诸文中,对中国人文主义的精神作了总结[②],对中国古代人文精神做了较系统介绍。龙佳解则认为中国文化就是"以人为中心的文化",人性论是中国人文精神形成的原理。中国人文精神的实质是"成己"、"成物"的理性自觉,人文精神的政治理念是"德治"与"民本"互为表里。[③]。张岱年认为人文主义或人本主义,是中国文化基本精神的重要内容。在中国文化中,人是宇宙万物的中心。人可以"赞天地之化育",与天地"相参"。张岱年还强调中国古代儒家思想家,一贯反对以神为本等思想,主张以人为本的人文主义思想。[④]

人本主义,在德文中指 Anthropologismus,又译"人本学"。希腊文词源 antropos 和 logos。其有广义与狭义之分。从广义方面讲,主要指以研究抽象的人为中心的一切问题的哲学学说。从狭义角度讲,主要指抽去人的历史性与社会性而把人仅看作生物的人本学唯物主义。主要代表为德国的费尔巴哈。费尔巴哈认为人是自然的一部分,世界上除了自然界和人之外,再没有其他东西。宗教是人的本质异化的产物。[⑤]

---

① 李鹏程.当代西方文化研究新词典[M].长春:吉林人民出版社,2003:253.

② 牟宗三.道德的理想主义[M].台北:台湾学生书局,2000.

③ 龙佳解.中国人文主义新论评当代新儒家的传统文化诠释[M].长沙:湖南大学出版社,2001:65、92—95.

④ 张岱年,方克立.中国文化概论[M].北京:北京师范大学出版社,1994:382—383.

⑤ 中国百科大辞典编委会编.中国百科大辞典[M].北京:华夏出版社,1990:23.

官本主义，主要是指以权力为本位社会政治文化形态。俞可平先生认为官本主义条件下，权力成为衡量人的社会价值的基本标准。官本主义社会一切社会资源由权力配置，为了实现官本利益特殊化，还有预制匹配的官本位社会等级体系、社会荣誉体系、资源分配体系、社会礼仪体系、文化价值体系等方面。官本主义的实质是权力本位。①

民本主义是与官本主义相对应的。民本主义主要指以民为本的政治主张。先秦典籍《尚书·五子之歌》就有“民为邦本，本固邦宁”。战国时期，孟子就也有“民为贵，社稷次之，君为轻”思想。《吕氏春秋·贵公》则更清晰的指出“天下非一人之天下也，乃天下人之天下也”。唐初唐太宗李世民把君民关系比作舟水，认为“水能载舟，亦能覆舟”，认为“为君之道，必须先存百姓”。② 这些都是古代民本主义思想的重要体现。尽管在中国古代，民本主义传统源远流长，但从本质上讲，民本主义最多是传统社会的一种政治理想呼唤，所谓的民本主义常常是有其名无其实，而“官本位”则恰恰相反。俞可平还指出，从社会政治形态和政治文化的角度看，中国传统社会是以权力为本位的官本主义。③

需要确定说明的是，那种认为我国古代思想宝库中唯有“民本思想”而无“以人为本”思想是难以成立的。张岱年在《中国文化的基本精神》中就指出，中国文化基本精神的主体内容主要有“天人合一、以人为本、刚健有为、贵和尚中”等。“以人为本”就是指以人

---

① 俞可平.官本主义引论——对中国传统社会的一种政治学反思[J].人民论坛·学术前沿，2013(9).

② 彭克宏.社会科学大词典[M].北京：中国国际广播出版社，1989：30.

③ 俞可平.官本主义引论——对中国传统社会的一种政治学反思[J].人民论坛·学术前沿，2013(9).

为考虑一切问题的根本,就是肯定在天地人之间,以人为中心;在人与神之间,以人为中心。在张岱年那里中国古代的人文主义或人本主义与以人为本基本上是同义语。①

总之,在中国,与“人本”相呼应的有“物本”“君本”“官本”“民本”“农本”等概念或理论范式。在西方,与“人本”相呼应的主要有“神本”“君本”“资本”“物本”等概念或理论范式。在思想学术界常有“三种主义”相互左右,即人本主义、人文主义和人道主义。人本主义,通常指人本学唯物主义,是一种形而上学唯物主义;人文主义是一种哲学理论和一种世界观,它以人,尤其是个人的兴趣、价值观和尊严作为出发点,现代的人文主义开始于启蒙运动。人道主义要求人的个性充分发展,是资产阶级建立和巩固资本主义制度的重要思想武器。纵观西方人本主义的发展历程,其核心价值观都是强调人是世界万物的价值尺度。所有这些都曾经对人类文明进步起过积极的、合理的作用。但是,它毕竟是以抽象的超阶级的理论表现形式,包装着实质属于资产阶级意识形态的本质内容,因而不可避免地存在着历史的、阶级的、和理论的局限性。

马克思主义认为,一切有关人的问题都不只是单个的人所遭遇的问题,从根本上来说是人与人之间的以生产关系为核心的各种社会关系的问题。② 马克思主义的人本主义是建立在对人类社会特别是资本主义社会现实的科学分析基础上的,关于现实的个人自由和全面发展的科学。因而马克思主义的人本主义是科学

---

① 张岱年,方克立. 中国文化概论[M]. 北京:北京师范大学出版社,1994:382—383.

② 参见刘放桐. 现代西方人本主义哲学思潮的来龙去脉(上)[J]. 复旦学报(社会科学版),1983(3);刘放桐. 现代西方人本主义哲学思潮的来龙去脉(下)[J]. 复旦学报(社会科学版),1983(4).

的，进而成为共产主义的同义语。当然，平心而论它更多地还是属于一种理想的、作为未来情景的“理论论证的人本主义”。

就以人为本思想而言，应当承认在我国有深厚历史渊源。我国最早明确提出“以人为本”的是春秋管仲。《管子·霸言》篇中，管子提出：夫霸王之所始也，以人为本，本理则国固，本乱则国危；故上明则下敬，政平则人安；士教和，则兵胜敌。① 党的十六届三中全会提出“坚持以人为本”。党的十七大指出“科学发展观第一要义是发展，核心是以人为本”②。自此以后，我们党和国家开始逐步把以人为本作为党治国理政的重要政治话语。应当注意的是，科学发展观核心是以人为本。中国共产党人提倡的以人为本，它既不同于中国传统社会的人文主义、“官本主义”及“民本主义”，又有别于西方社会的人本主义与人文主义。中国特色社会主义政治发展中的以人为本，其所提的人，不是抽象的人，也不是某个人、某些人，主要是指广大的人民群众。它所主张的以人为本主要是以为实现人的自由全面发展为目的，主要是寻求人类生活世界的自然、人、社会的协调发展。

我们党的中国特色社会主义思想的重要组成部分之一的科学发展观中的“以人为本”思想，坚持了马克思主义人本主义观的科学指导。虽然我们党的“以人为本”与西方的“人本主义”有一定的历史的、理论的联系，但是在本质上是有区别的。这些区别主要表现在：对理论基础的理解不同；对“人”的本质与内涵的理解的不同；对“人”的地位和作用的理解不同；对“人”理解的思维方式不同等方面。从某种意义上说，在中国共产党领导下的现实的中国，正

---

① 《管子·霸言二十三》。

② 胡锦涛.高举中国特色社会主义伟大旗帜为夺取全面建设小康社会新胜利而奋斗[M].北京：人民出版社，2007：15.

在从借鉴西方"抽象的人本主义"合理内核、坚持马克思主义"理论论证的人本主义"、走向构建和谐社会过程中坚守以人为本的"具体的人本主义"、"实际运用的人本主义"。

"人本政治"是人本主义的题中应有之义,或人本政治是人本主义的"升级版"。然而相对于"人本主义"词汇早已被人们高频率地使用以来,"人本政治"却是鲜为人们所使用地概念。在国内学术界较早关注"人本政治"问题研究的学者主要有梁冠群、刘德厚、刘俊祥、陶凤丽等人。如果按照研究成果出版、发表的时间序列来论,1923 年民国时期的学者梁冠群就出版《人本政治》[①]一书。该书认为,人本政治是"人权时代"的"以民为主"的政治,即是符合人性、人情、人道的政治,而非人本政治则是违反人性、人情、人道的政治。人本政治的"人本"兼有"人本主义"、"以人为本"的"人类为中心",以及"人类作为主体"、作为根本的意思。梁冠群先生所说的人本政治观主要是一种理想的人性政治观,即他认为人本政治是指未来的大同社会和人权时期的以人为主并符合人性、人情、人道的政治。陶凤丽在《浅析马克思的人本政治观》一文中认为马克思的人本政治观阐释了政治发展的终极价值,指出了实现人类解放的方式与路径。2004 年,武汉大学刘德厚先生在《广义政治论——政治关系社会化分析原理》中提炼了劳动人本政治观,实现了政治分析的逻辑起点从阶级政治向人本政治的转换。2006 年 9 月,中国社会科学出版社出版了刘俊祥博士的《人本政治论》一书,对"政治建设要以人为本"等问题做了集中论述。

我们中国共产党人坚持以人为本,可以从思想来源、价值和事

---

① 转引自刘俊祥著.人本政治论人的政治主体性的马克思主义研究[M].北京:中国社会科学出版社,2006:48.

实三个层面来把握。究其思想理论来源层面而论，中国共产党人坚持的以人为本，就是对马克思主义现实的个人的基本原理继承和发展，是对中国优秀传统文化中的以人为本、民本思想和西方资本主义的人本主义思想的继承和超越。究其价值层面而言，中国共产党人坚持的以人为本，就是要正确处理好现实的中国个人同自然、同神、同物、特别是同资本的相互关系。究其事实层面而言，中国共产党人坚持的以人为本，就是要正确处理好现实的中国个人同社会以及人与人之间的关系。其中，最为突出或最为根本的要义在于：要正确处理好中国共产党与人民的关系，干部与群众的关系，公仆与主人的关系亦即官与民的关系。相比较而言，人民、群众、主人以及民是最为普通的人，他们是尚处于相对弱势的“水性”人群，他们始终是作为人的主体，构成人的绝大多数（人政治、官政治、民政治-大众政治）。只有全程聚焦于他们，我们才能真正发现中国特色社会主义政治发展更深层次的出发点和归宿点之所在。

很显然，我们这里讨论的关于人本政治定义中的“政治”，主要聚焦于狭义的与国家相联系的政治，主要聚焦于人本政治中的“人民政治”和“公民政治”的分类，缺乏“非国家政治”以及人民政治与公民政治之间的“介入性政治”或“中介性政治”（如下文称之为“官民政治”）的分析论证，以及也缺乏必要的“广义政治”与“狭义政治”之间相互关系的分析论证。特别需要强调的问题是，人本政治问题古今中外有之，为什么在改革开放进程中的中国特别需要强调构建“和谐社会”，特别需要强调“以人为本”等等，所有这些问题域的相关理论也是值得我们深入探讨与商榷的。

4. 人民政治

“人本政治”在字面上可以解析为：“人本是政治的”或“政治以

人为本”。其中的人是与物、与神对应的，人本对应物本、神本。人本政治之中的“人”，既是指每一个人的个体，就是指人的生物个体和思想、文化、教育个体，又是指所有的人，亦即每个个体人的有机结合体——类的人即人类。人本政治中的人，首先是具有生物学属性，应当不分人的性别、不分人的年龄、甚至不分人的种族、不分人的民族、不分人的阶级、不分人的国家或国界，具有某种超然性、超越性，是一种抽象的人。但是，作为具体的社会属性的人，关涉到人与人的复杂关系。由于受到具体人性的、社会的、历史的、阶级的等等因素或条件的局限，人的这一系列的不分是很难做到的。一般而言，从原始社会的人与人的主要“交换”关系——奴隶社会的“奴役”关系——封建社会的“剥削”关系——资本主义社会的“雇佣”关系——社会主义社会的“协作”①关系，这是人类社会的发展路径，也是文明进步的阶梯，一个环节都不能缺失。但是，由于当今中国社会的“纯净度”不高，以至于人本政治中的人与人关系也显得异常地复杂。一方面，当今中国社会的人与人关系不纯属是一种“协作”关系，而往往是“交换”、“奴役”、“剥削”、“雇佣”和“协作”的多重关系历时态与共时态地并存着。正是因为这种多重关系的交错并存，就更加彰显出用社会主义核心价值观来引领人的不可或缺性。另一方面，仅仅从当今中国社会的人本政治中分类出“人民政治”和“公民政治”两类政治关系，是不足以解析当今中国社会错综复杂的政治现象的。因此，我们在人本政治中立足于人民政治与公民政治的同时，还需要在人本政治中注重“官民政治”、“官员政治”或“干部政治”问题的解析。

---

① 2019 年将是伟大而又转折的一年，那么将会发生哪些变化呢？_中国[EB/OL][2019—01—21]http://www.sohu.com/a/290358506_768733.

人民政治中民与官的关系。我们已知在人与非人关系问题上，人通常是与“物”、“神”相对应、相区别的。但在人与人的关系问题上，通常是把人区分为“官”和“民”。在我国古代，“人”和“民”不是一个概念。虽然在我国文献史上有时将“人”和“民”通用，以示人本也即民本。但无论是官本还是民本都是讲的一种人与人的关系。“民为贵，社稷次之，君为轻”，就是中国儒家政治哲学的集中表述。人本政治中的“人”派生出“民”和“官”。民是相对于官而言的。民是人，是人的主体部分，与官相对称；官也是人，是人的少数，但不能混同于民。为了说明问题起见，以增强解释力与说服力，我们试图用一个公式来简示：人本政治中的**“人”＝民＋官。**其中，“民”是人本政治中的绝大多数的人民群众，在人本政治中位于“主体地位”；“官”（古时称君主、帝王等，现时称党和国家的领导、干部等）是人本政治中的“关键的少数人”，在人本政治中处于“主导地位”。也就是马克思主义人本政治观显然不能将官、官吏或干部排除在“人”之外。当然，尽管单纯从“数量”来看，后者的官、官吏、或干部永远都处于绝对的少数，而民、群众、民众、普通人、老百姓则永远是出于绝对的多数。俗话说三人为“众”。从这个意义上说“民”是人的主体部分。所以，我们完全可以如是说：人本政治应以民为主。以民为主表明，民外还有人。民外之人一般不是、也不等同于民。或者说，人民之外还有人。一方面，在现实的中国，“人民”之外不可能没有“敌人”，但人民之外不可能都是敌人，比如还有“官”的存在。另一方面，以民为主，也不完全等同于“人本”、“民本”、“民主”等。从这个意义上说，新时代中国特色社会主义的人本政治主要表现为是“中国特色社会主义的官民政治”。中国特色社会主义人本政治中的人，不是抽象的人，也不是某个人、某些人。以人为本，首先和主要的是以广大的民众为本，同时包括以为人民服务的官员、干部为本；一切为了人、一切依靠人，首先和主要的是一切为了广大的民众、一切依靠广大的民众，同时也为了和依靠为人民服务的官员、干部。我们主张新时代中国特色社会主义人本政治中的人民群众的主体地位不能削弱的同时，官员干部的主导地位也不能削弱。新时代中国特色社会主义人本政治中的人民政治主体地位和官政治或干部政治的主导作用不能混淆。中国特色社会主义人本政治中的官和民同是人，但他们的具体地位与作用是不同的。千万不能将中国特色社会主义人本政治中的官员、干部混同于一般的老百姓。

我们究竟为什么要做出人民政治中的“官民政治”的联系与区别？第一，对于执政党来说。就是要从具体工作层面上突出人民政治，坚持“新三民主义”（权为民所用，利为民所谋，情为民所系）始终保持党群、干群关系中的鱼水关系、血肉联系。第二，对于党和国家的各级干部来说。就是要从思想上、制度上、体制上、行动上突出人民政治，以防止和克服事实上的将“为人民服务”嬗变为首先为各级各类领导干部的“自我服务”，将做“人民公仆”嬗变为各级各类的“人民的主人”。以防止各种以“我们干部也是人民”为借口来混淆视听，逃避“全心全意为人民服务”的历史与现实的责任。

人民政治中人与人民的关系。我们之所以鼓足理论勇气做出人本政治中的官民政治的联系与区别绝不是无的放矢。人和人民也不应当是同一个意思。“人”是指所有的人，是每一个人的个体。“人民”是由“人”与“民”构成的专有名词。中国共产党人的初心中的“人民”问题，主要聚焦的不是一般的“人”的问题，而是与人的大多数主体相关联的“民”的问题。人民的逻辑前提是“人”，亦即首先是把“人”中的绝大多数的“民”当作“人”来看待。“人民”是指一个国家的普通人，区别少数有特权者。“人民”是一个政治用语，只能和“领袖”、“敌人”相对应。人民是一个集体概念，是众多个人的集合体，任何个人都不能自称为人民或代表人民。“人民”的本意是普通老百姓，即我们常说的“人民群众”，无论是其内涵还是外延一般都不宜包含其他更高层次的人们。人民群众是历史创造者的主体。我们致力于把人与人民做出必要的区别，更为重大的学术、理论、实践价值可能在于，本课题研究我们原创性地提出：人民政治具有至上性，但人民政治并不是“人本政治”的全部！我们主张应当对创造历史的主体地位与主导作用及其相互关系做出深入持久地研究。

人民政治中的人民与公民的关系。人民是指以劳动群众为主体的社会基本成员。在民主共和制度的国度里，人民的含义及所指是相当广泛的。在我国，公民与人民的区别主要在于：公民是法律概念，人民是政治概念。从这个意义上说，一个国家的人本政治就等于这个国家的公民政治，亦即人本政治就是公民政治。其中，人民政治是公民政治的主体组成部分，“官员政治”或“干部政治”是公民政治的主导组成部分，此外，还有依法被剥夺政治权利的人和敌对分子的政治。这样，一个完整意义上的**公民政治＝人民政治＋官员政治或干部政治＋依法被剥夺政治权利的人和敌对分子的政治**。

但是，问题在于：第一，“公民政治”往往是以公民个体身份出场或表现的，而人民政治则是一个有机的整体，不以其中的个体身份出场或表现；第二，“公民政治”可否以“石榴体”的形式或方式来行使和表达人民政治的意愿；第三，同样道理，人民政治能否以“化整为零”的形式或方式来表达和行使公民政治的意愿；第四，在公民和人民之间，在公民政治与人民政治之间，官员、干部或官员政治、干部政治具有某种“双重人格”，他/她们如何以恰如其分的公民身份来介入“人民政治”的运行之中，他/她们在现实的政治生活中确实起到“关键少数”的关键作用。如果我们把这些问题进行整合，其中的占主体性的人民政治和主导性的官员政治或干部政治归类为“积极政治”，而把那部分依法被剥夺政治权利的人和敌对分子的政治定性为“消极政治”，那么，我们就可以推导出新时代中国特色社会主义人本政治发展的两个基本公式：

人本政治＝人民政治＋官员/干部政治。在新时代中国特色社会主义人本政治发展进程中，人民和官员、干部在政治生活过程中各就各位，相互学习，官员、干部以民为师、以人民为师，向人民学习；民众、人民“以吏为师”，向官员、向干部学习[①]，各尽其责，共同推动人本政治、人民政治的发展。

公民政治＝人民政治＋官员政治或干部政治＋依法被剥夺政治权利的人和敌对分子的政治＝积极政治＋消极政治。在新时代中国特色社会主义人本政治发展过程中，公民各自个人自己要过政治生活，能够过政治生活，过好政治生活，共同推动人本政治、人民政治、公民政治的发展。

问题还在于，古往今来的自然人能不能自然而然地就是或成为“政治动物”或“政治人”？究竟怎样才能使名义上的、字面上的或宪法法律条文中的“人民”变为事实上的现实生活中的人民，亦即把“民”作为“人”看待的人民何以能够从自然人成长为社会人、成长为政治人？公民怎样才能自觉学会和能够过上正常的人的政治生活，参与可持续性的政治生活，不断提高每一个中国公民的政

---

① 参见乔耀章.为人民谋权利：新时代中国共产党的历史责任[J].江苏行政学院学报，2018(1).

治素质？当我们认真思考和解答这些问题的时候，就需要我们形成一个基本的共识：新时代中国特色社会主义的人民政治发展就是要做好积极政治的增量工作，做好消极政治的减量工作，以及做消极政治向积极政治的转化工作，共同推动新时代中国特色社会主义人本/民政治的发展。

5. 从人民政治到公民政治

从以上初步论析可见政治发展的基本逻辑线路图是从神/物本—人本—人民本位—公民本位。但在直面现实的中国政治发展，我们尤其要突出人民政治问题，处理好人民政治与人本政治、官员政治、公民政治的关系，写好人民政治这篇大文章。因为，写好这篇大文章事关中国共产党人的初心和宗旨的坚守，事关共和国的人民特质的秉持（是“中华人民共和国”与“中华民国”更区别所在）。与此同时，坚持人本政治理念，也事关坚持人类政治发展的大道。与“神本政治”、“物本政治”、“资本政治”相区别的“人本政治”具有抽象性，而“人民政治”、“公民政治”则具有具体性；同抽象性的人本政治和具体性的公民政治相比较，介乎其中的人民政治则具有抽象性和具体性的“二重性”。一方面，相对于抽象性的人本政治来说，人民政治则是具有一定的具体性，同样，“官员政治”、“干部政治”也具有一定的具体性；另一方面，相对于具体性的公民政治来说，人民政治则又具有一定的抽象性。无论是人民政治，还是官员政治抑或是干部政治都是属于“集体性政治”“整体性政治”，都不能具体化为公民政治或个人政治（具体的个人不宜随意使用“人民”“官员”“干部”的名义），只有当人民、官员、干部当中的人以公民的身份出场时，他/她们的政治才会具有具体性政治的意涵。在我们党的科学发展观提出之后，学界从不同侧面阐述了科学发展观的“以人为本”与中国古代民本思想和西方人本思想的既相通却又有区别的理论特色。比如《人民本位论》一书既是[1]。蔡克文以翔实的资料为依据，对毛泽东“人民”客观概念的形成及特点进行了概括，对人民本位思想的主要基础、基本脉络、主要内容、主要特征、历史地位和当代启示，以及维护人民本位的主要思路进行了梳理、归纳和分析，比较客观地阐述毛泽东的人们本位思想。[2]

由此可见，在中国，如果说以人为本政治是政治发展的共享性的逻辑主旋律，那么，公民政治是公民政治成长和社会发展的逻辑底线。一方面，公民政治化或个人政治化，即公民个人怎样才能成为一个政治人；另一方面，公民社会化或个人社会化，即公民个人怎样才能成为一个社会人。那么，人民政治亦即“人民本位”（是“人本”与“民本”的时代结合）则是政治发展的逻辑主线。中国特色社会主义政治发展彰显了以人为本政治逻辑主旋律＋人民本位政治逻辑主线＋公民政治逻辑底线的有机统一。问题的关键还在于如何教育人民，如何教育公民以及如何防止“公仆”嬗变为“主人”。

本章小结

中国特色社会主义政治发展应当以现实的所有的中国个人为逻辑起点，坚持认同以人为本，其中尤其主张以民为主，即以作为物质财富和精神财富实际创造主体的民为主，并使之实现价值层面与事实层面的一致性，是检验中国特色社会主义政治发展实际

---

① 参见高尚全，傅治平. 人民本位论[M]. 北京：人民出版社，2012.

② 参见蔡克文. 毛泽东人民本位思想[M]. 北京：经济管理出版社，2017.

有效性的表征。坚持认为民以外的人(尤其是指“仆人”)在中国特色社会主义政治发展进程中具有举足轻重的主导地位和作用。坚持认为严重的问题是如何通过宪法和法律的程序,以民主、道德、科学、技术等元素来教育民众、教育干部,有效驯化公共权力,使之不致成为伤害公民权利的“利维坦”,以永葆中国政治的人民本性。

第四章　中国政治发展的社会历史起点

马克思指出："历史不外是各个时代的依次交替……每一代一方面在完全改变了的条件下继续从事先辈的活动，另一方面又通过完全改变了的活动来变更旧的环境"①，政治发展也是如此。在国际化与全球一体化进程中，一个民族国家的政治发展在一定程度上受制于国际政治生态影响和左右，但归根结蒂受制于该国的社会发展水平及其性状，因为内因是变化的根据。

我们把中国政治发展的逻辑起点归结为现实的具体的中国人（尤其是个人，即公民）的政治发展。现实的具体人的中国政治是由"人民政治"、"官员政治"、"公民政治"有机组合而成。说中国的政治发展，实质上就是中国政治、中国社会和中国人的"三位一体"的发展。这些发展都是历史形成的。早年马克思恩格斯在《德意志意识形态》第一卷第一章的"费尔巴哈"中的一个注释指出：我们仅仅知道一门唯一的科学，即历史科学。历史科学包括自然史与人类史两个方面。只要有人存在，自然史与人类史就彼此相互制约。② 从这个意义上说，中国政治发展取决于、决定于中国社会的发展。重

① 马克思，恩格斯. 马克思恩格斯选集：第1卷[M]. 北京：人民出版社，1995：88.
② 马克思，恩格斯. 马克思恩格斯选集：第1卷[M]. 北京：人民出版社，1995：66.

新发现中国社会。对中国政治发展的社会历史起点是什么，应该重新再认识。基于马克思主义的社会基本形态理论，我们试图从对中国的封建社会、旧中国社会性质、新民主主义社会、社会主义初级阶段及小康社会等问题进行再认识的基础上来回答中国政治发展的社会历史起点问题，以便在历史的长河中明辨中国政治发展方向。

一、马克思主义关于社会形态的基本理论

社会形态是马克思主义所特有的关于社会结构与社会发展的社会构建理论范畴。其中，关于社会结构理论，是指一定社会生产力基础上的经济基础与上层建筑的有机统一体，包括经济形态、政治形态、意识形态。社会形态是社会政治经济文化性质的外在表现形式。关于社会发展理论，主要是用以说明人类社会有一个从低级向高级发展的规律。在社会形态理论方面，马克思始终强调各个民族社会从低级向高级发展的规律是共同的，具有统一性，同时也强调各个民族的地域特色，导致各个民族具体发展道路和模式千差万别。即对人类社会而言，社会形态演变是一般规律与社会特殊性规律共同作用的结果。普遍性与特殊性有机规律的结合是理解马克思社会形态理论的精义所在。

从 1845—1882 近 40 年间，马克思围绕社会形态依次更迭问题先后留下大量论述。比如，马克思在 1846 年 12 月 28 日《致帕·瓦·安年科》的信中，批判了蒲鲁东的唯心史观和经济理论，深刻地阐述了生产力与生产关系的二者辩证关系，指出生产力决定生产关系的基本原理从根本上决定了一切社会关系，决定了整

个社会发展。马克思还提出了人们不能自由地选择生产力，不能自由地选择社会形式等。马克思还认为社会是人们交互活动的产物。在人们的生产力发展一定状况下，就会逐步有相应的市民社会，就会有与市民社会表现形式相应的政治国家。尽管每次论述的时代背景、语境、历史指向和列举的社会形态名目和更迭顺序有所不同，但都围绕着一个共同点展开，那就是：人类社会发展有普遍规律，只是具体发展道路千差万别。

马克思最早论述社会形态更迭问题是从所有制关系开始的。在《德意志意识形态》中，马克思恩格斯根据他们当时掌握的西欧历史知识，把西欧资本主义以前的所有制形式的更迭顺序归纳为：部落所有制、公社所有制、封建的或等级的所有制。从多方面能够表明马克思对所有制关系的“情有独钟”，以及马克思社会形态理论在其理论大厦中的基础性意义。

马克思最早提出“社会形态”概念是在1851年撰写的《路易·波拿巴的雾月十八日》。马克思写到：“新的社会形态一旦形成，远古巨人连同复活的罗马古董就都消失不见了”①。马克思使用“社会形态”概念，意在表明人类社会的发展也是由不同历史层次、历史阶段、社会样态所构成的。“新的社会形态”只是表明资本主义社会确实是进入了一个不同于以往社会形态的人类社会历史发展新阶段。马克思还在《政治经济学批判（1857——1858年手稿）》中提出社会形态可分为人对人的依赖关系、人对物的依赖关系以及个人自由全面发展的社会形态三阶段。在同一文稿中，受亚洲人民所出现的反帝反封建运动启发，马克思还第一次把“亚细亚

① 马克思，恩格斯.马克思恩格斯选集：第1卷[M].北京：人民出版社，1995：585—586.

的"或"东方的"社会形态纳入自身理论视野。对亚细亚社会形态的考察促使马克思更加关注人类历史发展的共同性与多样性。马克思在《(政治经济学批判)序言》中又从其他角度对人类社会形态进行了划分,指出亚细亚的、古代的、封建的和现代资产阶级的生产方式是经济的社会形态演进的几个时代。马克思在《给(全国纪事)杂志编辑部的信》和《给维·伊·查苏利奇的复信》中,一方面指出其社会形态理论的'历史必然性'限制在西欧范围内,另一方面,第一次明确指出像俄国等东方社会可能"不经过资本主义制度的卡夫丁峡谷"而跃入社会主义社会。至此,我们对马克思的社会形态理论有了一种全新的理解。与此同时,在马克思晚年的1879—1882年间,其还力图站在世界历史的制高点上,对人类社会历史发展的统一性与多样性进行了总体性再探索,这为各国探索适合自身发展阶段要求的社会形态实践提供了根本性指引①。

根据马克思社会形态基本理论,社会形态总体上有经济社会形态与技术社会形态两种划分方法。其中在经济社会形态范围内,又主要有两种划分方法:一种是我们平日最为熟悉的五种形态划分法,一种是三种形态划分法。其中,关于五种社会形态划分法,主要是根据生产关系的不同性质把人类社会依次划分为原始社会、奴隶社会、封建社会、资本主义社会、共产主义社会(社会主义社会是其第一阶段)。特别需要指出的是,五种社会形态区分的标准,是依据生产方式的不同,特别是生产方式中生产关系的所有制不同而区别开来的。其所展现的只是对历史抽象发展趋势的概括,并不是说每个各具特色的国家与民族都将以模板的方式经历

---

① 参见庞卓恒.马克思社会形态理论的四次论说及历史哲学意义[J].中国社会科学,2011(1).

这五种历史类型的社会形态。事实上，迄今为止没有哪个民族、国家确切的把五种社会形态完整走过。马克思所规定的基本历史趋势并不否定某个国家可能出现的跳跃现象，也不否定某时可能出现的暂时战略退却。各国的政治发展应当以各国具体的政治实践为具体条件。其中，“三种形态说”，把人类社会依次划分为人对人的依赖、人对物的依赖以及个人自由全面发展的社会。“三种形态说”论证了不同类型的社会的发展道路多样性，揭示了东方传统社会长期以来停滞不前的秘密或根本原因在于——农村公社长期处于孤立隔绝状态。“三种形态说”也为非欧洲社会尤其是东方社会指出了一条新的革命道路以及走非西方资本主义发展路向的可能性。

根据马克思社会形态基本理论，可以从以下几个方面对其研究把握。

其一，马克思恩格斯指出人天生是社会的动物。他们在分析了人的本性和本质之后，运用历史唯物主义的方法进一步分析了人的社会性。从现实的个人从事物质生产活动出发，为“社会动物”找到科学依据。马克思主义的整个政治学说与马克思主义关于社会起源的学说密切相关。马克思认为社会关系的性质是由人们在物质生产活动中的地位所决定的。社会的变革会导致个人的变革，个人变革在一定条件下也会促进社会变革。

其二，马克思恩格斯认为社会关系由生产关系的总和构成。主要包含三层含义：社会表现出来的错综复杂的关系都受到生产关系的制约；社会的发展有其客观的规律，不是人们主观意志选择的结果；社会是不断进步的组织，因为生产力和生产关系始终处在矛盾运动之中。社会关系由生产关系的总和构成，包含着辩证的、发展的思想。我们在分析不同社会的政治现象和政治生活时，应当从生产关系的总和着手，分析社会的深层结构，从而深入地说明政治现象。或者说，不能脱离生产关系的总和来言说政治发展问题。

其三，马克思恩格斯历史唯物主义把社会视为一个系统，主要是因为：每个社会的生产关系是一个总体系，包括生产、分配、交换和消费四个主要环节，生产关系的这一基本特性决定着社会的系统性。马克思恩格斯认为构成社会系统的基本要素主要有：作为社会构成主体的人、作为社会物质基础的物、作为社会发展过程的经济和政治等，以及作为社会精神活动的社会思想这四个方面。

其四，马克思恩格斯认为社会是发展的活的有机体，是一个不断发展的系统。马克思关于社会发展理论的基本观点主要有：社会发展是一个自然历史过程，亦即社会发展是一个有规律的发展过程，不依人的意志为转移；社会发展的动力在于生产方式的矛盾运动；社会发展有其规律性——大致有三种情形，在社会发展一切阶段起作用的普遍规律和一般规律，在阶级社会中起作用的特殊规律，在某一社会或某社会活动中起作用的个别规律，这种社会发展的规律性，客观要求人们能够更深刻地认识到社会发展的过程性；社会发展是人们有意识参与的过程，社会发展的历史必然性有赖于人们的历史主观能动性的正向发挥。① 社会发展从低级往高级发展。在社会发展的每一个阶段上，都有与之相应的政治现象和政治生活。② 综上所述，社会形态理论是唯物主义历史观的一个核心思想。而唯物主义历史观又是马克思对人类历史发展的最大理论贡献，是“是社会科学的同义语”。如何从唯物主义和历史

① 参见乔耀章.科学社会主义的理论与实践第2版[M].苏州：苏州大学出版社，2009：31.

② 王沪宁.政治的逻辑：马克思主义政治学原理[M].上海：上海人民出版社，2004：38—39.

辩证法有机统一基础上完整准确地理解和把握马克思主义的社会形态理论，这是我们理论工作者和实际工作者都要共同直面的问题。

为此，课题负责人要特别引证马克思在《资本论》第一版序言中所说的，为了更加清晰起见，依据课题负责人的理解排序为三个问题：第一，就欧洲社会而言，“工业较发达的国家向工业较不发达的国家所显示的，只是后者未来的景象”。第二，欧洲大陆国家“不仅苦于资本主义生产的发展，而且苦于资本主义生产的不发展。除了现代的灾难而外，压迫着我们的还有许多遗留下来的灾难，这些灾难的产生，是由于古老的陈旧的生产方式以及伴随着它们的过时的社会关系和政治关系还在苟延残喘。不仅活人使我们受苦，而且死人也使我们受苦。死人抓住活人”[①]；第三，更为主要的是，“一个社会即使探索到了本身运动的自然规律……它还是既不能跳过也不能用法令取消自然的发展阶段。但是它能缩短和减轻分娩的痛苦。”[②]其中，第一个问题是符合马克思原意的，有利于防范“胡适以降”的全盘西化、提倡西方资本主义普世价值以及“补资本主义课”等倾向；第二个问题，不仅限于当年的欧洲大陆，甚至对于今天的中国也是有启迪意义的；第三个问题，可以说是马克思对他同时代的人以及他身后所有后来人的警醒和忠告！就像半个世纪以后列宁给予人们“在没有奠定共产主义物质基础之前传播或推行纯粹和狭义的共产主义将是有害的和致命的”忠告一样。[③] 从这个意义上说，我们不必苦于资

---

① 马克思，恩格斯．马克思恩格斯选集：第 1 卷[M]．北京：人民出版社，1995：100．

② 马克思．资本论：第 1 卷[M]．北京：人民出版社，1975：8—11．

③ 乔耀章．勿忘列宁的忠告[J]．观察与思考，2014(6)：14—17．

本主义生产的发展。①

二、对中国社会形态演变的再认识

马克思指出："社会是人们交互作用的产物"。社会既是物质的，又是精神的，既有经济基础，又有上层建筑。组成社会的人们既过物质生活，也过精神生活。马克思还指出："人们自己创造自己的历史……并不是在自己选定的条件下创造，而是在直接碰到的、既定的、从过去承继下来的条件下创造。"②同样道理，中国特色社会主义政治发展并不是在我们自己选定的条件下发展，而是在直接碰到的、既定的、从过去承继下来的条件下创造。那么，中国特色社会主义政治发展直接碰到的、既定的、从过去承继下来的条件是什么呢？这就关涉到中国的社会形态问题，关涉到马克思主义社会形态理论在中国社会形态转型实践中的运用问题。

自 1840 年以来，中国的社会形态开始在历史悲剧中发生近代转型。这种转型至今尚处于正在进行时③。然而问题的关键在于，中国是基于何种社会形态向近代社会转型的，中国近代社会转型之前的社会性状是什么，向哪种社会形态转型以及如何实现这种社会转型。当今中国是什么样的社会？是封建社会、还是资本主义社会？是社会主义社会、还是社会主义初级阶段的社会抑或

---

① 参见乔耀章.我们不必苦于资本主义生产的发展——对马克思一个观点的新解[J].南京社会科学，1994(3)

② 马克思，恩格斯.马克思恩格斯选集：第 1 卷[M].北京：人民出版社，1995：585.

③ [法]谢和耐.中国社会史[M].黄建华，黄迅余，译.南京：江苏人民出版社，2008.

是小康社会？政界比较传统的亦即正统的观点认为，中国特色社会主义政治发展直接碰到的、既定的和承继下来的社会条件是经历了封建社会——半封建半殖民地社会——经过新民主主义革命和社会主义改造——进入社会主义初级阶段，现在正处于全面建设建成小康社会阶段。为了寻求中国政治发展的社会历史出发点，我们有必要对中国社会形态的历史演变进行相应的再认识。经过研究我们就会发现，现实的中国政治发展或中国特色社会主义政治发展的社会历史起点既不是封建社会，也不是资本主义社会，亦不是社会主义社会或“新民主主义社会”、“初级阶段的社会”或“小康社会”，而可谓是“纯净度不高”的“多质态”的社会。这种“纯净度不高”的“多质态”的社会出发点必将给中国政治发展打下深深的社会历史烙印。

（一）对中国特色封建社会再认识

在人类社会历史发展过程中，无论是东方还是西方都经历了“封建”社会阶段。相对于西方的封建社会而言，中国的封建社会更具特色。我们拟提出“中国特色封建社会”这一概念。有研究表明，运用唯物史观及其社会形态学说研究中国历史，发端于五四新文化运动，又在1929——1933年开展的中国社会史论战中正式得以展开。参与论战的各派都试图以“社会形态”说诠释包括封建社会在内的中国历史，这就使得“封建”从一个表述“分封制”的政治制度概念，引申为经济基础及其上层建筑之总汇的“社会形态”概念，这是历史乃至整个社会科学研究的一个重大进展。这场争论中涉及的主要问题是：中国有没有或是不是封建社会。其中主张有或是封建社会的，在起讫点上又有分歧。有的认为中国封建社会是从公元前475年的战国时期到1912年辛亥革命推翻清王朝，成立中华民国；有的认为中国的封建社会正式开始于公元前221年，到1840年结束，从1840年鸦片战争开始，中国逐渐沦为半殖民地半封建社会制，到1949年结束。（后来也有认为中国的封建社会正式开始于公元前221年秦朝建立，至1953年土改结束）。这场争论的主要问题其实质或实际上是关系到当时的中国举什么旗、走什么路的大是大非问题。

其一，如果在社会形态问题上主张中国是封建社会，那么，按照马克思主义关于五种社会形态理论，接下来中国就应当走资本主义道路，发展资本主义，因为“工业较发达的国家向工业较不发达的国家所显示的，只是后者未来的景象”①。

其二，如果在社会形态问题上不主张中国是封建社会，中国没有或不是封建社会，那么，中国就应当“多谈问题，少谈主义”。这样就会导致把马克思主义唯物史观、社会形态理论拒之于中国国门之外，发展资本主义，走资本主义道路。与前者相比，可谓具有异曲同工之妙。

其三，依据马克思主义唯物史观关于社会形态理论的普遍原理，分析中国历史和现实社会的元问题，在“是与不是”之间，贡献出“是也不是，不是也是”的“中国特色封建社会——半封建半殖民地社会”这样的大智慧。历史已经雄辩地证明，正是这个大智慧，成为中国共产党人制定反帝反封建的新民主主义革命战略、路线、方针的理论依据。其标志性成果就如毛泽东在《中国革命和中国共产党——古代的封建社会》一章中所说的，中国从脱离奴隶制度演进到封建制度，“这个封建制度，自周秦以来一直延续了三千年左右”②，“封建社会

① 马克思，恩格斯．马克思恩格斯选集：第2卷[M]．北京：人民出版社，1995：100.

② 毛泽东．毛泽东选集：第2卷[M]．北京：人民出版社，1991：623.

的主要矛盾，是农民阶级和地主阶级的矛盾”。其基本特点是私人土地所有制的主导地位（经济方面）、高度中央集权专制制度（政治方面）、儒家思想为核心（文化方面）、族权与政权结合的宗法等级制度（社会结构方面）等。1949年，随着以中国共产党领导的人民大众反帝反封建的新民主主义革命胜利，即中华人民共和国的成立为标志，中国封建制度的社会形态基本正式结束。

然而，虽然中国封建社会制度形态基本结束，然而中国封建社会形态的遗留问题还尚未完全退出历史舞台，真正告别历史。也正如马克思忠告我们的：那些“古老的陈旧的生产方式以及伴随着它们的过时的社会关系和政治关系还在苟延残喘”（对于现实的中国社会主义来说，那些“古老的陈旧的”并不只限于“封建”）。如若从大历史观审视，与其他社会形态相比，“中国特色的封建社会”既很“早熟”，又很“坚挺”（绵延不断数千年），甚至还很“顽固”（即在一定的程度上它还以顽强的生命力寄生于现实中国社会形态的肌体里）。一个突出表现就是关于“中国封建社会”的存在或样态问题再次引起学界讨论。其中比较突出的学者为冯天瑜先生。

冯天瑜在其学术专著《“封建”考论》[①]中，主张以秦为历史坐标，秦前或前秦为“分封制”，从秦始为“郡县制”。封建本义为“封土建国”，秦汉以后的中国社会为郡县制。冯天瑜指出从秦至清的2000多年间，中国并没有“封建社会”之说，只是到了“五四之后”才有了“反封建”、“半封建”等说法，并通过论战使“封建”有所泛化。冯天瑜还认为这有可能与“十月革命一声炮响，给我们送来了马克思列宁主义”有着一定的关系。

发思古之幽情往往是为了现在。有关中国封建社会之争论，

---

① 冯天瑜著.“封建”考论[M].武汉：武汉大学出版社，2006.

在改革开放四十年来还在继续，且尚无精准而明晰的定论，这说明着什么问题？人们为何要为“封建”正名？我们以为显性的争论实则隐性地告诫人们，在中国究竟举什么旗，走什么路的问题，还没有从事实层面上得到真正解决。关于“封建”的名实考辨，直接关涉到当代中国特色社会主义政治发展的社会历史起点问题。中国社会的现代转型有别于欧美日。如果我们真正把握了中国现代社会转型前的自身社会发展差异性，就有助于正确树立世界现代化路径多样性的合理性认知，有助于我们正确认识中国政治发展有且应当具有特色是合理性的规律指向。由此可见，研究中国特色社会主义政治发展的社会历史起点，应当从中国社会的历史性质、传统及其文化价值判断以及马克思主义社会形态理论的根基和历史价值观出发。

（二）旧中国新定义

基于马克思关于民族史——世界历史理论。按照我们对资本的一种认知，资本不是一种安分守己的存在物，自从它来到世间，这个世界就开始变得不得安宁了。资本从西欧一隅追逐利润，开拓殖民地市场过程中，就开始了民族（国家）史逐渐演变为“世界史”的进程。自那以后，凡是一个民族国家范围内特别是非欧民族国家范围内的经济、政治、文化等社会事务都不仅仅是原来民族国家自己的事儿，被不由自主地嵌入了西方国家资本的意志，使得原本复杂的民族国家内部事务变得更加复杂起来。为了便于深入探讨中国社会发展的自然历史过程，更加科学地认识历史的中国，更加科学地认识现实的中国与历史的中国的联系，我们从社会主义现代化建设的角度对旧中国的定义作重新界定。

马克思、恩格斯和列宁在分析落后国家的社会状况时，曾用过

“半封建”、与“半殖民地”概念。在中国最早使用这两个概念的，一是中国共产党早期党员蔡和森。他在1922年5月7日发表的《中国劳动运动应取的方针》[①]一文中说，中国是“被国际资产阶级侵略”和“在半封建的武人政治之下”；二是中国共产党的“二大”的《关于议会行为的议决案》，其中写道：中国“成为国际资本主义的掠夺场和半殖民地。”[②]在20年代末30年代初我国学术界曾有过关于近代以来旧中国的社会性质的广泛争论。以毛泽东为代表的中国共产党人，基于中国具体国情现状，把二者两个概念有机结合。比较经典的是，毛泽东在《中国革命和中国共产党》著作中对中国近代社会性质的科学论断。毛泽东同志认为，就半殖民地而言，主要是指在帝国主义侵略下，中国虽形式上仍显现为国家独立，但政治经济命脉已经掌握在帝国主义手中；就半封建而言，主要指，帝国主义入侵以后，中国传统自给自足的自然经济开始逐步瓦解，并逐步产生了民族资本主义经济，国民经济总体表现为半自然经济的态势。[③] 随着封建帝制被辛亥革命的浪潮所推翻，军阀统治的专政又在中国大地到处弥漫。半殖民地半封建的理论是中国共产党人对近代中国国情的正确认识，是对马克思主义关于社会发展形态学说的发展。因此，正确地指导了反帝反封建的新民主主义革命。

第一，“半殖民地半封建”概念，既涉及旧中国的国家地位、外部特征，又涉及到中国的社会形态。人们常常忽视这一点；“殖民地”、“半殖民地”的概念不是指社会形态，即是指国家形态。在世

---

① 蔡和森. 中国劳动运动应取的方针[J]. 先驱，1922(7)：1—2.

② 黄景芳等. 中国革命和建设之最新民主主义革命时期[M]. 长春：吉林大学出版社，1987：40—41.

③ 乔耀章. 中国社会主义特色纵横谈[M]. 苏州：苏州大学出版社，1996：351.

界历史范围内，同是殖民地的各个地区与国家分属多类别的社会形态，而同处封建社会的不同国家也分为殖民地、半殖民地、非殖民地之分。这里的两个“半”，不仅是个“量”的概念，而且也是个“质”的概念，还是一个主与次转换的动态概念。它不是1/2或50%这样的概念，旧中国并不等于半殖民地与半封建之和。鸦片战争以后的一个时期，封建因素还是占统治地位，后来这种地位有所改变，封建因素有所减弱，非封建因素即资本主义因素和社会主义因素逐步增长。此外，这两个“半”虽然并列，但是它们是在不同时态中形成的。通常所说的我国从1840年开始进入半殖民地半封建社会，并不等于说当时的中国社会已经马上成为半殖民地半封建社会了，其间有一个由一系列历史事件组成的过程。一般认为鸦片战争《南京条约》的签订是清王朝半殖民地的开端，《辛丑条约》的签订是清王朝完全屈服于列强的标志，是中国半殖民地化的完全形成。而鸦片战争与第二次鸦片战争外部侵略导致的外国资本主义侵入以及民族资本主义的产生是中国半封建社会的开端。到了19世纪20——30年代，旧中国的“半殖民地半封建”社会经济形态才趋于成型，至此它的非封建的本质特征才更加显露。

第二，“半殖民地”是指旧中国的国家地位和外部特征，相对于1840年前的旧中国而言，它丧失了国家的独立和主权。就个别地区而言，香港、澳门一直是殖民地，台湾、东北、关内某些地区曾先后为日本殖民地。随着抗日战争的全面爆发和胜利及随后解放战争的胜利，我国先后摆脱了日本和英美等国的殖民统治和半殖民统治，结束了中国半殖民地社会的历史，获得了民族独立、国家主权和统一。

第三，“半封建”是指1840年以后的旧中国的社会形态和内部特征。从封建社会的中国到“半封建”社会的中国，并不是一种历史的沉沦，而是一种历史的进步。根据上面所说的对“半殖民地”属于国家外部特征而非社会形态特征的理解，旧中国作为完整的社会形态，它的“半封建”之外的另一半当然不是半社会主义而是“半资本主义”，那么，半封建便是旧中国的衰亡着的封建因素，半资本主义就是旧中国的生长着的资本主义因素。生长着的资本主义因素同衰亡着的封建主义因素彼此之间的斗争、消长，是 1840 年以后旧中国历史发展的主潮流或必然趋势。

第四，“半资本主义”是从“半封建”引申出来的概念，意即“不完全的资本主义”。旧中国的资本主义包括“三资”即：中国的官僚资本主义、中国的民族资本主义和外国资本主义等三个部分。它们在近代中国历史上的地位、作用和历史命运是各有所不同的。中国的官僚资本主义同封建势力和帝国主义势力相勾结，处于统治者和压迫者的地位。中国的民族资本主义虽与官僚资本主义和帝国主义有联系，但处在受它们的双重压迫与夹缝之中。各种资本主义又从不同的方面孕育着中国的社会主义因素。其中，中国的官僚资本主义和帝国主义及其在华的资本主义的代理人是中国革命的对象，随着新民主主义革命的胜利，它们被没收或剥夺转变为新民主主义和社会主义的经济。而中国的民族资本主义则受到中国革命的保护，并随着革命的胜利进程得到适度存在和发展。

第五，根据上述分析，我们认为 1840 年以后的旧中国社会形态是应该被纳入世界资本主义体系的。但是由于封建主义的长期统治和西方资本帝国主义的入侵，使得国家丧失了完全的独立和主权；封建社会已经解体，封建政治统治已被推翻，但未被彻底消灭；资本主义政治经济制度正在形成过程之中，但未能得到独立、充分的发展；社会主义因素正在孕育生长，但未获得主体的、主导的地位。因而，这是一种各种因素综合性、过渡形态的社会。简言之，1840年以后至1949年的中国属于半殖民地、半封建、半资本主义的“三个半”的社会，这一界定既表明旧中国的国家外部形态和国际地位，又表明旧中国完整的社会经济形态。

我们认为，对于旧中国旧定义的再定义（亦即新定义），对旧中国社会性质的再深入地认识是很有意义的。第一，它有利于人们进一步认识中国选择社会主义道路的现实基础，进一步认识社会主义初级阶段允许非社会主义的资本主义经济成分存在和发展的依据；第二，它有利于人们进一步认识到中国不能走西方式的资本主义老路，这主要是由于封建主义和帝国主义列强不让中国走的缘故；第三，它有利于人们进一步认识到中国不具备西方资本主义发展的空间条件，但这并不是说中国不能发展自己的资本主义或不存在中国式的资本主义；第四，它有利于人们进一步认识到充分把握中国式的资本主义的特征，也就是充分认识中国无产阶级及其历史使命和中国走社会主义道路的历史必然。

如上所述，中国资本主义的三种类型中有两种属于中国式的资本主义。如果按其社会属性，它们都是封建主义的对立物，它们本可以建立“联盟”来对付封建主义，但是它们又与封建主义存在着程度不同的勾结和联系。它们之间相互矛盾、相互斗争，甚至武装冲突。这正说明了它们的本性既有为了各自阶级利益而逆历史潮流而动的一面，同时它们又有不自觉地发挥着历史进步性作用的另一面，培养和造就了自己的掘墓人——中国的现代工人阶级队伍。中国工人阶级主要来自三个部分，一是来自外国资本在华的企业，这一支工人阶级队伍，比中国的资产阶级的资格还要老；二是来自中国的官僚资本主义企业；三是来自中国的民族资本主义企业。在中国特定的历史条件下资产阶级各种势力之间的根本利益并不总是一致的，它们不能够担当起拯救中国命运的历史重任。而中国工人阶级即无产阶级的根本利益却是一致的,他们能够在自己的先锋队共产党的领导下担当起拯救中国命运的历史重任。在中国共产党的领导下,中国无产阶级对中国境内的资本主义及资产阶级分别采取了不同的战略策略。团结一切可以团结的力量,终于取得了反帝、反封建、反官僚资本三大敌人的历史性胜利。

由于西方资本主义进入中国即世界进入中国,亦即把世界资本主义的生产力与生产关系的矛盾带入或“转嫁”到中国,激化了古老中国内部占主体或主导地位的封建生产方式同新生的资本主义生产方式之间的矛盾运动,导致了中国的新民主主义革命。因此,中华民族的解放程度在其本国的历史转化为世界历史的进程中逐步成长的。中国新民主主义革命成功与否,受到自身发展程度与世界历史的双重制约。从根本上说,中国的新民主主义革命的胜利既是世界资本主义对近代中国社会起正反历史作用和中国资本主义产生发展的结果,又是一种对世界资本主义和中国资本主义的历史性否定。对世界资本主义的否定和对中国资本主义的否定,我们不妨称之为“双否定”。

其一,对世界资本主义的否定,即对西方式资本主义的否定,这种否定主要是指将西方资本主义列强对中国的野蛮侵略掠夺的历史视为“传播文明”的理论的否定,是指对中国可以走西方式资本主义道路的幻想的否定,也是对中国丧失国家主权的历史的否定。这些否定,都不是指西方资本主义殖民主义对世界历史所起的正向历史作用的否定。

其二,对中国资本主义的否定,主要是指对 1919 年以后中国社会发展主体、发展道路、发展方向上的资本主义的否定,并不是对其作为非主体的客观存在的经济体及其历史作用的否定。

中国共产党领导的新民主主义革命具有这两个否定的历史遗嘱执行人的功能。进而言之，也就是在旧中国的母体内孕育成长起来的社会主义在执行着这两个否定的功能。一方面，外国的资本主义和中国的资本主义既在客观上“共同”否定着中国的封建主义，又在客观上使中国的工人阶级即无产阶级和社会主义因素发展起来；另一方面，中国的工人阶级即无产阶级和社会主义因素又否定着中国境内的外国资本主义和中国的资本主义，其中，中国的社会主义对中国的资本主义的否定是在共存和共同发展中逐步实现的。这就是自 1840 年至 1949 年中国社会发展的否定之否定，其必然的归宿就是由半殖民地、半封建与半资本主义的社会转变为新民主主义社会。

（三）不该忘却的新民主主义社会

半殖民地、半封建、半资本主义的社会性质决定着社会的主要矛盾，决定着新民主主义革命的性质：反帝反封建。反帝，谓之民族革命，争取民族独立和解放；反封建，谓之民主革命，争取人民民主。反帝不能简单地等同于反对外国资本主义，反封建也不能简单地等同于不反对资本主义（特别是官僚资本主义）。反帝反封建是中国无产阶级领导的人民大众的事业，这场革命的近期目的就是为中国的资本主义和社会主义发展扫清道路，这场革命的远期目的就是通过建设新民主主义社会，进而发展到社会主义社会。整个新民主主义革命实践的理论概括，体现在毛泽东的《新民主主义论》中。

毛泽东的新民主主义理论主要包括新民主主义革命论与社会论两大重要组成部分。其中，新民主主义革命理论是中国共产党人把马克思主义理论宝库中关于民主革命的理论同中国特殊的历史条件结合起来的产物，它丰富发展了马克思主义关于无产阶级社会主义革命的理论。新民主主义社会理论则是以毛泽东为代表的中国共产党人对马克思主义关于社会形态理论的新创造，是新民主主义革命实践和理论的逻辑归宿。它是一个有着特定涵义的社会历史范畴，具有真正意义上的中国特色。相对于新民主主义革命理论而言，新民主主义社会理论具有更为重要的历史价值，它指明了经济文化落后的中国在取得革命胜利后，如何建设国家并创造条件向社会主义过渡的问题，是对科学社会主义学说的重要补充和发展。

新民主主义社会是继承半封建、半资本主义社会之后又一个全新的社会经济形态。它有着独特的社会经济、政治、文化制度和形态，有其自身的质的规定性和发展阶段性，它既是一个具有相对独立性（长期性）的社会形态又是一个过渡性的社会形态，介于旧中国社会和中国式的社会主义社会之间。按照新民主主义社会理论建立新民主主义国家和新民主主义社会，不仅是中国共产党在夺取政权以前的奋斗目标，也是党在夺取全国政权以后一个相当长的时期内的建国纲领。1949 年新中国成立，标志着全国范围内的新民主主义社会已经建立起来。应当指出，早在新民主主义革命时期的解放区，就建立了最初的地域性的新民主主义社会，虽然还是局部的，还隶属于半殖民地、半封建、半资本主义社会范畴，但它有无限的生命力，是日后建立的全国性新民主主义社会的雏形和基础。

根据毛泽东的分析，新民主主义革命胜利后建立的中国无产阶级为领导的中国多个革命阶级联合专政的新民主主义社会，是一个独立的民主主义社会，它体现着新民主主义革命的全部成果。这些成果一方面表现为资本主义国家的发展，因为民主主义革命的客观要求是为中国的资本主义发展扫清道路。在新民主主义社会，限于中国经济仍相对落后的缘故，并不禁止非官僚主义的一般民族资本主义的发展。事实上，在当时的历史环境里，中国本国的资本主义不是多了，而是太少了，共产党人不怕资本主义，如果没有私人资本主义经济的发展，要在旧中国的废墟上建立社会主义社会，那只能是不切实际的空想。新民主主义革命成果另一方面表现为社会主义因素的发展，因为新民主主义革命是为社会主义的发展开拓宽广道路的。在无产阶级领导下的新民主主义共和国的国营经济（一部分是从解放区的公有经济发展而来的，一部分是由没收帝国主义在华资本和官僚资本转变而来的）是社会主义性质的，操纵着国计民生的整个国民经济的领导力量。多种合作经济也具有社会主义的因素。新民主主义的政治、经济、文化由于都是由无产阶级所领导，因而某种程度上都具有社会主义因素。正是从这个意义上说，新民主主义社会是一个“两个半的社会”，亦即“半资本主义半社会主义性质的社会，”是资本主义因素逐渐减少，社会主义因素不断发展壮大的社会。因此，中国的社会主义是从中国式的资本主义基础上产生发展起来的，它并没有跨越资本主义。

新民主主义社会的“半资本主义”不同于旧中国的“半资本主义”。新民主主义社会的资本主义是新中国主权国家内部的资本主义，主要是指民族资本主义与新民主主义社会的国家资本主义。旧中国的外国在华资本已被剥夺和没收，并转化为社会主义经济（当然，在新民主主义社会也不存在 1978 年以后“利用外资”意义上的外国资本主义）。又据毛泽东的分析，在新民主主义社会，既不走资产阶级专政的资本主义道路，也不走无产阶级专政的社会主义道路，但最终目的、最后结果和最终前途，是避免资本主义而定向建立社会主义社会的道路。也就是说，社会主义和资本主义共存于新民主主义社会，它们共同创造着新民主主义社会的物质财富和精神财富。当然，这样也就必然存在着无产阶级与资产阶级阶级斗争所引发的资本主义与社会主义两条道路的矛盾和斗争，不过这种矛盾和斗争应当约束在对发展社会生产力有利的基础上和范围内，也就是控制在对中国社会现代化建设有利的基础上和范围内。

1949 年中共党的七届二中全会为即将诞生的新中国确定了各项基本政策，标志着党和人民选择了由新民主主义社会发展到将来的社会主义社会的基本方向，也提出了使中国由落后的农业国转变为先进的工业国的新中国建国蓝图，其基本点是建立新民主主义社会。后来在《共同纲领》中没有把中国的社会主义前途写进去，这就说明我们党当时对要在一段历史时期内巩固、发展新民主主义的社会形态是真心实意的，当时认为这个历史阶段大致应有 20—30 年。建国初期，各种经济成分并存，到 1952 年，它们在国民经济中所占的比重分别是：国营经济 19.1%，合作社经济 1.5%，国家资本主义经济 0.7%，私人资本主义经济 6.9%，个体经济 71.8%。其中，社会主义经济不占主体地位，与其他经济共同构成了新民主主义的社会经济形态。

我们把新民主主义社会中的社会主义和资本主义比作一对“连体龙凤胎儿”。说它们是“龙凤胎儿”，是指新民主主义社会中的社会主义和资本主义有着根本性质不同的区别，它们在新民主主义社会中的地位、作用和发展前途也是不同的；说它们是“连体胎儿”，是指新民主主义社会中的社会主义和资本主义两者之间的联系是如此的紧密，以至于谁也离不开谁，共同构成中华民族命运共同体。中国的民族资本主义在资格上老于中国的社会主义，但在旧中国，它发育不全，并且面对一条死胡同，只有在新中国成立以后它才获得新生。历史实践已经证明，外国资本主义、中国官僚资本主义不能救中国，中国的民族资本主义也没有能够救中国，更不能单独担负起实现中国的工业化和生产的商品化、社会化、现代化的历史重任，只有依靠共产党领导，只有依靠社会主义才能救中国。但同时必须承认的是，在相当长的时期内，中国的社会主义并不具备单独承担国家现代化的历史重任，它也离不开中国的资本主义。由此可见，中国新民主主义社会的特色集中到一点，就是中国的社会主义和中国的资本主义共存，共同发展。旧中国的社会历史选择了新民主主义的社会主义和资本主义，新民主义的社会主义和资本主义也选择和重塑着中华民族的历史，共同创造着新中国的历史。

当我们实事求是地研究近代以来中华民族的历史时，我们不得不客观地承认：建设有中国特色社会主义理论的立论基础是确认我国现处在社会主义初级阶段，而社会主义初级阶段又是从新民主主义社会发展而来的。因此，我们可以如是说：新民主主义社会的中国是连接“半殖民地、半封建、半资本主义”的旧中国与社会主义社会初级阶段的中国的“中介”环节，是中国特色社会主义的“根”，如果没有新民主主义社会，就没有社会主义初级阶段的“有中国特色的社会主义”。我们同样要教育后人，不应忘记新民主主义社会这段历史。

（四）多质态的后新民主主义社会

首先，关于多质态社会问题。所谓“质态”，一般是指事物的性质、本质、特质的状态或表现形态。“多质态”一般不同于“等质态”、“同质态”，即指事物包含着多性质、多本质、多特质的状态或表现形态。所谓“多质态社会”或“社会多质态”，是指某一个特定社会由多种性质、多种本质、多种特质和状态构成的极其复杂的社会有机体。按照马克思、恩格斯的观点，“社会是人们交互作用的产物”。在一定生产力基础上由生产关系的总和构成所谓的社会关系，构成所谓社会，构成在一定历史阶段上的社会。且社会不是一个固定的结晶体，而是一个能够变化、而且不断在变化的有机体，社会变化进程及其方向取决于社会生产方式的矛盾运动。多质态社会或社会多质态，归根结蒂是由具体人的本质差异性和具体人居的自然、地理及其历史的差异性所决定的。“多质态社会”或“社会多质态”的有别于“异质态社会”、异质性性社会、差异性社会（任平，2009）。“异质性社会”，关涉到特定社会形态的“社会纯净度”问题。根据马克思、恩格斯关于社会形态基本思想和理论，课题负责人以为所谓多质态社会或社会多质态问题可体现在以下三个层面上：

其一，整个人类社会的多质态性。马克思对人类社会形态及其更替规律的发现，终于揭开了人类历史之谜，实现了人类历史观的伟大变革。然而，马克思社会形态理论的核心内容包括一个问题的两个方面，这就是：既强调各个民族的社会形态从低级向高级发展的规律是共同的，又强调各个民族的具体发展道路和模式是千差万别的。其中，前者，强调五种社会形态是一种总的历史趋势、总的历史规律或人类普遍性规律。这可视为一种“共同性的多质态”；后者，强调各个民族具体发展道路不是单一的、直线的和绝对的，在特定的时空条件下，会不乏有超常规的历史跨域，也不免有历史性的倒退或退却。这可视为一种“差异性的多质态”。这就要求人们在对待人类社会的多质态问题上，学会处理好客观规律性与历史选择性、普遍性与特殊性、渐进性与跳跃性、统一性与多样性的辩证统一关系。

其二，西方社会和东方社会的多质态性。如果说整个人类社会多质态性具有抽象性，那么西方社会的多质态性和东方社会的多质态性则具有具象性。一方面，前者的多质态寓于后者的多质态之中，有其共同性和差异性；另一方面，后者的多质态则是前者多质态的具体体现，只是西方社会的多质态与东方社会的多质态也有其共同性和差异性。我国主流的学术、理论研究，注意到了马克思的社会形态理论并不只局限于西方社会，也涵盖包括东方社会在内；注意到了在马克思看来西方社会的“马尔克制度”与东方社会的“亚细亚所有制”在本质上的相通性，并在此后发展进程中表现出的差异性；注意到了马克思对西欧资本主义起源的历史概述对于东方社会来说并不具有一般发展道路的历史哲学理论的意义，等等。但是，这些研究一般并未从多质态社会的视角切入，而且往往出现两极化思维倾向，即：要么过多强调西方社会，比较忽略东方社会，反之亦然；要么过多强调东、西方社会的共同性，比较忽略东、西方社会的差异性，反之亦然。概言之，这种两极化思维倾向都是在西方的资本主义发展道路和东方的非资本主义亦即社会主义发展道路问题上非此即彼，其实，真实的西方社会不完全是资本主义，真实的东方社会也不完全是非资本主义或社会主义。这就把极其复杂的问题简单化了，因而是值得商榷的。[①]

其三，我国现实社会的多质态性。在人类社会多质态的视域中，无论是与西方社会的多质态相比还是与东方其他社会的多质态

① 可参见王伟光、靳辉明、洪光东、庞卓恒、李潇潇. 社会形态理论与历史价值观笔谈及会议综述[J]. 中国社会科学，2011(1).

相比，中国社会更具有鲜明的多质态性。如果从历时态和共时态同时考究我国的社会，就会发现我国社会呈现着由过去的遗迹、现实的基础和未来的萌芽三种社会质态共存或并存的局面，仿佛人类社会的五种社会形态（原始社会、奴隶社会、封建社会、资本主义社会、社会主义社会、未来共产主义社会）的各种质态要素都聚集在我国的现实社会之中，尤其是社会主义质态和资本主义质态共生并存。课题负责人曾经将此景比喻为犹如“活的人类历史博物馆”或“大熔炉”，因此，就整个现实社会而言，体现为“社会纯净度”较低。但是无论如何，作为现实基础的社会质态是至关重要的，它既是社会历史质态发展的结果，又是未来社会质态发展的母体。一种社会形态或性质之所以是“这种”社会形态或性质，而不是“那种”社会形态或性质，主要是由它的作为现实基础的社会质态决定的①。多质态社会告诫我们，需要在相当长的历史时期内，在经济、政治、文化、社会等各个领域继续完成新民主主义社会应该完成而没有完成的历史任务。在我国，理想的合格的社会主义还是尚未实现的未来情景，现实实现的还不是理想的合格的社会主义，所以我们要坚持社会主义，改革社会主义，建设社会主义，发展社会主义，完善社会主义。如果这方面的认知能够成立，那将既有利于我们防范对马克思主义关于社会形态理论的教条主义倾向，又有利于我们防范非“资”即“社”或非“社”即“资”的两极思维倾向，在整个中国特色社会主义改革、开放、建设的历史进程中，既防止“左”又警惕右，还真实中国社会多质态共时态并存之本来面目。

由此可见，当今中国是建立在多质态的社会现实基础之上的。无论是没有社会主义特质的中国还是没有资本主义特质的中国，

---

① 乔耀章.政府理论续篇[M].苏州：苏州大学出版社，2013：55.

都不是现实的真实的中国。现实的中国向何处去，最为关键的问题是是否始终坚持以社会主义为价值导向，这是至关重要并决定一切的。我国的社会管理应从多质态社会这个最基本的“社情”出发。

其次，关于“后新民主主义社会”问题。“后新民主主义社会”问题，最初是课题负责人在《中国社会主义特色纵横谈》(1996)一书中，曾经以“不该忘却的新民主主义社会”、“历史性接轨”问题初步论及。经过十多年的再思考后，又鼓作勇气最初以“后新民主主义社会——中国特色社会主义初级阶段的另一种表达法”为题，发表在2008年第1期《江苏科技大学学报(社会科学版)》。其中论证道：在现实的中国，那种主张“补课论”，即在中国补资本主义发展阶段课的论调不现实，同时，对于那些主张“回去论”，即中国重新回到新民主主义社会的论调也同样不现实。事实上，我国新民主主义社会还并没有真正成为历史，当然我们并不能认为当今我国还处在“新民主主义社会”或“过渡时期”。因为，现实的社会已经在很多方面不同于以前的新民主主义社会或过渡时期，为了表达与新民主主义社会和过渡时期的不同，又要表达与社会主义初级阶段的联系与区别，用“后新民主主义社会”这一新概念作为“中介”，可能更加符合当今中国更深层次的社会实际或社会本质，因而也可能会有更彻底的说服力。根据解放思想的要求，其主要理由是：

第一，不能机械地照搬套用马克思恩格斯关于五个社会形态和发达国家无产阶级社会主义革命以后的社会发展进程及过渡时期的理论，在中国不存在马克思语境下的资本主义社会，也自然不存在从资本主义社会向社会主义社会的过渡时期，中国也不存在马克思设想语境下的社会主义社会，中国只存在新民主主义社会。而且，如果把新民主主义社会视为马克思上述语境下的过渡性社会或过渡时期，这在本质上是对马克思相关思想的一种误读、误解。

第二，新民主主义社会理论从形成（以毛泽东的《中国革命与中国共产党》、《新民主主义论》等著作为标志）到发展变化（以党的七大刘少奇《关于修改党章的报告》、毛泽东《论联合政府》、七届二中全会和第一届全国政协通过的《共同纲领》为标志）再到放弃（以1952 年 6 月 6 日毛泽东的讲话、1953 年 12 月《关于党在过渡时期总路线的学习和宣传提纲》、1955 年 9 月毛泽东把由“新民主主义走向社会主义”改为“资本主义到社会主义”过渡、1956 年社会主义改造完成）新民主主义社会理论和中断新民主主义社会实践，这在理论与实践两个方面都应当花大力气总结经验教训。新民主主义社会本质上是想利用（中国的）资本主义来建设发展中国的社会主义。而完全放弃和中断新民主主义社会，实质上是转为通过消灭资本主义来建设社会主义。历史已无情地证明这是一种错误，至“文革”结束时社会主义经济濒临崩溃的边缘就是最好的例证。这说明新民主主义社会尚未完全走出历史舞台。

第三，十一届三中全会以后，以邓小平为代表中国共产党人认真总结建设社会主义正反两方面的历史经验，在对新民主主义社会理论问题深刻反思基础上，反思了传统对社会主义与资本主义的不恰当性的“极化思维”。通过提出初级阶段论、市场经济论、本质论和主体论，在一定条件下学习和利用资本主义来为社会主义服务，建设社会主义，发展壮大社会主义，其最终目的还是要消灭资本主义。历史也雄辩地证明，正是以邓小平为代表的中国共产党人继起了新民主主义社会的未竟事业。

第四，中华人民共和国的国名、国旗等都与新民主主义社会有关，这些在中国特色社会主义初级阶段仍然延续。新民主主义社会中也有社会主义(重提新民主主义社会并不意味着完全改革或放弃社会主义意识形态),就如同社会主义初级阶段中也有资本主义一样。建国后的新民主主义社会或“过渡时期”存在着五种经济成分:国营经济、合作经济、国家资本主义经济、私人资本主义经济和个体经济。现在的社会主义初级阶段的经济比新民主主义社会的经济更要复杂得多。此外,新民主主义社会的政治、文化与社会主义初级阶段的政治、文化仍有许多剪不断、理还乱的关系。从特定意义上说,随着改革开放的深入发展,当下中国社会性质或历史方位、现实基础正越来越酷似新民主主义社会而不是相反。当年研究者把邓小平的社会主义观描述为“主体社会主义”,可是现在,似乎转为“非主体化了”。特别是随着社会主义市场经济的发展,当非公有制经济超越公有制经济,占据经济总量的绝大多数时,理论上要进一步掌握群众,就要进一步做到理论彻底性。也就是说,公有制为主体,如果作为长远方针,理论上还可以考虑。问题是作为现实,如此提法已难以立足,因为主体总有一个数量概念,一半以上已是非公有经济,何谈公有制为主体?从公有制为主体嬗变为国有经济为主导,这应该是社会主义经济体制改革的一条底线。否则,社会主义基本经济制度也就不能存在。经济基础决定上层建筑,皮之不存,毛将焉附。

第五,几乎每隔10年,就会产生一次关于新民主主义社会讨论的热潮。如1987年,中共十三大后形成由新民主主义社会向社会主义社会过渡的讨论热点;1997年中共十五大召开,高校政治理论课“中国革命史”改为“毛泽东思想概论”,新民主主义社会理论再次为学术界所关注。① 正是在这时,胡绳发表了《社会主义与

① 王树荫.新民主主义社会理论研究述评[J].毛泽东思想研究,2001(3).

资本主义的关系:世纪之交的回顾与前瞻》、《毛泽东的新民主主义论再评价》等文章。胡绳的文章确实回答了中国共产党如何发扬蹈厉,以新民主主义为号召,打败了反动腐败的国民党反动派,实现了国家独立与人民解放。但是,对于中国在走上新民主主义道路之后,为什么没有不从容地继续坚持建设新民主主义社会而又很快进入社会主义呢,以及建设社会主义出现了诸多挫折?胡绳在文章中没有回答这些问题。不过,胡绳在中国社会科学院的一次党组会上对他的同事说:“其实我不过回答了一半的问题,还有一半问题根本没有谈呢!”①那么,“还有一半问题”是什么呢?是否可以认为“回到新民主主义社会”或“后新民主主义社会”是“还有一半问题”的合理逻辑推论?

正是基于此,我们主张中国特色社会主义初级阶段是新民主主义社会的特定阶段,或称“后新民主主义社会”。“后新民主主义社会”是中国特色社会主义初级阶段的另一种表达法。所谓后新民主主义社会,在我国是相对于新民主主义社会而言的,有泛指和特指。泛指既包括新民主主义社会的后期,又包括后于新民主主义社会的社会主义初级阶段及社会主义社会等;特指是指后于新民主主义社会,先于社会主义社会的社会。因为新民主主义社会理论是毛泽东思想体系中最宝贵的财富,本指在新民主主义革命取得全国性胜利后,从旧中国社会中成长起来的既有社会主义又有资本主义而又避免发展成为资本主义社会的社会,而马克思主义理论论证的那种建立在被推翻的高度发达的资本主义社会基础之上的社会主义社会,对于当代中国的实践来说还属于未来情景。有鉴于此,某种程度上,后新民主主义社会符合中国社会的实际历

① 石仲泉.与时俱进:胡绳学术晚年的新辉煌[J].中共党史研究,2002(2).

史方位。根据"后学"思维逻辑，作为中国特色社会主义初级阶段另一种表达法的"后新民主主义社会"本应是新民主主义社会发展成熟基础上的"瓜熟蒂落"式的穿越与重构，但是由于历史的原因，我国的新民主主义社会并没有得到应有的成长和发展，留下许多历史任务要在现阶段完成。正是从这个意义上说，新民主主义社会还没有真正成为历史。

我们主张的"后新民主主义社会"同新民主主义社会既有联系又有区别。主要集中在国内的社会主义与资本主义的相互关系及其质量、地位、作用和发展方向上。这些联系与区别也决定着"后新民主主义社会"同社会主义初级阶段的关系。也正是从这个意义上说，社会主义初级阶段是后新民主主义社会的另一种表达法，反之亦然。如果说新民主主义社会是新中国的起跑线的话，那么，"后新民主主义社会"则是当代中国（党的十一届三中全会为历史起点）[①]特色社会主义初级阶段的价值趋向之底线。这使新民主主义社会发展阶段中的社会主义意识形态更加扎根于历史的现实基础之上，从而更能说服人，更能掌握群众！而且，这也是符合马克思主义理论的。1886 年，恩格斯在致倍倍尔的信中说，马克思和他设想，共产主义社会低级阶段即没有经过高度发达的资本主义社会过渡而来的社会主义，应当存在商品货币关系。[②] 即像前苏联和中国这样的社会主义，可以实行一种混合型的社会制度，在这种制度下，既有社会主义的成分，也有资本主义的因素。遗憾的是，由于马克思主义的原著翻译出版工作未能跟上我国形势的发

---

① 石仲泉.中国特色社会主义理论体系：当代中国创新理论的科学体系[N].文汇报，2007—11—05(10).

② 马克思，恩格斯.马克思恩格斯全集：第 36 卷[M].北京：人民出版社，1974：416—417.

展以及天不假年，毛泽东等老一辈革命家和理论家未能阅读到含有马克思这种设想的原著。[①] 因而过早地放弃了与这种设想有惊人相似之处的富有创新魅力的新民主主义社会理念，给中国的社会主义建设带来了令人痛惜的损失。

（五）“后新民主主义社会”与“社会主义初级阶段”关系

按照马克思主义唯物史观和社会形态理论，人类社会发展一般规律所揭示的社会主义社会是在资本主义社会基础上发展起来的高于资本主义社会的历史阶段。而西欧和日本的资本主义是在西欧中世纪以及日本的中世（镰仓幕府、室町幕府）和近世（江户幕府）实行贵族政治和领主经济基础上产生的，至今的西欧和日本总体上还处在资本主义社会形态阶段，它们的社会主义社会形态还是处于遥远的未来时态。然而，中国则从非典型的“封建社会形态”由于在非常特殊的历史条件下，经过新民主主义革命一下子“跳跃过完整的资本主义社会形态”，进入了建构性（有别于自然成长性）的社会主义社会。一方面在理论层面，这种建构性的社会主义社会与马克思主义唯物史观之社会形态理论是一种什么关系，涉及到社会进步中的社会形态与社会形态之间或“社会形态际”的关系，有待于进一步说明论证；另一方面在实践层面，这种建构性的社会主义在现实中又是一种什么样的社会主义，涉及到社会进步中的社会形态自身内部质和量的关系，又有待于进一步用事实来证明。这两方面的问题时不时地困扰着现实中的人们，以至于搞了几十年以后还不知道社会主义是什么，社会主义为何物？有

---

① 欧大军. 中国特色社会主义：回归正道的唯一选择[C]. 纪念卓炯同志诞辰100周年暨中国特色社会主义市场经济理论与实践研讨会. 广州：中共广东省委宣传部等，2008：145—146(未刊稿).

史为证。1985 年 8 月 28 日，改革开放的总设计师邓小平实事求是、不无谦虚地说："我们总结了几十年搞社会主义的经验。社会主义是什么，马克思主义是什么，过去我们并没有完全搞清楚。"①正是由于"没有完全搞清楚"，导致中国社会主义发展阶段"没有完全搞清楚"而搞超越阶段；导致社会主义根本任务"没有完全搞清楚"搞继续革命；导致社会主义中心工作"没有完全搞清楚"而以阶级斗争为纲；导致社会主义特征"没有完全搞清楚"而搞贫穷社会主义、共产主义。这些没有完全搞清楚表明，我们过去对社会主义的认识还不完全，还有糊涂观念，还有许多错误的东西，严重束缚我们的思想。实践证明，不解放思想不行，不对社会主义进行认识、再认识不行。当然，解放思想的前提是要有思想，没有思想谈何解放。

早在民主革命时期，毛泽东就指出："认清中国的国情，乃是认清一切革命问题的基本的根据。"②认识国情，首要的是认清现实社会的性质、主要矛盾与发展阶段。正是以毛泽东同志为核心的第一代中国共产党人准确把握了中国的基本国情，才实现了中国新民主主义革命以及社会主义革命的胜利。但是在建设社会主义过程中，我们一定时期内对中国国情失去了基本正确的判断，导致我们社会主义建设遇到了诸多挫折。改革开放之后，我们逐步认识体悟到毛泽东同志"不发达的社会主义阶段"建设的必要性与非人为跨越性。1979 年，第二代中央领导集体重要成员的叶剑英同志等，开始关注不发达的社会主义阶段或者说是社会主义初级阶段的国情问题。叶剑英等强调，在社会主义制度的幼年时期，尽管

---

① 邓小平. 邓小平文选：第 3 卷[M]. 北京：人民出版社，1993：137.

② 毛泽东. 毛泽东选集：第 2 卷[M]. 北京：人民出版社，1991：633.

其未来生命力很强大,但是其不可避免地带有诸多旧社会传承的痕迹。幼年的社会主义还很不成熟、很不完善,需要我们不断探索,使其变得愈来愈强壮。[①]

我们在叶剑英的讲话中体悟到的“社会主义初级阶段”思想主要有:我国现在还是发展中的社会主义国家,但是我们的社会主义制度一定能够继续战胜一切困难而向前发展;同数百年历史的资本主义制度相比,社会主义制度还处在相对幼年时期;我国的社会主义它还不成熟、不完善,等等。这些思想很快在全党形成了一个共识,社会主义还处在不成熟阶段,用一个概念表达,就是还处于“社会主义初级阶段”。

在我国的基本国情问题上,党的十一届六中全会第一次明确提出“我国社会主义制度还是处于初级的阶段”。党的十三大系统阐述了社会主义初级阶段理论。指出从性质上看,我们已经是社会主义社会,但从发展程度上看,还处在初级阶段,我们不能人为主观地超越这一阶段。社会主义初级阶段理论是中国共产党人,在不断发展社会主义理论、发展马克思理论过程中的理论创举,为指引中国特色社会主义改革开放等新时期、新时代的社会革命提供了理论武器。

经过40年的改革开放,中国共产党人又通过党的十四大、十五大、十六大、十七大、十八大、十九大,每个历史时期的社会主义初级阶段的具体阶段性特征的总结,进一步清醒地认识到社会主义初级阶段是一个相当长的历史发展阶段。在发展进程中必然还要经历若干具体的发展阶段,不同时期会显现出不同的阶段性特征。这种动态的发展过程,是由量变积累引起部分的质变,在新的

---

① 参见叶剑英.叶剑英选集[M].北京:人民出版,1996:527—528.

基础上再由新的量变积累引起新的部分质变的过程。只有牢牢把握社会主义初级阶段这个历史方位之定位,才能准确制定我国现阶段适合党情国情与世情的路线方针与政策。

从社会形态视角讨论,当今中国的社会正处于社会主义初级阶段的定论,在研究方法上体现了"定性"与"定量"的有机统一,或"历史唯物主义"与"历史辩证法"的有机统一。其中,所谓定性是指当今中国社会内涵着的"质"是什么或"姓"什么的问题,亦即是"姓资"还是"姓社"及其二重性问题,侧重于历史辩证的视角或中国社会现实生产关系问题的论域;所谓定量则是指当今中国社会内涵着的"量"的发展程度或历史方位问题,侧重于历史唯物主义的视角或中国社会现实的生产力问题的论域。由此可见,社会主义初级阶段是由社会主义生产关系和生产力、历史唯物主义和辩证法这"四要素"构成的缺一不可或不可分割的有机统一理论。社会主义初级阶段,既是中国社会主义的现实状态,也是其不可避免地历史发展过程。无法人为跨越与跳跃地社会主义初级阶段,构成了中国特色社会主义政治发展的社会历史起点。

(六) 为小康及小康社会历史方位正名

对于当代中国说来,无论是历史选择还是现实的道路,都不能离开对中国传统文化精华和马克思主义原理的承继和发展。1917年十月革命以前的中国,有着非常丰富的思想文化渊源。虽然中国人早已知道马克思和恩格斯及其有关学说,但是马克思主义没有在中国传播开来。十月革命以后在中国得到日益广泛传播的马克思主义,对于中国人民来说也是一种西方文化,是进步的、科学的、发展的西方文化。它是舶来品,是经过俄国人给我们送来的,而不是土生土长的。然而,问题在于既然马克思列宁主义也是"洋货”，为什么它传入中国以后非但没有产生“异体排斥”现象，反而能够在中国扎根、开花、结果，使中国的面貌为之一新，并且风景这边独好呢？为什么中国人对马克思主义这种西方文化情有独钟，而却在总体上排斥也是西方文化的资本主义（可能是与其资本二重本性中的消极负面作用有很大关系）呢？答案只能从中国内部寻找，从中国的传统文化中去寻找，因为内因是事物变化的根据。

当时，由于国内民族资本主义的发展和国外资本主义列强的闯入，中国工人阶级队伍有了逐渐的壮大，这就奠定了马克思主义在中国传播的阶级基础。正由于当时的中国人既苦于外国资本主义的发展，对中国的侵略掠夺，又苦于本国资本主义的不发展，所以反封建的新文化运动的兴起，一方面为马克思主义在中国的传播排除了障碍，开辟了道路；另一方面，当中国的知识界对资本主义齐声鞭挞时，十月革命的惊雷震醒了昏昏欲睡的中国人民，他们经过一个朦胧的摸索、过渡状态以后，毅然决然地接受了俄国式的马克思主义，选择了社会主义道路。此外，还有一个更深层次的内因就是，在先进的中国人民和早期的马克思主义知识分子那里，认为中国传统文化中关于“人和”的观念、关于理想社会的观念等，与马克思主义设想的社会主义概念有许多相似或形似之处，从而产生共振或共鸣。这种共振或共鸣产生了多重效应，它不仅表现在接受马克思主义进行新民主主义革命的时期，而且还表现在新中国建立以后的社会主义建设时期，甚至将会贯穿于中国的整个现代化运动过程之中。

虽然“社会主义”这个词并不是中国创造的，而是从欧洲“引进”的，并且是从日本直接地传入中国的。但是要建立一个没有压迫与剥削的“大同世界”社会理想，在中国古代社会却早已存在，并深耕于普罗大众心中。古代中国的理想社会观，主要表现在先秦诸子百家的典籍中，以及其后一部分“士”阶层知识分子的憧憬和农民起义的追求中。《诗经》包含着劳动者对远古“乐土”的追怀向往，孔子有“博施济众”和“老安少怀”的主张，墨家的倡“兼爱”、“尚同”，老子的“小国寡民”、庄子的“至德之世”、孟子的“井田制”、《礼运篇》中的“大道之行也，天下为公”，都是先秦诸子典籍中所包含的“古代理想”。表现在“士”阶层中的，则有超离现实生活的设想和追求，“桃花源”式的乌托邦观念，以及关于“修齐治平”的理想社会方案。农民追求的则有“太平世界”、“等贵贱”、“均贫富”和“无处不均匀，无人不饱暖”的美好理想。这些向往美好社会的愿望，为后世许多进步思想家所继承、称引、阐发和扬弃，这对秦汉之后大同思想的发展有着极为重要的作用，对近代中国社会的空想社会主义思想，如太平天国的理想社会、康有为的大同社会、孙中山的主观社会主义等都有深刻的影响。[①] 古代、近代中国人对理想社会的追求可以用图 4－1 表示：

自然历史进程　　自然历史进程

……大同社会 ⇄ 小康社会 ⇄ 大同社会……

追求　　追求

<1>　　<2>

资料来源：此图是课题负责人自制而成。

图 4－1　古代与近代中国人对理想社会的追求图

在《礼运篇》中既描绘了大同社会的蓝图，又提出了以私有制为基础的“小康”社会。按照这种描绘，大同社会是先于小康社会出现的，因此大同社会〈1〉属于理想化了的原始社会，以禹、汤之前的尧、舜时代为底本。小康社会（我们今天所说的到 2020 年全面建成“小康社会”一词来源于此，当然与之更有本质上的历史性区

---

① 参见彭明. 从空想到科学中国社会主义思想发展的历史考察[M]. 北京：中国人民大学出版社，1991，乔耀章. 中国社会主义特色纵横谈[M]. 苏州：苏州大学出版社，1996. 126.

别)是对大同社会〈1〉的否定,实际上是一个以私有制为基础的社会,而大同社会〈2〉则是对小康社会的否定,是对大同社会〈1〉的"历史回归"。诸子百家、士阶层、农民、近代空想社会主义者对理想社会的追求,都是在上面所说的那样"小康社会"阶段产生的,因此,这种追求就有两重性质。一重性质是,以历史唯物主义观点考察,从大同社会〈1〉到小康社会固然属于一种历史的进步,但在小康社会阶段出现对大同社会〈1〉的追求(如图中虚线箭头所示),又是一种"逆汰反映",是一种"怀旧",是一种历史的"反动"或"倒退"(孔学或儒学的实质);另一重性质是,从小康社会到大同社会〈2〉的追求,则是一种历史的"进步",即对小康社会的自我否定。后者更加值得我们重视,因为在小康社会阶段对大同社会〈2〉的追求是一种顺应历史潮流的思想和行为,它为启发人们的觉悟提供了宝贵的借鉴。因此,在考察、评价上述传统思想时,第一,我们不应盲目地推崇那种对大同社会理想的追求;第二,也不应盲目地对那种小康社会思想加以根本肯定和否定。无论是对大同社会〈1〉还是对大同社会〈2〉的追求都是异曲同工,不过,前者是一种怀旧复古,后者则可能导致空想。当然,由于历史的和阶级的局限性,古代、近代中国关于理想社会的种种蓝图和方案都不可能实现,但它却的的确确曾经激发了后人对大同社会〈2〉不懈追求的精神。列宁领导的十月革命取得胜利,建立起世界上第一个以社会主义为定向发展的国家,使数千年来广大劳动人民所向往的美好幸福生活追求有了逐步实现的可能性。苏联社会主义革命的政治理想与实践使得数千年追求人人平等与共同富裕但却实际遭受压迫的普罗大众看到了希望。所以,对于中国人来说,社会主义比只允许少数人富裕的资本主义更有强大的吸引力。当俄国十月革命胜利的消息传入中国以后,社会主义理论立即受到身处水深火热之中的人民大众的普遍欢迎。社会主义好似“福音”与“灵丹妙药”一样，被人民大众所接纳与认同。马克思主义以其真理的权威和原则，成为了中国社会所追求向往的理论。社会主义道路成为了中国人民追求美好幸福生活的指路明灯。1921 年中国共产党的诞生，正是代表了广大人民群众的这种愿望和选择。

那么，马克思主义的社会主义同古代中国大同社会的理想之间的历史联系和区别是什么呢？郭沫若较早注意到了马克思主义与孔子大同思想有不少共同的东西。他在《马克思进孔庙》一文中设想了马克思和孔子的对话场景，指明了马克思所主张的理想社会和孔子大同世界的不谋而合之处。指明了孔子的大同思想同马克思主义的科学社会主义虽然相隔 2000 多年，而且并不表现为思想渊源关系，但在关于未来社会的构想方面有超时空的相同或相似的一面。这对于中国人民接受马克思主义，选择社会主义道路起过并且还在起着一定程度的正面效应的作用。但是，丝毫不能将它们等同起来。马克思主义的社会主义是科学，是同资本主义的社会化大生产相联系的；而中国的大同社会理想是空想，是同那种封闭的“鸡犬声相闻，老死不相往来”的自给自足的自然经济相联系的。它们之间的主要区别不在于最终达到的理想目标和境界，而在于历史起点即现实基础的区别，在于如何达到这种理想的目标和境界，在于到达这种理想目标和境界所要经历的过程、阶段和条件的不同，等等。正是由于这些不同，中国人的理想的社会观使中国人在接受马克思主义过程中，不可避免地产生一些负面效应。这种负面效应主要表现在：采取非历史主义的态度，重宏偏微，自觉不自觉地用大同社会思想的道德、伦理来阐释马克思主义的社会主义设想，往往不是从中国国情出发，从社会主义的历史前提出发，用社会化大生产的眼光，用科学的精神、科学的态度去认识社会主义，坚持和发展社会主义。而是从朴素的阶级感情出发，用小生产的眼光，凭热情、激情，凭“良心”和善良的愿望，凭好心肠去认识社会主义，建设社会主义等等。其结果是使我们的党一再犯“好心肠的错误”。导致对马克思主义社会主义的误解、曲解、扭曲和附加，导致把马克思主义庸俗化或重新陷入某种空想，给社会主义事业造成重大损失。由此可见，过去我们党所犯的“左”倾错误，究其原因，除了教条主义地对待马克思主义的社会主义，照搬苏联社会主义模式外，中国传统文化中大同社会思想的负面效应也是极其重要的思想历史根源之一。

邓小平建设有中国特色社会主义理论的提出和理论体系的形成，标志着我国的社会主义思想已经从空想发展到了科学，标志着中国的社会主义建设已经立足在现实的基础之上。弘扬中国传统文化的精神，剔除其封建性的糟粕，这已成为建设有中国特色社会主义的崇高和神圣的历史使命。“大道之行，天下为公”这句话传达了中国人民自古以来对理想社会的向往和追求，今后不论发生什么变化，中国人民都不会放弃社会主义，问题在于我们对社会主义概念要有正确的理解。正如邓小平同志动情地指出的那样，“社会主义是一个很好的名词，但是如果不能正确理解……那就体现不出社会主义的本质”。① 他在南巡讲话时又说“老祖宗不能丢啊！问题是要把什么叫社会主义搞清楚，把怎么样建设和发展社会主义搞清楚。”我们建设有中国特色的社会主义理论已经基本搞清楚，这就是从历史的进程出发，实现解放与发展生产力的同时，最终实现共同富裕。建设有中国特色的社会主义与过去犯“左”倾错误时的所搞的社会主义，其本质区别主要在于要不要以解放和

---

① 邓小平.邓小平文选：第2卷[M].北京：人民出版社，2006：313.

发展生产力作为一切工作的中心，要不要一心一意发展生产力，以及如何或怎样发展生产力。因此，邓小平建设有中国特色的社会主义理论之所以是科学的，主要的原因就在于，这种理论把解放生产力、发展生产力作为事物的根本。而抓住了事物根本的理论就是彻底的理论，彻底的理论就能说服人，能够说服人的理论就能掌握群众，而掌握群众的理论就能够变成改造社会、改造世界的物质力量。今天看来，限于实践发展本身的滞后性，造成我们改革开放初期在小康社会理论与中国特色社会主义关系问题自觉不自觉的出现了一些认识的缺陷或不足的话，我们以为主要表现在于：第一，在生产力与生产关系问题上，他更强调生产力问题，而不是生产关系问题，何以见得？比如他强调“不争论”就是最好的注释；第二，在小康社会问题上，他更强调的是“贫穷”、“温饱”、“为家”问题，而不是“为公”问题，虽然他也在不少场合在总体上论及到了社会主义道路、公有制等问题，但后来在实际执行过程中被有意无意地“淡化了”或“模糊了”；第三，在强调生产力问题上，给人们的印象是更多的强调作为“物”或“科技”的生产力，又比如他强调“科学技术是第一生产力”，后来在理解和执行过程中，实际上作为“人”的生产力尚未得到应有的或至少同等的重视，等等。

因此，无论是论及历史上的小康还是现实中的小康社会问题，都是大历史观中的一种客观的现实存在的问题，都与“私”、“家”、“私有制”问题不同程度地密切联系着。如果无视中国特色社会主义初级阶段小康及小康社会的这种特质，实质上也是一种“历史虚无主义”，对现实社会的真问题也缺乏一定的解释力与说服力。值得注意的是，进入21世纪以来，党中央逐步认识与体悟到小康社会建设不应当把着力点单一设置于生产力的物质建设领域，同时应当关注生产关系命题，这就集中表现在无论是党的十六大、十七大、十八大还是十九大政治报告主题与题目都内在地包含两个关键词:小康社会(无论是全面建设小康社会、全面建成小康社会还是决胜全面建成小康社会)与中国特色社会主义。这样就实现了生产力与生产关系、社会主义现代化建设与社会主义定向性政治发展的有机结合。

现象是本质的反映,名称是内容的概括。如果说关于中国封建社会的再认识主要是侧重于人类社会不同时代、不同国度社会形态际横向之间的关系问题,关于新民主主义社会、中国社会主义初级阶段则关涉到的主要是同一种社会形态内部纵向的不同发展阶段之间的关系问题。那么,小康及小康社会问题则是主要关涉到中国现实经济社会及政治文化发展程度及其特殊性质。相比较而言,人们比较关注小康及小康社会的发展程度,而对小康及小康社会的特殊性质认识方面则存有一定的偏颇或忽略。在空间政治层面上,中国特色社会主义直面的是国际平台——社会主义初级阶段直面的是国内平台——小康社会直面的则是可望又可及的近期平台。如果不能正确解读小康及小康社会的特殊性质,人们对社会主义初级阶段的社会主义性质及中国特色社会主义的社会主义性质就会存疑。那么,小康及小康社会的特殊性质是什么呢?我们试图从比较分析大同与小康原本意义上的异同入手。

人、人类不能没有理想。中国古代理想社会观是什么?中国古代理想社会观主要出自《礼记·礼运篇》中对大同与小康的描述①。

---

① 《礼记·礼运篇》中对大同与小康的描述主要如下:“大道之行也,与三代之英,丘未之逮也,而有志焉。大道之行也,天下为公,选贤与能,讲信修睦。故人不独亲其亲,不独子其子,使老有所终,壮有所用,幼有所长,矜寡孤独废疾者皆有所养,男有分,女有归。货恶其弃于地也,不必藏于己;力恶其不出于身也,不必为己。是故谋闭而不兴,盗窃乱贼而不作,故外户而不闭。是谓大同。今大道既隐,天下为家,各亲其亲,各子其子,货力为己,大人世及以为礼,域郭沟池以为固,礼义以为纪,以正君臣,以笃父子,以睦兄弟,以和夫妇,以设制度,以立田里,以贤勇知,以功为己。故谋用是作,而兵由此起。禹、汤、文、武、成王、周公由此其选也。此六君子者,未有不谨于礼者也。以着其义,以考其信,着有过,刑仁讲让,示民有常,如有不由此者,在埶者去,众以为殃。是谓小康”。

有研究表明,“大同”一词,最早见于《庄子·在宥》。“大同”谓与天地万物融合为一,是指“养心”应当“忘物”。而用“大同”来描述“天下为公”这一理想社会的,则主要由孔子在首创(见《礼记·礼运》)。“小康”一词最早源出《诗经·大雅·民劳》:“民亦劳止,讫可小康,惠此中国,以绥四方”①。小康社会表现了普通百姓基于劳动而对宽裕、殷实的理想生活的追求。而“小康社会”则要关涉到人的社会生活的基本面,不仅仅是涉及到解决人的温饱、殷实等物质美好生活方面的问题,而是要从人的美好生活的多方面出发,解决人的美好政治生活、社会生活、精神生活、生态生活等各方面的自由美好生活需要。如下所述,小康在《礼记·礼运》中得到较系统的阐述,成为仅次于大同的理想社会模式。大同和小康的初步比较可如下表 4-1 所示:

表 4-1　古代大同与小康社会比较图

分　类	大　同	小　康
经济基础	农业公有制为基础	私有制为经济基础
治道	以仁为治	以礼义为纪
分配制度	人们各尽其力,生产成果与社会财富均归社会成员共享	物资据为己有,劳动成果个人获得较多
基本特征	天下为公(禅让制)	天下为家(世袭制)
官员选拔	选贤与能	大人世及以为礼
外交	讲信修睦	城郭沟池以为固
社会制度	不独亲其亲,不独子其子	各亲其亲,各子其子

资料来源:周有光文集与人文知识读本②

---

① 主要意思为老百姓终日劳作不止,就是希望通过劳动摆脱贫穷,过上比较安定的小康幸福生活。

② 周有光. 周有光文集:第 15 卷·朝闻道集[M]. 北京:中央编译出版社,2013:333;冯国凡. 人文知识读本[M]. 乌鲁木齐:新疆人民出版社,2005:9.

可见，大同和小康最大的区别主要在于：大同主张“天下为公”，是以道德为基础自觉形成的秩序社会；小康则主张“天下为家”（或天下为私），是以利益分配和礼仪为基础强制形成的秩序社会。为什么“天下为公”呢？是因为“行道”亦即大道之行，彰显大道所以为公。为什么“天下为家”呢？是因为“隐道”亦即大道既隐，大道不张所以为私。那么，究竟何谓“道”呢？关于“道”上文已有初步论说，道是规律的同义语。从马克思历史唯物主义的基本原理出发，从“天下为公”到“天下为家”，或者说从原始社会的公有制到阶级社会的私有制，是人类社会历史进步的必然。天下为家的私有制社会是在历史上产生的，也必将在历史上消失。但是，天下为家的私有制社会是一个自然历史过程，非到消灭它产生的社会历史条件具备时它是不会自动退出历史舞台的。因此，第一，“大同”与“小康”的主要区别在于“道”不同；第二，“大同”比较近于理想或空想，而“小康”确是不得不面对的社会现实，是不以人们的意志为转移的事实；第三，“大同”和“小康”是可以依一定的社会历史条件相互转化的；第四，“大同”和“小康”同处于一个整体的系统之中，这就是它们有共同的天下观念。

1978 年以来，我国经历了社会主义初级阶段小康社会问题的提出到全面建设与全面建成的发展过程。根据现在发表文献，1979 年 12 月，邓小平会见日本首相大平正芳时，较早用“小康之家”形象地描绘中国的现代化。“我们的四个现代化的概念，不是像你们那样的现代化的概念，而是‘小康之家’。”[①]1986 年，邓小平进一步指出：“所谓小康社

① 邓小平. 邓小平文选：第 2 卷[M]. 北京：人民出版社，1983：237.

会，就是虽不富裕，但日子好过……没有太富的人，也没有太穷的人”[①]。依据邓小平的论述，小康社会从社会生产力的发展程度看，是一个社会生产力持续发展的，逐步向中等发达国家靠近的社会发展阶段；从生产关系的性质角度看，是一个始终坚持社会主义道路的发展阶段。党的十四大、十五大、十六大、十七大、十八大与十九大都不断继续聚焦小康社会发展与实现问题。特别是2017年党的十九大进一步聚焦小康社会问题，在《决胜全面建成小康社会　夺取新时代中国特色社会主义伟大胜利》主题下，着重关注决胜全面建成小康社会命题，并指出决胜全面建成小康社会，是新时代条件下全面建设社会主义现代化强国的必然要求。从邓小平用“小康社会”描述中国式现代化的发展蓝图、规划中国经济社会发展的战略构想，到党的十六大报告明确提出“全面建设小康社会”，再到党的十八大报告提出“全面建成小康社会”、十九大报告提出决胜全面建成小康社会，实现小康社会的观念日益深入人心，理论界对何为小康社会、如何建设小康社会、如何建成小康社会的研究也呈现出欣欣向荣的景象。所谓“全面建成”小康社会要坚持中国特色社会主义的总布局，即经济建设、政治建设、文化建设、社会建设与生态文明建设的五位一体布局。除了“五位一体”总体布局以外，以习近平同志为核心的党中央，还提出了“四个全面”战略布局。力图通过“四个全面”中的“全面深化改革”、“全面依法治国”、“全面从严治党”，为“全面建成小康社会”保驾护航。

总体说来，现实中的小康社会是一个社会生产力逐步发展，国家综合国力与人民生活水平逐步提高的社会主义社会发展过程。邓小平还曾预见到，“恐怕再有三十年的时间，我们才会在各方面

---

① 邓小平.邓小平文选：第3卷[M].北京：人民出版社，1993：162.

形成一整套更加成熟、更加定型的制度。在这个制度下的方针、政策，也将更加定型化。”①这里说的“再有三十年的时间”，就是到决胜全面建成小康社会的2020年左右，在国家范围内形成一套成熟的管理、治理体系。换句话说，邓小平小康社会的理论发展过程也是“建设有中国特色社会主义”制度逐步完善与定型，中国特色社会主义治理体系与治理能力现代化的逐步完善过程。2014年9月24日，习近平在纪念孔子诞辰2565周年国际学术研讨会暨国际儒学联合会第五届会员大会开幕会上的讲话中，谈到“从孔夫子到孙中山，我们都注意汲取其中积极的养分”时，说了这样一段话：“中国人民正在为实现‘两个一百年’奋斗目标而努力，其中全面建成小康社会中的‘小康’这个概念，就出自《礼记·礼运》……使用‘小康’概念来确立中国的发展目标，既符合中国发展实际，也容易得到最广大人民理解和支持。”

根据邓小平的最初设计，在中国共产党领导下，作为当今中国共产党人阶段性奋斗目标的小康社会，得到了最广大人民的理解和支持。但是不应忽视的是，同数千年之前《礼记·礼运篇》中的“小康”的原意或本意已经有着天壤之别，无论是在时代还是在社会形态方面都已经不可同日而语。在彼时，因为大道既隐，因为天下为家而小康；在此时，因为必须坚持社会主义之大道而小康。然而，如果因为稍微不留神导致社会主义之“大道既隐”，重新回复到“天下为家”的小康，那么是否有违邓小平最初倡导的“小康之家”的原意或本意呢？因此，坚持以社会主义道路为定向发展的小康或叫“社会主义小康”与历史上的“大道既隐，天下为家”的小康，有着本质的区别。“此小康”并非“彼小康”。它们的共性主要在于立

① 邓小平. 邓小平文选：第3卷[M]. 北京：人民出版社. 1993：372.

“家”或立“私”，与“公”相对应。有所不同的是，彼小康是从“大道之行，天下为公”开始走向“大道既隐，天下为家”的私，逐步走向私有化。而此小康则是要在坚守原有的社会主义之道的前提或基础上，公然地修正原有的不恰当的公有的实现形式，公然地并适度地为家、为私有的存续和发展留有一定的必要的空间或余地，但必须止于“私有化”，这是现实中国之国情使然。

基于前文的解析，对于“大同”和“小康”，《礼记·礼运篇》中一褒一贬，态度十分鲜明。这就说明：第一，在价值层面上。唯有“大同”，才可称为“中华民族自古以来追求的理想社会状态!”就近代以来，中国的志士仁人、革命先辈，无不以天下大同为自己不懈追求的崇高理想。譬如：康有为的《大同书》，描述了一个十分美好的大同世界。在这个世界里，无阶级、无私产、无家族、无邦国、无帝王，人人相亲，人人平等。孙中山在《三民主义》中提出，“真正的三民主义，就是孔子所希望之大同世界”。他平生书写题词最多的，不是“小康”的“天下为家”，而是“大同”的“天下为公”四个大字。(李大钊的“赤旗的世界”)毛泽东在《论人民民主专政》中庄严宣告，中国将“由新民主主义社会进步到社会主义社会和共产主义社会，消灭阶级和实现大同。”毛泽东的浪漫主义诗句更是体现他对大同社会的理想情怀。正如他在《念奴娇·昆仑》所咏志的那样：“横空出世，莽昆仑，阅尽人间春色。飞起玉龙三百万，搅得周天寒彻。夏日消融，江河横溢，人或为鱼鳖。千秋功罪，谁人曾与评说?而今我谓昆仑：不要这高，不要这多雪。安得倚天抽宝剑，把汝裁为三截？一截遗欧，一截赠美，一截还东国。太平世界，环球同此凉热。”当然，“天下为公”一切要以具体的时间、地点、条件为转移。2013 年 3 月下旬，国家主席习近平在莫斯科国际关系学院的演讲中，第一次提到命运共同体的概念。2015 年 9 月 28 日，习近平主席出席纪念联合国成立 70 周年大会，发表题为《携手构建合作共赢新伙伴　同心打造人类命运共同体》的讲话，这是中国最高领导人首次在重大国际组织中提出人类命运共同体概念。构建人类命运共同体理念更是首次载入联合国安理会决议。可如是说，构建人类命运共同体是中国理念“天下为公”在当今时代的原创，赢得了世界范围的认同，中国智慧日益成为全人类共同的财富。第二，在事实层面上。正如习近平同志所说的：“使用‘小康’概念来确立中国的发展目标，既符合中国发展实际，也容易得到最广大人民理解和支持。”人们至少是在以“小康”的名义上来这样理解、接受和支持的。相对于“大同”的理想社会，“小康”是人们不得不接受的退而求其次的社会现实。孔夫子所揭示的那种“礼崩乐坏”的小康社会的那种“天下为家”的私性特质，特别是在非公经济的私有制及私有观念方面，在今天中国全面建设、全面建成的小康社会中还真实地、不同程度地、暂时地、客观地存在着。它们正在以“社会主义”、“公有制”、“国有制”甚至在“混合所有制”为名义下存续并发展着。只有深刻理解这一点，才能真正理解和掌握“社会主义小康社会”、“社会主义初级阶段”、“后新民主主义社会”以及“中国特色社会主义”理论的精髓与特质。

本章小结

中国特色社会主义政治发展的社会历史起点应当依据马克思主义社会形态理论为指导，坚持辩证唯物主义和历史唯物主义的有机统一。本课题研究坚持认为中国特色社会政治发展的社会历史起点，既不可能是马克思恩格斯设想的社会主义社会，也不应该是西方式的或中国式的资本主义社会，还不应该是中国特色的封建社会，更不应该是大道既隐、天下为家的小康社会，而只能是作为中国特色社会主义初级阶段另一种表达法的多质态的“后新民主主义社会”！唯有如此，我们的理论才能彻底，才能说服人，才能抓住事物的根本，进而才能掌握群众。唯有如此，才不会给非“公”即“私”或非“私”即“公”留下极化思维的空间，才能让“公”与“私”和谐共处、互补，共建中华民族命运共同体。① 本研究坚持认为中国政治发展千万不能停留在“理念政治”、“应然政治”、“概念政治”、“口号政治”等等上面！应当重新发现现实的、平面的、基层的、底层的中国社会。有什么样的中国社会，才会有什么样的中国政治。我们在关注中国特色社会主义政治的同时，也要关注中国特色非社会主义（封建政治的历史遗迹，资本主义政治的现实侵袭、腐蚀）政治；我们在关注中国上层社会政治的同时，也要关注中国社会的“平面政治”、“基层政治”、“底层政治”等等。多质态的或“纯净度不高”的中国社会决定着现实中国政治发展中的“多质态政治”并存局面。

---

① 参见乔耀章.“后新民主主义社会”——中国特色社会主义初级阶段的另一种表达法[J].镇江:江苏科技大学学报.2008:(1);乔耀章.中华人民共和国的社会形态、历史方位及其基本政治元素辨析[J].南京:阅江学刊.2011.(6);乔耀章.多质态社会管理中的共同性与差异性[J].兰州:甘肃社会科学.2012:(4);耿依娜.“公”与“私”之间:当代中国社会组织属性考辨[J].中共浙江省委党校学报,2017(3).

第五章　中国政治发展的性质条件和一般目的

本章的问题是由上文社会历史热点问题引申的。既然政治是人的政治，既然政治发展的逻辑起点是人，那么，能否由此认为，为什么人的问题，就是指涉政治发展的性质问题？早在1845—1846年间，马克思恩格斯在《费尔巴哈》中指出："共产主义对我们来说不是应当确立的现状……所称之为共产主义的是那种消灭现存状况的现实的运动。"①在那时，马克思恩格斯特别强调的是共产主义的实践性、运动性、条件性。马克思恩格斯在《共产党宣言》中指出：共产党人"在理论方面，他们胜过其余无产阶级群众的地方在于他们了解无产阶级运动的条件进程和一般结果。"②这里涉及四个问题：其一是共产党人的无产阶级运动的性质，亦即共产党人的阶级性及运动性、实践性；其二是无产阶级运动的条件性；其三是无产阶级运动的进程性亦即过程性；其四是无产阶级运动的一般

① 马克思，恩格斯.马克思恩格斯选集：第1卷[M].北京：人民出版社，1995：：87.

② 马克思，恩格斯.马克思恩格斯选集：第1卷[M].北京：人民出版社，1995：285.

结果性亦即目的性。过了若干年后，恩格斯又在《关于共产主义者同盟的历史》中又进一步指出："共产主义现在已经不再意味着凭空设想一种尽可能完善的社会理想，而是意味着深入理解无产阶级所进行的斗争的性质、条件以及由此产生的一般目的"。[①] 在这里，恩格斯把"共产主义"和"共产党人"视为同义语，强调共产党人的共产主义不是一种空想，而是无产阶级实践运动斗争的性质、条件和一般目的。他们反复强调马克思主义、共产党人的共产主义绝对不是空想、不是乌托邦，而是诉诸世界无产阶级改造现实社会的实践运动才能实现。科学社会主义理论体系中的无产阶级解放运动的性质，具有不同于历史上其他阶级革命运动的特点，主要表现在其阶级性、阶段性和特殊性等方面。其中，阶级性，无产阶级解放运动是指为大多数人谋利益的多数人运动，既符合无产阶级的利益，也符合全人类的利益；阶段性，无产阶级解放运动是指其斗争在发展的各个阶段，也有部分质的区别，应注意划分不同阶段的性质，确定不同阶段的任务；特殊性，是指无产阶级反对资产阶级的斗争是国际性的，但各国的历史条件不同，必须从本国的实际出发。马克思主义科学社会主义关于无产阶级解放性质、条件和一般目的的理论，对于研究中国特色社会主义政治发展的性质、条件和一般目的都具有质的规约性。那么，作为世界无产阶级解放斗争重要组成部分的中国政治发展的性质、条件和一般目的是什么呢？为此，虽然我国学界与政界对该领域的问题已经有了一定的关注和研究，但较有明确而系统性的研究还较为鲜见。这就需要我们在此基础上展开传承性、创新性的思考与研究。

---

① 马克思，恩格斯. 马克思恩格斯选集：第 4 卷[M]. 北京：人民出版社，1995：197.

一、中国政治发展的性质

既然政治是围绕着人展开的，那么，为什么人的问题，怎样使人为人的问题，就成为中国政治发展的首要问题，亦即中国政治发展的性质问题。我们不应当以某种“学术研究”的名义对现实中国政治发展的“姓”、“性”问题“隔靴搔痒”，只有关注、聚焦中国政治发展的性质问题，才能真正有助于中国现实政治问题的解决。

中国政治发展确切地说是1949年新中国成立以来的政治发展，或中国特色社会主义政治发展，它的性质表现在价值和事实两个层面并历时态与共时态地存续发作着。何谓“性质”？性质作为一个汉语词汇具有多义性，是指禀性、气质，质地，事物的特性、本质，事物本身所具有的与其他事物不同的根本属性。一般是从客观角度认知事物的形式。某事物的性质就是由该事物所决定的事实。性质是人或事物的本质，与特性、特质、属性、特点、特征等概念有本义的差距。其中，特性指某人或某事物所特有的性质，特质指特有的性质或品质，属性是指事物所具有的性质、特点，特点指人或事物所具有的独特的地方，特征指可以作为事物特点的征象、标志等。性质一般是指一事物与它事物联系中的本质、价值的规定性、指向性以及方向性。本课题研究主张中国政治发展问题的性质（价值）并不无涉。我们要从本质与现象层面、价值与事实层面、抽象与具象层面、历时态与共时态等多层面的有机结合上来研究中国政治发展的性质亦即为什么人的问题。

（一）政治学界对中国政治发展性质问题的相关研究

就我所知，我国政治学术界的大多数学人，要么以为中国政治的性质既定，无需论析，要么为了避免学术风险，确保“政治正确”，一般直奔相关问题分析论证，不直接讨论中国政治发展的“性质”问题，或“性质无涉”。我们拟列举一些学者关于中国政治发展的代表性成果，看看研究者是如何关注和聚焦中国政治发展的性质问题的。其中最具有代表性的是由原中共中央编译局副局长、北京大学中国政府创新研究中心主任、清华大学凯风政治发展研究所所长俞可平，美国布鲁金斯学会“外交政策与全球经济和发展”高级研究员、约翰桑顿中国中心主任，同时兼任密西根大学 Emeritus 教授李侃如主编的《中国的政治发展》（社会科学文献出版社2013 年出版）。该书研究的是中美两国政治学界关于当代中国政治问题的专题对话。该书研究了中国政治发展中的一些重要学术问题，如俞可平的《中华人民共和国 60 年的政治发展》；王长江的《中国共产党：从革命党向执政党的转变》；时和兴的《人民代表大会制度与中国的宪政发展》；林尚立的《政治协商与协商政治：中国的制度与实践》；王名的《中国公民社会的兴起》；燕继荣的《中国的社会自治》；郁建兴的《中国的公共服务体系：发展历程、社会政策与体制机制》；杨光斌的《中国的分权化改革——以中央—地方关系为主线的分析》；黄卫平的《中国基层民主制度：发展与评估》；景跃进的《演化中的利益协调机制：挑战与前景》；周光辉的《当代中国决策体制的形成与变革》；何增科的《建构现代国家廉政制度体系：中国的反腐败与权力监督》。该书所列举的这些研究学者及其研究成果，在一定程度上代表了我国政治学界研究政治发展问题的高水平的成果。我们以为他们都以特定的思维路径及表述方式与语言技巧，论及到了中国政治发展的性质问题。然而，他们的高明之处就在于有意或无意地回避了“中国政治发展的性质”这个比较敏感的概念或问题。研究就是一种问题的逻辑。研究中国问题，研究中国政治发展问题，当然要有强烈的问题意识。但是，研究者不能“为了问题而问题”、“为了研究而研究”，以某种问题意识为名有意无意回避真正的实质性的政治问题。如果仅仅是这样，那么，要么把简单问题复杂化，要么把复杂问题简单化；要么对解决现实问题无补，要么把现实人、当代人能够认识，能解决的问题延宕下去，酿成更大的问题，使小危机累积成大危机，为此会导致社会付出更大的政治成本。由此，只有从事实层面而不仅仅从未来价值层面说清楚中国政治发展中的性质问题，才能真正有助于现实中国政治问题的解决。我们研究中国政治发展问题不能“性质无涉”，我们不得不把这个“性质”问题凸显出来以飨读者。

（二）“多质态社会”决定“多质态政治”或“综合性政治”

既然现实或实际的中国社会是多质态的社会，“社会纯净度不高”，那么现实中国社会政治发展的性质问题就会被提到首位。一方面，从价值取向上看中国政治发展可谓“性质既定”。名称是内容的概括。因为本课题的主体词、中心词是“中国特色社会主义政治发展”。如前所述，政治发展被“中国特色”、被“社会主义”抑或被“中国特色社会主义”所修饰，其性质自然而然就应当是既定的和明确的，即在主观而言，中国政治发展的性质既是中国特色的，更是社会主义的，抑或是中国特色社会主义的。但是，另一方面，从事实既有的动态层面上看中国政治发展可谓“性质未定”。或者说，在客观上来说，中国特色社会主义政治发展并不会因为其名称就会自然而然地在事实上就是社会主义性质的。亦即在事实层面上,中国特色社会主义政治发展的"社会主义"性质还不可能最终确定。中国特色社会主义政治发展的社会主义性质、人民性质是绝不会因为社会主义的价值选择就会自然而然地一劳永逸地获得与存续的。因此,从特定意义上说,现实中国政治中的"封建主义政治"、"资本主义政治"和"社会主义政治"还在历时态和共时态中交织共生、共存、斗争着。在这个问题上我们一定要有危机感或危机意识。这就是为什么课题负责人在近20年前就提出并初步论证了"社会主义定向性政治发展"问题的初衷及基本忧思所在。①

现实中国横向社会结构与纵向社会线性质态决定着中国政治发展的性质。相对于整个中国特色社会主义社会的历史进程而言,社会主义初级阶段的中国社会结构及运行机制有其特殊性,其中政治结构带有超常的反作用或强制力特点,但它最终受制于经济结构及生产力的性质和状况。从动态的历史过程来考虑,中国现实社会是人类社会历史形态的"大熔炉"和"博物馆",它既有过去社会形态的痕迹,更有现实社会形态的基础,还有未来社会形态的萌芽。根据马克思主义的一元论、两点论、重点论的观点,决定现实中国社会性质和制约未来中国社会发展方向的是社会主义的基本经济制度、基本政治制度和基本文化制度。其中,经济制度是基础,政治制度是保证,文化制度是方向。因此,如何优化社会主义初级阶段的社会结构,将是整个社会主义初级阶段中国特色社会主义政治面临的重要历史任务。

从横切面看,中国社会主义初级阶段的社会也是由社会主义的经济、政治与意识形态结构组合而成的整体结构。社会主义初级阶段的经济结构抑或经济基础,主要是指社会主义初级阶段的

① 乔耀章.略论作为社会主义定向的政治发展[J].江苏社会科学,2002(02).

生产关系(生产资料公有制、按劳分配、人与人的同志式关系等)的总和。在社会主义初级阶段有各种不同层次的生产力发展水平和发展状况,与之相适应的就有多种不同性质的生产关系。除了占统治地位的生产关系外还有封建主义残余的和资本主义的生产关系。占统治地位的是社会主义的生产关系,它的存在和构成决定了社会主义初级阶段现实的经济基础及其性质;它的存在和发展制约着社会主义初级阶段的生产、交换、分配、消费各个环节。社会主义生产关系作用于并影响着其他不占统治地位的各种生产关系,表现在利用它们作为社会主义经济生活的必要补充,规范和引导它们在一定时期、一定范围、一定程度内的发展。其他各种不占统治地位的生产关系,在正常情况下对社会主义生产关系起着补充和辅助等正面的作用,但也可能起着腐蚀和瓦解主体的负面作用。各种作用的影响构成复杂而有生机的社会经济生活,占统治地位或占主要、主体、本质地位的生产关系,与不占统治地位或居于次要、非主体、非本质地位的生产关系,依据一定的条件可以发生转化。社会主义初级阶段各种生产关系之间的关系表现为制约、相互制约与反制约,作用、相互作用与反作用,影响、相互影响与反影响的关系。社会主义初级阶段生产关系的这种多样性和社会主义初级阶段的经济结构,不仅制约着社会主义初级阶段的经济生活,而且也制约着社会主义初级阶段的政治结构和政治生活,制约着社会主义初级阶段的意识形态结构和精神生活,从根本上决定着整个社会主义初级阶段的社会面貌。

社会主义初级阶段的政治结构,是指社会主义初级阶段全部政治上层建筑关系的总和。全部上层建筑由“有形的”和“无形的”两部分组成。“有形”的部分主要指物质实体性的政治上层建筑,如政治法律制度以及军队、警察、法院、监狱等具体组织机构与设施；“无形”的部分主要指非物质实体性的观念上层建筑或思想上层建筑（亦称意识形态），包括政治、法律、道德、宗教等各种思想体系。观念上层建筑是统治阶级利益和意志的体现，其功能体现在论证政治上层建筑之政治法律制度及其所对应经济基础的合理化。整个政治上层建筑由其经济基础决定并反作用于经济基础。而在整个政治上层建筑之中，其核心又主要在于国家政权。在当今世界政党政治中，国家政权和领导国家政权的政党又是政治上层建筑的主要组成部分，在中国现阶段就主要表现为人民民主专政的国家政权以及中国共产党的领导。列宁在《论国家》和《再论工会、目前局势及托洛茨基和布哈林的错误》等文中指出：国家是关系全部政治的主要的和根本的问题。”①也就是说，社会主义初级阶段的政治结构不仅直接维系自身的经济基础，而且对上层建筑的其他部分起着不同程度的制约和影响作用。

社会主义初级阶段的意识形态结构，是指对社会主义初级阶段的社会存在即对社会主义初级阶段的根本经济制度和政治制度的科学的反映，是与社会主义初级阶段的经济、政治直接相联系的观念、观点和概念的总和。直接反映社会主义经济关系和政治关系的政治、法律思想等构成社会主义的意识形态结构，其核心是马克思主义，在中国现阶段就是马列主义毛泽东思想，建设有中国特色的社会主义理论体系。马克思主义的意识形态原本产生于资本社会的经济基础之上，但它不仅不为这个经济基础服务，反而瓦解、破坏这个经济基础，因而它不是作为资本主义社会的观念上层建筑组成部分而存在的。无产阶级及其政党在马克思主义指导下通过革命斗争取得胜利，并建立社会主义国家的政治上层建筑，它

---

① 列宁．列宁选集：第4卷[M]．北京：人民出版社，1972：42、442．

与社会主义经济基础相适应，成为社会主义上层建筑的主体部分，指导和服务于社会主义经济结构和政治结构。

可见，在社会主义初级阶段的整体社会结构中，经济结构、政治结构与意识形态三结构具有相互耦合的有机统一性。其中，经济结构是决定整个社会结构的现实基础，政治结构与意识形态竖立于经济基础之上，意识形态维护政治结构，并反映决定于其的经济基础。三者之间共同作用，构成了社会主义初级阶段整体社会结构的特殊功能。中国社会主义初级阶段的社会结构从整体上说是比较落后的，提高整体发展水平，优化中国社会主义初级阶段的整体社会结构是建设有中国特色的社会主义的一项长期而艰巨的历史任务。

从纵切面来剖视中国社会主义初级阶段的整体社会结构，不但要考察中国的现在，还要考察中国的过去和中国的未来。如果从社会形态的划分来看，社会主义初级阶段的中国犹如一座大"熔炉"或活的历史"博物馆"，几乎人类社会形态不同阶段、不同领域的各种要素，都共存于我国现实的社会之中。

就所有制关系和所有制观念而言。其一，1949 建国前后，我国边远地区有的民族还处在原始社会阶段，经过社会主义改造，使这些民族跳跃过几个社会形态的历史发展阶段，进入社会主义初级阶段。就此而言，与原始社会公有制相联系的所有制观念在我国还在一定程度上存在着，就毫不奇怪了；其二，奴隶制、封建制的所有制关系早已消灭，但人们对与此相联系的传统思想观念还很难说已经实现彻底决裂了；其三，外国资本主义和本国资本主义曾经被否定或被改造，但现在又被部分地"请回来"甚至在一定的制约下有所发展了，虽然其内容和性质与以往不同，但由于在我国彻底消灭资本主义私有制的生产关系等方面条件尚不具备，就更说不上与这种资本主义私有制相联系的私有观念实行最彻底的决裂了。其四,社会主义初级阶段作为主体的公有制,伴随着生产力的发展而不断地发展着,在这个基础上又不断萌生着社会所有制的新芽。

就社会主体形态而言。我国现阶段人对人的依赖关系,人对物的依赖关系,它们与人的自主性发展关系要素并存而且相互作用。就社会交换形态而言。自给自足的自然经济,社会化的商品经济,它们与社会化的产品经济要素也互相并存而且发生着相互作用。就社会技术形态而言,农业社会的技术形态,工业社会的技术形态,它们与信息社会的技术形态要素也并存并相互发生着作用。

人类社会的多种社会形态及其要素以不同的变量共生共存于社会主义初级阶段,它们不可能属于任何一种纯粹的社会形态,它们也不可能各自形成一种独立的社会形态。因此,如果把社会主义初级阶段视为一种过渡性的社会形态,可能更符合它的实际。社会是一个开放的巨系统。任何一种社会形态,即使是过渡性的社会形态,也都含有历时态的三种社会质态,这就是过去的遗迹,现实的基础和未来的萌芽。一种社会形态之所以成为"这一种"社会形态,而不是"那一种"社会形态,主要是由该社会的现实基础决定的。一方面,该社会的现实基础既积淀着过去社会的遗迹,并由"过去"社会萌发而来;另一方面,该社会现实的基础又孕育着未来社会,当未来社会的萌芽逐渐成长壮大成为新的社会现实基础时,原有的社会现实基础便成为过去社会的遗迹。如图 5-1 所示①:

---

① 乔耀章.中国社会主义特色纵横谈[M].苏州:苏州大学出版社,1996:246—247.

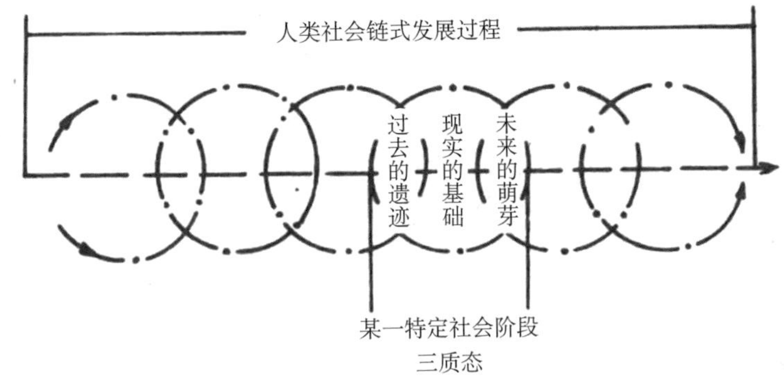

资料来源:通过抽象思维自制而成。

图 5-1　人类社会链式发展过程图

因此,任何一种社会形态的现实基础都是“活”的,它从历史走来,又告别历史走向未来。现实基础是如此重要,以至它既是历史发展的标的,又是未来发展的母体。但从动态和发展观来看,它又必将成为过去,成为历史。从这个意义上说,某一特定社会形态又具有历史与现代的双重性社会特质,尤其是过渡性的社会形态,这种双重性社会特质就表现得更加突出,一般称之为“二元结构”。中国社会主义初级阶段也具有这种双重性社会特质,它不仅表现为“二元结构”,还表现为两种或两种以上不同性质的社会制度要素的共同存在,其中又必定以社会主义制度要素为主体。

所谓二元结构,是发展科学中的结构主义学派用以分析研究发展中国家社会经济发展问题的理论和方法。二元结构是发展中国家现代化过程中落后的传统社会形态与先进的现代社会形态同时并存的现象。现代化建设使社会主义中国同样作为一个农牧为主的一元社会而进入了二元结构的社会发展阶段。其一,在经济方面。表现为既有现代化的大工业,又有传统落后的乡村经济;既有先进的电子技术,也有刀耕火种的生产方式;既有发达的沿海地区,也有落后的边疆民族地区。在条块之间、轻重工业之间，大中型国有企业与乡镇企业之间，经济技术和文化发展上都呈现出显著的二元结构现象。目前，我国经济方面的二元结构现象突出表现为行政型计划经济体制与市场经济体制的并存和对立；其二，在政治方面。一方面表现为民主的现代的政治思想在逐步发展，一方面传统的政治思想犹顽固不化，即表现为传统集权政治与现代民主政治的并存与对立；其三，在社会文化方面。表现为现代社会文化与传统社会文化的并存与对立。如中国城乡之间有着泾渭分明的社会文化差异，城市社会文化水平大大高于农村社会文化发展水平。

总之，自十一届三中全会以来，我国社会进入了一个现代化发展与市场化改革互相交织、转换与双轨体制改革同时并存的发展阶段。尽管二元结构与双轨体制本身存在着诸多矛盾和弊端，但这是我们走出计划经济困境，迈向市场经济彼岸的必经阶段。随着社会生产力的发展，民主法制建设和精神文明建设的发展，我国社会正从传统性社会转入现代性社会。因此，从价值层面及未来发展趋势看，中国政治发展是社会主义性质的，但从现实的事实层面看，中国政治发展是"多质态"要素历时态和共时态的共生共存并且相互矛盾、竞争甚至斗争着的。正因为如此，我们才需要始终坚持社会主义道路毫不动摇。但是要切记，不可以把我们现实的正在做的所作所为都贴上"社会主义"的标签，那样会有损于马克思主义、理论论证的科学社会主义的形象和声誉。多质态的社会，必然决定着多质态的政治。如果我们以大胆解放思想为前提，我们就可以负责任地认为当代中国政治不可能是纯而又纯的社会主义政治。除了决定国家和社会性质的社会主义政治以外，还客观存在着作为历史遗迹的封建政治，部分现实基础的资本主义政治，以及后新民主主义社会政治，社会主义初级阶段政治，小康社会政治。各种政治相互之间都有一定程度的“政治依存度”。正是从这个意义上说，正在发展中的现实中国政治可谓是一种“多质态政治”共生并存的“综合性政治”，虽然中国政治是始终坚持以马克思恩格斯的科学社会主义为定向发展的政治。

二、中国政治发展的条件

列宁曾经说过，唯物主义者就是唯条件论者。马克思早就指出：“历史不外是各个时代的依次交替……每一代一方面在完全改变了的条件下继续从事先辈的活动，另一方面又通过完全改变了的活动来改变旧的条件。”[①]毛泽东在《矛盾论》中指出，内因是变化的根据，外因是变化的条件。内因通过外因而起作用。[②] 条件和根据是一个对偶范畴。何谓“条件”？何谓“根据？条件（可分为三种：充分条件、必要条件、充要条件）是指事物具备所处的状态、发展的影响因素，是制约和影响事物存在、发展的外部因素；根据是决定事物存在、发展的内部原因，是事物内部固有的根本矛盾和事物运动的根源。两者互相联系，互相制约。根据在事物发展中起主要的或根本的决定作用，不同的根据决定事物的不同的特征和不同的发展可能性。条件只有通过根据才能起作用。根据与条件的区分是相对的，在一定条件下，两者可互相转化。现实政治生活中，有条件好办事，如果没有条件怎么办？有条件要上，没有条件，创造条件也要上。有条件则体现出唯物主义，创造条件则体现

---

① 马克思，恩格斯. 马克思恩格斯选集：第1卷[M]. 北京：人民出版社，1995：88.

② 唯物辩证法认为外因是变化的条件，内因是变化的根据，外因通过内因而起作用。参见李达.《矛盾论》解说[M]. 北京：生活·读书·新知三联书店，1953：61.

出主观辩证法。中国政治发展需要体现出唯物主义和辩证法的有机统一。一方面,现实中国政治发展的成果是历史中国政治发展条件的结果,另一方面,现实中国政治发展则需要通过完全改变了的活动来改变历史中国政治发展给予的条件。从特定意义上说,中国政治发展的性质、状况及其程度要取决于对历史的和现实的中国政治发展既定条件的变革及其程度。

(一)政治学界关于中国政治发展条件的探讨

目前,我国政治学术界直接以“中国政治发展的条件”为题的相关研究还不多。比如,叶长茂、虞崇胜等侧重于分析论证中国政治发展中的民主政治问题及其在国家与社会之间如何平衡的问题。他们认为推进中国民主政治健康发展既需要强大的国家,也需要成熟的公民社会,需要在国家与社会之间形成既合作又制衡的平衡关系。国家要有意识地推进公民社会的发展,引导公民社会参与政治与社会事务的管理,公民社会在发展过程中要主动寻求与国家的合作,同时发挥对国家的参与和制衡功能。[①] 吴辉发侧重于分析论证中国政治发展的时代背景及其外部条件问题。吴辉发认为全球化是当代中国政治发展最深厚的时代背景之一。为应对全球化对中国政治发展的影响,应妥善处理好维护国家主权与自主限制国家治权的关系、增进党的权威与依法治党的关系、融入民主化潮流与坚持本国特色的关系,以走出一条全球化条件下中国政治发展的优选之路[②]。卢正涛侧重于分析论证发展中国家

① 参见叶长茂,虞崇胜.实现国家与社会的平衡:中国民主政治发展的必要条件[J].探索,2009(2).

② 参见吴辉.推进全球化条件下的中国政治发展应处理好三个关系[J].云南行政学院学报,2004(2).

的社会变革、市场经济、公民社会对政治发展的左右问题。卢正涛认为发展中国家之间在政治发展的初始条件和基础条件方面存在着巨大的差异。其中，少数国家经历了社会变革，消灭了传统权势集团，实现了社会的重组，社会变得相对平等。在此基础上，发展市场经济在事实上造就了一个日益壮大的公民社会与日益强大的国家制度化水平。而大多数国家则未经历社会变革的冲击，原有的权势集团的存在，导致国家自主能力弱[①]。刘春荣指出国家政治发展的条件必须立足于国家权力、国家能力与国家权威的现代性生成[②]。张树华指出向市场经济过渡条件下的政治权威的确立是政治发展的重要条件[③]。在今天看来，这些作者的研究成果大多是世纪之交的产物，在新世纪的坐标系中已经显示出有些“年代”的空间，这些文献也需要“与时俱进”了。但是，学术研究需要时间理性的积淀。一方面，虽然近年来学界较少有聚焦“中国政治发展条件”概念的新研究成果跟进，但是也有不少新的研究成果以不同的语言表达方式表达了中国政治发展条件的内涵；另一方面，原有的这些研究成果对我们展开更深入的研究依然有启迪价值和参考意义，主要在于：他们都从各自专注的方面，认为中国政治发展的条件涉及到历史的、现实的，国内的、国际的，政治的、经济的、文化的、社会的、生态的等方方面面。由此，本课题的研究需要在他们研究的基础上，有所条分缕析，力图把非常复杂的问题简单化为：中国政治发展首先和主要的是政治自系统的发展，我们拟概括

① 参见卢正涛．社会变革、市场经济与公民社会——发展中国家政治发展初始、基础条件比较[J]．武汉大学学报（社会科学版），2003(4)．

② 参见刘春荣．全球化与民族国家：建构开放条件下的政治发展观[J]．复旦学报（社会科学版），2000(5)．

③ 参见张树华．向市场经济过渡条件下的政治权威和政治发展问题——对中俄两国改革进程的比较研究[J]．东欧中亚研究，1995(4)．

为"政治发展自系统的根据性条件";同时,中国政治发展也是政治他系统的发展对于政治自系统发展实际起到的政治生态性作用的条件,我们拟概括为"政治发展他系统的外部性条件"。在此基础上,我们还要探讨"自系统"与"他系统"条件之间的相互转化问题。

（二）中国政治发展自系统的根据性条件

我们这里论析的政治自系统,其主要理论依据之一是美国政治学家戴维·伊斯顿创立的"政治系统论"①和美国比较政治学家阿尔蒙德提出类似的"政治系统理论"。这一理论运用系统论的原理研究政治系统的理论和方法。这种理论认为,政治生活是由国家、政党、利益集团等要素构成的行为系统。政治系统大至国际政治系统,小至一个国家内的地方政治现象。政治系统的基本特性是其具有的整体性、综合性、动态性。与政治系统对应的概念之一是政治环境。在本课题研究中,"政治自系统"是"政治系统"的另一种表达法,"政治他系统"则是构成"政治环境"或"政治生态"的同义语。

中国政治是中国社会有机体的一个子系统,是中国经济的集中表现,并受制于中国经济基础的上层建筑,是中国文化、中国社会的载体之一。中国政治作为一种子系统表现为两方面的存在,其一是"被"即被动的存在,再就是"要"即主动的存在。所谓政治发展自系统的根据性条件,主要就是指政治作为主动性的自我存在,要有政治自系统对自己存在价值给予必需的自我证明。政治发展所需要的政治自系统的根据性(内在、内因)条件是多方面的,

---

① ［美］伊斯顿. 政治生活的系统分析［M］. 王浦劬等,译. 北京:华夏出版社,1989.

如政治革命、政治建设、政治改革、政治治理、政治稳定、政治内生态(党群关系、官民关系、人民关系、公民关系等等)、国家安全等等。本课题研究拟从政治主体、政治理论、政治制度、政治实践、政治实际等几个方面进行提要性的阐述。

1. 政治发展中的政治主体

政治自系统是政治的主体,相比较而言的非政治系统则作为政治的客体而存在(下文分析)。就政治自系统来说,表现为各种政治主体。这些政治主体大体分为人员主体和组织主体两类。在组织主体中,就有阶级、民族、国家(机构、机关)、政党、议会、政协、政府、社团等等。在人员主体中,就有公民、人民、干部、公仆、官员、领袖等等。在政治自系统中,两类政治主体相互构成相互作用的政治生态。这两类政治主体在政治矛盾中相互依存,互为条件,互为目的,并在一定的条件下相互转化。在现代政治视野中,人员主体中占“主体地位”的往往是人民或公民,占“主导地位”的往往是公仆或干部;在组织主体中占“主体地位”的往往是议会(在中国是人民代表大会组织及其制度),占“主导地位”的往往是政党。政治主体是政治发展的载体。原本意义上的政治发展首先是政治自系统中政治主体的发展,亦即从“旧政治”到“新政治”的发展,从“旧政治主体”到“新政治主体”的发展,具体表现为政治组织主体和政治人员主体的发展。一方面是各种政治组织主体的发展,如政党的发展、议会的发展、政府的发展,尤其是社会组织或社会团体的发展;另一方面是各种政治人员主体的发展,尤其是“主人”和“仆人”的共同发展。如“主仆相互为师”(“主人”“以吏为师”,“仆人”“以民为师”,问政于民、问计于民、问策于民)。如果只有“仆人的发展”而无“主人的发展”,那是一种“政治畸形”、“政治倒退”、“政治衰败”,反之亦然。从这个意义上说,从官治民——官民共治——官民互治，这是政治人员主体发展的必然趋势。①

由是观之，政治发展首先和主要的是指政治主体的发展以及如何发展。

2. 政治发展中的政治生活

“政治实际”是政治发展之源泉。“实际”是一种纯粹的客观存在。政治实际是一种客观存在，一般情况下可视同“政治生活”。政治生活是整体社会生活的一个子系统。政治生活不可或缺，人只有学会或参与政治生活才可以算作真正意义上的人的存在。因为人过上政治生活，人才是社会的人，政治的人。政治生活的内容更多地涉及社会公共管理和公共利益的问题。政治生活的内容包括：行使政治权利和义务参与民主监督。国家政治生活的人民大众既要学会合理利用权利，积极参与政治生活，提高政治生活参与能力，同时也要有序参与政治生活。在参与政治生活过程中，模范遵循法律。

党的十九大报告指出，中国特色社会主义进入新时代，我国社会主要矛盾已经转化为人民日益增长的美好生活需要和不平衡不充分的发展之间的矛盾。这是我们党对中国社会主要矛盾自1981年党的十一届六中全会以来的新理解、新提法。这可以说是一种政治发展的结果。问题在于如何解析“美好生活需要”，呈现出多层次、多样化的形态。如全方位的、多层次的、多样化的“美好生活需要”。其中，如侧重于需要的种类，由原先的较为基础的物质文化需要延伸为包括经济、政治、文化、社会、生态等方面的“五位一体”的需要；如侧重于融入社会主义核心价值观要素，习近平

① 参见乔耀章. 从治民到官民互治——行政现代化历程分析[J]. 北京行政学院学报，2002(2).

同志在党的十九大报告中提到的“人们美好生活需要日益广泛，不仅对物质文化生活提出了更高需求，而且在民主、法治、公平、正义安全、环境等方面的要求日益增长”。由此，所谓“美好生活需要”必须在事实上包含有“美好政治生活需要”。否则，“美好生活需要”就美好不到哪里去。虽然美好生活需要不会从天上自然而然地落下来，还需要我们的辛勤地劳动去创造、去建构。与其他美好生活相比，美好政治生活还是政治发展中的政治生活的未来。

由是观之，政治发展亦即政治实际、政治生活的发展，使得各类政治主体为着过上美好的政治生活而发展。

3. 政治发展中的政治实践

能否过上美好的政治生活，在很大程度上取决于政治实践。何谓“实践”？何谓政治实践？实践是人类自觉自我的一切行为。经典的观点是主观见之于客观的物质性活动。其基本形式有经济、政治、军事、教育、科学技术、文化、卫生、体育、民族、宗教、司法、社会治安、社会管理、社会交往、劳动就业与社会保障、公共服务等活动。客观性、能动性和社会历史性是实践的基本特征。政治实践是丰富多彩的社会实践重要形式，对其他领域的社会实践活动具有制导性作用。政治实践是政治主观见之于政治客观的政治活动。亦即政治实践是政治理论见之于政治实际、政治生活的政治活动。人们建立或改变政治上层建筑的活动以及在政治领域相互间的交往活动，便是政治实践。历史上的政治实践无不和社会公共权力即国家政权相联系，表现为新旧阶级之间的政治斗争、政治革命。当代中国政治发展中的政治实践的基本包含政治制度和体制的改革、发展以及公民的政治参与等。

政治实践是介于政治理论和政治实际之中的，根源于政治生活。考察、分析政治实践可有多个角度。如历史的政治实践、现实的政治实践、未来的政治实践，革命的政治实践、建设的政治实践、改革的政治实践、开放的政治实践，宏观的政治实践、中观的政治实践、微观的政治实践，全国的政治实践、地方的政治实践、部门的政治实践，全局的政治实践、整体的政治实践、局部的政治实践、部分的政治实践，正确的政治实践、错误的政治实践，成功的政治实践、失败的政治实践，积极的政治实践、消极的政治实践，国家的政治实践、社会的政治实践、社区的政治实践，政党的政治实践、领袖的政治实践、群众的政治实践，政府的政治实践、干部的政治实践、人民的政治实践、公民的政治实践，市民的政治实践、村民的政治实践等等。由此，政治实践是一个非常复杂的系统。有新中国成立以前的政治实践，有新中国成立以后的政治实践，有改革开放以前的政治实践，有改革开放以后的政治实践，等等。政治发展是通过政治生活实际的发展、政治实践的发展来实现的。

政治实践的最重要政治产物就是中国根本政治制度、基本政治制度的建立和发展。1949 年 10 月中华人民共和国成立建立起来的政治制度主要包括社会主义制度、人民代表大会制度、民族区域自治制度、基层群众自治制度及中国共产党领导的多党合作和政治协商制度。这些政治制度规范着中华人民共和国国家政权、政府制度、国家与社会关系等一系列根本问题的法律、体制、规则和惯例。如果说中国的政治实践和政治发展的核心内容是推进社会主义民主政治，建设社会主义政治文明，其理想状态是实现“党的领导、人民当家作主和依法治国”三者的有机统一。那么，按照这样的理解，我们把改革开放以来中国这种实践、政治发展的主要集中人民代表大会、政治协商、党内民主、基层民主、法制建设和政府改革等方面。其中，中国政治发展最主要、最关键的问题就在于：在政治实践中坚持和完善中国特色社会主义的根本政治制度、基本政治制度，使之在中国特色社会主义政治生活中得到可持续发展。

当今中国政治实践的主要任务是建立和维护新的为实现中国特色社会主义现代化所必需的政治秩序。在新的历史条件下，党的领导要继续发展，民主建设要继续发展，依法治国要不断健全，但是党的领导的加强，民主的发展和法制的健全。都要在国家社会政治安定的条件下进行。在中国特色社会主义进入新时代历史条件下，能不能保持政治秩序和社会安定，能不能实现社会和谐，已经成为判断政治发展、政治实践成效的重要标准，确保政治稳定、政治发展和政治改革的统一。通过有效的政治实践实现有效的政治发展，形成一个生动活泼的政治局面，充分发挥人民群众的积极性、主动性、创造性，加强民族团结，进一步巩固和发展全国各族人民的大团结，推动中华民族复兴的伟大事业。我们在政治发展、政治实践中，坚决不能搞西方的资产阶级多党制、两院制、三权分立。因此，在我国，政治实践过程就是政治发展的过程，就是建设政治民主的过程，完善法制和法治的过程，建设廉洁高效政府的过程，建设安定祥和的政治发展过程。其基本要求就是：必须坚持我国政治发展的社会主义取向；必须从我国初级阶段的现实国情出发；必须反对霸权主义，反对西方敌对势力“西化”“分化”的图谋；必须坚持党的领导、人民当家作主和依法治国的统一；必须反对“左”的和右的错误倾向，因为无论是右还是“左”都会断送社会主义现代化事业。

政治实践关涉政治发展的过程与政治发展的结果两个方面。作为政治发展过程，政治实践是指践行政治目标的运动或政治运动的方向；作为政治发展结果之一的政治制度是一个复合概念，即政治制度包括若干不同的成分，而其中的不同成分又是相互关联的。在政治实践过程中，各项政治制度不断发展完善，其优越性就会得到充分发挥。

由是观之，政治生活实践之树是常青的。作为政治生活实践成果的根本政治制度、基本政治制度也应当是常青的，在持续不断的中国政治发展过程中也一定能够使之常青。

4. 政治发展中的政治理论

1980 年 8 月 18 日，邓小平在中央政治局扩大会议上发表《党和国家领导制度的改革》的讲话中明确指出："制度好可以使坏人无法任意横行，制度不好可以使好人无法充分做好事，甚至会走向反面。"①他提出，制度问题"更带有根本性、全局性、稳定性和长期性"。国内外政治发展的经验教训证明，制度尤其是根本制度、基本制度，特别是作为根本政治制度和基本政治制度是非常重要的。政治制度或称为政治建制，泛指以政治规则或运作模式，规范个体行动的一种社会结构，这些政治规则蕴含着社会的政治价值，其运行表征着一个社会的政治秩序。

既然政治制度是如此的重要以致于是不言而喻的，但问题恰恰在于政治制度是如何建构的。本课题的研究表明，中国政治制度的建构取决两方面要素的有机统一。一方面，从唯物主义逻辑视角看，中国政治制度的构建取决于中国政治主体的政治实践、政治行为、政治实际，归根结蒂取决于现实中国的政治生活存在。有什么样的现实中国社会政治生活存在，就可能有什么样的中国政治主体的政治实际、政治行为、政治实践，进而产生相应的中国政治思想、政治理论、政治学术。由中国的社会存在，决定中国社会政治生活，由中国社会政治生活决定中国社会政治行为、中国社会

① 邓小平. 邓小平文选：第 2 卷[M]. 北京：人民出版社，1994：333.

政治实践，进而由此产生相应的反映中国政治实践发展规律的中国政治思想、中国政治学、中国政治学话语体系、政治学学术体系和中国政治学学科体系。正因为如此，中国的政治思想、中国的政治理论、中国的政治制度有自己的“根”，有自己的“热土”，大可不必“西化”；另一方面，从辩证法逻辑视角看，中国政治制度构建取决于中国政治思想、政治理论、中国政治学术是否科学以及科学程度如何。亦即中国政治思想、政治理论是否以及在多大程度上符合中国政治实践、政治实际和彰显中国政治生活。中国的政治思想、中国的政治理论要同中国的政治实践、政治实际、政治生活“与时俱进”，既不能落后于中国的政治实践、政治实际和现实政治生活，又不能过度超脱于中国现实的政治实践、政治实际和现实政治生活，保持适度的政治价值与政治事实的张力。

一般说来，政治思想、政治理论对于政治实践、政治实际以及政治生活的作用是双重的，既对政治实践、政治实际及政治生活起着积极的能动的作用，又对政治实践、政治实际及政治生活起着消极被动的作用。政治思想、政治理论究竟对政治实践、政治实际及政治生活究竟起到什么作用，往往取决于政治思想、政治理论是否科学以及科学程度如何。如果政治思想、政治理论是科学和比较科学的，那么，政治思想、政治理论对政治实践、政治实际、及政治生活起着积极的、正向能动作用；如果政治思想、政治理论是不科学或不那么科学的，那么，政治思想、政治理论对政治实践、政治实际、及政治生活就会起着消极的、负向能动作用。但是，无论是政治思想、政治理论对政治实践、政治实际、及政治生活起着积极的、正向能动作用，还是政治思想、政治理论对政治实践、政治实际、及政治生活起着消极的、负向能动作用，它们都要通过政治制度这个政治理论和政治实践的“中介物”体现出来。因此，只要有了真正的符合中国国情的中国政治理论，只要有了真正的符合中国国情的政治实践，中国就不应当、不可能、也没有必要去照搬西方资本主义国家的政治制度。因为归根结蒂中国的现实政治生活不同或有别于西方国家的现实政治生活。如果在全球化的时代背景下，不同民族国家的社会政治生活有其一定的相似度，那么，我们对中国政治发展研究的逻辑进路、分析框架及其相关结论就必须另当别论。

政治理论或政治学，是关于政治社会或社会政治的思想、观点或学说体系。随着阶级国家产生以后，与国家相联系的国家政治理论具有阶级性。国家政治理论主要是以国家的起源、性质、职能、目的、组织形式、治国方略、权力运筹、进行社会统治的制度和方式为研究对象，尤以国家问题为研究中心。国家政治理论是一门综合性的科学，它以研究国家的理论与历史，以取得政权和巩固政权的规律与理论为其主要内容。政治理论大致分为中国政治理论和西方政治理论两类。一方面，基于人类政治生活实践的特殊性、个别性视角看，中国政治理论及其政治制度主要源于中国政治实践、政治实际、政治生活，是中国政治实践、政治实际、政治生活的理论表现和制度表现（有关中国政治学理论历史、现状、未来如何，政治学术界对此讨论比较热烈，比如郭苏建《中国政治学科向何处去》[①]等，本研究在此不做述评）。西方政治理论及其政治制度主要源于西方国家的政治实践、政治实际、政治生活，是西方国家政治实践、政治实际、政治生活的理论表现和制度表现。基于特殊性、个别性的这种理论与政治制度应当得到对应面的相互尊重；

① 郭苏建.中国政治学科向何处去——政治学与中国政治研究现状评析[J].探索与争鸣，2018(5).

另一方面，基于人类政治生活实践的一般性、共同性视角来看，无论是中国的政治实践、政治理论、政治制度还是西方国家的政治实践、政治理论、政治制度都有值得相互学习相互借鉴的方面。这是人类政治发展的共同财富。

由是观之，政治发展与政治理论、政治制度息息相关。从辩证唯物主义的视角看，有什么样的政治理论就有什么样的政治制度，有什么样的政治理论和政治制度就有什么样的政治发展。中国政治发展与西方国家的政治发展应当遵守共同但有区别的理论原则。

（三）中国政治发展他系统的外部性条件

政治系统论认为政治系统之外的社会系统是政治系统的环境。社会环境对政治系统的需要和支持形成对政治系统的输入会形成压力和支持力——政治系统必须通过对输入进行变换，进行自我调节，以政治决策和政治理论的形式形成输出——为适应环境和反馈过程构成政治系统与环境的相互作用，维持自身与环境的动态平衡。如果输出的决策不适应环境的需要且不能及时调整，会导致政治危机。“政治他系统”是“政治系统论”的社会环境部分，构成“政治自系统”的生态环境。

政治发展中的“政治他系统”即非政治系统，亦即经济系统、文化系统、社会系统、自然生态系统。由经济、文化、社会、自然生态构成“政治自系统”的政治生态环境，它们对政治发展亦即对政治自系统的发展起着决定性的外部条件作用。比如 1978 年开启的历史性转折，把党和国的工作中心转向经济建设。课题负责人曾在《论获得性政府职能及其重心位移》①一文中，刻意解析了党和

① 乔耀章.论获得性政府职能及其重心位移[J].江海学刊，1996(4).

国家工作“中心”与“重心”的联系与区别。认为从归根结蒂意义上说以经济建设为“中心”只有一个，符合唯物主义基本原理。可是工作“重心”有多个，涉及到全面建设的经济、政治、文化、社会不同领域方方面面的“重心”；即使相同领域的不同时期也有不同的“重心”，依据各自的条件分轻、重、缓、急，它们共同构成经济建设“中心”的生态。党的基本路线提出的“一个中心，两个基本点”。即以经济建设为中心，坚持改革开放两个基本点。其中的改革开放“两个基本点”就是经济建设“一个中心”的政治生态。作为中国政治发展他系统的外部条件的诸方面也在不断地发展着。其基本历程是：从“两个文明”到“三位一体”到“四位一体”再到“五位一体”几个历史阶段。

对于政治自系统发展来说，中国政治发展中的他系统外部条件主要有“两个文明”中的物质文明和精神文明，“三个文明”或“三位一体”中的物质文明、经济建设，精神文明、文化建设，“四位一体”中的经济建设、文化建设、社会建设，“五位一体”中的经济、文化、社会、生态等诸要素和条件构成。这些条件对于中国政治自系统发展都是不可或缺的。它们构成对中国政治自系统发展的输入系统，通过政治自系统接纳转换，向政治他系统输出公共政策，接受政治他系统的检验、评估，以实现政治自系统发展的政治价值。可见，在中国社会的这种发展过程中，无论是政治自系统还是政治他系统中的各要素，它们都不可能孤立、静止的自在，它们必然是互为条件，互为目的的，而且必然是相互转化的。

（四）中国政治发展内外部条件相互转化

社会是一个有机体，社会巨系统中的子系统也是一个有机体。当我们把中国政治发展条件人为地区分为：政治自系统的根据性（内因）条件作为政治发展的内在根据，政治他系统的外部性（外因）条件作为政治发展外在变化的条件。其实，这样的区分总是相对的，它们总是在矛盾着的对立统一体中有条件的相互转化着的。何以见得？这对于在日常社会生活中习惯于秉持“政治冷淡主义”的人们是比较难以理解的，即便是对于那些在社会政治生活中习惯于秉持“政治热诚主义”（与此相关的政治言论与行动往往被有意无意地回避政治生活的人们冠以“泛政治化”）的人们也难以把握好“政治与非政治”的度的问题。这就需要我们重新认识中国，重新认识中国的政治和经济，重新认识中国的经济和政治的关系问题。当人们提出“中国最大的政治是什么”的设问时，实际上是人们同时也提出了十分重要的“中国最大的经济是什么”的问题”，或者是以对“中国最大政治”问题的关注，同时突出了对“中国最大经济”问题的关注。“中国最大经济”问题具有着“中国最大政治”性意义。

列宁在十月革命完成了夺取政权方面的政治任务后就及时指出，不能用旧观点来理解政治，否则就可能犯很大的严重的错误，因为夺取政权的政治已经过去了，现在斗争的重心要转向经济方面的政治。一方面，经济对政治起决定作用，另一方面，政治对经济具有能动地反作用。政治是经济的集中表现。政治同经济相比不能不占首位，不肯定这一点，就是忘记了马克思主义最起码的常识。一个阶级如果不从政治上正确地处理问题，就不能维持它的统治，因而也就不能解决它生产的任务。① 1978年党的十一届三中全会决定转移战略重心，重新提出四个现代化建设总任务。叶剑英代表党中央在国庆30周年讲话中指出：

---

① 列宁.列宁选集：第4卷[M].北京：人民出版社，1995：370—371；441—442.

党在新时期的总路线是当前的最大政治。针对社会上某些对四个现代化建设是当前最大政治持怀疑态度的观点，他指出，"总路线还不是最大的政治？这是一长期的任务"。要扭住经济建设不放，顽固一点，毫不动摇。[①] 与此同时，我们的党不是只抓生产力发展，而不顾生产关系和上层建筑与之相适应。邓小平指出，要实现四个现代化，必须坚持四项基本原则，具备四个前提，需要四个保证。[②] 邓小平所说的"四项基本原则"、"四个前提"、"四个保证"是中国社会主义经济的集中表现，是当前和今后我国政治发展的基本内容。[③] 后来，本课题负责人在《中国社会主义特色纵横谈》第三章"实践特色——从政治的经济到经济的政治"中，着重阐述了从中国社会主义革命的政治与经济、社会主义改造的政治与经济、"阶级斗争为纲的政治与经济"到社会主义改革的经济与政治、对中国特色的经济与政治之关系作了宏观的透视。[④]

关于中国政治发展根据性条件与外部性条件是如何相互转化的问题，我们可以从什么是中国最大的政治或中国最大的政治是什么的问题得到一些非常有益的启示。据百度学术不完全统计，有关"中国最大的政治"论文就有 106700 多篇。其中：政治家们的认知主要集中在：党的基本路线是最大的政治，社会主义现代化建设是最大的政治，中国共产党领导及领导核心是最大的政治，民心是最大的政治。如 1979 年，邓小平就明确指

---

① 邓小平.邓小平文选：第 2 卷[M].北京：人民出版社，1994：249.

② 邓小平.邓小平文选：第 2 卷[M].北京：人民出版社，1994：150—151；212、358.

③ 参见乔耀章.学习列宁关于经济方面的政治思想保证经济建设的社会主义方向[J].苏州大学学报，1984(1).

④ 参见乔耀章.中国社会主义特色纵横谈[M].苏州：苏州大学出版社，1996：145—224.

出:“经济工作是当前最大的政治,经济问题是压倒一切的政治问题”[①];“社会主义现代化建设是我们当前最大的政治”[②]。在2014年9月召开的中央民族工作会议上,习近平就曾明确强调:“人心是最大的政治。”在2014年12月举行的全国政协新年茶话会上,习近平再次强调“问题是时代的声音,人心是最大的政治”[③]。习近平同志强调,“中国共产党的领导是中国特色社会主义最本质的特征”[④];“党的最大政治优势是密切联系群众,党执政后的最大危险是脱离群众”[⑤]。我国众多的学者们对“中国最大政治”虽然见仁见智,但还是诠释政治家们的思想观点为主。如:法治是当前中国最大的政治(莫纪宏,2013年);青年农民是当今中国最大的政治(党国英,2001年);市场经济建设仍是中国当前最大的政治(陈红太,2011年);党的坚强领导是社会主义中国的最大政治优势(求是评论员,2009年);全方位深化改革是最大的政治(何世念,2014年);邓小平近40年前讲的现代化是最大的政治(房宁等,2018)。这是从社会主义社会的根本目的和根本任务的视角,对政治、经济及其关系的再认识、新论断。只要是处于“两个没有变”的发展阶段,中国社会的主题就依然是加快实现国家的现代化,发展就依然是“硬道理”。问题是时代的声音。历史就是在解决问题中螺旋上升和前进的。拥有巨大的国土、超大的人口、庞大的经济总量,如何在此基础上再做到全面协调、质量过硬、富有活力,使中国发展跃上新能级,是新时

---

① 邓小平.邓小平文选:第2卷[M].北京:人民出版社,1994:194.

② 邓小平.邓小平文选:第2卷[M].北京:人民出版社,1994:163.

③ 中共中央文献研究室.习近平关于协调推进四个全面战略布局论述摘编[M].北京:中央文献出版社,2017:157.

④ 习近平.习近平谈治国理政:第2卷[M].北京:外文出版社,2017:18.

⑤ 习近平.习近平谈治国理政[M].北京:外文出版社,2014:28.

代中国共产党人面临的又一次“大考”。这场“大考”直接关系到民生、民心，关系到民族乃至人类的福祉，正因为如此，中国最大的政治也就在这里。

构成中国最大政治的基本元素拟可分为两组。一组是政治类的，如党的基本路线，实质上就是党的政治路线、中国共产党、中央领导核心、党中央权威、人心尤其是民心、青年、法治、全面改革等。另一组是“非政治”的，如现代化建设(虽然政治现代化本身就是政治的)、市场经济、民生等。这两组基本元素是如何互动或转化的呢？按照我们的分析逻辑，前者，是中国政治发展自系统的根据性条件。它们首先是政治、政治性的，它们的发展是政治自身发展所必须要的。但是，一方面，它们的发展归根结蒂是“被动的”，受“非政治系统”即经济、文化、社会、生态等发展程度的条件制约、决定。由此，政治自系统的发展是有限性与无限性的统一，它必须同非政治系统进行发展所需能量的“补充互助”；另一方面，政治自系统的发展最终目的并不完全在于政治自系统本身，还在于能动地反作用于“非政治”系统的经济、文化、社会以及生态各子系统的健康发展，以便实现政治自系统的健康发展的总体、整体价值。从这个意义上说，政治自治系统发展所具有的公共性价值功能“功夫在诗外”(陆游)，对非政治子系统的发展有着非常重要的主导性或率先垂范性的作用。如果没有政治自系统的健康有效的发展，就没有全社会的经济、文化、社会、生态的健康、文明的全面发展。后者，是中国政治发展他系统的外部性条件。它们首先是非政治、非政治性的，它们的发展是非政治各自系统自身发展所必须要的。一般说来，虽然非政治系统自身发展具有本源性、自主性、主体性、自治性，但需要在适度的政治自系统发展的主导下进行，这在中国尤其是如此。非政治自系统的经济、文化、社会、生态自身发展的性质、状况、水平及程度如何，归根结蒂对政治自系统的发展会起着积极的或消极的决定性作用。它们的这种决定性作用无论是积极的还是消极的都具有政治性意义。正是从这个意义上才能说，现代化建设，即现代化的经济建设、文化建设、社会建设以及现代化的生态文明建设、民生建设等才具真正具有“最大政治”的政治性意义。

还需要特别指出的是，由于政治自系统发展过程中对于非政治系统的存在和发展起着主导性作用，这种主导性作用对于社会客观存在往往有积极的正面引领作用和消极的负面破坏作用“两面性”并存；又由于政治他系统对于政治自系统外部条件的决定作用兼具积极与消极的“两面性”、“两重性”。因此，中国政治发展的条件便显示出复杂性来。我们应当从中国的国情、实际出发，做好中国政治发展条件的创造与转化工作。有条件，要推进中国政治发展，没有条件，创造条件，也要推进中国政治发展。

由是观之，从唯物的逻辑出发，有什么样的社会发展就会决定着有什么样的政治发展；从辨证的逻辑出发，有什么样的主导性的政治发展，才会有符合目的性的社会发展。既然中国政治发展是从历史的、现实的中国社会走来，那么，当然不会使中国政治发展成为“超霸利维坦”(桑玉成语)。中国政治发展的自系统与他系统两方面的(内外因、主客观)条件是互为条件互为目的的。在其相互作用过程中，政治自系统是政治发展的“内因”，是政治发展的“根据”，具有“主导性”，它在一定的时间、空间或程度上可以形塑政治发展的他系统，直至重构社会；政治他系统是政治发展的“外因”，是政治发展的“条件”，具有“主体性”、“本源性”、“自主性”，它归根结底可以决定政治发展或政治自系统是什么，不是什么，以及何以是什么，何以不是什么。政治通过自系统的发展最终不仅仅是、不完全是为着优化政治自系统的政治价值存在，而是通过优化政治自系统的政治价值来形塑包括政治自身在内的整个社会的新生、整个社会的强大。让社会强大起来，让社会文明起来！这是政治自系统发展的终极目标。

三、中国政治发展的一般目的

中国政治发展的性质就是指涉中国政治的本质、价值的规定性、指向性和方向性。中国政治的性质与中国社会性质及中国人的性质息息相关。中国的社会性及人性除了与人类社会及人性有着共通性的一面以外，还有着中国社会和人的特殊性、个别性的一面。这就要求中国政治发展既要尊重人类社会政治发展的共通性一面，还要走中国政治发展自己的道路，由此决定着中国政治发展的条件性、实践性、过程性亦即手段性。中国政治发展所需要的所有条件主要是自然长成的，但都不是自然而然地长成的，其中政治发展主体的主观自觉地建构性要素是不可或缺的。中国政治发展的性质是由现实中国人的性质（人性）和社会性质决定的。人性一般是由人的生物性、社会性、政治性、精神性等组成。除了人生物性以外，中国现实人的社会性、政治性、精神性取决于中国现实的社会存在，由此构成复杂的中国政治发展的主客观条件。中国政治发展的主客观条件的良性互动所达成的有效益的结果便是中国政治发展的一般目的。中国政治发展的一般目的究竟是什么，我们以为目前政治学术界尚未有学者对此提出具有说服力的分析和论证。

（一）中国政治发展的一般目的与目标辨析

一般是相对于个别而言的。一般目的以其抽象性有别于个别目的的具体性。目的，与手段相对应，是人类自觉的对象性活动中两个互相联系的因素。其中，政治目的是政治实践活动主体在政治观念指导下期望谋取的政治实践活动未来结果。政治目的必须通过政治实践主体运用政治、超政治手段来实现。政治目的同时也是引起、指导、控制、调节政治实践活动的自觉的动因。它作为政治规律决定着政治实践主体活动的方式和性质。政治手段是政治实践主体实现政治目的的方法、途径，是在有政治目的的对象性活动中介于主体和客体之间的一切中介的总和。政治手段是实现的政治目的的现实条件，又是保证政治目的得以实现的现实力量。政治目的和政治手段在一定条件下可以互相转化。在政治目的和政治手段的关系问题上，必须坚决反对唯心主义的唯意志论和实用主义，根据政治历史的和政治现实的条件，把政治目的和政治手段辩证地统一起来。

依据马克思主义的基本原理，我们把政治目的区分为政治事实目的和政治价值目的两类：前者，如策略的政治目的、部分的政治目的、当前的政治目的；后者，如战略的政治目的、总体的政治目的、长远的政治目的。在政治发展的实践活动中，既要十分重视策略的、部分的、当前的事实层面的政治目的，又要十分重视战略的、总体的、长远的价值层面的政治目的，并把前者作为达到后者的桥梁（学术界一般将“价值理性”与“工具理性”作为对偶范畴，本研究则将“价值”与“事实”作为对偶概念）。

由此，我们的研究要关注一般政治目的与个别政治目的的区别与联系。一般政治目的往往与政治价值目的相联系，具有政治目的的抽象性;个别政治目的往往与政治事实目的相联系,具有政治目的的具体性。一方面,中国政治发展历史起点的逻辑线路图应当是:从个别政治目的到一般政治目的再到个别政治目的,亦即从事实、具体层面的政治目的到价值、抽象层面的政治目的再到事实、具体层面的政治目的(如具体——抽象——具体——抽象……)。另一方面,中国政治发展逻辑起点的逻辑线路图应当是:从一般政治目的到个别政治目的再到一般政治目的,亦即从价值、抽象层面的政治目的到事实、具体层面的政治目的再到价值、抽象层面的政治目的(如人民——公民——人民——公民……)。

我们的研究还要注意政治目的与政治目标的联系与区别。一般说来,政治目的比较抽象,是某种政治实践行为活动的普遍性的、统一性的、长期性、战略性或终极宗旨性的政治目的,而政治目标则比较具体,是某种政治实践行为活动的特殊性的、个别化的、阶段性的追求或目标(如政治体制改革、民主化、法制化建设等等)。政治目的内涵的精神是贯穿于一系列各个具体政治目标之中的。政治目的是政治实践活动应达到的效果,而政治目标则是要达到政治实践活动效果的量化指标。我们初步的研究表明,虽然政治目的与政治目标有联系与区别,甚至在一定条件下会相互转化,但不宜将两者视同或等值齐观。我们拟把它们的区别用简单公式来示意。政治发展的一般目的=政治发展目标+政治发展目标+政治发展目标+……N个政治发展目标。譬如,马克思主义的“自由人的联合体”是人类社会发展的一般“政治目的”,而民族认同、民族复兴、国家认同、国家安全构建“人类命运共同体”等则是人类社会发展的“政治目标”!

就学界总体研究而言,似乎较少有专家直接论及中国政治发展的目的问题,特别是中国政治发展的一般目的问题。根据我们的初步研究，坚持认为，中国政治发展的一般目的与中国社会的历史起点直接相关，与中国社会现实个人的逻辑起点直接相关、与现实中国个人的政治生活直接相关。在中国共产党的领导下，中华民族、中国人民、中国人从站起来到富起来再到强起来，中国政治发展要使中华民族实现伟大复兴，要使中国社会强大起来，关键在于要让现实的中国人成为什么样的人？怎样让现实的中国人成为这样的人？我们的研究认为：中国共产党人始终坚持全心全意为人民谋权利，创造条件，让每个现实的中国人过上美好政治生活，这将成为中国政治发展的一般目的！

由是观之，如要说中国政治发展的目标侧重于远大理想和共同理想的一致性而中国政治发展的目的则侧重于人的发展的一致性。共产主义是实现共产主义基本内容的奋斗目标，是共产党人的最高理想；中国特色社会主义是坚持共产党领导，坚定走中国特色社会主义道路，实现中华民族伟大复兴的共同理想。其相通性表现在人和自然之间、人和人之间、人和社会之间及人的身心关系之间高度和谐、人的自由全面发展和人类的解放。前者落实到社会，后者则落实到现实的具体的人。

（二）美好政治生活

人的政治生活是人的社会生活的有机组成部分。一方面，人的政治生活有赖于人的社会生活。有什么样的社会生活就有什么样的政治生活；另一方面，人的政治生活影响、制约与反作用于人的社会生活方方面面。中国政治发展与现实中国个人的政治生活息息相关。

1. 政治生活：人的“天然”社会属性

西方政治学的鼻祖亚里士多德早在两千多年前就指出：“人天

生是政治的动物”[①]，仅仅为了共同的利益，为了生存本身，也要生活在一起，结成政治共同体[②]，各自按自己应得的一份享有美好生活。亚里士多德强调凡是人都是政治人，都离不开政治生活，都要从政治生活中寻找其独特的“生存意义”，实现最高的“善业”。在政治生活领域，政治学的鼻祖亚里士多德，既指出人的政治生活的“天然”社会属性以及物质生活与政治生活等的关系，同时也指明美好政治生活只能在国家视域内完成。在亚里士多德看来，国家本身只是人们为了实现最合乎美好生活而联合起来的共同体，国家的目的决定谁可以成为美好生活的成员以及可以过什么样的生活[③]。

托马斯·阿奎那也认为作为类本质的人，如若想达到适当目的以及人生与德行的最高形式，就必须参加政治生活[④]。汉娜·阿伦特更强调人只有透过美好政治生活才能挣脱私人领域：狭窄的存在模式，去面对“共同的世界”，达到“尘世之不朽”的境界[⑤]。

马克思主义认为一切人类生存的第一个前提，也就是一切历史的第一个前提是：必须能够生活。但是为了生活，首先就需要吃喝住穿以及其他一些东西。因此第一个历史活动就是生产满足这些需要的资料，即生产物质生活本身[⑥]，“物质生活的生产方式制约着整个精神生活、政治生活和社会生活的过程。[⑦]”亚里士多德

---

① [古希腊]亚里士多德. 政治学[M]. 颜一，秦典华，译. 北京：中国人民大学出版社，2003：4.

② [古希腊]亚里士多德. 政治学[M]. 颜一，秦典华，译. 北京：中国人民大学出版社，2003：8

③ 乔治·霍兰·萨拜因. 政治学说史(上册)[M]. 刘山，等. 商务印书馆，1986：132.

④ [意]阿奎那. 阿奎那政治著作选[M]. 马清槐，译. 北京：商务印书馆，2011：14.

⑤ [美]阿伦特. 极权主义的起源[M]. 林骧华，译. 上海：生活·读书·新知三联书店，2014：74.

⑥ 马克思，恩格斯. 马克思恩格斯选集：第1卷[M]. 北京：人民出版社，1995：79.

⑦ 马克思，恩格斯. 马克思恩格斯选集：第2卷[M]. 北京：人民出版社，1995：72.

跟马克思看法总体一致，既承认物质生活对政治生活的基础性作用，同时也告诫我们不能仅仅“无限地聚敛财富”，追求“物化”的物质生活。只追求物化的生活，那样只会使人们仅仅知道生活而不去追求美好的生活[①]。这就启示我们：物质生活是政治生活等其他一切生活的基础与根基，但是仅仅过物质生活是不全面的生活，特别是当社会物质生活水平达到一定阶段以后，要强化对美好政治生活的关注，使物质生活与政治生活达到协同存在和发展。

自人类文明社会以来，国家作为公共生活的政治共同体，主要承担了构建人类美好政治生活的空间场域角色。囿于政治共同体中只有国家具有被其所统治、管理与治理的对象（包括统治阶级与被统治阶级）所承认的合理性与合法性，人类美好政治生活，也只有在国家这一“合法强制性”的“利维坦”政治共同体组织中才可能实现。囿于政治共同体的国家本身是阶级矛盾不可调和的产物。故尽管作为类本质的每个人（包括统治阶级与被统治阶级）都在寻求美好政治生活，但是国家的阶级属性，决定了在每个国家真正能够实现美好政治生活的并不是作为全部类本质的人的所有个体。从美好政治生活的实质内容看，在“人的自由全面的发展”到来之前的“人对物的依赖阶段”，国家视域内的美好政治生活实质上都只是部分统治阶级群体的特有的权利。在此阶段，被统治阶级的美好政治生活需要，总体上处于一种压抑和受奴役的状态。具体而言：奴隶社会的美好政治生活从形式到内容都是由奴隶主所掌控，其主要实现的也是奴隶主的美好政治生活；封建社会的美好政治生活由封建地主阶级所掌控，其主要维护的也是封建地主阶级

---

① ［古希腊］亚里士多德. 政治学［M］. 颜一，秦典华，译. 北京：中国人民大学出版社，2003：23.

的美好政治生活；从资产阶级革命孕育而出的资本主义社会，开始从形式上主张实现抽象人的美好政治生活，但是囿于私有制基础上的生产资料所有制。从实质内容看，也只是实现了资产阶级自身的“民主”美好政治生活。在资本主义社会，人本能地想在其中满足自己，得到自己的真理[①]，得到自己的美好政治生活，但则恰恰相反。无数事实已经证明：在最早的英国资产阶级革命之后，“英国社会中人数最多的阶级——无产阶级，实际上就被剥夺了参加国家政治生活的权利和可能性”，“因为在资产阶级看来，人民的中心永远是他们”。一旦资产阶级革命成功，资产阶级就容易膨胀，就容易特别自信，它就会试图压制自己的前提——市民社会及其要素[②]。查尔斯·林德布洛姆经过对美国政治生活的剖析，深刻认识到当代美国资本家精英对政治生活的渗透是一个实际存在的难以克服的问题。资产阶级已经通过公司和其他商业企业进入政治生活。资产阶级通过自身影响，掌握舆论偏好，推销自身政治生活主张[③]，资产阶级的需求和偏好成为了立法的取向[④]。从历史和现实的政治实践看，资本主义社会，美好政治生活实质表现为资产阶级的美好政治生活，而作为普通人民大众的无产阶级则被排除在外。

1917年十月革命胜利后，首次在人类历史上开始实现绝大多数人对少数人统治的政治尝试。在我国则具体表现为随着“三大

---

① ［德］黑格尔．哲学史讲演录：第3卷［M］．贺麟，王太庆．译．上海：上海人民出版社，2013：180．

② 马克思，恩格斯．马克思恩格斯文集：第1卷［M］．北京：人民出版社，2009：33．

③ ［美］查尔斯·林德布洛姆．政治与市场世界的政治-经济制度［M］．王逸舟，译．上海：生活·读书·新知三联书店，1995：328．

④ ［美］查尔斯·林德布洛姆．政治与市场世界的政治-经济制度［M］．王逸舟，译．上海：生活·读书·新知三联书店，1995：4．

改造”的完成，社会主义公有制主体地位的基本确立，作为国家法源意义上的统治阶级：人民，首次从形式到内容具有了实现自身美好政治生活需要的可能性。

2. 现实国情：人民美好政治生活的场域规定

随着我国社会主义制度的基本确立，从国家制度属性看，从形式到内容都具备了实现人民美好政治生活的可能性。但人民具体如何实现美好政治生活以及人民美好政治生活的实然态势，则是由我国人民美好政治生活的国家场域现实国情所具体决定的。

在党的十九大报告中，习近平同志一方面指明中国特色社会主义进入新时代，社会主要矛盾已经转化为人民日益增长的美好生活需要和不平衡不充分的发展之间的矛盾[①]，另一方面也突出强调尽管社会主要矛盾变化，没有改变我国仍处于并将长期处于社会主义初级阶段的基本国情[②]，我们“要牢牢把握社会主义初级阶段这个基本国情，牢牢立足社会主义初级阶段这个最大实际[③]”。党中央对我国社会主义初级阶段现实国情的精准判断，是我们研究当前一切理论与现实问题（包括人民美好政治生活）的根本依据。从社会主义初级阶段的基本国情看，我们既不能忽视我国社会主义质的方向的规定性，又不能离开初级阶段这一发展程度的量的现实性。在社会主义初级阶段里，尽管从发展历史进程看，我国已由半殖民地、半封建、半资本主义社会过渡到了中国式的社会主义社会，现在正经历着社会主义社会初级阶段向中国特

① 习近平. 决胜全面建成小康社会夺取新时代中国特色社会主义伟大胜利[N]. 人民日报，2017—10—28(001).

② 习近平. 决胜全面建成小康社会夺取新时代中国特色社会主义伟大胜利[N]. 人民日报，2017—10—28(001).

③ 习近平. 决胜全面建成小康社会夺取新时代中国特色社会主义伟大胜利[N]. 人民日报，2017—10—28(001).

色社会主义的下一阶段过渡。但在此过渡时期内,必须承认的是社会主义的经济、政治、文化因素同必然存在着的非社会主义(尤指中国式的资本主义、外国资本主义,还指前资本主义的)经济、政治、文化因素将长期共存、合作、竞争和斗争。我们既要承认社会主义初级阶段的社会主义因素的主体性,同时又不能回避非主体的非社会主义因素对主体的社会主义因素的影响,不能人为地消灭作为非主体因素存在的非社会主义因素的阶段的合理性①。

社会主义初级阶段的基本国情,一方面决定了人民美好政治生活必须以社会主义为定向性发展方向;另一方面,囿于我国尚处于社会主义的初级阶段,是"不够格"(邓小平语)的社会主义生产方式阶段,作为上层建筑的美好政治生活需要不能人为主观地寻求社会主义"纯净度过高"的美好政治生活。人民美好政治生活的选择只能在坚持社会主义道路的定向性发展方向过程中,谨慎遵从政治生活的现存条件,服从社会生产的历史规律和结果②。否则,一旦人为主观地急剧改造人民政治生活条件,只会产生害多益少的结果③。事实上,在为人民谋取美好政治生活的政治实践过程中,我们曾经不顾"政治生活的现存条件",犯过好高骛远的历史错误,认为"毕其功于一役","共和国政权诞生之日即人民民主实现之时"。忽视了社会主义国家的现实国情,忽视了社会主义国家的现实生产方式基础,去高攀马克思主义经典作家对社会主义的设想④,结果受到了历史发展规律的无情教训。因此,实现人民美

① 乔耀章.略论作为社会主义定向的政治发展[J].江苏社会科学,2002(2):151.

② [美]查尔斯·林德布洛姆.政治与市场世界的政治-经济制度[M].王逸舟,译.上海:生活·读书·新知三联书店,1995:79.

③ [英]马歇尔.经济学原理(下)[M].朱志泰,译.北京:商务印书馆,1965:206.

④ 桑玉成.论人民美好生活需要之制度供给体系的建构[J].武汉大学学报(哲学社会科学版),2018(2):19.

好政治生活，不能好高骛远，要依托我国现实国情，久久为功，不断予以艰辛探索与努力①。

我们现在处于并将长期处于社会主义初级阶段的基本国情决定了我们只能走中国特色社会主义的人民美好政治生活发展道路。只能逐步提高社会生产方式以达到理想的马克思社会主义理论论证的社会基础，而不能人为拔苗助长，违背客观历史唯物主义规律去实现"纯净度过高"的社会主义政治实践，去追求过高"纯净度"地人民美好政治生活。因此，国家视域内的人民只能追求符合其社会发展现阶段规律可能性的美好政治生活。人民美好政治生活，既要坚持社会主义的定向性发展，又要根据非社会主义因素的客观性存在审慎选择。

3. 宏观集体性美好政治生活：历史性生成与制度惯性

政治生活伴随人类社会始终，囿于人民的集体性与个体性的双重政治元素特色②，人民美好政治生活亦可分为人民宏观集体性美好政治生活与微观个体性美好政治生活两个方面。其中，宏观集体性美好政治生活与微观个体性美好政治生活分别解决的是集体公域与个体私域的领域需求问题。囿于我国现阶段国情的人民美好政治生活是在历史国情场域基础上"生成"而来的。因此，研究现阶段美好政治生活，离不开对既往的，特别是近现代美好政治生活的国情考察。

费正清认为，在鸦片战争之后的近代中国，"重建强大国家以

① 习近平. 在第十二届全国人民代表大会第一次会议上的讲话[N]. 人民日报，2013—03—18(001).

② 巩建青，乔耀章. 历史时空视域下的"人民"概念理论探微[J]. 理论与改革，2017(06). 巩建青，乔耀章. 历史时空视域下的"人民"概念理论探微[J]. 中国人民大学复印报刊资料·中国政治，2018(1).

及畅通人民民主专政二者的二元优先性以及平衡性问题始终是近代中国政治生活中绕不开的重大关系问题”①。人民宏观集体性美好政治生活，主要表现为通过争取民族独立的政治革命，重建强大国家，以民族政治革命完成国家政治秩序的重构；人民微观个体性美好政治生活主要表现为通过代表制的政治改革和民主政治参与，以实现政治生活的民主化。

在近代中国，为了完成宏观集体性与微观个体性美好政治生活目标，面对半殖民地半封建半资本主义社会的国情场域历史现实，无数仁人志士苦苦追寻。特别是在十九世纪后半叶，以太平天国运动为代表的农民阶级救中国运动、以洋务运动为代表的地主阶级开明派救中国运动、以戊戌维新变法为代表的资产阶级维新派救中国运动先后失败，中国人民通过民族民主革命完成自身美好政治生活的梦想仍遥遥无期的时候，中国的先进仁人志士陷入了沉思与彷徨。进入 20 世纪以后，随着以辛亥革命为代表的资产阶级革命派的风声涌起，中华大地人民美好政治生活的历史梦想，呼之欲出。于是一段时期内，政党林立、主义纵横，但随着反动封建政治势力阻挠，军阀混战兴起，中国人民彻底实现自身美好政治生活的梦想迅速破灭。中国人民经过政治革命的洗礼，通过对多样美好政治生活道路的反复甄别与选择，开始逐渐意识到，面对近代中国“三千年未有之大局”，只有先选择新民主主义革命道路，完成新民主主义的政治革命任务，然后过渡到社会主义道路，中国人民才能实现自身的美好政治生活。对此，毛泽东同志曾形象地把其比作为中国革命的两篇文章：上篇与下篇，“只有上篇做好，下篇才能做好”②。历史证明：“毕其功于一役”，同时实现人民宏

---

① [美]费正清. 剑桥中华民国史(下)[M]. 刘敬坤，等. 译. 北京：中国社会科学出版社，1998：51.

② 毛泽东选集：第 1 卷[M]. 北京：人民出版社，1991：276.

观美好政治生活与微观美好政治生活的国情场域条件并不具备。半殖民地半封建半资本主义社会的中国，实现宏观集体性美好政治生活的民族革命必须优先于微观个体性美好政治生活的民主革命。于是基于国家秩序的优先性考量，民族独立的民族革命历史任务就成为了中国人民实现美好政治生活的第一阶段选择。

随着抗日战争的胜利，中国人民通过民族革命实现自身美好政治生活的第一阶段目标开始成为可能，但由于南京国民政府的“官僚资产阶级”性质以及与帝国主义、封建主义的千丝万缕关系，决定了只有中华人民共和国的成立，新民主主义革命的胜利，中国人民才能真正完成民族革命。随着新中国的成立，在完成民族革命的同时，也同时初步实现了民主革命，“人民从此站了起来”。但随着“三大改造”以后，人民在经济领域所有制方面的翻身做主，“从形式上看”，近代民族民主革命的美好政治生活目标基本完成。但此后的社会主义革命，一方面，随着“三大改造”的完成，标志着限制人民微观个体性美好政治生活需要的私有制的阶级基础在我国大陆总体上消失，主体社会主义所有制的规定性，确保了在非对抗性矛盾为主的人民内部矛盾范围内，人民追求美好政治生活的总体利益需求具有一致性；但另一方面，囿于长时期革命与战争的时代主题，民族革命秩序优先性的时间序列与重建强大国家，持续实现民族独立的革命宏观目标，导致国家更加侧重对人民宏观集体性美好政治需要的秩序满足。这些因素，促使新民主主义革命与社会主义革命中所内涵的民主革命目标，所实现的人民美好政治生活，也并不是以分离的、独自姿态出现的微观个体性美好政治生活，而主要侧重实现的是人民的阶级整体利益①，侧重实现的也

---

① 邹谠. 中国革命再解释[M]. 香港：牛津大学出版社，2002：160—161.

只是其宏观集体性美好政治生活。由于种种因素，导致当民族民主革命都基本实现时，历史性生成中的政治秩序优先性制度惯性，使民主革命的政治民主被无限期推延，导致社会主义国情场域本应当实现的人民微观美好政治生活难以实现“形式民主”与“内容民主”的二者统一，微观意义上的人民仍然总体上“形式上有权、实际上无权”[①]。这样，随着民族民主革命目标的基本完成，伴随民族革命对民主革命的历史性生成的秩序优先性、政治秩序对政治民主活力的秩序优先性，导致人民微观个体性美好政治生活的彻底实现困难重重。

1956 年后，随着社会主义公有制经济基础的主体性确立，为解决宏观集体性与微观个体性人民美好政治生活的“冲突”，以毛泽东同志为主要代表的中国共产党人，也有过积极地理论与实践尝试。在社会主义建设时期开始后，伴随调动一切积极因素为建设社会主义服务的现实政治实践要求，1956 年《论十大关系》问题的提出，特别是 1957 年《关于正确处理人民内部矛盾的问题》的公开发表，毛泽东同志开始针对人民宏观集体与微观个体性美好政治生活需要的不平衡问题，以及由此而引发的微观个体性美好政治生活相对不充分问题给予积极关注。毛泽东同志提倡把正确处理人民内部矛盾作为国家政治生活的主题，提出要建立“一个又有集中又有民主，又有纪律又有自由，又有统一意志，又有个人心情舒畅，生动活泼的那样一种政治局面”[②]。其中，从集中、纪律、统一意志的角度看，主要体现人民宏观集体性美好政治生活，目标指

---

① 习近平.在庆祝全国人民代表大会成立 60 周年大会上的讲话[N].人民日报，2014—09—06(002).

② 中共中央党史研究室.中国共产党历史：第二卷上、下册[M].北京：中共党史出版社，2011：466.

向侧重政治秩序维护。从民主、自由、个人心情舒畅的角度看，主要突出强调人民微观个体性美好政治生活，目标指向更加侧重政治民主。应当承认的是，在毛泽东同志提出“六有”政治生活局面以后的一定时期内，体现政治秩序与政治民主有机协调，注重对人民微观性美好政治生活的实践在一定范围内曾出现。但是随着20世纪50年代后期，重新把阶级对抗性矛盾作为国家政治生活的主题，追求纯而又纯的国家政治生活的整齐划一。“僵化性的政治秩序”很快打破了刚刚兴起的表征微观个体性美好政治生活政治民主的政治活力特征，愈演愈烈的政治秩序极化现象，导致此后20多年的政治生活中，稳定性始终处于一种紧绷而不是弹性的状态。政治秩序的极化现象，使体现宏观集体性的“集中、纪律、统一意志”的政治秩序的政治生活，始终占据政治生活的主要组成部分，而体现微观个体性“民主、自由、个人心情舒畅”的政治民主的政治生活，则始终处于政治生活的次要部分。国家政治生活的历史性生成以及制度惯性中的主要矛盾错乱，导致表征政治活力的人民微观性美好政治生活的政治民主始终被宏观性美好政治生活的秩序优先性目标所淹没。凡此种种原因，直到改革开放前，我国一直没有很好地处理好宏观集体性与微观个体性人民美好政治生活需要的关系问题，没有及时顺应历史发展规律把人民微观美好政治生活的实现作为施政重点，进而实现从宏观集体性到微观个体性的重心转移。

国家场域的历史性生成与制度惯性决定了相较于微观个体性美好政治生活而言，近代中国宏观集体性美好政治生活具有秩序优先性。但是当基本完成社会主义革命以后，随着社会主义公有制经济基础主体地位地确立，本应当及时实现由宏观集体性美好政治生活的政治秩序性优先向以微观个体性美好政治生活的政治民主重心转移时，囿于制度惯性，我们没有很好地处理好国家政治生活的主题。非对抗性的人民内部矛盾主题始终徘徊在阶级对抗性矛盾的政治生活主题之外，这就导致改革开放前人民微观个体性美好政治生活总体上处于受压抑且相对不充分的历史状态。随着 1978 年改革开放以后，重新把正确处理人民矛盾作为国家政治生活的主题。对国家政治生活主题的拨乱反正，为我国正确处理人民宏观集体性与微观个体性美好政治生活的不平衡性，解决人民微观个体性美好政治生活的相对不充分性问题提供了政治基础。

4. 微观个体性美好政治生活：拨乱反正与需求引导

改革开放以来，随着国家政治生活主题上的拨乱反正，重新确立了以非对抗性矛盾为主的人民内部矛盾作为国家政治生活的主题。“集中、纪律、统一意志”的宏观政治秩序与“民主、自由、个人心情舒畅”的微观政治生活的有机协调被重新提上议事日程。尤其随着改革开放之后，顺应生产力场域发展规律出现的非社会主义因素，多种所有制经济基础的成长以及多种分配方式的客观存在，社会分工基础上的经济利益差异，导致传统单一侧重宏观集体性美好政治生活的秩序优先性制度惯性逐步打破，微观个体性的美好政治生活政治参与需求与日俱增。在此基础上，我们一方面要充分满足人民微观个体性美好政治生活的政治参与需求，同时也应当积极引导政治参与需求。在降低政治参与门栏、畅通政治参与渠道、强化政治参与吸纳、摈弃政治参与极化效应等方面有所作为。

其一，降低政治参与门栏。在社会主义国家场域质的方向规定性前提下，要确保政治权力始终真正掌握在全体人民手中，而不是在少数人手中，并在人民中间培育并构建共享参与式的美好政治生活[①]。这就要求我们要进一步降低政治参与门栏，防止政治参与仅仅变成政治精英的事[②]，防止现实中的人民大众，仅仅处在远离现实政治生活的“围墙”（“篱笆”）之外，成为被美好政治生活边缘化的“政治孤儿”。

其二，畅通政治参与渠道。要适应人民微观美好政治生活的个体差异性欲求，不断畅通政治参与渠道，使各阶层和利益群体在相互忍耐和妥协精神的美好政治生活参与中各取所需、各得其所。微观个体性的美好政治生活要求在政治生活中制造一种政治参与热情而不是疏远、冷漠的政治参与空气[③]。通过创造条件，畅通政治参与渠道，使人民有机会、有条件对国家治理的各种事务发表意见。使作为主人的人民，不断亲近与关心政治，让绝大多数人民实质性参与政治生活。

其三，强化政治参与吸纳。要通过动态稳定而非僵化稳定的多种制度吸纳方式，有效吸纳那些不断涌现地新兴社会阶层。通过利益表达、利益吸纳与整合，让更多地人民有能力，有闲暇、有意愿参与到自身美好政治生活的构建中来；通过对政治参与的有效吸纳，满足不同种类的现实个人的政治参与意愿，使“天生是政治的动物”的人民在政治生活中扮演主角，自主支配自己的命运[④]。

其四，摒弃政治极化幻象。要警惕“千人一面”的美好政治

---

① ［加］查尔斯・泰勒. 现代性之隐忧［M］. 程炼，译. 北京：中央编译出版社，2001：33.

② ［英］弗兰克・富里迪. 知识分子都到哪里去了：对抗21世纪的庸人主义［M］. 南京：江苏人民出版社，2012：78.

③ 巩建青，乔耀章. 历史时空视域下的“人民”概念理论探微［J］. 理论与改革，2017(06). 巩建青，乔耀章. 历史时空视域下的“人民”概念理论探微［J］. 中国人民大学复印报刊资料・中国政治，2018(1).

④ 聂运麟. 政治现代化与政治稳定［M］. 戴从容，译. 武汉：湖北人民出版社，2000：97.

生活极化幻象。实现人民美好政治生活，并不等于所有类本质的人都享有不含任何差异性的、过同样结果的美好政治生活①。同等的政治参与权并不意味着每个个体意义上的人具有同样的参与权及其形式。如若那样，只是对美好政治生活的粗浅和蛮横解释②。特别是对于我们超大规模国家，要求每个个体意义上的人民在政治生活中做同样的事情的政治参与极化情结，只会导致政治秩序的混乱或者“专制主义”的产生。合理政治参与的人民微观个体性美好政治生活倾向于多姿多彩而不是千人一面，倾向于和谐而不是统一③，不给“多数人暴政”留下口实。

总体而言：一个接近野蛮的社会往往表现为大多数社会成员被排除在政治生活之外，政治生活只是极少数人的奢侈品；一个渐趋文明的社会则往往表现为大多数社会成员参和或置身于社会的政治生活之中。政治生活不再成为极少数人的奢侈品，而成为社会所有政治人的共享④。“民主、自由、个人心情舒畅”的政治民主参与活力，要求我们既要顺应政治参与欲求的萌发，“确保我们的政治生活在日常是自由而公开的，在日常政治生活中是自由和宽恕的”⑤，同时更要做好政治参与欲求的引导。以此，在国家场域所允许的制度空间内，使宪法所赋予的人民美好政治生活权利从“形式”真正走向“内容”，使人民微观美好政治生活的获得感、幸福

---

① ［德］黑格尔．哲学史讲演录：第 3 卷［M］．贺麟，王太庆．译．上海：上海人民出版社，2013：204.

② ［法］托克维尔．论美国的民主（下）［M］．董果良，译．北京：商务印书馆，1988：264.

③ ［英］约翰·阿克顿．自由与权力阿克顿勋爵论说文集［M］．侯健，范亚峰，译．北京：商务印书馆，2001：79.

④ 乔耀章，巩建青．现实的中国个人：中国特色社会主义政治发展道路的逻辑起点［J］．江苏社会科学，2017（5）.

⑤ ［德］黑格尔．哲学史讲演录（第 2 卷）［M］．贺麟，王太庆，译．北京：商务印书馆，2009：14.

感与安全感稳步提升，实现主权者的“人民”与“权利主体的人民”的有效嫁接[①]。

5. 新时代微观个体性美好政治生活：政治人的政治参与能力培育

在新时代条件下，随着改革开放40年以来政治参与门栏的不断“社会化”，政治参与渠道的不断畅通，政治吸纳机制的不断健全，政治极化幻象的不断消失，国家场域层面的政治治理体系与治理能力的现代化，也处于不断成熟之中。在此基础上，实现人民微观性美好政治生活，既要回应人民日益增长的美好政治生活参与欲求，并做好积极引导，同时更要做好对政治生活主体的政治人的政治参与能力培育，把人民微观个体性美好政治生活的着重点转移到对政治生活主体的政治人政治参与能力的培育上来。

在政治参与能力的培育过程中，我们首要的是要培育政治人政治参与理论能力。让所有作为政治主体的政治人，首先在认识到社会主义初级阶段的基本国情条件下，我们不能追求“纯净度”过高地人民美好政治生活，必须随着我国社会主义生产方式的逐步成长，才能实现马恩经典作家所设想的社会主义美好政治生活。同时也要对其进行制度自信的“滋润”，让所有的政治人意识到：作为比资本主义更为文明进步的社会主义政治，能够创造比资本主义国家的民主更高更切实的民主[②]。以此，实现人民自身微观性美好政治生活，绝不放弃中国政治制度的根本。

新时代条件下，作为以人民性为其目标指向的国家，也要想方设法通过社会、国家、政府以及宣传教育部门及时普及政治知识和

---

① 巩建青，乔耀章. 历史时空视域下的“人民”概念理论探微[J]. 理论与改革，2017(06)：100. 巩建青，乔耀章. 历史时空视域下的“人民”概念理论探微[J]. 中国人民大学复印报刊资料・中国政治，2018(01).

② 邓小平文选：第2卷[M]. 北京：人民出版社，2006：322.

政治常识，不断提高现实的中国人民的综合政治素质。在培育政治人的政治参与理论能力的基础上，进一步着重加强培育政治人的政治参与实践能力。在城市基层居委会社区自我治理、在农村基层村委会社区自我治理、在职工代表大会等政治实践活动中，创造政治主体的“共建共治共享”，不断趋向提升政治人的政治实践能力。

要使中国人民彻底实现自身微观美好政治生活，就必须勇于和善于从现实的政治主体的政治人出发，从其实际所具有的政治参与能力的政治素质这个根本问题出发，让其关心自身的美好政治生活、参与属于自身的政治生活。有鉴于此，作为主体的政治人，要想方设法把自我修炼为政治人，提高自己的政治思维、政治知识、政治技能，提高政治思想道德素质和科学文化技术水平及能力，为积极创造条件，主动参与社会、国家不同层次的政治生活做好必要准备，①进而让美好政治生活进一步走向寻常百姓家，实现“强人政治”向“常人政治”的彻底转型。

邓小平同志早在“南方谈话”中就告诫我们：“我们搞社会主义才几十年，还处在初级阶段。巩固和发展社会主义制度，还需要一个很长的历史阶段，需要我们几代人、十几代人，甚至几十代人坚持不懈地努力奋斗，决不能掉以轻心。②”在社会主义制度条件下，实现政治人的政治参与能力培育与政治素质提升，实现人民微观个体性美好政治生活，需要我们一代代天然的国家场域的“政治人”，随着社会主义初级阶段的生产力和生产关系、经济基础与上层建筑的基本矛盾的不断发展而不断艰辛努力与探索。

伯利克里曾称赞和谐的政治生活是一种总体上中道平衡的政

---

① 乔耀章，巩建青. 现实的中国个人：中国特色社会主义政治发展道路的逻辑起点[J]. 江苏社会科学，2017(5).

② 邓小平文选：第3卷[M]. 北京：人民出版社，2000：379—380.

治生活，这种政治生活满足公共利益和私人利益的有机协调①。新时代条件下，面对我国政治发展的宏观集体性与微观个体性人民美好政治生活不平衡不充分性的现实窘境，在遵从社会主义初级阶段基本国情的国家场域条件下，一方面应当寻求“中道”的政治发展思路②，确保人民宏观集体性与微观个体性美好政治生活的有机协调，另一方面也应当把人民美好政治生活的重心由宏观集体性转移到微观个体性，以彻底满足人民的美好政治生活需要——人民民主③。解决作为政治发展的不平衡不充分性短板的微观个体性美好政治生活，并在充分满足人民微观个体性政治民主的政治参与欲求基础上，强化对政治主体的政治人政治参与能力的培育。通过国家政治治理体系和治理能力的现代化，处理好私域与公域的政治秩序与政治民主参与，以此实现“一个又有民主又有集中，又有自由又有纪律，又有个人心情舒畅，生动活泼，又有统一意志的这样一种政治局面”。

（三）为人民谋权利

为人民谋权利问题是一个重要而又具有前瞻性的学术理论与政治实践问题。课题负责人曾本着“治国先治吏”的治国理念，初步提出“依法治官吏和依法官吏治的有机统一”问题，尝试性地提

---

① 乔治·霍兰·萨拜因．政治学说史（上册）[M]．刘山，等．北京：商务印书馆，1986：71．

② 乔耀章，巩建青．新时代中国特色社会主义政治发展道路的理论秘钥——“中”“道”思维的理论视角[J]．阅江学刊，2017(6)；乔耀章，巩建青．新时代中国特色社会主义政治发展道路的理论秘钥——“中”“道”思维的理论视角[J]．中国人民大学复印报刊资料(中国特色社会主义理论)，2018(4)．

③ 巩建青，乔耀章．从“化大众”到“大众化”：马克思主义大众化的二阶性——兼论习近平新时代中国特色社会主义思想大众化的路径转向[J]．广西社会科学，2018(7)：29．

出“普及民主”理论与实践问题①。后来又认为应当更新“造福”观念，树立“谋福”观念，特别是要树立“谋权利”观念，指出“谋权利”比起“谋福”或谋幸福更为根本，是领导者自觉的一种历史责任，是始终坚持以马克思主义科学社会主义为发展方向、坚持人民当家作主国家历史发展的必然要求。②

习近平同志在十九大报告中郑重指出：“中国共产党人的初心和使命，就是为中国人民谋幸福，为中华民族谋复兴”；“坚持以人民为中心”；“必须始终把人民利益摆在至高无上的地位”；“我国社会主要矛盾已经转化为人民日益增长的美好生活需要和不平衡不充分的发展之间的矛盾”；“把人们对美好生活的向往作为奋斗目标，依靠人民创造历史伟业”；“有事好商量，众人的事情由众人商量，是人民民主的真谛”；“把人民利益摆在至高无上的地位”；“让人民住有所居”；“我们的军队是人民的军队，我们的国防是全民的国防”；“人民群众反对什么、痛恨什么、我们就要坚决防范和纠正什么”；“党始终同人民想在一起、干在一起”，等等。这些铿锵有力、直抵人心的话语，深刻地表达和关涉了为人民谋幸福、为人民谋权利的思想意涵。在实践中具体体现为：坚决打赢脱贫攻坚战；让每个孩子都能享有公平而有质量的教育；全面建立中国特色基本医疗卫生保障制度；建设生态文明是千年大计；人人都有通过辛勤劳动实现自我发展的机会；构筑多层次的社会保障体系；幼有所

---

①　乔耀章.从治民到官民互治——行政现代化历程分析[J].北京行政学院学报，2002(2)；乔耀章.论普及民主：共和国的民主不可或缺[J].探索，2009(5)；乔耀章.民主不仅是民众的事——再论普及民主[J].理论探讨，2010(1)；乔耀章.试论民主监督功能的前置：三论普及民主[J].长白学刊，2012(1)；乔耀章.试论民主监督功能的前置：三论普及民主[J].中国人民大学复印报刊资料(中国政治)，2012(5).

②　乔耀章.从“造福”到“谋福”再到“谋权利”——领导者自觉更新观念的几个问题[J].理论探讨，2005,(5).

育、弱有所扶、在发展中补齐民生短板，等等。在十九大报告中论及的中国未来数十年宏观方略中，无论是出发点还是目标都落脚在“人民”这个高频率(据统计，“发展”用了222次，“人民”用了189次，居第二)使用的概念上。以人民为中心、以人民为目的、以人民为动力、为人民担当是报告中始终坚持的基本立场。① 有鉴于此，笔者在认真学习领会十九大报告基础上，谈谈自己这些年来对为人民谋权利问题的一些体悟，以求教于方家。

1. 为谁谋———对“人”、“人民”的基本共识和“人民观”

“人是天生的政治动物”(亚里士多德语)，“人是天生的社会动物”(马克思语)。这里，“人”与“社会”、“政治”具有同质态的语义指向。人的自然属性与社会属性此消彼长。现实中的人的社会性、政治性在社会化、政治化过程中与日俱增，但只能越来越远离人的初始的自然属性，却永远不能告别人的自然属性，或者说，人在社会化过程中还存在初始的自然属性，社会化是对初始的自然属性的异化。由此，就导出社会化从而政治化赋予人的社会、政治权利和人始终保留的自然权利问题。

在中国古代文化生态中，自然演化为“天”，进而形成“天人合一”观。人可以“赞天之化育”，与天地“相参”，既要“上揆之天”，又要“下察之地”，还要“中考之人”。在天人之间，人为主导，人是目的，这充分体现了以人为本的文化精神。但是，以儒家为代表的中国传统文化中的人本主义或人文主义思想过于强调个体道德自立，以道德教育代替宗教信仰，用道德自觉抵制宗教强制，有重人伦轻自然、重群体轻个人的倾向，不重视个人的权利与自由。中国传统文化中的人文主义或人本主义的一项重要内容就是“民本”思

① 李弦，王让新. 习近平治国理政思想基本立场的三维解析[J]. 求实，2017(10).

想。民本思想之中的“民”是相对于“官”而言的，讲的是统治者和老百姓上下之间的平衡关系。民本思想只讲皇权不讲人权，对人民只有体恤、施舍而无权利可言，只是一种统治术。无论讲“民可使由之，不可使知之”，还是讲“水可以载舟，也可以覆舟”，都是一种统治术。

在西方文化生态中，自然演化为“上帝”、“神”，进而形成“上帝造物”、“上帝造人”观，进而形成人与自然对立的“神本主义”观。与此相对应的是从欧洲文艺复兴时期古典人本主义基础上发展起来的西方资产阶级的人本主义或人文主义。资产阶级人本主义语境下的“人”、“人的自由和权利”是抽象的，不具有具体的、现实的品格。因而以德国古典哲学为终结的古典人本主义思潮，必然在浪漫、虚幻的梦境中升入天国，而留在人间的，仍是一个非人现实的世界。①

马克思主义的人学或人本理论以“现实的人”、“现实的个人”为历史原点和逻辑起点，且在马克思主义理论体系中处于基础和中心地位。马克思主义人本主义是一种历史价值观。它认为，在现实的资本主义社会既定的条件下，现实的人、现实的个人不自由。尤其是现实的无产者，他们被剥夺了人之为人的社会、政治权利，只有组织成为阶级，进而组织成为政党，通过反对资产阶级的阶级斗争，每个人的权利获得，从而实现人类解放，才能最后获得解放。无产阶级解放斗争的目的是实现共产主义，共产主义社会是自由人的联合体。在那里，每个人的自由和全面发展是一切人自由而全面发展的条件。

中国共产党人的初心和根本宗旨就是“为人民服务”。其价值

---

① 丁东红.现代西方人本主义思潮[J].中共中央党校学报，2009(4).

取向就是科学发展观中揭示的“以人为本”，就是促进每个人的权利获得从而促进人的自由和全面发展。十七大报告指出，以人为本就是“尊重和保障人权，依法保证全体社会成员平等参与、平等发展的权利”。2009 年 4 月 13 日，中国政府发布《国家人权行动计划(2009—2010)》，这是对“以人为本”核心价值理念的进一步宣示，其背后彰显了一系列理论支撑，包括人的价值、人本理念、人的基本权利、法治的权威、社会的公平正义，等等。这是理论上的必然发展和时代的现实要求。马克思主义人本思想强调作为独立主体的人与人之间的平等关系，首先关注的就是人民的权利。以人本身作为出发点和目的，认为人就是最高价值。这些同中国传统文化中的人本主义或人文主义的民本、西方社会的人本主义的实质性区分是不能混淆的。特别需要指出的是，中国共产党人科学发展观中的以人为本、以人民为中心中的“人”，在逻辑上是一个上位概念，包含了群体和每一个独立的个体。所以“以人为本”涵盖了人民的问题与公民个体的问题，亦即每个“现实的中国个人”问题。

从词意上解析，“人民”是一个政治用语，不同于作为法律用语的“公民”。“人民”中的个体都是“公民”，即“人民”是由“公民”组成的，但不能说“人民”就等于“公民”。“人民”概念可分为“泛指”和“特指”两方面。“泛指”的人民，在英文中“people”是一个“不可数”名词，是一个“不可分”的整体概念，是一种既不分“多数人”和“少数人”，更不分“上层人”和“下层人”的概念。“特指”的人民，是在英文中加定冠词的“the people”，它对应“people”，意思是指每一个“人”都要享受作为公民的权益、权力和权利。① “人”、“民”和“人民”既

① 骆小平，黄建钢. 习近平“共享”思想初探[J]. 中共杭州市委党校学报，2017(5).

有区别又相联系。“人民”首先是“人”，“人民”要把自己作为人看待，有自己作为人的尊严。“民”是一种社会身份、一种政治角色，是社会中的绝大多数群众。其对应概念一般是指“官/吏”、“干部”或“精英”等，他们也是人，也属于“人民”，但二者在价值理念上会显示出不同的质的区别。如果是“先官后民”，则是强调“官”居价值优位，或曰“人官本位”；反之，则是强调“民”居价值优位，或曰“民本位”。在人类社会非平衡发展历史进程中，将会是从官居优势地位发展到民居优势地位，直至消除“官”与“民”的社会身份差别而使他们成为平等的“社会成员”或“社会人”。现时代，中国共产党人的“以人为本”主要侧重后者，即以“人民为本位”、以“人民为中心”。这里的“人民”首先指绝大多数人民群众的“民”。

中国共产党人的“人民”观是马克思主义唯物史观的题中应有之义，毛泽东一生坚持“为人民服务”的“人民史观”。早年，毛泽东参加组建“新民学会”，他创办《湘江评论》，发表《民众的大联合》，致力于人民民主革命。1944 年，毛泽东发表《为人民服务》。1945 年，在党的七大《两个中国之命运》的开幕词及《论联合政府》政治报告中提出“人民群众是历史的创造者”，“人民，只有人民才是创造历史的动力”的思想，阐述了“全心全意为人民服务”这一共产党人的根本宗旨。他在《愚公移山》中把人民大众视为“上帝”。他处处相信人民，依靠人民。在革命战争年代，他领导共产党建立人民军队，打的是人民战争，新民主主义革命胜利后建立的是人民政权，社会主义建设中始终强调党要代表广大人民群众的根本利益。

毛泽东的“人民史观”是一面旗帜，得到历届领导人的继承和发扬光大。邓小平提出要以人民拥护不拥护、赞成不赞成、高兴不高兴、答应不答应作为全党想事情、做工作对不对、好不好的基本尺度，用以检验“全心全意为人民服务”的效果。并于 1985 年提出

“领导就是服务”，从而把执政党的领导作用和全心全意为人民服务紧密联系起来。江泽民提出“三个代表”重要思想，指出中国共产党作为中国工人阶级的先锋队、中国人民和中华民族的先锋队，始终要为人民群众谋利益。胡锦涛提出以人为本的“科学发展观”，强调党员干部要努力做到权为民所用，情为民所系，利为民所谋。习近平开启了建设中国特色社会主义新时代，强调人民对美好生活的向往就是我们奋斗的目标，我们一定要始终与人民心连心，全心全意为人民服务。他说：“我们讲宗旨，讲了很多话，但说到底还是为人民服务这句话。我们党就是为人民服务的。”

那么，怎么来发现我国的社会，认识我国的“人民”呢？人民应当是实在的、具体的或具象的，而不应是被名义的或者被抽象化的。在存在阶级剥削和压迫或阶级统治的社会，“人民”是同统治阶级相对立的概念。在社会主义条件下，我国已经不存在传统的阶级剥削和压迫，广义地说，“人民”是指作为主体的绝大多数人，但绝不是人的全部；狭义地说，“人民”即“民”，是同“干部”或“公仆”相对应的概念。之所以如此刻意凸显“人”与“人民”的关系，凸显“民”与“官”的关系，就是为了更好地学习、领会和更有效地实践中国共产党一贯坚持的以“人民为中心”（或“人民至上”、“人民主体”、“人民本位”）的战略发展思想。只有共产党始终把人民牢记心间，人民才会把共产党牢记心间，我们才能万众一心，众志成城，凝心聚力，实现中国梦。

2. 谋什么———谋服务、谋幸福、谋利益和谋权利

共产党人之所为人民而谋，从根本上说，是因为历史是由人民书写的。“人民对美好生活的向往，就是我们的奋斗目标”，这是习近平一直坚守和奉行的核心思想。习近平在《纪念毛泽东同志诞辰120周年座谈会上的讲话》中指出：不论发生过什么波折和曲

折，不论出现过什么苦难和困难，中华民族5000多年的文明史，中国人民近代以来170多年的斗争史，中国共产党90多年的奋斗史，中华人民共和国60多年的发展史，都是人民书写的历史。在十九届中共中央政治局常委同中外记者见面时他再次强调："历史是人民书写的，一切成就归功于人民。只要我们深深扎根人民、紧紧依靠人民，就可以获得无穷的力量，风雨无阻，奋勇向前。"这是对马克思主义唯物史观"人们自己创造自己的历史"①的清晰阐述、继承和发展。

那么，为人民谋什么呢？概而言之，即是谋服务、谋幸福、谋利益、谋权利。服务本意一般是指为他人做事，并使他人从中受益的一种有偿或无偿的活动，是不以实物形式而以提供劳动形式满足他人某种特殊需要。幸福本意一般是指一个人的需求得到满足而产生长久的喜悦，或持续时间较长的对现有生活的满足感，以及希望保持现有状态的稳定的心境。幸福因人而异，且因人的需求的层次性而分层。利益本意是指可以用来满足人们欲望的一种物质的或精神的好处。《牛津法律大辞典》将"利益"解释为个人或个人的集团寻求得到满足和保护的权利请求要求愿望或需求。利益是由个人、集团或整个社会的、道德的、宗教的、政治的、经济的以及其他方面的观点而创造的，有不同领域、不同层次、不同种的分类。权利一般指法律赋予人实现其利益的一种力量，与义务相对应。权利作为公民依照宪法规定在政治、人身、经济、社会、文化、生态等方面享有的作为或不作为的许可与保障，亦即宪法权利。在我国，公民的宪法权利主要有：平等权、政治权利、宗教信仰、人身自

① 马克思，恩格斯．马克思恩格斯选集：第1卷[M]．北京：人民出版社，1995：585.

由、监督权利、社会经济权利文化权利及其他权利，等等。服务、幸福、利益和权利各有其内涵与外延，它们构成某种递进式关系。谋服务的目的在于人民幸福，幸福的基本问题在于利益，而要保障人民享有利益，关键是为人民提供权利保障。现实社会生活或政治生活中，或多或少的服务、幸福、利益是常态或常有的，但权利经常缺位。没有权利保障，服务、幸福、利益就是相对不稳定不长久的。强调法治，依法治理，从缺乏宪法权利保障的谋服务、谋幸福、谋利益，走向有宪法权利保障的谋服务、谋幸福、谋利益，是习近平新时代中国特色社会主义思想的题中之意，也是中国特色社会主义政治发展的必然趋势。

应当认为，创造利益、创造幸福是人民自己的事，为人民服务、为人民谋利益、谋幸福则主要是公仆或领导者的事。比较分析“幸福”、“服务”、“利益”、“权利”等概念，幸福是现实的或此在的服务、利益、权利需求的满足。拥有或享受现实的或此在的服务、利益和权利，事实上就拥有或享受着幸福。但是相比之下，拥有或享受着现实的或此在的权利比拥有或享受着现实的或此在的服务、利益更为重要。因为虽然权利也是一种利益，但是权利高于利益，也高于服务，服务和利益要诉诸权利才能得到保障。幸福、利益、服务与权利成正相关关系，没有权利保障，服务、幸福、利益就会大打折扣。然而权利依托法律，有赖于国家领导者保证法律的执行。从这个意义上说，为人民服务的核心问题是“为人民谋权利”，为人民谋利益，谋利益首先也是为人民谋权利。

党的十九大报告中指出，我国社会主要矛盾已经转化为人民日益增长的美好生活需要和不平衡不充分的发展之间的矛盾。笔者认为，“人民对美好生活的需要”包括五个方面，即人民对美好经济生活的需要、人民对美好政治生活的需要、人民对美好文化生活的需要、人民对美好社会生活的需要、人民对美好环境生活的需要。这五个方面美好生活的需要对应的是人民所应拥有的五个方面幸福、利益和权利，即经济的、政治的、文化的、社会的、生态的幸福、利益和权利。需要指出的是，这五个方面的美好生活之间的发展是不平衡的，由此五个方面的幸福、利益、权利的发展也是不平衡的。如前所述，权利是人民获得服务、利益、幸福的关键。但权利的构成也不平衡，其中，经济权利是政治权利和其他权利的基础，政治权利是经济权利和其他权利的集中体现。政治权利对经济权利、文化权利、社会权利、生态权利有着极其重要的能动作用。这进一步说明，掌握政治的权力的执政党是人民利益、服务、需求和幸福生活得以实现的根本保证，“为人民谋权利”是执政党为人民服务的政治责任。

马克思恩格斯指出，在“各个发展阶段上，共产党人始终代表整个运动的利益”①。而要始终代表整个运动的利益，共产党人就要肩负起为人民谋权利的政治责任。新中国成立以来，中国共产党人为人民服务的内涵愈来愈丰富。过去，人民的温饱问题突出，在谋取民主、法治、公平、正义、安全、环境等方面的要求不很明显。随着经济社会发展和进步，人民过上相对美好的经济生活，他们对美好经济生活以外的民主、法治、公平、正义、安全、环境等方面的要求越来越强烈。特别是现阶段，人民为了更加美好的生活，要求民主更健全、法治更完善、公平更有保障、正义更能伸张、安全程度更高、环境更加优美。由此可见，中国共产党人的初心——为人民服务，是一个历史性的概念。在新时代，党要为人民谋取经济、政

① 马克思，恩格斯. 马克思恩格斯选集：第 1 卷[M]. 北京：人民出版社，1995：285.

治、文化、社会、生态幸福，谋取经济、政治、文化、社会、生态利益，更要为人民谋取经济、政治、文化、社会、生态权利，尤其是政治权利。

3. 谁来谋———政党、人大、政府和人民的关系

那么，究竟谁能够作为为人民谋幸福谋利益谋权利的主体呢？我们认为其主体应当是“多元”的，不是某一个主体就能“独自担当”得了的。人们通常认为，为人民服务，为人民谋幸福谋利益谋权利，天经地义的是共产党人的事，天经地义的是共产党治下的国家和政府公务人员的事。这种认识的可贵之处在于强调共产党人的政治责任。正如马克思、恩格斯所说：共产党人没有同整个无产阶级的利益不同的利益，共产党人强调和坚持整个无产阶级共同的不分民族的利益，并且始终代表整个运动的利益。[①] 但是，这种认识忽略了真理的另一方面。无产阶级和劳动人民认识世界的目的在于改造世界，无产阶级只有解放全人类才能最后解放无产阶级自己，才能创造自己的历史。正如我国宪法开宗明义规定的，中华人民共和国的一切权力属于人民，人民当家作主的最高最理想境界是人民自己做主。正是在这个意义上，本文坚持认为：人民的幸福、利益、权利首先和主要是靠人民自己来创造！

当然，从我国的历史、社情、国情以及现实的人民整体素质的实际情况出发，我国现阶段还不得不实行人民“代表制度”以及民主政治“协商制度”，我们的人民不得不在社会和国家的总体、整体层面上，以及在一些具体领域、区域、层次上由全心全意为人民服务的共产党人及国家和政府的“公仆”或人民代表（“外力”或“外部

---

① 马克思，恩格斯. 马克思恩格斯选集：第 1 卷[M]. 北京：人民出版社，1995：285.

力量”)来为民谋幸福、谋利益、谋权利。他们是“为人民而谋”的主体。在这一主体结构中,党是领导一切的,各级党领导各级政府,从而领导人民谋取幸福、利益和权利。相对而言,人民处于“自谋”地位。他们在“自谋”幸福、利益、权利的同时,应当“换位思考”,多为党、为国家、为政府着想,积极配合、践行党、国家和政府为民谋幸福、谋利益、谋权利的相关理论、路线、方针和政策,同心戮力“构建命运共同体”。“为人民而谋”和“人民自谋”是一个有机整体。在这个整体中,党、人大、政府及其公务人员,必须始终不忘初心,而人民群众必须自觉维护党中央和中央政府的权威,以保证真正聚合起全民族、全体人民的智慧和力量。

4. 如何谋——坚持“双向学习”、“双向教育”和“双向治理”

科学治理、民主治理、法治、德治四者的有机结合是为人民谋幸福谋利益谋权利的必由路径。为此,就必须营造学习型政党、学习型社会、学习型公仆、学习型人民,教育全党,教育全体公务员,教育全体人民。处理好向人民学习同教育人民、治理人民,民众向党学习、向公务员学习同教育党员、从严治党,教育公务员同治理公务员的关系。

关于向人民学习、教育人民和治理人民的问题。其一,学习人民。人民是历史的创造者,人民中蕴藏着丰富的智慧和力量,党及公务员应以人民为师,向人民群众学习。坚持问政于民、问需于民、问计于民,是党的群众路线的基本观点之一,是党的政策制定、执行并取得良好效果的必要保障,从而是党落实为人民服务宗旨的基本依托。党员干部要增长政治智慧、增强执政本领,就必须向人民群众学习。党领导人民进行革命和建设的历史经验告诉我们,向人民群众学习是我们事业成功的根本保证。因此习近平指出:共产党人要老老实实向人民群众学习,时时处处见贤思齐,以严格标准加强自律、接受他律，努力以道德的力量去赢得人心、赢得事业成就。其二，教育人民。“向人民学习”体现了“人民至上性”的历史唯物主义原理。“教育人民”则表明作为历史主体的人民需要通过思想动员组织成自觉的创造力量。我们不得不直面的现实是，数千年传统封建社会的历史使今日处于社会主义初级阶段的广大民众需要通过全方位教育，提高整体的科学文化道德素质。毛泽东、邓小平、江泽民、胡锦涛、习近平都十分重视教育人民问题。1949 年 6 月，在新中国成立前夕，毛主席发表了全面阐述新政权形态的著作《论人民民主专政》，提出“严重的问题是教育农民”。改革开放之初，邓小平指出：“我们在建设有中国特色社会主义时，一定要坚持发展物质文明和精神文明，教育全国人民尤其是青年人做到有理想、有道德、有文化、有纪律。”既然人民是社会的主人、国家的主人，自然需要有无愧于社会和国家主人的基本素质。其三，治理人民。这是与教育人民密切相关的问题。教育人民是治理人民的题中应有之义。同样，治理人民也是教育人民的一种有效形式。在我国社会生活中的政党治理、国家治理、政府治理以及社会治理，在很大层面上就是一种治理人民，也是教育人民。

关于向党学习、教育党员和治党的问题。其一，向党学习。中国共产党是中国工人阶级的先锋队，是中华民族的先锋队，是以马克思列宁主义、毛泽东思想、邓小平理论、“三个代表”重要思想、科学发展观和习近平新时代中国特色社会主义思想武装起来的党，是领导我们事业的核心力量，党的思想理论路线方针政策是我们的事业必定要取得胜利的根本保证。这既是我们向党学习的原因，又是我们向党学习的基本内容。① 共产党人的党规党纪、先锋

① 吴再. 向中国共产党学习成功策略篇[M]. 深圳：海天出版社，2011.

模范、奋斗历史、改革精神、率先垂范的行为等都值得学习。其二，教育党员。新时期对党员进行教育的基本内容是思想政治教育，主要包括马克思列宁主义、毛泽东思想、邓小平理论、“三个代表”重要思想和科学发展观教育，习近平新时代中国特色社会主义思想教育，党的基本路线教育，党的基本知识、共产主义理想和道德教育，党纪国法教育，形势政策教育等。党性教育是党员教育区别于其他教育的显著特点，是贯穿于党员教育的一条主线，是保持共产党员先进性和纯洁性教育活动，其目的在于切实增强党员的党性修养和党性锻炼的自觉性。党的路线、方针和政策的教育为全面准确地贯彻党的各项方针、政策打下坚实的前提，科学文化知识和专业知识教育意在提高党员为人民服务的本领。其三，从严治党。[①] 全面从严治党是习近平新时代中国特色社会主义思想的重要组成部分。党的十九大给予了充分阐述。通过我们党的不断自我净化和自我革命，才能不断提高党的执政能力和领导水平。

关于学习公务员、教育公务员和治理公务员的问题。其一，学习公务员。总体说来，我国广大公务员在科学技术思想道德水准等方面属社会精英群体，他们理当获得一般社会群体的尊敬和学习。其二，教育公务员。中国共产党历来重视干部和干部教育。毛泽东在中国革命早期就强调干部问题的重要性：“指导伟大的革命，要有伟大的党，要有许多最好的干部”。他还指出：“政治路线确定之后，干部就是决定的因素。”改革开放以后，邓小平作出“关键在党、关键在人”的重要论断，江泽民在“三讲”活动中提出了“严重的问题在于教育干部”的口号。进入新时代以来，党对公务员教育的认识越来越深刻、越来越全面、越来越持久，先进性教育活动

---

① 乔耀章.论治党[J].江苏行政学院学报，2017(1).

可持续开展。[①] 其三，治理公务员。根据古人“治国先治吏”之道，治理者必须首先接受治理。对公务员的治理主要包括党对公务员的治理、政府对公务员的治理、人民或社会公众对公务员的监督，以及公务员的自治理。要坚持“官民互治”观点，亦即实行“依法治官吏与依法官吏治”有机结合[②]，把对公共事务的治理和对公共人物的治理有机结合起来，不断深化依法治国实践。

总之，为人民服务，为人民谋幸福、谋利益、谋权利，尤其是为人民谋权利，不仅仅是党的事，也不仅仅是公务员的事，也是作为国家主人的最广大人民的事。人民的幸福和利益及其权利的有效实现，和党、公务员、人民三者之间的“双向学习”、“双向教育”、“双向治理”成正相关关系，同共产党人、政府公务员和人民或公民的自觉行动密切相关，三者缺一不可。

本章小结

本章研究主要聚焦于中国政治发展的性质、中国政治发展的条件和中国政治发展的一般目的。认为要处理好现实中国政治发展中的社会主义政治与非社会主义政治的相互关系。认为要处理好中国政治发展中的政治自系统的条件和非政治系统的条件的相互关系。认为要处理好中国政治发展中的政治目的与政治目标(近期的与长远的)的相互关系。特别是中国政治发展中的党的领

---

① 乔耀章.吐故纳新至关重要——略论保持共产党员先进性教育活动与党的先进性建设可持续发展[J].学习论坛，2006(2).

② 乔耀章.从治民到官民互治——行政现代化历程分析[J].北京行政学院学报，2002(2)

导、人民当家作主和依法治国等是中国政治发展的不可或缺的条件，还远远不能视同于中国政治发展的一般目的。认为政治发展的路径、条件、手段等等并不等于政治发展的目的本身。将中国政治发展道路的目的聚焦于实现现实的中国个人的美好政治生活需要是马克思主义政治发展理论以及中国政治发展历史和现实的理论逻辑必然要求，在此前提和基础上，千方百计创造条件，让每个现实的中国人过上美好政治生活，特别是要做到全心全意地为人民谋权利，这将成为中国政治发展的一般目的之所在。

第六章　中国政治发展中的若干重大现实问题

中国政治发展道路问题至关重要，它是由若干个重大现实问题链接而成的。中国选择什么样的政治发展道路，中国政治向何处去，不仅关系到中华民族的命运，也会影响和改变世界政治格局，关系到人类政治的共同命运。从现实的中国个人出发，实现现实的每个人的美好政治生活是中国政治发展的重要目的指向，但这是一个漫长而曲折的历史过程。就其宏观而言，中国政治发展道路是以马克思主义经典作家关于政治发展理论与广义中国特色社会主义理论的有机结合体。归根结底中国政治发展道路从中国社会历史与现实的政治实际出发。有鉴于此，本章从有关马克思主义政治发展理论原理开始，概览中国政治发展道路过程中的若干重大现实问题，并对中国政治发展的理论依据，政治革命、经济革命、文化革命、政治改革，社会治理、全面治理、地方治理及其中国政治能否自证等方面的问题，展开初步的分析论证。

一、中国政治发展道路的理论依据

经典作家马克思恩格斯等对“革命”[①]问题做出了较为全面系统的论述。因此，也有学者称马克思理论为革命的理论与革命的实践。马恩经典作家分别在《〈黑格尔法哲学批判〉导言》、《共产党宣言》、《危机和反革命》、《资产阶级和反革命》、《德国的革命和反革命》、《中国革命和欧洲革命》、《法兰西内战》、《未来的意大利革命和社会党》等文献中对革命做了诸多阐释。在马克思恩格斯等经典作家文献中，在谈到革命的时候，除了科学革命、技术革命、思想革命以外，还有主要三种革命，即经济革命、政治革命与社会革命，突出强调在推进社会革命历史进程中，要不断消化经济革命与政治革命。

（一）马克思主义的经济革命原理

马克思恩格斯指出经济革命是政治革命与社会革命的基础所在。如在《英国状况》中，恩格斯指出英国工业的革命化（也就是第一次工业革命）是“现代英国发展的各种关系的基础，是整个社会运动的动力”。在《共产主义原理》中，恩格斯认为工业革命产生无产阶级，工业革命促成了资产者和无产者在有利于发展大工业的

---

① 就革命而言，传统上我们认为对于革命有三种认知。第一种认识认为革命主要指古代人们对改朝换代的说法。在奴隶与封建社会，帝王常自称受命于天，故人们把帝王易姓、朝代替换称为“革命”；对革命的第二种理解主要侧重于人对自然的改造。如现实生活中提到的技术革命、产业革命、信息革命等；政治学领域，谈到革命的时候更多地指向第三种认知的社会革命。其主要指人们在改造社会过程中所进行的重大变革，也称“社会革命”。它是社会制度的根本性质的飞跃。

现代大城市聚集。这样无产阶级的集聚性，逐步使得无产者“意识到自己的力量”并开始自发组织起来。这是为何英国的革命相比当时的法国看似显得比较平静，显得缺乏力量，但确实随着“蒸汽和新的工具把工场手工业变成了现代大工业，整个资产阶级社会的基础革命化了。”①随着工业革命的进一步发展，尽管无产阶级的处境愈发艰难，但伴随工业革命的成长，无产阶级的壮大与不满同时生长。工业革命正孕育着一个由无产阶级进行的社会革命。因此，马克思认为工业革命使整个社会具有了革命化的基础。在《1848年至1850年的法兰西阶级斗争》中，马克思又一次强调革命爆发的原因归根到底是经济。马克思认为革命加速了社会的发展，提高了人民群众的自我阶级意识，使人民群众不断积极行动起来。马克思把革命形象地比作为“历史的火车头”。马克思强调作为革命最基础的根基——工业革命，是引发其他政治革命、社会革命等的总根源。只有经济方面的工业革命，才能孕育出无产阶级，孕育出无产阶级革命。② 这样，在马克思、恩格斯经典作家的理论视野中，对工业革命给予高度的赞扬，一方面工业革命基础上的资产阶级政治革命摧毁了落后的封建统治，另一方面工业革命确实促进了生产力的进一步发展，在资本主义社会的“胎胞”里孕育出社会主义革命的因子。

（二）马克思主义的政治革命原理

在强调经济革命的“总根源”与基础性作用时，马克思与恩格斯进一步强调无产阶级夺取政权是无产阶级革命的目的和最重要

---

① 马克思，恩格斯. 马克思恩格斯选集：第1卷[M]. 人民出版社，1995：611.

② 马克思，恩格斯. 马克思恩格斯选集：第1卷[M]. 人民出版社，1995：456.

条件。

马克思恩格斯强调无产阶级通过政治革命，使自己成为统治阶级，然后以统治阶级的资格用暴力消灭旧有的不合理的生产关系。“（无产阶级）在消灭旧有生产关系的同时，（最终）也就消灭了阶级对立的存在条件”。就具体政治革命爆发和失败的原因，恩格斯认为，“不应该仅仅从一些领袖的偶然动机、优缺点中去寻找，而应该主要从那些动荡的国家的总的社会状况与生活条件中去寻找”[①]。恩格斯还通过对各个阶级革命态度的考察分析，说明那些资产阶级与小资产阶级都碍于自身利益终究不可能把民主革命进行到底，只有工人阶级具有彻底革命性，才能彻底完成民主革命的历史使命。马克思恩格斯始终强调政治革命的领导力量只能是工业无产阶级或者说是工人阶级。也就是“革命只有在现代的革命阶级即工业无产阶级作为主角出现在革命前台时，才成为可能。”[②]马克思恩格斯认为政治革命的爆发往往还需具备一些条件，“创造唯一能使现代革命成为真正的革命的形势、关系和条件。[③]”恩格斯还补充说道：“革命是政治的最高行动”[④]。想要政治革命爆发“就要有准备革命和教育工人进行革命的手段，即政治行动”[⑤]。政治革命的发动者应当首先对工人进行教育，做好“工人的政治”，使“工人的政党不避免成为资产阶级政党的尾巴”[⑥]。马克思恩格斯还主张工人的政党应当设法“组建独立的政党”，以便“拥有自己的政治力量，为自己的目的和政治服务”。马克思以法

① 马克思，恩格斯.马克思恩格斯选集：第 1 卷[M].人民出版社，1995：483.
② 马克思，恩格斯.马克思恩格斯选集：第 1 卷[M].人民出版社，1995：294.
③ 马克思，恩格斯.马克思恩格斯选集：第 1 卷[M].人民出版社，1995：588.
④ 马克思，恩格斯.马克思恩格斯选集：第 3 卷[M].人民出版社，1995：123.
⑤ 马克思，恩格斯.马克思恩格斯选集：第 3 卷[M].人民出版社，1995：123.
⑥ 马克思，恩格斯.马克思恩格斯选集：第 2 卷[M].人民出版社，1972：440.

兰西内战为例，阐述无产阶级革命者，不能仅仅成为"资产阶级政党的尾巴"，而应当设法"掌握政治权力"，"应当以人民群众的名义为出发点，公开为人民群众的利益而奋斗。"[①]无产阶级的政治革命在起义之后没有也不能解除自己的武装，没有也不能拱手把权力交给共和主义的骗子们。无产阶级在经过政治革命的洗礼之后，必须真正掌握革命的领导权，找到"把公共权力始终保持在自己手中的办法"，即用自己的政府机器去代替统治阶级的国家机器、政府机器。马克思认为无产阶级革命不能仅仅是一般的政治革命，如果是那种"毫不触犯原有统治阶级大厦支柱的革命，是乌托邦式的梦想"。马克思揭示了无产阶级政治革命有别于一般政治革命。马克思认为在无产阶级革命以前，以前每次政治革命，就其形式而言，结果都是某一阶级的统治被另一阶级的统治所排挤。马克思主义者要打破传统往日革命那种"仅仅是少数人获利的革命"，在传统的革命中即使"多数人参加了，他们也只是自觉地或不自觉地为少数人效劳"。无产阶级政治革命有别于传统的那些所谓"政治革命"的最大不同之处在于主要致力于"实现多数人对少数人的统治"。马克思指出无产阶级革命的主要方式应当是政治革命。因为无产阶级不通过暴力革命就不可能夺取自己的政治统治。对于政治革命的目标，马克思与恩格斯等经典作家则主张"我们的利益和我们的任务要求我们不间断地进行革命，直到无产阶级夺得国家政权"[②]。马克思认为无产阶级革命要打破历次的反动革命只是把革命的权力从一方转移到另一方或者从一个集团转移到另一个集团的不足之处，无产阶级革命也不像资产阶级革命

---

① 马克思，恩格斯. 马克思恩格斯选集：第 3 卷[M]. 人民出版社，1995：106.

② 马克思，恩格斯. 马克思恩格斯选集：第 1 卷[M]. 人民出版社，1972：385.

那样只是以议会形式玩弄行政权的把戏，无产阶级革命应当是人民为着自己的利益，摧毁旧有的国家机器，为着人民重新掌握自己社会生活的权力而奋斗。

马克思还首次谈到了政治革命的革命化与革命性问题，认为在革命的过程中，一旦无产阶级群众具备了一定革命性，资产阶级就会害怕“群众的觉悟”，资产阶级的所谓革命，只是想把无产阶级绑在维护其自身利益的革命的战车上，一旦革命时期的政治训练使得无产阶级革命化，资产阶级就会变得瑟瑟发抖，也就是“在群众刚有点革命性的时候，它又害怕起群众的觉悟了”。

马克思还特别注重政治革命的同盟军问题。马克思指出“像法国那样的小资产阶级和农民占人口大多数的国家，无产阶级只有把占据人口绝大多数的小资产阶级与农民阶级吸引到自己队伍中来，才有可能取得革命的胜利”。特别是马克思提出了“工农联盟是无产阶级革命成功的最重要的前提思想”①。恩格斯指出“不同阶级之间的联合，虽然在某种程度上具有必要性。不同阶级之间的联合是一切革命的必要条件，但是这种联合却不能持久，他们战胜共同的敌人之后，作为战胜者的一方内部不同阶级间的阶级对抗就会尖锐化”②。故此，马克思恩格斯始终强调，在政治革命内部那个“只有工人阶级是革命的最彻底的真正战斗力量”，其始终“代表整个民族的真正的和被正确理解的利益”。在政治革命的同盟军，马克思恩格斯在《共产主义者同盟中央委员会告同盟书》等著作中强调，无产阶级政党在某些场合，为了更快完成革命目标以及及时壮大规模力量“可以同小资产阶级民主乃至资产阶级自

① [苏]康捷尔. 马克思、恩格斯是共产主义者同盟的组织者创建无产阶级革命政党的斗争史[M]；李襄，译. 北京：生活 · 读书 · 新知三联书店，1957：258.

② 马克思，恩格斯. 马克思恩格斯选集：第1卷[M]. 人民出版社，1995：511.

由派结成暂时联盟”,但同时应当时刻注意,必须始终保持“自己组织上和思想上的独立性”。马克思特别强调工农阶级联盟的必然性与可能性问题。也就是在资产阶级统治加强的情况下与农民的利益逐步对立,使得农民日益革命化。这时无产阶级与工人阶级就会有共同的利益需求,无产阶级一旦获得占绝大多数人口数量的农民阶级的力量支持,就能防止自身的政治革命变成一种孤鸿哀鸣的独唱,马克思同时认为,为了保证民主政治革命的胜利,在革命之后的一段时间,任何临时性的政局都需要某种程度的专政。因为只有强有力的专政才能迅速清除旧制度的残余①。在《法兰西内战》中马克思还强调无产阶级在争取民主和民族利益的斗争中要想方设法把劳动者阶级,也就是“不靠他人劳动为生的劳动者社会各阶级团结在自己周围”,形成劳动者阶级的联盟。《法兰西内战》中马克思想方设法使小资产阶级和中等资产阶级公开地团结在工人革命的旗帜下。马克思在承认无产阶级对政治革命的重要作用的同时,也指出无产阶级掌握并阐释先进理论的重要作用,马克思认为:“理论一经掌握群众,也会变成物质力量”②。

(三) 马克思主义的社会革命原理

除了经济革命与政治革命,马克思恩格斯还特别关注社会革命问题。马克思指出通过社会革命就可以解决生产力和交往形式(即生产关系)的辩证关系矛盾,并依据生产力与生产关系的辩证关系原理得出共产主义取代资本主义的历史必然性。③ 马克思指出共产主义革命有别于资产阶级革命的主要区别在于,共产主义

---

① 参见马克思,恩格斯.马克思恩格斯选集:第1卷[M].人民出版社,1995:313.

② 马克思,恩格斯.马克思恩格斯选集:第1卷[M].人民出版社,1972:9.

③ 马克思,恩格斯.德意志意识形态[M].北京:人民出版社,1961.

革命立志于废除私有制、消灭任何阶级统治。马克思恩格斯认为在经济较为发达的西欧社会，相对于思想层面的德国哲学革命与法国暴力政治革命，经历了工业革命洗礼的英国更容易发生社会革命。因为在英国作为革命总根源的经济革命促成了社会革命的萌发。马克思恩格斯始终强调彻底的社会革命是同一定历史条件的经济发展相联系在一起的。经济发展的条件是社会革命产生的前提。因此，只有在工业无产阶级随着资本主义生产发展，在人民群众中占有重要地位不断觉醒的地方，社会革命才有可能发生。[①]而社会革命，比任何其他一种经济革命、政治革命都更广泛，更有深远影响。马克思认为随着工业革命的发展，英国的社会革命已经进行了七八十年，目前正向着决定性关头快步迈进。马克思、恩格斯还认为，相对于处于最基础地位的经济革命以及处于打碎旧的国家机器夺取权力的政治革命，社会革命才是真正的最后革命。马克思还谈到了殖民者在殖民过程中对原有殖民地经济基础的改造，某种程度上确实充当了历史的不自觉工具。侵略者在摧毁落后地区原有经济基础的同时，确实破坏了原有社会半野蛮半文明的状态，无形中在殖民地中引发了社会革命。

在马克思、恩格斯经典作家那里，任何一次真正革命都是社会革命。因为只有社会革命才能使新阶级逐步占据统治地位并且按照自己的面貌改造社会。无产阶级发动真正的社会革命只有在现代生产力和资产阶级生产方式互相产生矛盾的时候，才有可能发生。只有在工业无产阶级随着资本主义生产的发展，在人民群众中至少占有重要地位的地方，社会革命才有可能。

马克思认为就社会革命进程而言，很多国家的社会条件，不允

---

① 马克思，恩格斯. 马克思恩格斯全集：第 19 卷[M]. 人民出版社，1995：15—35.

许从资产阶级社会直接过渡到共产主义社会，在资本主义和共产主义社会之间，有一个革命转变时期。或者一个政治上的过渡时期，在此时期内的国家政权只能是无产阶级革命专政。因为在此过渡期内，没有无产阶级革命专政，无产阶级就不可能镇压剥削阶级的顽固反抗，也就不可能建立新社会或者稳固革命胜利的成果。经典作家认为就社会革命在世界范围内爆发的时间顺序而言，更多可能首先在工业革命基础上的发达国家爆发。马克思恩格斯主张革命不是乌托邦，革命需要主客观因素。马克思恩格斯在《共产主义者同盟中央委员会告同盟书》中指出"革命需要被动因素，亦需要物质基础"①。彻底的革命、全人类的解放，不是乌托邦式的梦想。共产主义革命不可能仅仅是一个国家内部的革命，随着革命的爆发，革命将在一切文明国家里，至少在英、美、法、德等较为先进的国家同时发生。至于这些国家共产主义式的社会革命发展的快慢，要看这些国家的工业化水平特别是这些国家的生产力发展水平。马克思形象地指出由于工业革命的进展差异，在工业革命发展缓慢的德国实现共产主义革命最慢，而在革命发展较好的英国则最快最容易发生。共产主义革命的发生与扩张会影响和改变世界其他国家的历史发展进程。马克思不主张主观消灭革命，主张认为无产阶级的任务是要不间断地进行革命，夺取国家政权，直到消灭大大小小有产阶级，直到无产者的联合不仅在一国内，而且在世界一切举足轻重的国家内都发生，使得世界范围的有决定性的生产力集中到各自国家无产者手中②。从社会革命的态势看，马克思认为随着工业革命的发生与拓展，代表整个民族真正利

---

① 马克思，恩格斯.马克思恩格斯选集：第1卷[M].人民出版社，1995：11.

② 马克思，恩格斯.马克思恩格斯选集：第1卷[M].人民出版社，1972：385.

益的无产阶级的强大，将必然加速整个世界社会革命的进程。

在社会革命方面，马克思恩格斯特别强调要消灭私有制，建立新社会(不同于只是改良现存社会，掩盖阶级对立的运动)。马克思认为革命的社会主义就是“消灭一切阶级差别，达到消灭这些差别所由产生的一切生产关系与社会关系”[①]。为了进一步表明自身的革命态度，马克思指出“共产主义革命从一开始就是作为全社会代表而非仅仅一个阶级的代表而出现的。共产主义革命以消灭阶级以及阶级本身为目的，以社会全体群众的姿态为其利益目标指向。[②]”恩格斯设想到，随着社会革命的彻底实现，随着阶级的消灭，政治国家的政治权威将彻底消失，其公共职能也将失去政治性质，而只是转变为维护真正社会利益的管理职能[③]。

马克思在《政治经济学的形而上学》一文中提出资产阶级和无产阶级间斗争的“最高表现就是全面革命”。其主要政治动力就是无产阶级革命力量的发起者——工人阶级。马克思1856年4月14日在纪念英国宪章派报纸《人民报》创刊四周年宴会上的演说指出，生产力与社会关系的对抗，必然引起无产阶级革命。而作为新生力量的无产阶级是唯一能够改造旧世界的彻底革命阶级。

马克思恩格斯等经典作家一方面指出，工人阶级要实现自身利益必须联合起来组成属于自己的、维护自身利益的政党。但是另一方面经典作家又特别指出，无产阶级的这种政党不是自发的，自然迅速成熟的。无产阶级政党只有在与强大的反革命势力较量过程中，才会逐步成熟起来，才会给自身开辟道路，成为真正革命的政党。马克思特别强调，无产阶级社会革命的实现必须依赖于

---

① 马克思，恩格斯．马克思恩格斯选集：第1卷[M]．人民出版社，1972：479.

② 马克思，恩格斯．马克思恩格斯选集：第1卷[M]．人民出版社，1972：53.

③ 马克思，恩格斯．马克思恩格斯文集：第3卷[M]．人民出版社，2009：338.

无产阶级自身。由无产阶级自身组建属于自己的、自觉的阶级政党，组建一个有别于有产阶级的政党，无产阶级的阶级行动才能有效保护其阶级利益。在《〈黑格尔法哲学批判〉导言》中，马克思总结道："要使无产阶级强大到足以取得胜利，实现消灭阶级的革命最高目标，无产阶级组织政党很有必要。只有无产阶级组成一个自觉的阶级政党，才能真正保证社会主义革命的胜利"[①]。也只有无产阶级政党的出现，才能真正使得社会生产与分配的领导权，从资产阶级手中转交给生产者的劳动群众。

总体而言，马克思主义经典作家在谈到革命时，既讲经济革命、政治革命，但是总的目标是更为关注社会革命。经典作家认为经济革命是社会发展的原始经济推动力，是引发政治革命乃至最终社会革命的原动力。政治革命体现为一种政治斗争，其最终目标是为实现社会革命。社会革命最深刻的根源是生产关系和生产力的矛盾。当现存的生产关系成为生产力发展的掣肘时，就要通过革命，改变旧有的生产关系及其竖立于其上的上层建筑，从而推动社会进一步向前发展。[②] 只有通过经济革命的基础孕育，通过政治革命，方能实现无产阶级所希望的社会革命。

（四）马克思主义的消化革命原理

研究表明，列宁在消化吸收马克思、恩格斯关于无产阶级的经济革命、政治革命及社会革命理论基础上，提出了政治革命结束以后的"消化革命"问题。在 1905 年俄国革命的低潮时期，部分群众对马克思主义思想产生了动摇，部分群众"不但不能用无产阶级的

① 参见马克思，恩格斯. 马克思恩格斯选集：第 2 卷[M]. 人民出版社，1995：611.

② 金炳华等. 马克思主义哲学大辞典[C]. 上海：上海辞书出版社，2003.

世界观去正确地消化革命的经验，反而开始背叛马克思主义世界观和资产阶级教授等沆瀣一气”。[①] 故列宁在《唯物主义和经验批判主义》中指出：在革命的低潮时期，要及时总结“消化”革命理论，批判哲学修正主义。[②] 列宁在谈到社会民主党与布尔什维克党在关于是否应当“吸收愈来愈广泛的工人到党的各种组织”的观点差异时，着重指出我们应当反对敌人对我们“工人代表大会”的蔑称，要消化好俄国十月革命的传统。[③]，在《学生运动和目前政治形势》中，列宁又谈到学院运动标志着新一代青年学生运动的开始，学院运动是在人民群众默不作声地、聚精会神地、慢慢地消化三年革命经验的沉寂时期开始的[④]。列宁在谈到俄国革命的发展情况时，认为俄国革命“不完全决定于那种使许多人不得不远离实际的外部警察条件，而决定于国内的整个客观情况。当群众消化直接革命斗争的无比丰富的新经验的时候，为捍卫革命世界观即革命马克思主义而进行理论斗争就会成为迫切的口号”。[⑤] 列宁着重强调马克思主义理论在引导俄国革命斗争经验中的作用。列宁指出“历史上伟大的政治变革总是需要经过漫长的道路才能被消化。[⑥] 且必须从文化上和经济上进行消化，以便最终完成极其伟大的政治变革”。[⑦] 列宁尤其特别强调愈是落后的国家，对革命的消化过程且愈是漫长。

---

① 艾思奇遗稿. 毛主席对马克思主义哲学的主要贡献[M]. 陕西省理论研究室，1978.

② 余源培，虞伟人. 马克思主义哲学的理论与历史[M]. 复旦大学出版社，1990.

③ 列宁. 列宁全集：第 15 卷[M]. 北京：人民出版社，1988：254.

④ 列宁. 列宁全集：第 17 卷[M]. 北京：人民出版社，1988：194.

⑤ 列宁. 列宁全集：第 17 卷[M]. 北京：人民出版社，1988：270.

⑥ 列宁. 列宁全集：第 42 卷[M]. 北京：人民出版社，1987：351.

⑦ 列宁. 列宁全集：第 42 卷[M]. 北京：人民出版社，1987：前言 VI.

就十月革命之后的俄国，在如何消化革命问题上，列宁主张“为了消化俄国十月革命的政治变革，必须持之以恒，不能单纯地借口苏维埃制度不好、借口要改造苏维埃制度而推卸每个人自己的责任”[①]。“应该让全体农民群众帮助我们消化我们取得的极伟大的政治成就，让政治成就同人员日常经济生活以及群众生活条件融为一体”。列宁特别强调俄国的消化革命过程，不能人为主观决定，“实现对政治革命的消化，不同于军事工作那样的速度，俄国可能需要几十年”。[②]

就国内学界研究“消化革命”问题而言，文化大革命结束以后，中央社会主义学院吴江教授，1978年在《哲学研究》上就首先发表《哲学上两条战线的斗争》。他指出“每当一场革命告一段落……就需要消化革命经验，以便迎接新的战斗”[③]。在消化革命问题上，汝贤同样以哲学的视角突出哲学对于革命的理论指导作用。他指出无产阶级在每次革命高潮之前，需要武装思想，作理论准备。在每次革命高潮之后，需要消化革命经验，使之上升到理论高度，哲学则起着总结和升华的作用。[④] 这几位学者笔墨的消化革命中的“革命”当主指对“文化大革命”的消化。

学者张笑宇在《重建大陆》中通过宏观视野指出大陆文明在与海洋文明交流对话的过程中，要清醒地认识革命，消化革命的成果。要抛弃革命话语体系中没有原则地道德化“流民”思维，要确保在个体心灵内部建立起“共和原则”，实现主权者、精英与民众的地位平等[⑤]，

---

① 列宁. 列宁全集第42卷[M]. 北京：人民出版社，1987：351.

② 列宁. 列宁全集：第42卷[M]. 北京：人民出版社，1987：351.

③ 吴江. 哲学上两条战线的斗争[J]. 哲学研究，1978(1).

④ 汝贤，绍孟. 关于马克思主义哲学史对象的几个问题[J]. 教学与研究，1981(6).

⑤ 张笑宇. 重建大陆：反思五百年的世界秩序[M]. 广西师范大学出版社，2015：157.

任剑涛认为在现代国家建构过程中革命力图实现国家必须统一、国家必须强大、国家必予规范的目标。相对于后发国家而言，先发国家的革命，有利于实现消化革命因素，控制革命的烈度与范围。① 郑异凡在《新经济政策的俄国》中引述列宁文献同样指出，革命之后，消化革命，巩固革命，需要有一个相对平静的改良与演变时期。② 学习马克思主义，必须结合历史的经验学习，要用马克思主义来“消化”革命教训，以加深对马克思主义的理解。滕世华等认为革命后的改革则是革命的副产品，可以消化和巩固革命所取得的成果。③ 张文木指出消化先前革命的过程中，要想最大程度的避免改革失败，就不能全盘否定前一次革命的基本成果。当代中国，要想取得消化革命的胜利，就定不能否定中国建国以来革命所形成的政治成果，也就是不能否定社会主义制度及其相对应的基本经济制度等制度。如果在消化革命的过程中，通过改革将前一次革命的基础性政治成果全部改掉，现存社会所存在的根基就会塌陷。④ 朱厚泽阐述了马恩经典作家在巴黎公社革命失败以后，“随着革命进入低潮，消化革命运动经验，探讨政治发展道路的过程”。⑤

郭萌认为我国在从传统社会向现代社会转变的过程中，社会主义现代化就是要在政治革命胜利后自觉进行社会变革，只有在社会基础上消化了革命的成果，促使社会在现代化

---

① 任剑涛．现代建国进程中的革命[J]．社会科学文摘，2016(9)．

② 郑异凡．新经济政策的俄国：苏联史(第3卷)[M]．人民出版社，2013：155．

③ 滕世华．政府改革是当代政府理论发展之核心命题——兼论构建政府改革学[J]．淮海工学院学报(社会科学版)，2009(S1)：7．

④ “消化革命”问题是我在新旧世纪之交给硕士博士研究生作讲座时提出的．参见乔耀章．政府理论[M]．苏州：苏州大学出版社，2000：301．

⑤ 朱厚泽．向太阳，向光明：朱厚泽文存，1949—2010[M]．世界图书出版公司，2014．：104．

中形成自我生长的机制，社会主义制度才能从根本上巩固和发展起来。[①] 方立更是通过比较英法等革命，得出只有通过社会改革，创造安定的政治局面，才有可能"消化"革命成果，变生产力巨大发展的可能性为现实。强世功强调消化革命并不等于告别革命。一方面我们需要告别疾风骤雨似的革命，另一方面需要消化先前革命，有鉴于此，我们必须探索中国的政治传统与立国之本。

结合列宁的消化革命理论，以及国内学者的相关研究，给我们当今建设中国特色社会主义有很大启迪。同样，经过疾风暴雨的新民主主义革命与社会主义革命之后，中国特色社会主义政治发展道路，需要几十乃至上百年的时间才能消化。我们应当承认中国新民主主义革命与社会主义革命的革命成果的消化过程，将会伴随建设有中国特色社会主义的整个历史进程，也将会深刻影响我国后续政治发展道路的具体现实路径的选择。

二、中国政治发展道路中的政治革命经济革命文化革命与政治改革

现代政治发展一般采取政治革命和政治改革两种形式。政治革命是政治关系的根本性变革过程，是从根本上否定和彻底改变既存政治关系、政治体系和政治文化等等，用一种新的政治关系、政治体系和政治文化模式取而代之；政治改革则是在保持既存政治关系、政治体系和政治文化的主体基本不变的前提下，针对现存政治关系、政治体系和政治文化的一些不足之处进行自我完善和

---

① 郭萌.中国社会主义现代化追求中的范式转变[M].福建教育出版社，2006.

改进，属于政治关系的量变。也就是说政治发展的道路一般主要体现为政治革命与政治改革。其中政治革命往往表现为疾风暴雨式的自上而下的政治实践运动；政治改革则往往主要体现为润物细无声的自下而上的政治实践行动。（所谓消化革命主要是指对大规模、疾风暴雨式的政治革命的消化）从大的历史演进逻辑看，中国政治发展也主要体现为政治革命与政治改革两种发展路径，在它们之间还经历着“经济革命”和“文化革命”。

（一）政治革命：夺取全国胜利只是万里长征走完了第一步

在近现代世界历史中，政治革命一般是指资产阶级革命和无产阶级革命。资产阶级革命即反对封建地主阶级、封建贵族、教皇的民主革命。但在中国特定的环境下，民主革命分为“旧民主革命”和“新民主革命”两种历史类型。前者由资产阶级领导的，后者则是由无产阶级领导的反帝反封建反对官僚资本主义的新民主主义革命。这场近 30 年的史无前例的新民主主义革命，无论是在世界历史中，还是在中华民族数千年历史中，都是弥足珍贵的巨大历史财富。新民主主义革命在中国大陆的胜利，开启了中华民族历史由衰落走向振兴的历史新纪元！新民主主义革命值得我们思考，值得我们消化，值得我们做好后续的篇章。正如新中国的伟大缔造者毛泽东同志在七届二中全会上所指出的那样，“夺取全国胜利，只是万里长征走完了第一步，以后的路程更长，工作更伟大，更艰苦”[①]，要始终做到“两个务必”[②]。因此，中国政治发展以 1949

---

① 中共中央文献研究室中央档案馆编.建党以来重要文献选编（一九二一——一九四九）第 26 册[M].北京：中央文献出版社，2011：264.

② 七届二中全会毛泽东同志强调面对新的长征路，要“务必使同志们继续地保持谦虚、谨慎、不骄、不躁的作风，务必使同志们继续地保持艰苦奋斗的作风”。

年为历史坐标，此前为旧中国政治发展，此后是新中国的政治发展。新民主主义政治革命的胜利是现实中国政治发展、政治改革的直接的历史源头。

（二）经济革命：生产资料私有制社会主义改造初创新制度的经济基础

社会的政治归根结底是由社会的经济所决定。新中国成立以后，新的国家政权，新的社会政治上层建筑，需要相应的经济基础作为保障。为此，新中国开展了恢复国民经济运动，对现存的或前社会主义的生产资料私有制（所谓“五种经济成分”）进行“社会主义改造”就具有历史的必然性。新中国最初几年的国内政治性实践运动就是为此而展开的。这场“社会主义改造”运动有当时特殊的国内国际形势所需，又有对马克思主义相关理论的理解，还有对当时苏联的集体农庄化实践经验的模仿，再有属于中国共产党人领导人民探索自己道路过程中的初创。1956 年“社会主义改造”提前结束。党中央向全国人民和世界宣布新中国进入了社会主义社会（后来又要“跑步进入共产主义”，再后来又重新再认识，“退却到社会主义初级阶段”），为新生的中华人民共和国国家政治上层建筑奠定了“新社会主义制度”的经济基础，正是在此基础上又经过十多年的艰苦奋斗初步建立起了比较完整地工业体系和国民经济体系。这被课题负责人称之为是一场“经济革命”。这场“经济革命”基本上符合当时新中国建国初期的社会实际情况，符合社会经济基础与上层建筑之作用与反作用的基本关系的原理。但是，全部问题的关键可能在于：新中国社会的上层建筑能否在前社会主义的社会生产力发展水平及经济基础上人为地建立起来，即便人为建立起暂时的政治上层建筑，它又能否继续在比较落后的、

“一穷二白”的社会生产力和不那么完善的生产关系基础上得到巩固和发展？要不要以及怎样通过对“经济革命”的消化来对政治革命进行再消化?① 共和国对这场“经济革命”的消化是由后来的反修防修的“文化大革命”和对“改造社会主义”、“改革社会主义”的改革开放的实践来证明的。对此需要展开极其深入地研究。

（三）文化革命：改变一穷二白面貌巩固新制度的政治试错

“文化革命”一般是指有别于政治革命、经济革命、社会革命、科技革命等与文化有关的革命。如思想革命、思想市场、思想斗争、理论斗争、意识形态安全等等。本课题研究中的“文化革命”亦即专指“文化大革命”或“文革”的简称。“文化大革命”是中国政治发展道路中回避不了的、极其重大的现实政治问题，它已经对共和国的历史产生过极其重大的历史影响。

在我国政界一般认为“文化大革命”是一种全局性的“左”的错误，根子在制度。邓小平指出，“制度问题好可以是坏人无法任意横行，制度不好可以是好人无法充分做好事，甚至会走向反面”②。需要特别指出的是，邓小平在这里指出的制度问题侧重于领导制度和组织制度方面的问题，不是社会主义的根本制度问题。十一届六中全会通过的《关于建国以来若干历史问题的决议》，并不是如少数人所坚持主张的要“彻底否定”文化大革命期间的整段中华人民共和国史。为此，本课题负责人在 1996 年出版的《中国社会主义特色纵横谈》一书中曾经从学理性的角度认为：历史决议是历史性的产物，对重大的历史事件所做出的历史性决议应当作出历史性地思考，即

---

① 参见乔耀章. 重构政府经济基础——对转变政府职能问题的深度思考[J]. 浙江学刊，2004(4).

② 邓小平. 邓小平文选第 2 卷[M]. 北京：人民出版社，1993：333.

要始终经得起历史的反复追问。关于“文化革命”的研究，在我国及国外学术界有着汗牛充栋的各种各样的界说和成果，可谓见仁见智。开展全面而综合的研究“文化大革命”并不是本课题的学术意旨与能力所为，需要另外开辟“文化大革命学”或“文革学”作专门的研究。珍惜历史，正视现实，展望未来。对子孙后代负责。

本课题研究只是初步提出，如果从特定意义上说，不能真正读懂“文化大革命”，便难以真正进入中国政治发展问题之门。新中国的“文化大革命”历史阶段，是一种历史的真实，亦即真正的历史存在，它不能也不可能被虚无。它确实史无前例地存在过，但它也很难说仅作为一种历史的存在真正进入了历史，成为过去时，而对现实已经没有影响了。作为中国政治发展进程中的“文化革命”，它是一种“中介性”事物。它前有“经济革命”，“大跃进”、“人民公社化”实践，后有改革开放的伟大历史性转折。它虽然是以“文化”概念、命题出场的，诸如以“城乡社会主义教育”，“狠斗私字一闪念”，“反修防修”，“同传统的所有制、传统的所有制观念实行最彻底的决裂”。但是，它实质上既是“经济”的、更是“政治”的。前者，它似乎为着要寻找一条更为激进的“多快好省”，“大干快上”，“人有多大胆、地有多高产”的发展生产力、发展经济，向自然开战的途径，尽快告别“一穷二白”的落后面貌，因为“穷怕了”、“落后就要挨打”。在此期间，初衷在于试图通过上层建筑“文化革命”进一步能动地反作用于“经济革命”，发展经济生产力。“抓革命，促生产”！这可谓是发动“文化大革命”的最为真实的、直接的意图之一。谁说毛泽东不懂经济，忽视发展生产力？持这种认知的人，真实的历史会无情地嘲笑他们，除了胡说、无知就是必有用心！改革开放以来所创造的人间奇迹的基础是对改革开放前正反两方面历史经验(包括十年文化大革命)的深刻总结。

由此可见，本课题研究认为“文化大革命”犹如一条扁担，向前一头担着共和国建国以来的“经济革命”，往后一头担着“政治改革”即“第二次革命”。这是有别于夺取全国胜利之政权的政治革命。因此，本研究认为“文化大革命”拟可解析为是试图尽快改变一穷二白面貌，借以巩固社会主义制度的一种政治试错以及文化试错。从特定意义上说，文化大革命“育化”了改革开放。没有“文化大革命”便没有改革开放。

（四）政治改革：1978 年改革开放的初衷是完善新社会主义制度

本课题研究认为，中国共产党人的初心、中华人民共和国的初心和改革开放的初心是一脉相承的，但在不同的历史阶段有着不同的历史任务、不同的历史重心。与新民主主义的“政治”革命，生产资料私有制的社会主义“经济”改造以及“文化”大革命的历史逻辑有所不同的是，改革开放的逻辑首先是从思想理论、观念文化即从真理标准大讨论的“思想”解放开始的。从一定意义上说，改革开放从思想观念入手与文化大革命之“文化”是接轨的。然后则由下到上，由内到外，由农村到城市，由物质到精神，由利益到权利，由局部到整体，由不全面到全面，由治标到治本，由客体到主体，分轻、重、缓、急，次第并顺势而为展开。改革开放四十年来，中国的经济生态、政治生态、文化生态、社会生态、自然生态以及国际生态，已经发生了翻天覆地的变化，与四十年前中国的经济、政治、文化、社会、自然及国际生态相比已经不可同日而语了。正如习近平同志所指出的，“没有改革开放，就没有中国的今天”①。课题负责人认为所有

---

① 人民日报社理论部编.深入学习习近平同志系列讲话精神[M].北京：人民出版社，2013：299.

这一切的成就是展开“思想市场”搏杀的结果和产物。(“思想市场”是课题负责人研究社会主义精神文明建设问题过程中较早关注的一个新词，是相对于“经济市场”和“政治市场”等而言的①)。

改革开放是一项前无古人后有来者的伟大事业，既有进也有退，而且不进则退，也不可能一帆风顺。今天回首往事，经历就是过程，经历、过程就是最大的财富，人们应当倍加珍惜。我们的改革开放是在既定的坚守“道”的前提下对具体“路”的选择和再选择。改革开放的实践已经证明，道可道非常道，不可以试错；具体的路可路，则可以试错(犹如过河，如既无桥可走，也无船可渡，只好摸着石头过河)。新中国为什么要走上改革开放之路？改革开放解决了哪些问题？还没有解决哪些问题？又遇到了哪些新的问题？未来的改革开放向何处去？这些问题伴随改革开放的始终。改革开放是一种在自身基础上的继承和创新。其中，创新内涵着共时态的“破”与“立”两个方面。一方面，“破”是指对原有存在问题的纠错；另一方面，“立”则是在原来有或没有的基础上的重新构建，通常这种“重新构建”会带有不同程度的试错性质。通常人们要对这种试错给予适当的宽容和包容。创新与试错和容错有着命运共同体的特质。

改革开放的最初出发点和目的或者说改革开放的初心、初衷所在，就是为了改革相应的体制与机制，以便纠正既往在探索前行过程中所犯的错误，在改革开放的过程中始终坚持不断完善社会主义基本制度，既要防止“左”又要警惕“右”，防范将“改革体制”嬗变为“改革制度”这样的错误倾向，否则，就会对“体制”的革命演变

---

①　乔耀章.中国社会主义特色纵横谈[M].苏州：苏州大学出版社，1996：304—312.

为隐蔽的或公开的对社会主义基本“制度”的革命。正如习近平同志所强调的那样:“要坚持以人民为中心,把为人民谋幸福作为检验改革成效的标准,让改革开放成果更好惠及广大人民群众”①。从这个意义上说,新中国的方向也是既定的,也不存在向何处去的问题。改革开放是对“社会主义改造”后的那种“旧社会主义”进行改造,亦即“改造社会主义”,是社会主义制度的自我完善,创建“新社会主义”。如果说 1949 建立的是新中国,那么,1978 年以后的新中国就将成为“新新中国”。

相对于 40 年前开始的改革开放而言,习近平总书记最近在上海考察期间又发出了“改革开放再出发”的伟大号召。这是符合马克思主义关于社会革命的基本原理的。马克思主义者是坚持不断革命论和革命发展阶段论的相统一论者。同样道理,改革开放也应当是一个不间断的改革开放与改革开放的阶段性、间隙性有机统一的过程。课题负责人赞同这样的体认:中国特色社会主义已经进入了新时代,站在新的历史起点上,改革开放也将再出发。

在这里,所谓改革开放的再出发,是指坚持中国特色社会主义发展道路的再出发。所谓再试错与再纠错并举,是指这两方面的统一。一方面,所谓的再试错,即在改革开放再出发、再探索过程中不断步入深水区而难以避免的可能的再试错。另一方面,所谓的再纠错有三方面含义,其一,即不但要继续纠正 1949 年以来特别是 1952 年至 1978 年改革开放以前探索过程中的“旧错”,其二,还要纠正 1978 年后 40 年来在改革开放探索过程中形成的“新错”,其三,还要对改革开放再出发过程中尚未显露的试错做好准备纠错的心理准备。我们试图用一个公式来表示:再纠错＝旧错

① 不忘改革开放初心[N]. 人民日报,2018—10—29(001).

＋新错＋再错的“三错”一起纠正。能否做到这一点是衡量中国共产党人是否是一个郑重党的一个显著标志。正如列宁曾经在《共产主义运动中的“左派”幼稚病》一文中所指出的那样：“一个政党对自己的错误所抱的态度，是衡量这个党是否郑重，是否真正履行它对本阶级和劳动群众所负义务的一个最重要最可靠的尺度”①。可见，我们在改革开放再出发的道路上，应当继续沿着习近平新时代中国特色社会主义思想的指引，不断比对目标，校准航向。为此正如朱佳木先生指出的要从以下六个基本方面着手：其一，改革开放的方向和方法论；其二，改革开放的出发点和落脚点；其三，改革开放的核心问题；其四，改革开放的立足点；其五，改革开放的自主性；其六，改革开放中的党的风气和社会风气。② 由此可见，我国的政治改革应当继续坚持新中国改革开放的正确的社会主义方向，才能实现习近平同志所强调的，“中国共产党所做的一切，就是为中国人民谋幸福、为中华民族谋复兴、为世界谋大同”。中国的改革开放、中国的政治改革只有进行时没有完成时。只有将改革开放、将政治改革进行到底，才能不断完善和发展中国政治体制和政治制度，进而不断完善和发展中国特色社会主义制度。

三、中国政治发展道路中的治理社会与社会治理

“治理”作为学术用语，最早源于西方学术界。20 世纪八九十年代，政治学者俞可平等较早把其引介到中国。从其实际意义来

---

① 列宁.列宁选集(第 4 卷)[M].北京：人民出版社，1995：167.

② 朱佳木.新时代与改革开放航向的校准——论我国改革开放 40 年的根本经验[J].马克思主义研究，2018(11).

看,对于人类社会来说,治理本是古已有之的事,它同人类社会共生。自从阶级、国家产生以后,“治理”一词遂逐步具有了统治的“治”与管理的“理”相组合而成新概念的双重内涵,一般是指单向度的由上而下的治国理政,亦即与“阶级统治”或“国家统治”、“国家管理”相关联。至20世纪后期以来,世界银行、联合国发展计划署以及全球治理委员会等国际性组织,都曾经对“治理”概念的当代含义作过各有所侧重的定义,所强调的是适度调节治理主客体间的向度与方式,但它们都没有主张在民族国家或国际社会范围内可以以“治理”一词,来取消或代替“统治”和“管理”概念的意指。只要社会尚未成熟,只要阶级、国家还存在,本来意义上的统治、管理概念所涵盖的实质内容便不会自动退出历史舞台,虽然“统治”与“管理”概念正在不断地增加着现代“治理”的内涵。在我国,改革开放以前,一般用国家、政府统治或管理的概念较多;党的十八届三中全会以前,一般用“国家管理”、“政府管理”等概念较多;党的十八届三中全会以来,用“国家治理”、“政府治理”以及“社会治理”等概念日益流行起来。这些新概念、新术语和新词汇的不断引进或使用和流行,业已从一个侧面表明我们政治发展正处在一个不断变革与进步的新的历史时期。这就要求我国政治发展要在党中央坚强有力的领导下,不以统治与管理为目的,而以维护最广大人民根本利益,增强社会发展活力,维护国家安全,确保人民安居乐业,社会安定有序为目标,融国家治理、政府治理于社会治理之中,从而实现从事实上的“治理社会”向事实上的“社会治理”的历史新穿越(有别于跨越、跳越或超越)、新境界。

(一)国家与社会关系视域中的社会治理

从人类社会起源角度来看,先有社会后有国家。国家是社会发展到一定历史阶段的产物。（在具体的民族国家也是如此，如亨廷顿就指认英国是“新国家，旧社会”，而美国则是“先有社会，后立国”），亦即国家是社会的发明物、创新物。国家产生于社会，社会离不开国家，国家与社会二元对立且疏离，这是国家与社会关系问题上的三个基本假设。一方面，根据这些基本假设，使西方国家与社会关系理论的逻辑起点得以生发和拓展开来。例如，个人（自由主义）权利观念，公共权力理念，消极国家观，小政府、大社会，弱政府、强社会以及权力制约的构想或理论等等。西方国家的这些构想或理论，在总体上描述的是一幅在国家与社会关系问题上的极度紧张与二元对立（确切的说是作为“公域”的国家与作为“私域”的社会的对立，下文还要论及），是一种历史常态，也是一种现实困境。经过初步的思考和研究，我们以为西方国家的这种社会常态和社会困境所反映出的是一种可谓社会优先于国家的“社会崇拜”（究其实质是一种极端个人主义、自由主义或私有、自私主义崇拜）现象。这种现象在社会管理、社会治理问题上，主张让国家、政府走开，让“社会”、“公民社会”或市场（其实质是投资主体）来主导整个社会秩序。显然，这是一种极端的倾向。另一方面，1949 年以后的新中国，在比较特殊的主客观历史条件下，在国家与社会的关系问题上走向了另一个极端，即无视社会和市场的存在与作用，一切由国家、政府来计划、主导。从特定意义上，课题负责人把这种极端的倾向相应地称之为“国家崇拜”（其实这并不是我国特有的，即便是在西方也存在着某种程度的“国家崇拜”现象，如黑格尔的唯心主义国家学说，把国家视为市民社会的基础，视政府为市民社会的支柱，拟可作为“国家崇拜”一种表现形式）现象。1978 年以来的改革开放，特别是十八届三中全会以来的全面深化改革，究其实质或实际而言，真正是在反思历史（计划经济）传统，正视现实（社会主义市场经济）实际和实践的基础上，逐步走出“二元极化思维”的模式，重建新型的“一体化”的国家与社会关系，使“国家崇拜”倾向或现象有所改观。我们认为，这种社会和国家“一体化”思维的出发点和落脚点聚焦在社会治理问题上，主要涉及以下三个层面的问题。

其一，从社会存续视角看，社会需要治理。社会之所以离不开治理，主要是因为社会是会“生病”的（杜维明语），社会有时也是会“溃败”的（孙立平语）。既然如此，社会就需要治理。这种治理可分为三种情形：一是“自治理”（可分为社会的“自治理”、国家或政府的“自治理”，也可简称为“自理”或“自治”，由于要自理、自治，所以与自治理者的“自建”、“自我建设”、“自身建设”分不开）；二是“他治理”（或称为“治他”，如国家、政府对社会的治理，抑或是未来理想层面上的社会对国家、政府的治理）；三是“受治理”（当社会接受国家和政府的治理，或国家、政府接受社会治理的一种情形，而当出现国家、政府接受社会对它们治理的理想情景时，课题负责人称之为社会与国家、政府的“互治”）。然而，既往的历史告诉人们，社会愈是原始，社会愈是落后、社会越是不发达，直面社会的“生病”或“溃败”问题，社会就愈加不能自行解决或“自治理”，就势必诉诸其自身的创造物国家、政府进行“他治理”。正如恩格斯所指出的：这个社会陷入了不可解决的自我矛盾，分裂为不可调和的对立面而又无法摆脱这些对立面。而为了使这些对立面，这些经济利益互相冲突的阶级，不致在无谓的斗争中把自己和社会毁灭，就需要有一种表面上凌驾于社会之上的力量，这种力量应当缓和冲突，把冲突保持在“秩序”的范围以内；这种从社会中产生但又自居于社会之上并且日益同社会相异化的力量，就是国家。[1] 可见，国

---

① 马克思，恩格斯. 马克思恩格斯选集：第4卷[M]. 北京：人民出版社，1995：170.

家产生和存续的直接理由是为着社会的秩序，为着社会“秩序”，就需要国家和政府的治理。也如麦迪逊所说：“人们可以有秩序而没有自由，但他们不能有自由而没有秩序，必须先有权威，然后才能对它加以限制。”在国家或政府对社会治理的过程中，社会得到成长、建设、发展和进步，社会也开始萌发“自治理”的能力。诚然，更为重要的问题还在于，人类社会就是在不断地生病与治病、溃败与反溃败的历史进程中存续和发展的。不同的社会形态，不同的社会发展阶段，有着不同的病情和溃败的情形，由此需要治理的具体内容与形式也有所不同。特别值得指出的是，自从国家（政府）被发明以后，在履行治理社会职能的过程中，社会仍然会生“新病”和“新溃败”。这些新病和新溃败生成的原因，会随着社会的发展变得越来越复杂化。大体说来不外乎两方面。一方面，这与社会自身成长的烦恼有关，归根结蒂与人的天性或自然或动物本性有关。正是从这个意义上说，社会之病，亦即人性之病，对社会的治理，亦即对人的治理。另一方面，这与国家、政府的基本属性也不无关系。根据马克思主义基本观点，任何国家、政府都具有阶级的、社会的两重属性，随着社会的成长和进步，其阶级属性将渐行渐远，其社会属性也将渐行渐近。在这样的情境中，对社会的治理就不仅仅是国家、政府的“专利”（专职），社会也要逐步学会“自治理”。与此同时，国家、政府就要处理好阶级性与社会性的关系，处理好国家、政府自身的“自治理”和对社会“他治理”的关系，而且只有处理好国家、政府的“自治理”，才能更好地履行对社会进行“他治理”的职责。所谓“打铁先得本身硬”或许就是这个道理。从这个特定意义上说，西方国家的“三权分立”体制，主要是指侧重于从阶级间的分权制衡到阶级内部的分权制衡，是一种国家、政府的“自治理”的制度设计，该制度设计的真正秘密在于：通过“自治理”确保对社会进行“他治理”的过程中，能够保证和体现资产阶级的利益与意志。进而言之，在社会需要治理问题上，社会要不要、何时要，以及要什么样的国家、政府的“他治理”，并不取决于国家和政府自身，而是直接取决于社会能否“自治理”及其“自治理”的程度，换句话说，国家、政府对社会的“他治理”是有限的，应该以社会是否具有“自治理”能力及其程度而动态地增加或减少。而国家、政府“自治理”（如我国目前正在进行的“打虎”行动就是事关党和国家生死存亡的“自治理”）的能力及其程度直接关乎到它对社会“他治理”是否有效及其有效性的程度，甚至还会直接或间接影响到社会“自治理”能力的成长及其程度，当然也直接关乎到国家、政府治理的地位及其存亡。

其二，从唯物主义视角看，社会决定治理。社会需要治理，但是这种治理的主体尤其是作为“他自理”的主体是不能自行的。根据中国古代治国理政的“舟水理念”，我们是否可以认为在社会治理问题上，社会若水，国家（政府）如舟。社会具有先在性、至上性，而国家、政府则具有从属性、派生性。既然我们已知世上没有不需要治理的社会，无论是社会的“他治理”还是社会的“自治理”，都不是施行治理行为的组织或人员自己主观决定的，而是由其社会本身的成长程度、发展程度、文明程度等等客观情形决定的。从一个特定意义上，马克思曾把社会描述为是一个自然历史过程。有什么样的社会就会可能有什么样的社会治理。例如，原始社会、奴隶社会、封建社会、资本主义社会都有与之相适应的社会治理伴随着；前工业社会、工业社会、后工业社会都有与之相适应的社会治理伴随着；传统社会、转型社会、现代社会、后现代社会也都有与之相适应的社会治理相伴随。这些不同类型的社会治理，在历时态层面要保证社会的可持续发展，在共时态层面要保证社会的协调全面发展。此外还如，经济社会、政治社会、文化社会、区域社会，上层社会、中层社会、基层社会，实体社会、虚拟社会、网络社会等也都有与之相适应的社会治理相伴随。这些不同领域、不同层次、不同区域、不同体态的社会治理，都各有其内容与形式，各有其运行的规律，都应当分轻、重、缓、急，既不相互割裂，又相互联系，既互为条件，又互为目的，本着一切从实际出发，实事求是，遵循共同但有区别的原则，展开较为有效的社会治理。经过我们的分析研究，形成的关于社会存在先于社会治理，或社会存在决定社会治理的理念，是符合马克思主义历史唯物主义基本原理的。从这个特定意义上说，在我国，为着维护社会"秩序"而进行的社会治理，尤其是国家、政府的"他治理"，并不是社会治理或"治理社会"的目的的全部。为着建设社会，发展社会，推动社会的健康、文明和进步，为每个人的自由发展和一切人的自由发展创造条件，才是社会治理的直接目的或最终目的本身。通过社会建设，确保社会治理，反之亦然。从真实中国的现实社会情境出发，这是中国社会治理问题一切立论的历史唯物主义基础。

其三，从辩证法视角看，社会决定于治理。亦即社会治理决定、反作用于社会存在。正如恩格斯指出的：一切政府，甚至最专制的政府，归根结底都不过是本国经济状况的必然性的执行者，它们可以通过各种方式——好的、坏的或不好不坏的——来执行这一任务；它们可以加速或延缓经济发展及其政治和法律的结果，可是最终它们还是要遵循这种发展。① 就是说，国家、政府的"自治理"和"他治理"能动地反作用于社会，往往表现在好的、坏的、或不

① 马克思，恩格斯．马克思恩格斯选集：第4卷[M]．北京：人民出版社，1995：715.

好不坏以及加速或延缓等方面。比较理想的状态当然是诉诸于积极能动的反作用的好的、加速的“正能量”方面。上文在国家与社会的关系问题上，我们已经指出了“社会崇拜”和“国家崇拜”这两种极端的倾向。其实，从特定意义上说，“社会崇拜”实际上是比较片面地强调了社会(之“私域”)、尤其是作为社会分子的个人的先在性或至上性，不恰当地把社会即个人“唯物化”了，视国家、政府为消极、被动的“边缘化”了的存在物，甚至视为“必要的恶”、“利维坦”；而“国家崇拜”则实际上是比较片面地强调了国家(之“公域”)、尤其是政府反作用于社会的能动性或决定性作用，不恰当地把国家、政府“辩证化”或“唯心化”了，忽视或否定了社会对于国家和政府所具有的先在性或归根结蒂意义上的决定性作用。然而，历史的唯物辩证法表明：社会往往是“铁打的”，亦即社会往往是个常数；而国家、政府则往往是“流水的”，亦即国家、政府往往是个变数。社会和国家、政府在一体化的历史进程中相互作用，既互为条件又互为目的。通常表现为社会决定国家、政府的唯物主义与国家、政府能动地反作用于社会的辩证法的有机统一。这种社会与国家、政府既唯物又辩证地有机统一的结果，常常展示出社会历史发展的不平衡性来。而社会发展不平衡规律是绝对规律。例如，世界近代史以前的中国封建经济社会发展曾经处于领先地位，这种领先地位后来被率先爆发工业革命的西方资本主义国家发展赶超而取而代之。在当今全球化的浪潮中，这种发展不平衡规律作用愈发突出。这对中华民族的伟大振兴来说，既是前所未有的挑战，更是前所未有的机遇。如果说有什么样的社会就可能有什么样的社会治理，这一唯物主义的观点能够成立的话，那么同样可以说，有什么样的社会治理就可能决定有什么样的社会存在，这一辩证法的观点也同样能够成立。因为基于国家、政府有效“自治理”

基础上对社会有效的“他治理”，对于经济社会能否健康发展具有决定性作用与意义。正是从这个特定的意义上说，课题负责人曾经在上个世纪就率先提出行政管理可持续发展思想，认为没有落后的社会，只有落后的政府、政府管理及其政府治理。[①]

由此可见，社会需要治理或社会离不开治理，社会决定治理或有什么样的社会就有什么样的治理，社会决定于治理或社会的存续和发展有赖于有效的国家、政府、政党治理及社会的自治理。同时，既然有什么样的社会就有什么样的治理，那么，中国的社会治理问题就离不开对中国的“社会”及其“主义”问题进行再认识。

（二）社会主义的三个分子式与社会治理

既然政治发展中的社会治理归根结底是由社会存在或社会发展状况决定的，那么，要全面深化研究我国的社会治理问题，重新发现和认识我国的社会及其社会形态所处的历史方位，我国的社会与主义的关系，我国的社会主义是一种什么样的社会主义等问题就显得十分必要和重要。这是一个极其复杂的问题，为了突出主要问题的主要方面，需要关注以下三个问题。

问题之一，关于重新发现和认识我国的“社会”问题。本来，社会就客观存在于个人与国家之间、个人与政府之间、个人与市场之间以及政府与市场之间的，可是，为什么还需要我们要重新发现，重新再认识呢？这主要是因为在我国，过去相当长的历史时期内社会被主义、国家、政府等“遮蔽”或“尘封”了。[②] 社会是一个多义词，本没有十分明确的定义，这主要是由于社会总是历史

---

① 乔耀章. 应当把“可持续发展”思想引入行政管理[J]. 中国行政管理，1998(4).

② 熊培云. 重新发现社会[M]. 北京：北京新星出版社，2010.

的或具体的而不是抽象的、总是动态的而不是静态的、总是发展、不确定的而不是一成不变的缘故。一般社会是相对于自然而言的，人们为了共同生活通过各种各样社会关系联合、集合起来的群体、组织包括国家，被认为是人类特有的，所以社会和人类社会一般具有相同的含义。人们对社会有若干的解析与分类。在马克思看来，人类社会有其产生、发展和消亡的自然历史过程。在其整个历史进程中，都要将其环境和人得到改造。其中，“大体说来，亚细亚的、古代的、封建的和现代资产阶级的生产方式可以看作是经济的社会形态演进的几个时代”。[①] “代替那存在着阶级和阶级对立的资产阶级旧社会的，将是这样一个联合体，在那里，每个人自由发展是一切人的自由发展的条件”。[②] 在此基础上，后来的马克思主义者主要侧重于社会生产关系的所有制性质或价值、定性层面，将社会基本形态历时态地概括为：原始社会、奴隶社会、封建社会、资本主义社会、共产主义社会(社会主义为其第一阶段)，以及人对人依赖的社会、人对物依赖的社会和人自由全面发展的社会等等。其他西方学者一般主要侧重于社会经济、科学技术、信息交流等方面，从事实层面、定量层面或工具层面，把社会历时态地分类为：渔猎社会、农业社会、工业社会、信息社会，传统社会、现代社会、文明社会等等。此外，人们还从人类社会共时态角度把社会形态分为：经济社会、伦理社会、市民社会、公民社会、政治社会等等。必须指出的是，对于整个人类社会的发展、演进来说，无论是历时态的社会，还是共时态的社会，无论是价值、定性层面的社会，还是事实、定量或工具层面的社会，都可视为统

---

① 马克思恩格斯. 马克思恩格斯选集：第 2 卷[M]. 北京：人民出版社，1995：33.
② 马克思恩格斯. 马克思恩格斯选集：第 1 卷[M]. 北京：人民出版社，1995：294.

一历史过程的两个方面，都具有其相互可证明性。在时间维度上，各种社会形态有先有后，而且次序有别；在空间维度上，各社会形态又有不同的地域、领域、层级或发展程度，而且分轻、重、缓、急。但是，关于社会分类解析问题具体到国别就另当别论了。中国社会的最大特点之一就是，它虽然是人类社会中最古老的、延续性最强的社会之一，但又是一个急剧变化的社会，似乎老处在“过渡、转轨、转型”之中。一方面，政界和学界都已经认为，我国处在传统社会向现代社会转型时期，正处在并将长期处在社会主义初级阶段。这是目前一种占主流或主导的比较抽象、概括的观点。另一方面，当今中国社会，在时间维上，世代重叠，时间丛集，前现代、现代和后现代纷至沓来，总是有一连串的问题；在空间维上，国内社会、国际社会、区域社会、领域社会、层级社会等问题搅成一锅粥，令人目不暇接，纷乱如万花筒。其间，孰先孰后，谁重谁轻，在事实层面上的确比较茫然，常常是手忙脚乱，往往摸着石头过河之后，回观反思，始觉次第错乱，在不经意间枉交了多少学费，却无法从头再来。为了直面这样的现实，把这两方面的景观有机地结合起来，课题负责人以为，从特定意义上说，我国是“社会主义国家”，但严格来说，还不是科学意义上的“社会主义社会”，本质上是一个社会纯净度较低的多质态并存的且具有中华民族命运共同体性质的社会。在中国的社会问题上秉持这样的观点，既有利于避免西方化的社会观，又有利于避免教条化地对待马克思主义社会形态理论的倾向，使之首先同新中国自己的历史接轨，从中国“社会”实际出发，走好中国特色的社会发展之路。

问题之二，关于社会与“主义”的关系问题。一般说来，社会存在决定社会意识。有什么样的社会就有什么样的主义，同样的社会存在会产生若干不同的主义，各种主义中必有一种起主导或支配地位的主义，这种主义是由该社会的主要矛盾和主要矛盾的主要方面决定的。在我国，凭实而论，一般人们习惯使用“社会主义”概念，而很少有人去思考、去追问生存于是(斯)的“社会”与“主义”的关系问题。就本意而言，“主义”是指人们对某事物表示的观点、理论和主张。对社会而言，“主义”就是对社会表示的观点、理论和主张。自1840年以来，中国社会似乎总是处于“过渡、接轨、转型”之中。其中至少有三个历史性的坐标：其一是辛亥革命以后中国社会向何处去；其二是1949年以后中国社会向何处去；其三是1978年以后中国社会向何处去。每到相应的历史关口，中国社会往往是处于“主义”纷争的时候，或曰中国社会陷入“主义丛林”之中。与三个历史性坐标相应的是“新文化运动”(从特定意义上课题负责人称之为“新主义运动”，对此，值得进一步研究)、“五四运动”、中国共产党的横空出世、新民主主义革命，“过渡时期”、“三大改造运动”、“文化大革命”以及“改革开放的新革命运动”等历史性事件。与历次历史性事件相关联的是各种各样的“主义”相伴随、相搏杀。其中主要有“六种主义”即：封建主义的专制主义，资本主义的自由主义，三民主义，新民主主义，社会主义以及共产主义等。辛亥革命以来的中国历史已经证明并且还将继续证明，究竟什么主义与中国之社会更相适应、更相符合，并不完全取决于特定历史条件下的政治家以及真正历史创造者——大众的、主观的、一次性的、非理性的——单项选择，而最终取决于合乎中国社会历史发展规律的自觉选择：辛亥革命以后的中国社会历史既没有选择资本主义，也没有选择社会主义，而是选择新民主主义；1949年以后的新中国社会历史选择的是只有社会主义才能救中国；1978年以后的中国社会历史仍旧坚持以社会主义为定向发展。相比较而言，虽然封建专制主义并不愿意自动退出历史舞台，它还会寄生在新的社会肌体中残存一个相当长的历史时期，但是人类社会向前发展的总体趋势早已宣告它成为过去时态了。在当今世界（主要是西方）资本主义仍然占主流的全球化时代，在可预见的未来相当长的历史时期内，其他任何主义都将暂时从属于资本主义，“大中国”社会也不例外。一方面，大中国（包括大陆、香港、澳门、台湾）社会自身资本主义的客观存在，远不能成为历史；另一方面，大中国社会与世界（主要是西方）资本主义社会正、负能量的并存、合作、竞争，是必须正视的残酷现实。在践行“一国两制”的过程中，中国香港、澳门以及台湾秉持的是资本主义的自由主义以及三民主义；中国大陆秉持的是在承接新民主主义社会尚未完成的历史任务的同时，施行一定范围、一定程度、可调节的中国式的资本主义的自由主义、新民主主义，并始终坚持以（中国的）社会主义为定向性的发展。[①] 需要特别指出的是，社会与“主义”，“主义”与问题，价值（也可视为一种“主义”）与事实等是须臾不可分割的。从特定意义上说，中国共产党（是在“问题与主义”作为历史公案的论辩中出生的）是靠“主义”起家的，靠“主义”取得政权的，靠“主义”立国的，靠“主义”巩固执政地位的，靠“主义”建设社会、发展社会的。那么这个“主义”是什么呢？这个主义是或等于是“马克思主义”吗、是或等于是“列宁主义”吗？不，或不完全是。成熟时期的中国共产党历来主张把马克思主义、列宁主义同中国革命、建设、改革开放的具体实际、具体实践相结合，进而产生中国化的马克思主义，这就是：毛泽东思想、邓小平理论、三个代表重要思想、科学发展观，以及习近平新时代中国特色社会主义思想。正是从这个意义上说，中

---

① 乔耀章.略论作为社会主义定向的政治发展[J].江苏社会科学，2002(2).

国共产党从诞生以来,就一直高度重视“主义”之真、伪的辨析与坚守,就一直高度重视思想、理论的创新、建设和发展,就一直高度重视核心价值体系和价值观的培育与践行。在多种主义同时并存和多种价值体系同时并存的当今中国社会,毫不动摇地确立起社会主义及其价值体系的核心地位![①] 还需要特别指出的是,在社会与“主义”的关系问题上,我们之所以如此推崇“主义”、思想、理论、发展观、价值观及其法治战略思维等等的极端重要,其主要目的在于强调:其一,只要社会存在,就有问题与“主义”同在,不能只谈问题(有时甚至是伪问题)不谈“主义”;其二,问题分轻、重、缓、急,有时为抓主要问题,而“少谈主义”但绝不是“不谈主义”;其三,强调“主义”的不可或缺、不可替代性,绝不表明推崇某种“主义至上”,因为相对于社会存在,社会才具有至上性或“社会至上”。课题负责人主张唯中国社会之实,应当因社会而“主义”,因社会而国家,因社会、国家而“主义”;而不是因“主义”而社会,因“主义”而国家,因“主义”而社会、国家或国家、社会。[②] 从探究中国社会与“主义”的关系可见,无论是从价值层面还是从事实层面来看,当今中国社会治理不完全或不纯粹是“社会主义社会治理”,因为当今中国社会还不能选择“单边主义”以立论基础。

问题之三,关于“社会主义”的几个分子式问题。由问题之一、之二的分析,我们知道因“社会”产生各种主义,但凡“主义”的不一定是社会的。“社会主义”这一概念,从字面上看是由“社会”与“主

---

① 乔耀章.“社会主义核心价值体系”多重解析——兼对“社会主义”新释义[J].中共南京市委党校南京市行政学院学报,2007(6).

② 乔耀章.多质态社会行政价值散论——兼论“中国特色科学社会主义”[J].学术界,2013(1).乔耀章.略论“社会主义”的三个分子式或不等式问题——兼论我国社会治理与社会主义的关系[J].观察与思考.2015(6).

义”两个词构成的。“社会主义”的原始含义可谓“以社会为本位主义”或从社会与人的关系角度理解为“以人为本位主义”。[①] 可分为“最广义社会主义”、“广义社会主义”和“狭义社会主义”等。其中,“最广义社会主义”是指与一定社会相联系、反映一定社会存在的一种主义,有多少社会就有多少社会主义。然而,在现实生活中,至少在中国的中文语境中,“社会主义”被搞得比较混乱,其主要的表现就是:往往把“社会主义”等同于现实中的社会主义国家,等同于“社会主义社会”、“社会主义制度”,进而等同于中国。这是一种“实体性思维方式”。一方面,这种思维方式容易把社会主义国家视为社会主义的唯一承担者,自然是社会主义的唯一代表,另一方面,这种思维方式也是把“社会主义”简单地作为“资本主义”直接的对立物,把“资本主义”等同于现实中的资本主义国家,并使社会主义、社会主义国家与作为资本主义唯一承担者的资本主义国家处于绝对对立状态。由此人们在社会主义及社会主义与资本主义关系等问题上,随之产生了一系列的误区和模糊认识(这些误区和认识是非常有害的,比如,把“社会主义”等同于“社会主义国家”,如果这(某)些社会主义国家在特殊历史条件下改弦易辙、不存在了,那么这些国家的社会主义、共产主义就失败、就灭亡了,就进入所谓的“后社会主义”国家)。为了缓解与校正人们的认识误区,本文拟提出有关“社会主义”问题的三个分子式或不等式:其一,社会主义/主义。一般说来,作为分母的“主义”有若干种或N种,作为分子的“社会主义”只是其中的一种。例如,曾由中国社会科学院、中共中央宣传部、中共中央党校、国家文化部、北京大学、

---

① 乔耀章.科学社会主义的理论与实践(第二版)[M].苏州:苏州大学出版社,2009:9.

中国人民大学等近30部门单位近百名专家学者撰写的，填补了主义问题研究领域历史空白的《主义大辞典》，就收录了与主义相关的词条就达2352个。[①] 其二，中国社会主义/社会主义。同样，作为分母的“社会主义”有各种各样，有多少民族国家（尤其是近代以来）就有多少种民族国家的社会主义，作为分子的“中国社会主义”只是其中的一种。需要指出的是，在马克思主义产生以前，在1917年十月革命给中国送来马克思列宁主义以前，中国有没有“中国社会主义”，答案应当是肯定的，中国古有理想社会观，近有大同世界等各种社会主义。其三，中国特色科学社会主义/科学社会主义。作为分母的科学社会主义亦即马克思主义，以《共产党宣言》为标志，主要是指作为理论论证的马克思主义社会主义。[②] 她立足在资本主义社会的现实基础之上，分析论证了人类社会资本主义历史阶段的不可或缺性，分析论证了人类资本主义社会发展到更高发展阶段——社会主义社会（后资本主义社会）的历史必然性；她既同此前人类历史上一切空想社会主义既有历史联系又有本质区别，正是这种本质区别才使人类社会主义学说从空想发展到了科学，也同马克思恩格斯社会主义创立以后的一切空想的、非科学的社会主义划清了界限；虽然她并没有也不可能终结对资本主义，尤其是当代资本主义更深层次本质的揭示及其真理性的认

① 刘建国，鲁默. 主义大辞典[M]. 北京：北京人民出版社，1995.

② 马克思恩格斯的社会主义或科学社会主义富含多方面内容，曾概括作为思想理论、实践运动、社会制度、社会形态的社会主义等四个方面，见乔耀章. 科学社会主义的理论与实践（第二版）[M]. 苏州：苏州大学出版社，2009：7—17；叶险明则认为“社会主义”至少赋予六层含义：作为理想和价值追求的社会主义，作为理论形态的社会主义，作为社会意识形态的社会主义，作为社会运动的社会主义，作为客观的经济、政治和文化因素的社会主义，作为民族国家基本社会制度的社会主义，见叶险明. 关于资本主义与社会主义关系认识的方法论批判[J]. 哲学研究，2013(9).

识，但是她还在指导世界社会主义的实践中与时俱进，不断发展。因此，马克思主义的科学社会主义是世界各国无产者争取解放斗争的伟大旗帜和思想理论武器。作为分子的“中国特色科学社会主义”，也只是科学社会主义在世界各国实践中的一种区域性的民族国家的社会主义。从特定意义上说，正在实践中的中国特色社会主义成功与否，很大程度上决定着世界社会主义的历史命运。还需要指出的是：第一，“中国特色社会主义”是一种社会主义而不是其他什么主义。但是，第二，“中国特色社会主义”不是、也不简单等同于“中国特色科学社会主义”以及马克思主义“科学社会主义”。如果我们认真研读邓小平 1982 年在党的第十二次全国代表大会上的《开幕词》就会发现，其本意或原意实质上应当是“中国特色科学社会主义”。我们认为本文中的第三个分子式或不等式非常非常的重要，因为它既表明了马克思主义科学社会主义对中国特色社会主义的科学性的规约，又表明了中国特色（科学）社会主义对马克思主义科学社会主义新的溢出和发展。① 无数实践、事实已证明，揭示这一点是非常必要和重要的，因为，“中国特色科学社会主义”比起“中国特色社会主义”概念来，或许更能减少人们对之的误解或者歧解，更能增强人们的理解力和执行力。正如马克思所指出的：理论一经掌握群众，就会变成物质力量。理论只要说

---

① 2013 年 1 月 5 日，习近平同志强调指出，中国特色社会主义道路就是党的生命。中国特色社会主义是社会主义而不是其他什么主义，科学社会主义基本原则不能丢，丢了就不是社会主义。他还指出，中国特色社会主义是科学社会主义理论逻辑和中国社会发展历史逻辑的辩证统一，在此过程中，不断丰富其实践特色、理论特色、民族特色、时代特色。在学习领会习近平总书记这一重要讲话精神的基础上，我们撰写了《多质态社会行政价值散论——兼论“中国特色科学社会主义”》一文，该文后来被集入高小平等主编、湘潭大学出版社出版的《行政的价值》一书时，去掉了副标题，这个细节似乎尚未引起人们进一步的关注、追问和思考。

服人，就能掌握群众；而理论只要彻底，就能说服人。所谓彻底，就是抓住事物的根本。①

由此可见，正因为中国社会呈现出多主义、多质态、历时态和共时态并存的现实局面，我们在创新社会治理的过程中，既不能无视非社会主义事实之成分或因素的客观存在，又不能忽视社会主义价值观的引领，特别是马克思主义科学社会主义意识形态的正确指导，力求在处理好"社会与主义"，"问题与主义"，"事实与价值"等之间的关系问题上下功夫，既要"顶天"又要"立地"，既要务实"当下"又要志存"高远"，方能彰显中国社会治理的特色。

（三）融国家治理政府治理于社会治理之中

回观改革开放以来党的历史文献，只有在党的十八届三中全会通过的《决定》中，才首次同时明确使用国家治理、政府治理与社会治理三个政治术语。国家治理重在推进其体系的建构和能力的现代化（有学者认为这是我国继 20 世纪 50 年代提出工业、农业、国防和科技"四个现代化"以后新的第"五个现代化"），政府治理重在宏观调控，社会治理重在增强社会发展活力与秩序。在国家治理、政府治理与社会治理的相互关系及其演进中的几种情形问题。

在与议题有关的问题上，研究者秉持这样的体认：社会似水，政府如舟。从历史唯物主义的观点来看，无论是国家还是政府抑或是政党都是社会的产物，有什么样的社会就会有什么样的国家、政府及政党。社会发展的不同阶段、不同领域决定着社会质量的高低及其多样性与不平衡性，同时决定着国家、政府及政党的多样态，从这个意义上说，是社会包容着国家、包容着政府、包容着政党。但是，

① 马克思恩格斯. 马克思恩格斯选集：第 1 卷[M]. 北京：北京人民出版社，1995：9.

从辩证的视角看，包容总是相对的。在社会包容者国家、政府和政党的历史过程中，国家、政府、政党也能动地反作用于社会，这种反作用可称为“反包容”。这种“反包容”在很大程度上制约、影响甚至决定着社会文明的进化与发展程度。① 用这样的体认来论析治理问题时，也就是上文论及的社会既决定着治理同时又决定于治理的道理。一方面，国家治理、政府治理以历时态和共时态的多种形式作用于社会治理，另一方面，国家治理、政府治理也包容在社会治理之中，亦即本文所指的融国家治理、政府治理于社会治理之中。以下从国家、政府、社会“三治理”中各所包含的“自治理”、“他治理”、“受治理”及其相互演进关系这四个方面展开分述。

关于国家治理。国家，是一个多学科聚焦的融阶级性与社会性为一体的客观存在。国土、国民及其政治设施等是国家最最基本的要素。此外，国家总是与阶级和民族(国内的、国际的)等要素问题联系在一起的。这些要素既是国家的，当然更是社会的。由这些要素构成了纷繁复杂的国内社会公共危机及问题和国际社会公共危机及问题，有待于国家来治理。一般说来，国家治理总是围绕着国家利益亦即一定的社会利益、民族利益和阶级利益而展开的，其中，统治阶级的利益往往总是居于首位。然而，对于我国来说情况则有所不同。根据马克思恩格斯关于“人对人的剥削一消灭，民族对民族的剥削就会随之消灭”，“民族内部的阶级对立一消失，民族之间的敌对关系就会随之消失”的理论②，我国已经是消灭了原来意义上的阶级对立、阶级剥削和阶级压迫，也就随之消灭

① 乔耀章.略论政府包容性[J].江苏行政学院学报.2012(06)；政府理论续篇[M].苏州：苏州大学出版社，2013：427.

② 马克思，恩格斯.马克思恩格斯选集：第1卷[M].北京：北京人民出版社，1995：291.

了原来意义上的民族对立、民族剥削和民族压迫的社会主义国家，这就从根本性质上决定着我国国家治理具有鲜明的社会主义政治特色。虽然由于历史的与现实的种种原因，我国还将在相当长的历史时期内存在着新的阶级矛盾、阶级差别以及阶层矛盾和阶层差别，存在着民族矛盾和民族差别。这就需要我们对全体公民加强“中华人民共和国”基本知识的普及教育，努力达成国家（国族）认同，民族认同①，逐步消除阶级矛盾、阶级差别和阶层矛盾、阶层差别，进而达到消除民族矛盾和民族差别，实现各民族平等，民族团结，民族共同繁荣，使之成为推进国家治理体系和治理能力现代化的神圣使命之一。在此基础上的国家治理包括建设与治理“并举”两个方面：一方面，加强国家的“自治理”，亦即加强我国的现代国家建设。现代国家建设至关重要，事关国家治理的成败得失。如何建设现代国家需要我们展开深入探讨。最为基本的是要在传承与革新中国传统社会政治智慧的同时，基于西方早熟国家的历史遗产，寻求国家重建的替代性路径，从而构成现代国家政治发展的中国逻辑。另一方面，加强国家的“他治治理”。“国家治理”中的主体是国家，治理是行为动词，国家治理的对象是什么？主要是

---

① 我曾用一个公式来解读我国国名中的七个基本政治元素，即：中华人民共和国＝主权＋（政党＋民族＋人民＋共和＋社会主义）民主。其中我认为，争得和维护主权是新民主主义革命的首要目的，也是中华人民共和国的首要任务；共产党的领导是不可或缺的核心力量；国家的统一、中华各民族大团结，是我们的事业必定要胜利的根本保证；人民是国家的主人，彰显国家的根本性质；共和是我国的政体形式；社会主义是我国社会的价值取向，新中国之所以遭敌对势力的仇视、包围、封锁、制裁，一个重要原因就是新中国始终坚持着社会主义定向发展，而且我认为，改革开放以来所取得的所有“红利”都与我们坚守社会主义分不开的；在这个公式里，民主是作为幂次方而存在的，表明政党民主、民族民主、人民民主、共和民主、社会主义民主一个都不能少！同见拙文略论政府包容性[J]．江苏行政学院学报．2012(06)；政府理论续篇[M]．苏州：苏州大学出版社，2013：427.

社会的方方面面。根据习近平的国家治理现代化思想，包括国家治理体系（即整个治理结构）和国家治理能力现代化两个子系统。其中，国家治理体系现代化涵盖七个领域：经济领域的市场治理，政治行政领域的政府治理，文化领域的文化思想道德治理，社会领域的社会治理和基层群众自治，生态领域的生态治理，国防领域的军队治理，党建领域的政党治理。国家治理能力现代化涵盖了十种能力：首先强调运用中国特色社会主义国家制度管理社会各方面事物的能力，同时把这个总能力运用到改革、发展、稳定、内政、外交、国防、治党、治国、治军等各方面去[①]。

关于政府治理。国家与政府既有联系又有区别，通常政府只是国家的有机构成之一，不可等同视之。政府治理是国家治理体系中的一个很重要的有组成部分。国家治理的对应概念之一是“地方治理”。政府治理的分类概念则有中央政府治理、地方政府治理、基层政府治理，地域政府治理、区域政府治理等。同国家治理相比较，政府治理更具有执行性、公共性、社会性或人民性。因为在我国，政府通常是由“人民”加以定性、修饰和限制的“人民政府”（当然，在我国国家也是人民的即“人民共和国”）。同国家治理一样，政府治理也包括建设与治理“并举”两个方面：一方面，加强政府的“自治理”，亦即加强我国现代政府的自身建设。研究者曾经认为政府建设主要包括政府理念建设、政府基础建设、政府制度建设、政府组织建设、政府能力建设、政府作风建设和政府人建设等七个方面[②]。党的十八届三中全会通过的《决定》第四部分，关

① 许耀桐.习近平的国家治理现代化思想论析[J].上海行政学院学报，2014(04).

② 参见乔耀章.政府建设导论[J].江苏行政学院学报，2007,(6)；乔耀章.政府建设导论[J].复印报刊资料(公共行政)，2008(2).

于政府"自治理"或自身建设强调了必须切实转变政府职能，深化行政体制改革，创新行政管理方式，增强政府公信力和执行力，建设法治政府和服务型政府等五个方面。另一方面，加强政府的"他治理"。与国家治理同样的理论和道理，政府治理的主体是政府，治理是政府的行为，政府治理的对象也是如同国家治理体系与能力所及的领域和方面，尤其是中央政府是如此。当然，不同层级、地域、区域政府治理的内容与形式都不可能雷同，应当遵循共同但有区别的原则，政府治理社会公共事务，必须坚持一切从实际出发的思想路线①。

关于社会治理。如同国家治理和政府治理的语序结构一样，社会治理也是一个主谓语结构。除了治理的主语不同外，实际治理的行为方式也有区别。社会治理可视为由社会统治、社会管理等"发展"、"进化"而来的，社会统治和社会管理是社会治理的过去时或过去式，社会治理却是社会统治和社会管理的现在时或现在式。在"统治"与"管理"占主流的年代或年份，无论是国家统治、国家管理或国家治理，还是政府统治、政府管理或政府治理，其主体总是明确的国家或政府，而社会统治、社会管理或社会治理的主体总是不明确或不那么明确，甚至主体的客体或对象被异化了。例如，说是社会管理、社会治理，而实际上无论是社会管理还是社会治理的主体并不是社会，社会管理嬗变为"管理社会"，社会治理嬗变为"治理社会"。究竟谁来管理、谁来治理？实际答案是有的，然而是被隐含了的，这就是国家、就是政府，甚至是政党。随着社会治理时代的来临，强调国家治理而非国家统治，强调社会治理而非

---

①　参见乔耀章．论社会治理原理与原则[J]．阅江学刊，2013，5(6)；乔耀章．论社会治理原理与原则[J]．新华文摘，2014，(7)；乔耀章．论社会治理原理与原则[J]．中国人民大学复印报刊资料(公共行政)，2014(4)．

社会管理。表明不仅是语词的变化，而且是思想观念的变化。由此，“社会治理”绝不等同于“治理社会”。同国家治理和政府治理一样的思维逻辑，社会治理也应该包括建设与治理“并举”两个方面：一方面，加强社会的“自治理”、社会自治，社区治理，亦即社会的自身建设。其治理发展演进的线路图是由下逐步向上，从居民身边的小区自理、自治做起，然后到大点的社区公民、基层群众、社区居民，社会团体、社会自组织等等的治理、自治，坚持自己的事情自己能做的自己做，不轻易找警察、不轻易找政府、不轻易找国家，使民众不断从“自然人”培育为“社会人”。另一方面，加强社会的“他治理”。真正做到社会治理循名责实，名副其实，把国家、政府及其官员真正纳入、定位为社会治理的客体地位或角色，使之真正成为社会治理的对象，真正对他们做到有效的选举、监督、罢免，真正斩断升官为了发财的传统治道。当然，这对于当今中国社会治理现状来说还是一个相当遥远的、未来可能实现的梦想。

关于相互治理或“互治”。这是属于某种超然于一定现实的理想境界的社会治理关系问题。客观现实已经向人们证明，从社会统治到社会管理再到社会治理是一种历史的进步。这种进步何以可能及其程度，主要取决于特定社会生态中的统治者与被统治者、管理者与被管理者、治理者与被治理者之间的认知水平、智慧程度、力量对比以及德行操守等等多因素的博弈与较量。虽然我国选择了科学社会主义的发展方向和价值目标，但只是为我们开辟了一条实现理想社会治理的道路，而理想社会治理的实现还有赖于我们在事实层面上的辛勤劳动与自觉创造。于是乎，我国的社会治理便不得不经历这样一个自然历史过程：过去即改革开放以前的新中国，社会自身还处于总体落后的被动、沉睡、无意识状态，社会还不具备“自治理”的条件，社会的“他治理”更不可能，只能处于被治理或“受治理”状态。又由于在比较特殊的国内外形势下，新中国成立后的革命领袖、政党、国家、政府肩负着人民共和国的重托，比较热情、“自信”、“自觉”地代表人民，对我国社会进行探索性的、全方位的“他治理”（治他）。这是一个比较名副其实的政党、国家、政府“三位一体”的“治理社会”的历史时期。这个时期课题负责人称之为“独家管理”时期[①]，政党、国家、政府的“自治理”既不正常又不恰当，更谈不上政党、国家、政府的“受治理”了。“治理社会”的结局众所周知。其原因多多，教训极其惨痛、深刻而当勿忘。后来即1978年改革开放至今，我国取得了举世瞩目的巨大成就，我国的社会也正处于全方位的苏醒与活跃时期。一方面，政党、国家、政府三位一体的“治理社会”开始比较地理性、科学自信、自觉起来，不断从统治、管理理念向治理理念转变。政党、国家、政府更加趋于成熟，表现在履行“他治理”的基本职能的过程中，其治理体系和治理能力正在不断地趋向现代化，法制、法治化。与此同时，政党、国家、政府也越来越敢于和善于正视和逐步克服“自治理”方面存在的严重问题，在负有强烈的危机感、责任感、使命感中不断地加强自身建设，并且已经开始产生了一定的“受治理”的心理准备、思想准备和行动准备。开始表现为淡化统治、管理、“治理社会”观念，逐步回归社会治理本位。另一方面，随着政党、国家、政府对社会更加趋向于科学化、民主化、法治化、现代化治理的过程中，我国社会也得到了迅速成长：社会“受治理”的认知与行为也越来越趋向于理性自觉；社会“自治理”的能力也在成长的烦恼中不断得到提高；社会“他治理”的意识逐步得到增强，要求也有条件

① 参见乔耀章.论社会治理原理与原则[J].阅江学刊，2013，5(6)；乔耀章.论社会治理原理与原则[J].新华文摘，2014(7)；乔耀章.论社会治理原理与原则[J].中国人民大学复印报刊资料(公共行政)，2014(4).

的兑现，并日益走出被的困惑。这两方面的不断有机结合，使得我国的政治社会化与社会政治化的诉求相得益彰，逐步形成政党、国家、政府与社会的“政社互动”、“合作治理”、“共同治理”的生动活泼的社会治理画面。以党的十八届三中全会为新的历史坐标，今后我国的国家治理、政府治理、和社会治理（“三治”），必将要求在科学化、民主化、法治化、道德化、科学社会主义化基础上进一步搞好分工与协作，特别是要求在各自的“受治理”部分达成“多边共识”。倘若如此，我国的社会治理将会在目前的合作治理、共同治理的基本上，进入“相互治理”的新的理想境界。①

由此可见，我们认为，在我国从政党、国家、政府的“治理社会”（独治）到政党、国家、政府与社会的“合作治理”、“共同治理”（共治）再发展为“相互治理”（互治）是历史的必然趋势。古有“治国先治吏”、“以吏为师”等等的治国理政智慧，今有“人民当家作主”的现代理念和“全心全意为人民服务”的宗旨等等。有古人的智慧，有现代理念，有党的宗旨，有现代科学技术……当今中国在社会治理的历史进程中，融国家治理和政府治理于社会治理之中，进而谋求“官民互治”的中国特色是完全有可能的。其充分必要条件之一就在于：治国理政要做到“依法治官吏”与“依法官吏治”的有机统一。②

---

① 合作治理、共同治理是近几十年来国内外理论界实业界探讨的热点问题，成为经济学、管理学、法学、政治学、社会学等跨学科综合研究的课题。国内许多著名学者如俞可平、张康之、何增科等等的研究都取得了丰硕成果。但是我所主张的“相互治理”或“互治”同他们主张的“合作治理”、“共同治理”最主要的区别有两点：第一，“共同治理”强调的各参与主体对具体公共事务的治理，各主体往往是不对称的对“事”的治理；而“相互治理”则强调的是各参与主体之间互为治理的主客体，各主体往往是平等、对等的“人”的治理。第二，“共同治理”所侧重的往往是“当下”的状态；而“相互治理”所侧重的往往是“未来”的情景。哪有治理者不首先接受党纪国法治理的?!

② 参见乔耀章．从治民到官民互治——行政现代化历程分析[J]．北京行政学院学报，2002(2)；乔耀章．政府理论续篇[M]．苏州：苏州大学出版社，2013：305—313．

社会治理是相对于国家治理和政府治理而言的，各有其相对独立又相互联系的主客体及其侧重点。社会需要治理，社会决定治理，社会决定于治理。中国特色政治发展过程中，社会治理的主要目的不在于谋求对社会的统治、管理甚至为治理而治理本身，而在于谋求维护最广大人民根本利益。中国特色社会治理要在坚持唯物主义和辩证法有机统一的历史进程中，处理好社会与主义，社会主义与主义，社会主义与中国社会主义，中国特色科学社会主义与马克思主义科学社会主义的相互关系。在全球化的情境中，力求做到融国家治理和政府治理于社会治理之中，逐步实现从国家、政府"治理社会"，到国家、政府与社会的"共同治理"，再到国家、政府与社会的"相互治理"的历史新穿越、新境界。

这样在政治发展道路的具体过程中，我们就应当处理好治理社会与社会治理二者的关系问题，根据多质态社会的发展要求，既做好治理社会的政治责任，同时不同培育社会自治能力，在"自治"与"他治"以及"互治"基础上，实现中国特色社会主义的政治发展。

四、中国政治发展道路中的全面治理

2013 年党的十八届三中全会，提出全面深化改革的总目标是"完善和发展中国特色社会主义制度，实现国家治理体系与治理能力现代化"。值得注意的是，学者一般更为关注党的十八届三中全会上所提出的治理体系与治理能力现代化命题，而往往忽视同一时期习近平同志在党的十八届三中全会第二次全体会议上的另一段讲话(也可能与这段重要讲话发布时间较晚有关)。习近平同志在这次会议上着重指出"怎样治理社会主义社会这样全新的社会，在以往的世界社会主义中没有解决得很好。马克思、恩格斯没有遇到全面治理一个社会主义国家的实践，他们关于未来社会的原理很多是预测性的；列宁在俄国十月革命后不久就过世了，也没来得及深入探索这个问题；苏联在这个问题上进行探索，取得一些实践经验，但也犯下严重错误，没有解决这个问题。”①研究者以为，这段一般被学者所忽视的习近平同志重要讲话，实则郑重向全党提出一个全新的理论命题——怎样在一个既有时空的社会主义国家进行有效全面治理。囿于时空制约性，经典马克思主义者，马克思与恩格斯没有机会使社会主义从空想变为现实；列宁过世过早，也没有对全面治理社会主义给出可供借鉴的有力经验；苏联近 70 年的社会主义实践最终走向失败，证明其也没有很好地处理好社会主义全面治理的理论命题。当今中国，在建设中国特色社会主义的过程中，如何破解马恩等经典作家没有机会解决，更没有提供现成成功模式，而现实社会主义政治发展实践却急迫需要面对的全面治理理论命题，以习近平同志为核心的党中央，在新的历史时代条件下，寄希望于通过中国特色社会主义政治发展实践，对全面治理这一理论命题给予破解。

全面治理，不是推进某一个领域治理，也不是推进某几个领域治理，而是通过全面深化改革这一动力推进所有领域治理，最终实现国家治理体系和治理能力的现代化。针对全面治理命题，这一前无古例，后有来者的社会主义实践，以习近平同志为核心的党中央不断前行与探索，继党的十八届三中全会提出针对各领域全面深化改革方案之后；又在十八届四中全会提出全面依法治国，力图通过治国理政的基本方式：法治，为中国特色社会主义全面治理提

① 习近平. 切实把思想统一到党的十八届三中全会精神上来[J]. 求是，2014(1)：3—6. 巩建青，乔耀章. 全面治理：习近平新时代治国理政的理论新命题[J]. 行政论坛. 2018(5).

供运行规则;随着十八届五中全会以专题形式进一步研究全面建成小康社会,并提出创新、协调、绿色、开放、共享的全面治理发展理念;以及十八届六中全会对中国特色社会主义全面治理的核心行动主体——中国共产党,提出自我革命式的全面从严治党。党中央"四个全面"的战略布局,为我们深入理解与研究"全面治理"理论命题提供了理论自信。但必须承认的是,相比于中国特色社会主义全面治理的丰富实践,目前学界对"全面治理"理论命题的学术研究,其理论高峰仍未出现,学术界对治理理论的主要研究热点还更多地集中在对其他治理理论的学理关注方面。

(一) 治理理论丛林

治理理论自 20 世纪八九十年代传入我国以来,学界不断对其理论给予持续重点关注。特别是随着国家治理体系与治理能力现代化命题的提出,学界持续围绕治理结构、治理机制、治理模式、治理绩效、治理环境、治理效率、治理与善治等多领域问题给予探析,并在此基础上,形成协同治理理论、均衡治理理论、合作治理理论、协作治理理论、协商治理理论、整体性治理理论、元治理理论、多元共同治理理论、互治理论等相关治理理论。学者寄希望于通过引介或建构治理理论体系,以不断适应我国治国理政的现实发展需要。

在协同社会治理理论方面,范如国指出由于现实复杂社会网络系统存在小世界、无标度、社团结构、偏好连接及虚实"二相"拓扑结构范型等特点,传统由政府主导的线性管理模式不能对复杂社会问题给出有效解释和应对方案,应当从复杂网络结构及其特征出发,展开协同社会治理①;均衡治理理论方面,任剑涛等指出巨型国家

① 范如国.复杂网络结构范型下的社会治理协同创新[J].中国社会科学,2014(4).

应当反思超大型项目的非均衡资源耗费与后果。均衡治理，理应成为巨型国家治理的优先选项[①]；合作治理理论方面，张康之主张从社会行动主体的人独立性视角出发，加强合作治理理论与实践研究[②]；协作治理理论方面，郭道久等强调多元主体决策参与基础上的协作治理模式，切合当前中国社会多元治理走向[③]；协商治理理论方面，王岩等指出协商治理符合中国话语优势特征，应当是当前国家治理方式的重要选项[④]；整体性治理理论方面，谭学良等指出整体性治理注重多元主体参与、职能权责整合、运行机制再造优化、无缝隙服务优质高效、公民多元需求充分满足等优势。政府改革应当充分借鉴整体性治理的系统科学理念[⑤]；在元治理理论方面，孙珠峰等主张利用西方元治理理论实现国家与政府的柔性间接性治理[⑥]；在多元共同治理理论方面，王名等指出以对话、竞争、妥协、合作和集体行动为共治机制的多元主体共同治理，符合我国治理实践需要[⑦]；在互治理论方面，课题负责人指出要力图打破原有派生性主体“越位”现象以及原生性主体相对弱势地位而呈现的“主体缺位”现象，实现原生性主体的社会以及派生性主体的国家、政党、政府的互治，从而实现优势互补。[⑧] 我们以为学界已有研究成果已经

---

① 任剑涛.国家的均衡治理：超越举国体制下的超大型项目偏好[J].学术月刊，2014(10).

② 张康之.论合作治理中行动者的独立性[J].学术月刊，2017(7).

③ 郭道久.协作治理是适合中国现实需求的治理模式[J].政治学研究，2016(1).

④ 王岩，魏崇辉.协商治理的中国逻辑[J].中国社会科学，2016(7).

⑤ 谭学良.政府协同三维要素：问题与改革路径[J].国家行政学院学报，2013(6).

⑥ 孙珠峰，胡近.“元治理”理论研究：内涵、工具与评价[J].上海交通大学学报(哲学社会科学版)，2016(3).

⑦ 王名，蔡志鸿，王春婷.社会共治：多元主体共同治理的实践探索与制度创新[J].中国行政管理，2014(12).

⑧ 乔耀章.从“治理社会”到社会治理的历史新穿越：融国家治理政府治理于社会治理之中[J].学术界，2014(10).

对治理理论做了较为深入全面地探析。无论是协同治理理论、均衡治理理论、合作治理理论、协作治理理论、协商治理理论、整体性治理理论、元治理理论、多元共同治理理论、互治理论都从不同的层面与视角对中国特色社会主义治理理论提出了新的发展方向与宝贵性意见。学者从不同视角对治理理论进行深入分析、思考与合理诠释与论证,为我们深入认识、研究全面治理理论提供了方法论思维。但同时应当承认,囿于我国现阶段治理理论的“理论丛生”与理论交叉[①],实践过程中这些治理理论难免产生一些摩擦。以上种种原因,导致目前学界在治理理论上较难形成比较广泛共识。

(二) 全面治理:理论阐释与建构

全面治理是由“全面”与“治理”两个词组成。在汉语语境中,“全面”主要指不偏于一面的所有方面或包括应有的各个方面的总和,与“片面”相对。[②] 唯物辩证法认为要以全面的观点观察事物,从总的联系中把握事物。[③] 治理,本指整治,整修,引申到政治领域,指统治与管理。全面治理,在传统语境中,主要侧重于对某个问题的治理,如“全面治理农民工欠薪问题”、“全面治理淮河水污染”等。从政治学视角对“全面治理”给予较早关注的学者有姚尚建等。学者姚尚建从制度修复与价值重建等视角对全面治理给予较早关注。[④] 但我们

---

① 如协同治理、协作治理、合作治理、协商治理、多元共同治理等治理理论都强调治理主体间的协商、合作关系,故诸多治理理论之间存在解释度交叉现象。

② 张清源. 现代汉语常用词词典[C]. 成都:四川人民出版社,1992:310.

③ 刘蔚华,陈远. 方法大辞典[C]. 济南:山东人民出版社,1991:16—17.

④ 姚教授指出传统社会与国家的发展异步性使得在国家整体秩序与社会个体自由之间形成了政治张力,原有的政治制度不断被撕裂,新的政治制度又面临特定社会发展的考验,拉长的治理制度与厚重的社会现实之间的距离导致社会暴力等种种社会病症,我们需要通过全面治理对其予以修复。参见姚尚建. 风险化解中的治理优化[M]. 北京:中央编译出版社,2013:178、188.

也需承认学者姚尚建等所理解使用的全面治理理论与党中央所提出的全面治理理论命题仍有一定差异。

党中央所提出的全面治理，既有别于整体性治理，又有别于传统所经常使用的对某个问题、事件的“全面治理”概念。整体性治理兴起于西方网络信息化时代，主张打破部门碎片化治理、以大部制方式重新整合政府，进而恢复或加强中央政府权威。[①] 而全面治理则既吸收了系统性治理、整体性治理的宏观整体性、系统性思维方式，也吸收拓展了互治理论的互治思维原理。

全面治理的治理主体包括政党、国家与政府等。治理主体所对应的治理客体领域主要有经济治理、政治治理、文化治理、社会治理、生态治理等。全面治理一方面要实现治理主体对治理客体的领域治理，另一方面也要实现治理主体对其本身的自治理。为方便进一步认识全面治理理论，我们使用互治理论原理，把全面治理理论建构为治理主体对治理客体的治理（可称为“治他”）与治理主体的自我治理（可称为“自治”）两个方面。因此，从治理领域看，全面治理既包括公权力“代位执掌者”（政党、国家与政府）对经济治理、政治治理、文化治理、社会治理与生态治理等的“治他”层面治理，同时也包括公权力“代位执掌者”（政党、国家与政府）的“自治”层面治理[②]；从治理层级看，全面治理包括宏观治理、中观治理与微观治理等；从权力运行过程看，全面治理包括对权力运行的决策、执行与监督的全面性过程治理；从治理制度化角度看，全面治

① 竺乾威.从新公共管理到整体性治理[J].中国行政管理，2008(10).

② 全面治理具有相对分层性特点，即不论是“治他”还是“自治”分领域，相对于总体，它们是分领域；但相对于组成它们的分领域而言，其又显现为总领域。每个层次总领域总是相对于其分领域而言，都要对其分领域给予全面治理，其治理主体也都需要“治他”与“自治”结合。

理体现为制度化、法治型治理模式。

在我国，中国共产党作为宪法层面所认可的国家执政力量，特别是“党政军民学，东西南北中，党是领导一切”[①]的核心领导地位，决定其事实上成为我国全面治理的公权力“代位执掌者”的核心行动主体。以此，从实际政治运行过程看，我国的政党治理、国家治理、政府治理具有深度交叉性、包容性[②]与一致性等特点。政党治理内在地包含国家治理、政府治理。政党与国家各权力机关、行政机关、司法机关、军事机关只是根据人民意志而承担不同的权力分工。基于此，在现阶段，我国全面治理更多地是指作为执政力量的中国共产党，以公权力“代位执掌者”的核心行动主体角色对经济治理、政治治理、文化治理、社会治理与生态治理等“治他”层面的治理以及对政党自身“自治”层面的治理两个方面。全面治理实践过程中，在“治他”方面，针对不同治理领域、治理对象应当采取不同治理策略；在“自治”方面，作为“自治”主体的政党应当不断强化自身“自治”能力。我们坚持以为：政党对所有治理领域的“治他”成效以及政党自身的“自治”成效都需要社会末端的真正公权力所有权者—人民予以检验。[③]

（三）全面治理：单面治理的扬弃

与全面治理相对应的主要是单面治理（亦可称独面治理）。单面治理简单侧重全面治理的“治他”领域（主要是“治他”领域的某

---

① 习近平．决胜全面建成小康社会夺取新时代中国特色社会主义伟大胜利[N]．人民日报，2017—10—28(001)．

② 王浦劬．国家治理、政府治理和社会治理的含义及其相互关系[J]．国家行政学院学报，2014(3)．

③ 巩建青，乔耀章．历史时空视域下的“人民”概念理论探微[J]．理论与改革，2017(6)．

一个领域)治理或者“自治”领域治理。从治理制度化程度角度看，单面治理更多体现为非制度化、“人治型”治理;从治理环节看，其更多侧重对中心领域治理，容易出现只见树木、不见森林的治理弊端。改革开放之初，囿于“赶超急迫性”、改革风险与成本等多重因素考量，我国自觉不自觉地更多采用了单面治理模式。

单面治理的治理实践，在改革开放初期，最明显地表现为单面经济领域治理。改革开放初期，出于对经济领域优先治理的考量，主要采用了单面经济中心主义治理模式。单面经济中心治理模式，一方面导致我国在某些地域、某些领域取得较大成果，防止“被开除球籍”(邓小平语)风险，但另一方面，单面经济中心治理实践模式的选择性失衡，导致治理领域中经济治理与政治治理、文化治理、社会治理、生态治理以及政党自身自治理的失衡现象日益凸显，特别是某些地方政府出于政治锦标赛考量①，以“公司制”的经济中心治理模式，使得 GDP 中心主义浪潮在中国大地愈演愈烈。单面治理极化思维基础上的单面经济中心治理模式，一定时期内也造成某些地域公权力“代位执掌者”治理初心的扭曲——“为人民谋幸福为民族谋复兴”无意间变成了干巴巴的人民群众无感的数字游戏。

新世纪以来，党中央充分认识到单面性治理模式实践对国家与社会长远发展的掣肘因素，开始逐步在治国理政层面反思并扬弃单面性治理极化模式，通过增强改革的系统性、整体性、协同性，提出全面协调可持续的科学发展观以及全面建成小康社会等命题。以此，逐步把党和国家治国理政主战场转移到全面治理路径上来。随着党的十八届三中全会，正式提出治理体系与治理能力现代化的治理目标以及实现治理目标的实现方式——全面治

① 周黎安.中国地方官员的晋升锦标赛模式研究[J].经济研究，2007(7).

理，这为我国治理方式“拨乱反正”提供了新的发展机遇。十八届三中全会之后，党中央立即通过中央全面深化改革领导小组等组织架构[①]，开启全面治理生动路线图。根据中央文件公告，从2014年1月22日到党的十九大之前的2017年8月29日，中央全面深化改革领导小组先后布局“开局之年”、“关键之年”、“主体框架搭建年”以及向“纵深推进的关键一年”等4个全面治理年份，并在每一个治理年份分别召开中央全面深化改革领导小组8次、11次、12次、7次（至9月底）会议。[②] 在此期间，总共召开38次会议，出台改革文件236份[③]（经过逐一分析统计后，我们以为经济领域治理文件66个；政治治理文件71个；文化治理文件18个；社会治理文件40个；生态治理文件35个；政党“自治理”文件6个[④]）。并在此过程中分别详细提出了对经济、政治、文化、社会、生态等“治他”分领域以及党“自治”领域的全面治理问题清单。[⑤]

其中“治他”分领域之经济治理主要集中在创新型国家治理、乡村治理、区域协调发展治理、社会主义市场经济体制治理、对外经济治理等方面。如下表6－1所示：

---

① 党的十九大后发展演变为中央全面深化改革委员会。

② 在2017年11月20日习近平总书记还主持召开了十九届中央全面深化改革领导小组第一次会议。为了全面体现十八届中央全面深化改革领导小组的全面治理路线图，此次会议文件没有计入分析研究统计。

③ 涉及全面深化改革领导小组会议的专项小组工作规则、规划、分工与实施方案、建设进展情况报告、工作要点、建议、总结综合报告、改革试点、进展、落实、评估、督查、总结等宏观的不涉及治理具体领域的36项内容，未统计在内。

④ 实际统计分类过程中，经济、政治、文化、社会、生态、政党治理等各分领域治理有时存在交叉现象，为提高研究的精准性，我们结合党的政治文件对其一般归类。但应当承认的是，由于现实治理的复杂性，很多关于分治理领域的治理文件具有一定的领域交叉性。

⑤ 为保持研究的连贯性，研究只是重点分析了党的十八届三中全会到党的十九大之间中央全面深化改革领导小组38次会议所通过的236份改革文件，而对于党的十九大以来中央全面深化改革委员会会议至今所通过的十次会议文件，则没有对其集中展开分析。

表6-1　全面治理"治他"分领域之经济治理

治理领域	治理改革意见与方案	会议
创新型国家治理（8个）	《关于国家重大科研基础设施和大型科研仪器向社会开放的意见》	6
	《深化科技体制改革实施方案》	12
	《关于在部分区域系统推进全面创新改革试验的总体方案》	12
	《关于实行以增加知识价值为导向分配政策的若干意见》	27
	《关于开展知识产权综合管理改革试点总体方案》	30
	《国家科技决策咨询制度建设方案》	32
	《关于深化科技奖励制度改革的方案》	33
	《国家技术转移体系建设方案》	37
乡村治理（12个）	《关于引导农村土地承包经营权有序流转发展农业适度规模经营的意见》	5
	《积极发展农民股份合作赋予集体资产股份权能改革试点方案》	5
	《关于农村土地征收、集体经营性建设用地入市、宅基地制度改革试点工作的意见》	7
	《关于进一步推进农垦改革发展的意见》	17
	《探索实行耕地轮作休耕制度试点方案》	24
	《关于完善农村土地所有权承包权经营权分置办法的意见》	27
	《建立以绿色生态为导向的农业补贴制度改革方案》	29
	《关于加强耕地保护和改进占补平衡的意见》	30
	《关于农村集体资产股份权能改革试点情况的报告》	30
	《关于加快构建政策体系、培育新型农业经营主体的意见》	34
	《关于创新体制机制推进农业绿色发展的意见》	37
	《关于探索建立涉农资金统筹整合长效机制的意见》	38

（续表）

治理领域	治理改革意见与方案	会议
区域协调发展治理（3个）	《关于支持沿边重点地区开发开放若干政策措施的意见》	16
	《贫困地区水电矿产资源开发资产收益扶贫改革试点方案》	26
	《海域、无居民海岛有偿使用的意见》	35
社会主义市场经济体制治理（30个）	《深化财税体制改革总体方案》	3
	《中央管理企业主要负责人薪酬制度改革方案》	4
	《关于合理确定并严格规范中央企业负责人履职待遇、业务支出的意见》	4
	《关于深化中央财政科技计划(专项、基金等)管理改革的方案》	5
	《关于在深化国有企业改革中坚持党的领导加强党的建设的若干意见》	13
	《关于加强和改进企业国有资产监督防止国有资产流失的意见》	13
	《关于鼓励和规范国有企业投资项目引入非国有资本的指导意见》	16
	《关于实行市场准入负面清单制度的意见》	16
	《关于推进价格机制改革的若干意见》	16
	《深化国税、地税征管体制改革方案》	17
	《关于国有企业功能界定与分类的指导意见》	17
	《推进普惠金融发展规划(2016—2020年)》	18
	《关于深化投融资体制改革的意见》	22
	《关于建立公平竞争审查制度的意见》	23
	《关于完善产权保护制度依法保护产权的意见》	27
	《关于构建绿色金融体系的指导意见》	27
	《关于促进移动互联网健康有序发展的意见》	28

（续表）

治理领域	治理改革意见与方案	会议
社会主义市场经济体制治理（30 个）	《关于深化统计管理体制改革提高统计数据真实性的意见》	28
	《关于深化国有企业和国有资本审计监督的若干意见》	30
	《关于开展落实中央企业董事会职权试点工作的意见》	31
	《矿业权出让制度改革方案》	31
	《矿产资源权益金制度改革方案》	31
	《关于清理规范重点支出同财政收支增幅或生产总值挂钩事项有关问题的通知》	31
	《关于完善反洗钱、反恐怖融资、反逃税监管体制机制的意见》	34
	《关于进一步激发和保护企业家精神的意见》	34
	《个人收入和财产信息系统建设总体方案》	35
	《中央企业公司制改制工作实施方案》	36
	《地区生产总值统一核算改革方案》	36
	《统计违纪违法责任人处分处理建议办法》	36
	《全国和地方资产负债表编制工作方案》	36
对外经济治理（13 个）	《关于中国（上海）自由贸易试验区工作进展和可复制改革试点经验的推广意见》	6
	《关于加快实施自由贸易区战略的若干意见》	18
	《关于促进加工贸易创新发展的若干意见》	18
	《中央国有资本经营预算支出管理暂行办法》	30
	《关于加强"一带一路"软力量建设的指导意见》	30
	《关于改革援外工作的实施意见》	32
	《全面深化中国（上海）自由贸易试验区改革开放方案》	33
	《关于禁止洋垃圾入境推进固体废物进口管理制度改革实施方案》	34
	《关于规范企业海外经营行为的若干意见》	35

（续表）

治理领域	治理改革意见与方案	会议
对外经济治理（13个）	《外商投资产业指导目录(2017年修订)》	35
	《中国国际进口博览会总体方案》	36
	《关于改进境外企业和对外投资安全工作的若干意见》	36
	《关于完善进出口商品质量安全风险预警和快速反应监管体系切实保护消费者权益的意见》	37

资料来源：此表由作者根据中央公布的历次会议文件内容整理并制作。

其中"治他"分领域之政治治理主要集中在公权力运行与监督领域治理、公权力法治实践领域治理、公权力人事制度与职能领域治理等方面。如下表6－2所示：

表6－2　全面治理"治他"分领域之政治治理

治理领域	治理改革意见与方案	会议
公权力运行与监督领域治理（6个）	《关于加强社会主义协商民主建设的意见》	6
	《关于改进审计查出突出问题整改情况向全国人大常委会报告机制的意见》	15
	《关于全面推进政务公开工作的意见》	20
	《关于完善人大代表联系人民群众制度的实施意见》	25
	《关于建立法官、检察官惩戒制度的意见(试行)》	26
	《关于建立健全村务监督委员会的指导意见》	38
公权力法治实践领域治理（39个）	《关于十八届三中全会〈决定〉提出的立法工作方面要求和任务的研究意见》	2
	《关于司法体制改革试点若干问题的框架意见》	3
	《上海市司法改革试点工作方案》	3
	《关于设立知识产权法院的方案》	3
	《最高人民法院设立巡回法庭试点方案》	7
	《设立跨行政区划人民法院、人民检察院试点方案》	7
	《关于进一步规范刑事诉讼涉案财物处置工作的意见》	8

（续表）

治理领域	治理改革意见与方案	会议
公权力法治实践领域治理（39 个）	《深化人民监督员制度改革方案》	10
	《关于领导干部干预司法活动、插手具体案件处理的记录、通报和责任追究规定》	10
	《人民陪审员制度改革试点方案》	11
	《关于人民法院推行立案登记制改革的意见》	11
	《检察机关提起公益诉讼改革试点方案》	12
	《关于完善法律援助制度的意见》	12
	《关于完善国家统一法律职业资格制度的意见》	13
	《关于招录人民法院法官助理、人民检察院检察官助理的意见》	13
	《关于进一步规范司法人员与当事人、律师、特殊关系人、中介组织接触交往行为的若干规定》	13
	《关于完善人民法院司法责任制的若干意见》	15
	《关于完善人民检察院司法责任制的若干意见》	15
	《关于深化律师制度改革的意见》	16
	《关于加强和改进行政应诉工作的意见》	17
	《关于深入推进城市执法体制改革改进城市管理工作的指导意见》	18
	《关于在全国各地推开司法体制改革试点的请示》	19
	《关于完善国家工作人员学法用法制度的意见》	20
	《关于保护、奖励职务犯罪举报人的若干规定》	20
	《关于推行法律顾问制度和公职律师公司律师制度的意见》	22
	《关于深化公安执法规范化建设的意见》	24
	《关于发展涉外法律服务业的意见》	24
	《关于推进以审判为中心的刑事诉讼制度改革的意见》	25
	《关于认罪认罚从宽制度改革试点方案》	26
	《关于进一步健全相关领域实名登记制度的总体方案》	28

（续表）

治理领域	治理改革意见与方案	会议
公权力法治实践领域治理（39 个）	《关于进一步把社会主义核心价值观融入法治建设的指导意见》	28
	《推行行政执法公示制度、执法全过程记录制度、重大执法决定法制审核制度试点工作方案》	31
	《关于实行国家机关“谁执法谁普法”普法责任制的意见》	32
	《关于办理刑事案件严格排除非法证据若干问题的规定》	34
	《关于检察机关提起公益诉讼试点情况和下一步工作建议的报告》	35
	《关于设立杭州互联网法院的方案》	36
	《关于健全统一司法鉴定管理体制的实施意见》	37
	《关于上海市开展司法体制综合配套改革试点的框架意见》	38
	《关于加强法官检察官正规化专业化职业化建设全面落实司法责任制的意见》	38
公权力人事制度与职能领域治理（26 个）	《关于县以下机关建立公务员职务与职级并行制度的意见》	7
	《中国科协所属学会有序承接政府转移职能扩大试点工作实施方案》	12
	《法官、检察官单独职务序列改革试点方案》	16
	《法官、检察官工资制度改革试点方案》	16
	《全国总工会改革试点方案》	18
	《上海市群团改革试点方案》	18
	《重庆市群团改革试点方案》	18
	《国务院部门权力和责任清单编制试点方案》	19
	《公安机关警务技术职务序列改革试点方案》	19

（续表）

治理领域	治理改革意见与方案	会议
公权力人事制度与职能领域治理（26个）	《关于开展承担行政职能事业单位改革试点的指导意见》	20
	《科协系统深化改革实施方案》	20
	《关于建立法官检察官逐级遴选制度的意见》	22
	《关于从律师和法学专家中公开选拔立法工作者、法官、检察官的意见》	22
	《保护司法人员依法履行法定职责的规定》	23
	《专业技术类公务员管理规定（试行）》	23
	《行政执法类公务员管理规定（试行）》	23
	《关于从事生产经营活动事业单位改革的指导意见》	27
	《关于创新政府配置资源方式的指导意见》	27
	《关于深入推进经济发达镇行政管理体制改革的指导意见》	28
	《关于加强政务诚信建设的指导意见》	29
	《国务院国资委以管资本为主推进职能转变方案》	30
	《关于加强乡镇政府服务能力建设的意见》	30
	《关于改革驻外机构领导机制、管理体制和监督机制的实施意见》	32
	《关于深化中央主要新闻单位采编播管岗位人事管理制度改革的试行意见》	32
	《关于加强党对地方外事工作领导体制改革的实施意见》	32
	《聘任制公务员管理规定（试行）》	37

资料来源：此表由作者根据中央公布的历次会议文件内容整理并制作。

其中“治他”分领域之文化治理主要集中在意识形态领导权领域治理、思想道德建设领域治理、文化事业与产业治理领域等方面。如下表6－3所示：

表 6－3 全面治理“治他”分领域之文化治理

治理领域	治理改革意见与方案	会议
意识形态领导权领域治理（4 个）	《关于加强中国特色新型智库建设的意见》	6
	《国家高端智库建设试点工作方案》	18
	《关于加快构建中国特色哲学社会科学的意见》	31
	《关于社会智库健康发展的若干意见》	32
思想道德建设领域治理（5 个）	《关于建立完善守信联合激励和失信联合惩戒制度加快推进社会诚信建设的指导意见》	23
	《关于加快推进失信被执行人信用监督、警示和惩戒机制建设的意见》	25
	《关于公共文化设施开展学雷锋志愿服务的实施意见》	27
	《关于全面加强电子商务领域诚信建设的指导意见》	29
	《关于加强个人诚信体系建设的指导意见》	29
文化事业与产业领域治理（9 个）	《深化文化体制改革实施方案》	2
	《关于推动传统媒体和新兴媒体融合发展的指导意见》	4
	《关于加快构建现代公共文化服务体系的意见》	7
	《中国足球改革总体方案》	10
	《关于推动国有文化企业把社会效益放在首位、实现社会效益和经济效益相统一的指导意见》	14
	《关于加强文化领域行业组织建设的指导意见》	26
	《关于进一步加强和改进中华文化走出去工作的指导意见》	29
	《关于深入推进公共文化机构法人治理结构改革的实施方案》	37
	《关于加强和改进中外人文交流工作的若干意见》	37

资料来源：此表由作者根据中央公布的历次会议文件内容整理并制作。

其中“治他”分领域之社会治理主要集中在教育领域治理、就业领域治理、医疗领域治理、养老领域治理、脱贫攻坚领域治理、社会治理体制领域治理等方面。如下表 6－4 所示：

表 6-4　全面治理“治他”分领域之社会治理

治理领域	治理改革意见与方案	会议
教育领域治理（12个）	《关于深化考试招生制度改革的实施意见》	4
	《乡村教师支持计划(2015—2020年)》	11
	《统筹推进世界一流大学和一流学科建设总体方案》	15
	《全面改善贫困地区义务教育薄弱学校基本办学条件工作专项督导办法》	15
	《关于做好新时期教育对外开放工作的若干意见》	19
	《民办学校分类登记实施细则》	23
	《关于加强民办学校党的建设工作的意见(试行)》	23
	《营利性民办学校监督管理实施细则》	23
	《关于统筹推进城乡义务教育一体化改革发展的若干意见》	24
	《关于深化职称制度改革的意见》	29
	《对省级人民政府履行教育职责的评价办法》	34
	《关于深化教育体制机制改革的意见》	35
就业领域治理（2个）	《关于进一步引导和鼓励高校毕业生到基层工作的意见》	29
	《新时期产业工人队伍建设改革方案》	32
医疗领域治理（9个）	《关于城市公立医院综合改革试点的指导意见》	11
	《关于整合城乡居民基本医疗保险制度的意见》	19
	《关于加强儿童医疗卫生服务改革与发展的意见》	22
	《关于推进家庭医生签约服务的指导意见》	23
	《关于进一步推广深化医药卫生体制改革经验的若干意见》	27
	《关于进一步改革完善药品生产流通使用政策的若干意见》	31
	《关于建立现代医院管理制度的指导意见》	34
	《关于改革完善短缺药品供应保障机制的实施意见》	34
	《关于深化审评审批制度改革鼓励药品医疗器械创新的意见》	37

（续表）

治理领域	治理改革意见与方案	会议
养老领域治理（2个）	《关于全面放开养老服务市场提升养老服务质量的若干意见》	28
	《关于制定和实施老年人照顾服务项目的意见》	30
脱贫攻坚领域治理（2个）	《关于建立贫困退出机制的意见》	22
	《脱贫攻坚责任制实施办法》	27
社会治理体制领域治理（13个）	《关于进一步推进户籍制度改革的意见》	3
	《关于建立居民身份证异地受理挂失申报和丢失招领制度的意见》	15
	《关于加强外国人永久居留服务管理的意见》	16
	《关于完善矛盾纠纷多元化解机制的意见》	17
	《关于解决无户口人员登记户口问题的意见》	19
	《关于规范公安机关警务辅助人员管理工作的意见》	20
	《关于健全落实社会治安综合治理领导责任制的规定》	20
	《关于支持和发展志愿服务组织的意见》	24
	《关于推进安全生产领域改革发展的意见》	28
	《关于推进防灾减灾救灾体制机制改革的意见》	28
	《关于加强和完善城乡社区治理的意见》	31
	《外国人永久居留证件便利化改革方案》	32
	《关于推进公共信息资源开放的若干意见》	32

资料来源：此表由作者根据中央公布的历次会议文件内容整理并制作。

其中“治他”分领域之生态治理主要集中在生态系统保护、生态环境监管体制治理等方面，如下表6－5所示：

表 6－5　全面治理“治他”分领域之生态治理

治理领域	治理改革意见与方案	会议
生态系统保护治理（9 个）	《生态环境监测网络建设方案》	14
	《关于开展领导干部自然资源资产离任审计的试点方案》	14
	《关于健全生态保护补偿机制的意见》	22
	《重点生态功能区产业准入负面清单编制实施办法》	27
	《关于在部分省份开展生态环境损害赔偿制度改革试点的报告》	27
	《关于划定并严守生态保护红线的若干意见》	29
	《湿地保护修复制度方案》	29
	《领导干部自然资源资产离任审计暂行规定》	36
	《生态环境损害赔偿制度改革方案》	38
生态环境监管体制治理（26 个）	《环境保护督察方案(试行)》	14
	《党政领导干部生态环境损害责任追究办法(试行)》	14
	《中国三江源国家公园体制试点方案》	19
	《宁夏回族自治区空间规划(多规合一)试点方案》	23
	《关于海南省域“多规合一”改革试点情况的报告》	25
	《关于设立统一规范的国家生态文明试验区的意见》	25
	《国家生态文明试验区(福建)实施方案》	25
	《关于省以下环保机构监测监察执法垂直管理制度改革试点工作的指导意见》	26
	《生态文明建设目标评价考核办法》	27
	《关于全面推行河长制的意见》	28
	《省级空间规划试点方案》	28
	《海岸线保护与利用管理办法》	29
	《自然资源统一确权登记办法(试行)》	29
	《东北虎豹国家公园体制试点方案》	30

（续表）

治理领域	治理改革意见与方案	会议
生态环境监管体制治理（26个）	《大熊猫国家公园体制试点方案》	30
	《围填海管控办法》	30
	《关于健全国家自然资源资产管理体制试点方案》	30
	《按流域设置环境监管和行政执法机构试点方案》	32
	《关于建立资源环境承载能力监测预警长效机制的若干意见》	35
	《跨地区环保机构试点方案》	35
	《关于深化环境监测改革提高环境监测数据质量的意见》	35
	《祁连山国家公园体制试点方案》	36
	《国家生态文明试验区(江西)实施方案》	36
	《国家生态文明试验区(贵州)实施方案》	36
	《建立国家公园体制总体方案》	37
	《关于完善主体功能区战略和制度的若干意见》	38

资料来源:此表由作者根据中央公布的历次会议文件内容整理并制作。

其中全面治理“自治”层面的政党自治理，主要如下表6－6所示：

表6－6　全面治理“自治”领域

治理领域	治理改革意见与方案	会议
政党“自治理”（6个）	《关于加强中央纪委派驻机构建设的意见》	7
	《省(自治区、直辖市)纪委书记、副书记提名考察办法(试行)》	9
	《中央纪委派驻纪检组组长、副组长提名考察办法(试行)》	9
	《中管企业纪委书记、副书记提名考察办法(试行)》	9
	《上海市开展进一步规范领导干部配偶、子女及其配偶经商办企业管理工作的意见》	10

（续表）

治理领域	治理改革意见与方案	会议
政党“自治理”（6 个）	《北京市、广东省、重庆市、新疆维吾尔自治区关于进一步规范领导干部配偶、子女及其配偶经商办企业行为的规定（试行）》	23

资料来源：此表由作者根据中央公布的历次会议文件内容整理并制作。

正因为党中央全面治理“治他”（经济治理、政治治理、文化治理、社会治理与生态治理）与“自治”（政党自治理）的治理实践，“解决了许多长期想解决而没有解决的难题”①，在经济、政治、文化、社会、生态等“治他”领域以及党“自治”领域都取得了历史性成就。党中央在取得历史成就的同时，仍然始终保持清醒头脑，一方面承认全面治理已有巨大成就，另一方面也对全面治理多方利益掣肘所引发的落实性难题②，以及全面治理本身艰巨性、复杂性、关联性、系统性等问题给予清醒认知。特别是针对全面治理实际成效与人民对于美好生活的变动增长性需要的现实性差距，党中央审时度势，顺应民意，进一步开启了新时代全面治理新征程。

（四）全面治理：新时代“自治”与“治他”的有机结合

党的十九大指出“经过长期努力，中国特色社会主义进入新时代，这是我国发展新的历史方位。”③在新的历史方位条件下，我们

---

① 习近平．决胜全面建成小康社会夺取新时代中国特色社会主义伟大胜利[N]．人民日报，2017—10—28(001)．

② 通过对中央全面深化改革领导小组会议主题的学习，38 次会议主题词中有第 2、3、9、15、19、21、22、29、31 次会议，直接以“抓落实”作为关键词，其他会议如第 1、4、5、8、10、14、17、20、25、26、30、33、34、37 次亦间接强调改革的落实工作。这充分说明全面治理的落实性困境问题在一定范围内存在。

③ 习近平．决胜全面建成小康社会夺取新时代中国特色社会主义伟大胜利[N]．人民日报，2017—10—28(001)．

党紧密结合新的时代特点和实践要求，以全新的理论视野深化对共产党执政规律、社会主义建设规律、人类社会发展规律的认识，并进行实践基础上的艰辛理论探索与创新，形成习近平新时代中国特色社会主义思想。① 习近平新时代中国特色社会主义思想，回应人民日益增长的美好生活需要，进一步对党所提出的全面治理理论命题给予理论与实践发展。特别是以作为新时代理论指向性的十九大政治报告中，“全面”与“治理”作为重要关键词，在报告文本中分别出现 95 次与 42 次②，这从一个侧面也能表明党中央对全面治理理论问题的特别关注。有鉴于此，在新时代历史方位条件下，有必要把党治国理政的主战场进一步引向全面治理的理论与实践。对此，我们以为可从全面治理的“自治”与“治他”两个视角，进一步深入探析。

第一，新时代全面治理之“自治”分析。通过对党的十九大政治报告学习，可以很强烈地感受到关于党自身“自治”问题是其内容最为丰富集中的部分。社会有机体规律启示我们：任何组织想要做到“治他”，首先需要“自治”，也即治人者要必先接受治理。联想政治现实，作为我国治理力量主体——中国共产党——理应同样如此。全面治理最核心的是要实现治理主体——中国共产党，对其自身的全面治理。党的十九大明确指出，实现伟大梦想——中华民族伟大复兴的中国梦，起决定性作用的是党的建设的伟大

---

① 习近平．决胜全面建成小康社会夺取新时代中国特色社会主义伟大胜利[N]．人民日报，2017—10—28(001)．

② 据我们文本统计，党的十八大“全面”与“治理”分别出现 76 次与 13 次；十七大分别出现 53 次与 5 次；十六大分别出现 55 次与 5 次；十五大分别出现 23 次与 4 次；十四大分别出现 18 次与 3 次；十三大分别出现 9 次与 1 次；十二大分别出现 16 次与 0 次，总体上可以看出，在党的历次政治报告中，“全面”与“治理”出现的频率总体上呈现上升态势。

工程。这就要求我们一方面要进一步始终坚持党对一切工作的全面治理，要自觉维护党中央权威和集中统一领导，自觉在思想上政治上行动上同党中央保持高度一致，确保党始终发挥总揽全局、协调各方的作用；另一方面，也要确保作为治理主体的党主动提升全面治理"自治"能力。通过加强党的政治建设、思想建设、组织建设、作风建设、制度建设、纪律建设、反腐倡廉建设，以不断增强党自我净化、自我完善、自我革新、自我提高能力，实现自我革命。

历史经验启示我们：党应当不断趋向提升"自治"能力，形成"党自觉"。党尤其要更多依赖党内法规制度化建设，而不应当把革命化的政治运动以及零星的活动作为其"自治"的主要方式。党要尽可能少的从事不掌舵而只是亲自划桨的"行政党"事务，进一步把党的领导党与执政党能力凸显出来，把其主要精力放在谋划治国理政的主要战略、谋略、方略方面，进而使党的自治能力、自觉程度，从理论到实践都推向新的高度。① 同时，我们也应当承认作为治理主体的中国共产党，就像人一样，偶尔也会"生病"。政党"生病"就像人生病一样，"治病"是一个免不了的过程，更是一个绕不开的客观规律。只有加强自身"运动"、"锻炼"，提高自身免疫功能才能做到游刃有余。这就告诉我们，一方面，人民要允许党犯错误，给予其充分的自信，另一方面，党也要勇于承认自己的不足，并不断寻求改正自身政治实践前行过程中或主观或客观的某些错误与弊端，这是一个郑重成熟政党的重要标志。② 有鉴于此，中国共

---

① 乔耀章.论治党[J].江苏行政学院学报，2017(01)：79—86.

② 列宁.列宁选集：第四卷[M].北京：人民出版社，2006：166.一个政党对自己的错误所抱的态度，就是衡量这个党是否郑重，是否真正履行它对本阶级和劳动群众负责义务的一个最重要最可靠的尺度，公开承认错误，揭露错误的原因，分析产生错误的环境，仔细讨论改正错误的方法，这才是一个郑重的党的标志。参见列宁.列宁选集(第4卷)[M].北京：人民出版社会，1995.167.

产党要始终坚持加强党的长期执政能力建设、先进性和纯洁性建设，加强党的学习本领、政治领导本领、改革创新本领、科学发展本领、依法执政本领、群众工作本领、狠抓落实本领、驾驭风险本领[①]，以全面从严治党永远在路上的自觉强化党的自我革命、自我治理。

第二，新时代全面治理之“治他”分析。全面治理的“治他”领域，既体现在党对内政方面的经济、政治、文化、社会、生态等各领域的全面治理，也体现在党对内政、外交、国防等领域的全面治理。新时代经济治理，要进一步加强供给侧结构性改革、创新型国家建设、乡村振兴战略、区域协调发展战略、全面开放新格局等分领域建设；新时代政治治理，要进一步加强人民当家作主制度保障、社会主义协商民主、依法治国实践、机构和行政体制改革、巩固和发展爱国统一战线等分领域建设；新时代文化治理，要进一步加强意识形态工作领导权、社会主义核心价值观、思想道德建设、社会主义文艺、文化事业和文化产业等分领域建设；新时代社会治理，要进一步加强教育事业、就业质量和人民收入水平、社会保障体系、脱贫攻坚、健康中国、共建共治共享社会治理格局、国家安全等分领域建设；新时代生态治理，要进一步加强绿色发展、环境问题整治、生态系统保护力度、生态环境监管体制等分领域建设；此外，在内政领域方面，还要加强对港澳问题的全面管治权等分领域建设和两岸关系问题的全面主导权等分领域建设；外交领域方面，要加强统筹国内与国际两个大局、加强构建人类命运共同体等分领域方

---

① 习近平．决胜全面建成小康社会夺取新时代中国特色社会主义伟大胜利[N]．人民日报，2017—10—28(001)．

面建设；国防领域方面，要强化党对军队的全面领导等分领域方面建设。① 党对内政、外交、国防等领域的“治他”式的全面治理，主要解决的是作为公权力的政党治理对广义层面的社会治理问题。政党对广义社会的治理，一方面体现政党公权力“代位执掌者”的权力属性，是政党的职责与功能属性所在；另一方面，政党对广义社会的“治他”，也要服从服务于社会发展规律。政党治理的“治他”效度受制于整个社会发展阶段以及发展阶段所处的整个国内外场域环境。故此，新时代全面治理，实现中国特色社会主义政治发展，要做好长期“作战”的心理准备。

为进一步提升新时代条件下党的全面治理“自治”与“治他”能力，党中央还立足于通过党和国家治理机构和体制联动式改革，为新时代全面治理扫清障碍。党的十九大之后，党中央根据时代发展需要以及人民利益需要顺势提出《深化党和国家机构改革方案》，对执行公权力的机关统筹改革，并按照职能分工实行决策权、执行权与监督权新的权力分工基础上的“三权分立”模式。② 在党的全面治理机构改革方面，为推进全面治理的进一步集中指挥领导，将中央全面深化改革领导小组进一步升级为中央全面深化改革委员会，并先后召开中央全面深化改革委员会第一次会议（2018 年 3 月 28 日）、第二次会议（2018 年 5 月 11 日）、第三次会议（2018 年 7 月 6 日）、第四次会议（2018 年 9 月 20 日）、第五次会议（2018 年 11 月 14 日）、第六次会议（2019 年 1 月 23 日）、第七次会议（2019 年 3 月 19 日）、第八次会议（2019 年 5 月

---

① 习近平．决胜全面建成小康社会夺取新时代中国特色社会主义伟大胜利[N]．人民日报，2017—10—28(001)．

② 景跃进．中国特色的权力制约之路——关于权力制约的两种研究策略之辨析[J]．经济社会体制比较，2017(4)．

29 日)、第九次会议(2019 年 7 月 24 日)与第十次会议(2019 年 9 月 9 日)。① 通过多方面治理体制与治理能力的现代化,为新时代全面治理提供力量支撑。

新时代党的全面治理实践,无论是"自治"还是"治他",其目标指向都是为了实现现实的中国个人的美好生活需要②。从"自治"角度看,为振兴中华,实现中国梦,中国共产党正在主动经历一场党的建设历史上从未有过的名副其实的自我革命③;从"治他"角度看,中国共产党正在对内政、外交与国防各个领域兴起新一轮的全面治理实践。通过全面治理基础上的治理能力与治理体制的改革,打破陈旧思想观念和体制机制弊端,破除利益固化藩篱,构建系统完备、科学规范、运行有效的制度体系④。通过全面治理制度化水平,不断满足人民在物质文化生活、民主、法治、公平、正义、安全、环境等多方面的日益增长的美好生活需要⑤,是习近平新时代

① 党的十九大以来中央全面深化改革委员会十次会议分别就"加强和改善党对全面深化改革统筹领导紧密结合深化机构改革推动改革工作"、"加强领导周密组织有序推进统筹抓好中央和地方机构改革"、"激发制度活力激活基层经验激励干部作为扎扎实实把全面深化改革推向深入"、"加强领导科学统筹狠抓落实把改革重点放到解决实际问题上来"、"深刻总结改革开放伟大成就宝贵经验不断把新时代改革开放继续推向前进"、"对标重要领域和关键环节改革继续啃硬骨头确保干一件成一件"、"把稳方向突出实效全力攻坚坚定不移推动落实重大改革举措"、"因势利导统筹谋划精准施策推动改革更好服务经济社会发展大局"、"紧密结合"不忘初心、牢记使命"主题教育推动改革补短板强弱项激活力抓落实"、"加强改革系统集成协同高效推动各方面制度更加成熟更加定型"等主题给予重点关注。

② 乔耀章,巩建青.现实的中国个人:中国特色社会主义政治发展道路的逻辑起点[J].江苏社会科学,2017(5).

③ 乔耀章.论治党[J].江苏行政学院学报,2017(1).

④ 习近平.决胜全面建成小康社会夺取新时代中国特色社会主义伟大胜利[N].人民日报,2017—10—28(001).

⑤ 习近平.决胜全面建成小康社会夺取新时代中国特色社会主义伟大胜利[N].人民日报,2017—10—28(001).

全面治理的主攻方向。

全面治理，作为习近平同志在党的十八届三中全会第二次全体会议上所指出的治国理政理论新命题，应当在新时代中国特色社会主义政治发展过程中给予重点理论关注。全面治理目标效度的充分实现，不可能一蹴而就，其全面治理水平，既受制于党自觉程度，也受制于整个社会发展阶段以及发展阶段的整个国内外场域环境。中国共产党带领中国人民推进全面治理的实践过程，要在顺民心之势、借人民之力基础上，实现“自治”与“治他”的有机结合。

五、中国政治发展道路中的地方治理

在全球化大时空视域中，地方治理是国家治理的有机组成部分。就其形式是民族国家的，而就其内容则具有国际治理属性，尤其是边疆治理(相对于“国际治理”“全球治理”)。在“改革”和“建设”、“开放”的语境中，改革也是一种治理，建设也是一种治理，开放也是一种治理，同样，治理是为着更好的改革，治理是为着更好的建设，治理也是为着更好的开放。从这个意义上说，地方治理也是一种“地方改革”“地方建设”“地方开放”，通过地方治理共建、共享国家现代化的改革、开放、建设的成果。

(一) 地方治理与“地方社会主义”

自 1848 年 2 月马克思恩格斯《共产党宣言》德文版的公开发表，宣告了人类社会开始从世界资本主义社会向世界社会主义、共产主义社会过渡的时代，宣告了马克思恩格斯科学社会主义理论的诞生。从这个意义上说，马克思恩格斯理论论证的科学社会主义，既是属于人类的、属于世界的，也是属于民族国家的，具有双重质态。中国特色社会主义既是中国的，也是属于世界的。以中共十九大为标志，中国特色社会主义已经进入了新时代。如果从特定意义上说，中国特色社会主义是一种“国家社会主义”，那么，与此对应的应当是一种“地方社会主义”。当然，直接与“地方社会主义”对应的概念不是“国家社会主义”，而是“中央社会主义”，如国家统战部系统的“中央社会主义学院”。中国特色的“国家社会主义”要通过各具特色的“地方社会主义”才能具体展现出来。中国特色社会主义犹如一朵玫瑰花，她的芬芳要通过每一片玫瑰花的花瓣才能具体散发出来。[①] 凭此说来，中国特色社会主义应当而且也能够做到“中国特色地方社会主义化”。这样，中国的地方治理应当首先体现出“地方社会主义”的特质，在“地方社会主义”价值引领下展开地方治理。对此，我们还可以以一个国外学者的研究为证。

1949 年新中国建国以后，共产党旋即在全国范围内展开其雄心勃勃的社会改造方案：婚姻家庭变革、土地改革、三反五反、农业生产合作社等——短短的时间画卷上，浓墨重彩地勾勒出共产党立志摧毁封建的、官僚的资本主义旧中国，建立人民民主的、繁荣的社会主义新中国的雄图大略。一直以来，学界与社会对于中国在 1950 年代乃至整个毛泽东时代的各种社会主义实践充满了好奇。官方的记载和讨论主要采取一种自上而下的视角。每一项改革方案以运动的形式发起，接着是一系列的宣传部署、问题修正，最后是运动废止，整个过程往往在档案里有明确的呈现。作为中

---

① 乔耀章. 中国社会主义特色纵横谈[M]. 苏州：苏州大学出版社，1996.

国历史上最具雄心的政权，如何让农民理解其改革方案并获得他们的支持，事实上是中国共产党自始至终面临的课题。然而，地方民众如何理解运动，如何迎合如何抗拒，如何将各种新观念整合进自己的日常实践，地方政权又是在哪些力量的合力下达成平衡——这一切在官方的叙事里却是不清晰的。中国地理环境的多样性以及与之紧密相连的社会政治、文化生态，使得播撒其间的社会主义种子呈现出不同的生长过程和形态，而探索其间的差异是理解中国社会主义丰富内涵的重要途径，也更能有效地回应那些在新自由主义框架下对社会主义中国的种种质疑与曲解。贺萧的恢弘巨作《记忆的性别：农村妇女和中国集体化历史》[①]中文版终于与读者见面了。贺萧在书里提出的重要的议题之一就是中国社会主义的地方性问题。认为“一切社会主义都带有地方性”。透过这样的视角，我们首先看到的是在地方传统背景之下国家话语的矛盾之处。这种“自下而上”的视野还显示，国家权力进入农村，对于旧“封建”思想并非采取全盘抛弃的策略，而是以一种矛盾的手法处理新政权在基层生根的问题。贺萧对于地方社会细致入微的观察让我们看到中国社会主义历史经验的复杂性：新的社会制度脱胎于旧的社会制度，在这个过程中，正是由于国家的妥协，抑或策略，从而使得旧的社会规范以某种方式、在某种程度上延续着，并在新的历史条件下重新占领社会生活的制高点。贺萧在《记忆的性别》书里努力讲述了一个关于中国、关于社会主义的“足够好”的故事。近些年发生的全球资本主义危机不仅对“历史的终结”提

---

① ［美］贺萧．记忆的性别农村妇女和中国集体化历史［M］．张赟，译．北京：人民出版社，2017．贺萧指出“即使是一个中央集权的国家颁布的最具指示性的法令，也必须在各种各样的环境下被贯彻实施，由当地干部根据特定情境对法令作出阐释、修订、强调以及改变”。

出质疑，同时引发了一波又一波的社会运动以反抗资本主义制度。正是在这个意义上，重新整理社会主义的经验和教训，揭示其内在矛盾以及理论与实践之间的关系，无疑可以帮助我们展开对一个后资本主义世界的想象。重访地方社会主义不仅让我们明白历史如何走到今天，更重要的是，它还会指引我们未来行进的方向。①

在世界范围内，如果说中国特色社会主义是马克思主义科学社会主义理论在中国的具体化，或中国化了的马克思主义科学社会主义，那么，在民族国家范围内，“地方社会主义”则是中国特色社会主义的具体化，或地方化了的中国特色社会主义。在当今中国，无论是中国特色社会主义还是“地方社会主义”中的“社会主义”，就具体体现在党的十八大所倡导的国家、集体与个人相结合的社会主义核心价值观中。

在地方治理过程中，就应当坚持新时代中国特色社会主义指导思想的一元性，就应当在国家层面、社会层面和个人层面这三个不同层面上同时体现出社会主义的核心价值观理念，这是我国地方治理的价值取向与价值依归。在地方治理问题上，绝不能搞价值虚无、价值无涉，否则，这样的地方治理就不能称其为体现中国特色社会主义的地方治理。因此，地方治理，地方社会主义不可或缺。正如习近平同志所指出的，人民有信仰，民族有希望，国家有力量。②

（二）地方治理与央地关系

这个问题论及的是一种“纵向治理”。地方治理的直接对应概

---

① ［美］贺萧．记忆的性别农村妇女和中国集体化历史［M］．张赟，译．北京：人民出版社，2017．

② 习近平．人民有信仰民族有希望国家有力量［J］．党建，2015(4)．

念是“中央治理”。但如上所说，“中央治理”概念已置换成了国家治理（但不宜等同视之）。地方，本指地面的某一个特定地区，地点，各行政区、部分等。广义的地方相对于中央以下或以外的所有的行政区。狭义的地方或指省级行政区或指省级以下的基层行政区（中央—地方—基层）。在我国，地方治理首先和主要的是地方自己的事，但又不仅仅是也不可能只是地方的事。这与我国的国家结构形式有关。

我国采取的是单一制的国家结构形式。权力在中央政府，地方政府有多大权力，取决于中央政府向地方政府授予多少权力。结合中华民族“多元一体”的实际情况，通过采取民族区域自治与特别行政区等制度，就有较为相对宽松的环境来实行区域治理，其中的特别行政区的特权又高于民族区域自治区的特权。再结合中国当前国情，单一制国家结构形式能很好适应我国的现状，符合各族人民的根本利益。

一般说来，实行单一制的国家，在法律上，中央的一切都与地方平等，但在政治地位上，中央高于地方。央地关系是一种领导与被领导关系。中央与地方的目标都是为了社会的发展，共同促进国家的兴旺发达，为人民做贡献。中央与地方在相互矛盾运动中，相互影响，相互制约，实行民主集中制，共同为国家的繁荣发展而奋斗。

地方治理过程中关涉到的央地关系主要是事、权、财及其相关政策问题。地方治理的历史就已经表明，尽管地方治理中的许多问题与地方政府官员主观意志作为有关，但这些问题有它们的制度性根源，也就是由不尽合理的中地关系所引发的，亦即是中地关系的逻辑结果。郑永年先生的研究认为央地关系有三层逻辑，这就是政治逻辑、利益逻辑和经济逻辑，其中，最重要的是政治逻辑。

地方治理行为央地关系的逻辑产物。要改变地方政府的治理逻辑,就必须郑重其事的反思央地关系本身。郑永年强调,在理论上,中国是单一中央集权体制,但就其实质运作而言,带有某种程度上的联邦体制实践。单一制只是体现在政治层面的运作;在经济层面则主要体现为联邦体制。中国地方治理的巨大差异性,导致地方政府必须具有一定的自治性,方能做到有效治理,做到守土有责。郑永年认为要解决地方治理中的问题,就必须重塑中央地方关系。做到确立国家统筹制度,重建现代国家、压缩中间层政府、压缩横向党政机构、进行新税制改革、大力进行国有企业改革、建立央地政治责任制度。① 郑永年强调稳定有序的央地关系,某种程度上可以决定国家兴衰。王沪宁的研究也曾经认为,中国的经济与政治体制改革等,正在引发中央与地方政府关系的变革,其总趋势表现为地方政府功能的扩大和中央政府功能的缩小。②

在纵向的央地关系视域中的地方治理体系大致有三种运行方式,这就是纵向垂直型的自下而上、从上而下和横向水平型的互动。其中,自下而上的治理方式,有利于"摸着石头过河",实现地方治理层面的改革创新,降低改革风险与成本,这是一种"民主思维";自上而下的治理方式,有利于加强"顶层设计",根除"上有政策,下有对策"的对抗性治理的做法,实现政策不走样、不变味儿,这是一种"集中思维";再就是横向运动的治理方式,有利于地方治理主体之间的互动、走访、学习、实现协同效应、整合效应和创新效应。这是在一种正当的良性互动的央地关系中成长起来的健康并

① 郑永年:中国的中央与地方关系将向何处去?——凤凰国际智库[EB/OL][2018—02—05]https://pit.ifeng.com/a/20180205/55768440_0.shtml.

② 王沪宁.中国变化中的中央和地方政府的关系:政治的含义[J].复旦学报(社会科学版),1988(5).

且颇具活力的“地地关系”。

正如约翰·奈斯比特和多丽丝·奈斯比特夫妇在《中国大趋势》一书中所宏观地总结出的“中国新社会的八大支柱”理论[①]。奈斯比特认定，重大的社会变化都应该从地方开始，自下而上，所以通过对城市、乡村变化的研究和分析，就能判断出将来的一些发展趋势。其中，支柱理论是自上而下与自下而上的结合。1978 年 10 月的一个晚上，安徽省凤阳县小岗村 18 位饥饿的农民决定实行大包干，把公社土地分产到户。这被认为是“自下而上的第一次行动”。自下而上的行动和活力一旦释放出来可以有力支持中国共产党所制定的总目标的实施。有研究认为，支撑新中国社会长治久安的最重要、最微妙也是最关键的支柱就是自上而下（top-down）与自下而上（bottom-up）力量的平衡。这是中国政治社会稳定的关键，是理解中国独特的政治理念的关键，也是理解有效的中国地方治理的关键。我们试图把在中国政府自上而下的指令与中国人民自下而上的参与过程中正在形成一种新的政治治理模式称之为“纵向民主”。在纵向民主社会中，人民群众自下而上地进行参政议政，政府的决策和执行的透明度也在逐渐提高，以确保权力正确行使，必须让权力在阳光下运行。随着时间的推移，纵向民主的发展将进一步壮大自下而上的力量，逐步推动民有、民享、为民负责的政府的自身建设。

因此，地方治理既是“地方性”的，又是“非地方性”的。地方治理首先和主要的是地方的事，但又不仅仅是地方的事。地方治理的成长有赖于中央治理的正向给力。地方治理过程中，始终要学

---

① 主要有：解放思想、“自上而下”与“自下而上”结合、规划森林，让树木自由生长（即解放生产力）、摸着石头过河（即实用主义）、艺术与学术的萌动、融入世界、自由与公平兼顾的社会体系、从奥运金牌到诺贝尔奖。

会换位思考,正确处理好央地关系。对于地方来说,应该多考虑全国一盘棋,自觉维护中央权威,学会自己事情自己做,遇到问题、难题,不上交、不扯皮、不推诿、落实层级负责制,做到"为官一任造福一方"。对于中央来说,应该多考虑地方的特殊性,因时、因地、因事适度下放权力,尽可能做到科学的民主,科学的集中,秉持"不谋全局者不足以谋一域/役"理念,自觉遵守层级节制规律,少做"纵向到底,横向到边"的傻事、蠢事。尽可能做到从良性的"央地共治""地地共治"到"央地互治""地地互治"。这里需要特别指出的是,无论是"央地互治"还是"地地互治"与"央地共治"、"地地共治"是有着"天壤之别"的。就如同"官民互治"①与"官民共治"②就有着这样的区别一样。虽然"共治"的情形是可能的现实的,而"互治"的情形则更多的还是一种有待努力构建的未来的愿景。

(三) 地方治理与国家治理

地方治理与国家治理的"共相"关系是"治理"。治理是相对于"统治"和"管理"而言的。人们通常认为,治理是人类社会经由统治到管理的现在进行时态,并没有因治理而完全告别适度的统治与管理,无论是地方治理还是国家治理都是如此,尤其是国家治理就更是如此,只是因为地方与国家的"分相"关系而有所不同。若从唯物主义的逻辑看,地方治理(或者说是"社会治理"的另一种表达法)应当先在于国家治理并最终决定着国家治理,虽然地方治理概念并不完全对应于国家治理,但从辩证法的逻辑看,国家治理应优位于地方治理(或"社会治理")并能动地从正负两方面反作用于

---

① 乔耀章.从治民到官民互治——行政现代化历程分析[J].北京行政学院学报,2002(2).

② 俞可平.重构社会秩序走向官民共治[J].国家行政学院学报,2012(4).

地方治理。这与我国倡导以国家逻辑为主导的现代化治理体系密切相关。① 解析国家治理有多重维度,本课题,这里主要分析有关国家治理体系与能力的现代化问题。

国家治理的相邻近概念主要有"政党治理""政府治理"等,而直接对应概念则是"社会治理"或地方治理。相对于社会治理来说,政党治理、国家治理、政府治理往往是"三位一体"的"独家治理",社会治理中除了社会自治式治理和参与式治理的内容而外就是社会作为客体、作为对象的被治理、他治理。②

自从党的十八届三中全会提出:"全面深化改革的总目标是完善和发展中国特色社会主义制度,进国家治理体系推和治理能力现代化"以来,学术界对其有两种解读。其一是更为关注后半句,并把其作为目标指向所在;其二是更为关注前半句论述,并把中国特色社会主义制度的完善与发展作为侧重优先目标。我们主张后者的解读。因为完善和发展中国特色社会主义制度才是全面深化改革的总目标,意味着这一总目标修饰、限制着"国家治理体系推和治理能力现代化",在此前提下,国家治理体系和治理能力才是中国特色社会主义制度和制度执行能力的集中体现。

其中,国家治理体系是在党领导下管理国家的制度体系。国家治理体系是一系列国家治理制度的集成和总和。从内容上看,国家治理体系的基本结构可以也应该采取横向的划分方法,即分为经济、政治、文化、社会与生态治理等五个领域治理体制、机制等的综合。有学者研究认为国家治理体系的基本内容包括五个方面:其一,是治理的结构体系,包括党、政、企、社、民、媒"六位一体"

---

① 陈进华.治理体系现代化的国家逻辑[J].中国社会科学,2019(5).

② 乔耀章.从"治理社会"到社会治理的历史新穿越——中国特色社会治理要论:融国家治理政府治理于社会治理之中[J].学术界,2014(10).

以解决治理的主体及其关系问题；其二，是治理的功能体系，包括动员、组织、监督、服务、配置等“五大功能”，以解决治理所要发挥的作用问题；其三，是治理的制度体系，主要包括法制、激励和协作“三大基本制度”，以解决如何保证治理的有效运行；其四，是治理的方法体系，包括法律、行政、经济、道道、教育、协商等“六大方法”，以解决如何有效治理的手段问题；其五，是治理的运行体系，包括纵向的上下及横向的互动，以解决治理的运行方式问题。[①]从国家结构形式看，国家治理体系存在宏观、中观与微观三个层级。其中宏观治理层级侧重国家制度、法律等战略与策略；中观治理是省级层面的地方治理；微观治理侧重省级层面以下的基层治理。三个治理层级的不同结构与功能，共同构成了中国特色纵向治理体系。其中，国家治理能力则是运用国家制度管理社会各方面事务的能力。治理能力现代化不是一个简单概念，而是有着特定规定性的深刻命题。从历时态角度考量，国家治理能力现代化至少有以下五个重要维度：从管理到治理——从他治到共治——从人治到法治——从传统治理到现代治理——从工具理性到价值理性。从共时态的角度考量，在不同治理层次中的治理能力有着共同但有区别的目标需求。从共同性角度看，他们都是为国家治理能力现代化所服务的。从差异性的区别目标来看，治理体系的宏观层级治理能力侧重治国方略；治理体系的中观层级承上启下；治理体系的微观层级，侧重国家治理的末梢环节。[②] 研究认为，既然国家治理要体系化、要现代化，既然国家治理能力现代化要现代

---

① 陶希东.国家治理体系应包括五大基本内容[N].学习时报，2013—12—30(006).

② 秦德君.国家治理能力现代化的维度与层级[N].学习时报，2014—07—14(006).

化，那么，作为国家治理重要组成部分的地方治理，我们也要从理论和实践的结合上尽可能做到地方治理的体系化、现代化以及地方治理能力的现代化。由于国家治理的渐次推进，逐步渐将地方治理尤其是基层治理中的问题凸显出来，如治理真空、选择性治理、行政吸纳治理、治理的泛政治化、治理创新不足、治理扩散效应不强等。如何看待地方治理中的这些问题，进而加快地方治理现代化就成为当下国家治理的关键问题。地方治理和国家治理可谓是同一过程的两个方面。但是地方治理却面临着与国家治理不尽相同的环境、问题、压力和挑战。由于区域的差异性、社会变动性地持续存在，以及各个层面都存在的制度的不确定性与多变性，各地方在治理空间、治理资源、治理结构、治理理念以及治理成本等方面存在着巨大差异。[①] 地方治理是否成功及其程度如何，事关国家治理的前提和基础。地方治理面临着与国家治理不尽相同的现实问题。因此，地方治理必须始终坚持一切从地方实际出发。通过从单兵到协作、走向整体性治理，从参与到协商、走向复合式治理，不断强化和凸显地方治理在国家整体治理中的重要地位。[②]

（四）地方治理与地方自治

地方治理既有别于“治理地方”，也有别于“地方自治”。地方治理是相对于“地方统治”和“地方管理”而言的。与统治、管理比较，治理体现出历时态的与时进步性，亦即地方在社会治理尤其是在基层社会治理中，成为多元治理的主题之一。虽然作为多元治理主体之一的地方在地方治理过程中，其自治性、自治体系、自治

① 胡薇.理解地方治理现代化的五个维度[N].学习时报，2015—11—30(005).

② 吴兴智.地方治理创新的五大发展趋势[N].学习时报，2017—09—04(006).

能力在不断地成长发展着，但其总体的自治程度还是有别于“地方自治”。所以，地方治理与地方自治不可同日而语，等同视之。通常说来，地方“自治”是指地方“自己治理”、“自我自理”、“自我治理”，亦即“自治”是一种无需“他治”的“自我治理”。当“地方”还需要治理或被他者治理时，地方是不能自治或没有高度自治或完全自治的。在地方治理过程中，不断推进地方自治。没有高度发达的地方自治，就难有地方治理的现代化。从发展学意义上说，由参与地方治理到合作地方治理，再发展为“地方自治”是一种社会历史进步的必然趋势。

何谓地方自治？地方自治是指在一国领土内，地方居民组成地方法人组织，在法律允许的范围内，处理区域公共事务的地方制度。19世纪以来，地方自治已成世界性潮流。现代西方地方自治制度一般主要分为英美法系国家与大陆法系国家的地方自治制度。我国是单一制国家结构，实行两类地方自治。一类是民族区域自治，另一类是特别行政区自治。前者，民族区域自治是在国家统一领导下，实行民族自治和区域自治。各少数民族聚居区的地方实行区域自治，设立自治机关，行使一定的自治权。后者，特别行政区是指根据宪法规定，在国家行政区域范围内设立的、享有特殊法律地位、实行资本主义方式的地方行政区域。特别行政区享有高度的自治权，除在外交、国防等方面服从中央政府外，享有立法权、行政管理权、独立的司法权和终审权。显然，我国这两种类型的地方自治是有所区别的。无论是民族区域自治地区的地方自治，还是特别行政区自治，都聚焦于中央政府与民族区域自治区政府的事权划分问题，以利于民族区域自治区的“地方治理”；聚焦于特别行政区政府与中央政府的事权划分问题，以利于特别行政区的“地方治理”。

当今中国，不论是从政治整合还是行政效能的角度，都迫切需要将地方自治列入中国政治改革的议事日程。地方自治首先要涉及的是地方治理中的自治层级和自治范围问题，关键在于解决好中央、地方与社区事权的划分。[①] 从一定意义上说，与我国一般地方行政区域的地方治理相比，民族区域自治地方的地方治理和特别行政区的地方治理，更具有地方治理的特殊性、复杂性，与其说是"地方自治"的，倒不如说是有效的"地方治理"更为迫切一些。地方自治所需要的主客观条件远比地方治理所需要的主客观条件来得"严格苛刻"一些。民族区域自治，城乡基层社区居民村民自治，不仅仅是宪法、法律条文上的自治，而且应当是事实上的自治。这种事实上的自治是指有条件、有能力、已经生活化的自治，不是中央及有关地方政府对实行自治的地方和居民村民"撒手不管"。因此，地方自治应当是实际有效的地方治理，然而，地方治理的则不一定是有效的地方自治。自治，是一种无需"他治"的"自我治理"。真正的地方自治离不开有效的地方治理，从地方治理到地方自治的发展是否可能及其发展程度如何，一切需要以时间、地点、条件为转移。

（五）地方治理中的时间与空间

时间和空间是一切事物的存续形式。地方治理也不例外。地方治理的时间与空间，事关地方治理的可持续性治理问题和全面性治理问题。

地方治理的时间关涉到要研究地方治理的历史、现在与未来，要研究地方治理的可持续性治理问题。[②] 地方治理是治理理论所

---

① 喻希来.中国地方自治论[J].战略与管理，2002(4).

② 乔耀章.应当把"可持续发展"思想引入行政管理[J].中国行政管理，1998(4).

倡导的多元主体互动合作、分权化、参与式决策等理念的主要实践场域，它能够促使传统政府管理模式转型，形成更具回应性的多元合作共治治理格局。通过四十年的改革开放，中国地方治理体系思路已经基本清晰，具体表现在地方政府治理中的政府、市场与社会三者的合理分工日渐清晰，央地关系的权力事务划分日渐清晰等。当代中国地方治理体系中的治理弹性逐渐显现，能够更好地满足地方差异性需求。[①] 地方治理的时间性特质主要是指地方治理的社会时间性。在地方治理的整个过程中，要求地方治理的组织和人员出以公心，处理好昨天治理、今天治理、明天治理之间亦即可持续性治理的关系，珍惜地方治理已有的历史积淀，正视地方治理的复杂现实，在接力传承基础上开拓创新地方治理的未来，为后来人，为了子孙后代不折腾，"若烹小鲜"，夯实有效地方治理的基础。

地方治理的空间关涉到要研究地方治理的全面性治理问题。由于受制于治理条件的有限性，地方治理的涉及面往往要经历一个片面、不那么全面到比较全面的过程。对此，我们已经对习近平新时代中国特色社会主义全面治理思想作了比较系统的梳理。[②] 随着全面从严治党新常态向纵深推进，在部分地区地方治理中，"党建＋"成为基层治理的重要特征，"党委领导、政府负责、社会协同、公众参与、法治保障"已成为地方治理变革的基本格局和原则性思路。[③] 地方治理空间的全面性是一个纵向和横向矩阵的网络体系，除了地方治理的主体如政党、政府、市场、社会、个人等要素

---

① 巩建青，乔耀章．全面治理：习近平新时代治国理政的理论新命题[J]．行政论坛，2018，25(5)．

② 郁建兴．中国地方治理的过去、现在与未来[J]．治理研究，2018，34(1)．

③ 马斌．当前我国地方治理的新特点[N]．学习时报，2018—10—22(006)．

“全员入场”外，还涉及地方治理层级、地方治理领域、地方治理的区域、地域、流域等方面。

关于地方治理的层级性。我们之所以特别强调地方治理的层级性，主要意图在于突出地方治理过程中的“重心下沉/移”问题。按照宪法规定，我国现行行政区划分为省、自治区、市，县（自治县）乡（民族乡）镇。直辖市和较大的市分为区、县。自治州分为县、自治县、市。我国城市体系有首都——省城（直辖市、自治区首府）——省辖市、地级市——县级市，县城——镇五级构成。城市街道办事处是城市设区的派出结构，社区居委会属自治组织。农村村委会也属自治组织。根据中央—地方—基层逻辑，地方一般是指省级单位，基层则一般是指县级以下，多指乡镇及经济组织、社会组织。地方治理的层级性主要关涉到省级治理、市级治理、县级治理、镇级治理、村居治理等层级治理。这是一种纵向到底的垂直型治理，体现出自下而上和自上而下的互动式治理，体现出从宏观层到中观层再到微观层治理、从微观到中层再到宏观层的互动式治理，体现出民主基础上的集中和集中指导下的民主式的治理。地方治理的层级性应注意防范不同层级治理的雷同倾向和“职责同构”现象。[①] 随着省直管县和强镇扩权改革的不断推进，地方治理过程中层级治理也会呈现出央地关系中的权力下放的趋势。不过地方治理过程中下放的权力不能只是停留在县政府和镇政府的层面，或被县政府和镇政府截留，而应该直抵城乡社区的民众，直接为城乡社区居民、村民谋权利谋幸福。通过贯彻地方治理层层负责制，真正还政还权于民，以确保地方社会层层尤其是最底层社

① 朱光磊，张志红．“职责同构”批判[J]．北京大学学报（哲学社会科学版），2005(1).

会实现良好的、生活化的治理，确保社会和国家长治久安。

关于地方治理的领域性。我们之所以特别强调地方治理的领域性，主要意图在于突出地方治理过程中的“重心平移”问题。地方治理关涉到地方社会生活的方方面面。横向的不同领域主要有：地方经济治理、地方政治治理、地方文化治理、地方社会治理、地方生态治理“五位一体”。这就要求我们开展全面的地方治理，一个领域都不可或缺。不同领域的地方治理各有其特定的内容、形式及其规律，发挥着各自的功能和作用。虽然不同领域的地方治理可以根据具体的时间、地点、条件为转移，分轻、重、缓、急进行有效的领域治理，但是不同领域的地方治理之间是互为条件互为目的的，既不能相互替代，也不能相互割裂。如一说地方治理就是地方经济治理，只专注于地方经济治理肯定是有失偏颇的。也不能用地方经济治理取代地方政治治理，用地方经济治理取代地方文化治理。此外，同一个领域的地方治理在不同的地方治理阶段也有不同的治理形式与内容。如同样是地方经济治理，就从以前的“粗放型”到现在的“高质量型”地方经济治理发展。不同领域的地方治理应该避免雷同倾向，注意发挥“短板和长板的互补效应”，防范和克服非全面地方治理和非平衡地方治理的顾此失彼现象，避免导致地方社会的畸形发展。

关于地方治理的区域、地域、流域性。我们之所以特别强调地方治理的区域、地域、流域性，主要意图在于突出地方治理过程中的“重心和谐”问题。不同的区域，不同的地域，不同的流域（如长三角、珠三角、环渤海、大湾区等）构成了地方治理的空间要素。我国幅员辽阔，各地区域、地域、流域之间的自然条件、政治、经济、文化、社会发展水平和状况的差异性很大。长期以来的非全面、非均衡或梯度（如东、中、西部，东、西、南、北、中，沿河、沿江、沿海、沿疆)发展,形成千姿百态的地方区域模式、地方地域样态和地方流域风情。有鉴于此,我们不得不承认党的领导、国家的统一与社会根本制度的一元性和各个地方治理的多样性,历时态与共时态并存。因此,地方治理在坚持一元性的前提下,地方治理必须从地方的区域情出发,从地方的地域情出发,从地方的流域情出发,既要避免犯“洋教条”的错误,又要避免犯“土教条”的错误,因为任何国家和地方治理的经验与模式往往都不是无条件可以复制的。我们只有力求做到地方治理过程中的各美其美,方能美美与共。

(六) 地方治理秉持共同但有区别的原则

“原则”一词本意是指人们看问题、分析问题、解决问题所依据的准则,是从自然界和人类历史发展规律中抽象出来的一个概念。原则只能被人们作为行为的某种依据和遵循,但不能作为人们行为的出发点。(恩格斯在批驳柏林大学讲师杜林时指出,原则不是出发点)企业管理有企业管理的原则,公司治理有公司治理的原则。社会管理、社会治理是一种公共管理、公共治理。一般研究者认为,在公共管理、公共治理的过程中,要遵循的原则主要有人本原则、服务原则、效能原则、均衡原则以及参与原则、透明原则、责任原则、回应原则、协作原则、合法性原则等等。这些原则堪称是人类社会治理经验的共同财富,在我国的地方治理过程中无疑是值得好好学习借鉴的。

中共十八届三中全会的《决定》中指出:创新社会治理,必须着眼于维护最广大人民根本利益,最大限度增加和谐要素,增强社会发展活力,提高社会治理水平,全面推进平安中国建设,维护国家安全,确保人民安居乐业、社会安定有序。我们认为这些内容可视为社会治理、地方治理的总体要求和总体原则,但在具体的社会治理、地方治理层面上需要加以细化。

1992年联合国制定了《联合国气候变化框架公约》。该公约对于全球气候治理具有权威性的约束力。其核心内容是它提出了“共同但有区别的责任原则”。这一原则包含两方面的内容：一是共同责任原则，一是区别责任原则。前者，强调的是人类只有一个地球，每个国家都要承担起对气候变化的义务，亦即共同担当的原则；后者，考虑到各个国家经济发展水平、历史责任和当前人均气体排放上存在差异，即有区别大担当责任的原则。其中，发达国家要对其历史排放和当前的高人均排放负责，他们也拥有应对气候变化的资金和技术，发达国家应率先减排，并给发展中国家提供资金和技术支持；而发展中国家仍然在以经济和社会发展及消除贫困为首要的和压倒一切的优先事项，它们在得到发达国家资金和技术的支持下，采取措施减缓或适应气候变化。课题负责人根据此公约的基本精神，转换为原创性地“共同但有区别的原则”，作为我国社会管理、社会治理、地方治理的一些基本原则。

关于共同性原则。“共同性”是相对于“同一性”“统一性”或“一元性”而言的，也有别于“共质性”“同质性”“雷同性”，其对应面概念是“差异性”、“区别性”。社会管理、社会治理、地方治理中的共同性是由社会、地方所具有的共同性和“管理”、“治理”所具有的共同性所决定的，可从多视角或多方面来进行审视和分析我国多质态社会的差异性管理中的共同性、区别性问题。我们认为要在两个层面上处理好社会管理、社会治理、地方治理的共同性的问题：其一，处理好中国特色社会主义社会管理、治理同人类社会、西方社会、东方社会的共同性问题；其二，处理好中国特色社会主义社会管理、治理内部或自身不同层级、不同领域、不同区域、流域社会管理、治理的共同性问题。在这两个层面上，都应当处理好继续深化全面改革、全面开放、全面建设的共同性关系。对于中国特色社会主义社会管理、地方治理来说，其领导力量、理论基础、核心价值、思想路线等共同性特质都是历史作用下形成的，尤其值得珍惜和重视，我们只是要在与时俱进中始终坚持，并使其更加科学、更加正确，进一步挖掘其自身已有的理论潜力、制度潜力、体制潜力、机制潜力，努力做到言行一致，表里一致，名实相符，而不是自暴自弃，改弦更张，另起炉灶。

关于区别性原则。这一原则要求从差异性社会管理、治理的实际出发，谋求有效的社会管理和治理，做到同中求异，异中求同，一面社会管理、社会治理中的简单雷同现象。区别性原则与共同性原则既有联系又有差异。区别性原则不应当远离共同性原则，而应当是共同性原则的具体化、细化和落实。所谓区别性原则可以表现在多方面，如社会统治、社会管理、社会治理严格说来应当遵循不同的原则；不同的社会形态、社会制度应当遵循不同的管理或治理的原则；不同的社会发展阶段应当遵循不同的管理或治理的原则；不同的社会领域（如经济、政治、文化、社会、生态）应当遵循不同的管理或治理原则；不同的社会区域（如城市社区、农村社区、转型社区）应当遵循不同的社会管理或治理原则；统一国家的不同地域（如我国的东部、中部、西部、南部、北部）应当遵循不同的管理或治理原则；不同的地方层级（高层、中层、基层，省级、市级、县级、性质及、乡镇级）应当遵循不同的管理或治理原则等等。（通常中央治理必须要有地方治理的经历、经验为基础；同样，地方治理必须有基层治理的经历、经验为基础。在我国，干部人事制度方面无视区别性原则而导致的严重教训是极其深刻的）区别性原则所体现的是多种多样的社会管理和社会治理的规律性，它们既不可能相互替代，也不能相互割裂，它们是互补的、互为条件、互为目的的，共同彰显出社会管理、社会治理、地方治理共同性原则的生机与活力。①

自觉遵循共同但有区别的原则，有利于我们在新时代中国特色社会主义社会治理、地方治理过程中，切实维护中央的权威，不断推进和完善国家治理体系和治理能力的现代化，构建中华民族命运共同体，就像习近平同志在党的十九次代表大会上形容中华各民族关系时，打了一个生动形象的比喻，各民族要像石榴籽那样紧紧抱在一起。② 这样，通过民族认同、国族认同、人民认同、实现中华民族的伟大复兴。由此观之，只要地方治理中的人民有信仰有地位，民族就有希望，中华人民共和国就有力量。

六、中国政治发展道路中的“自证”

在寻求中国政治发展道路过程中，既要做到理论与实践的不断探索，同时在“一球两制”，世界社会主义与世界资本主义共生世界中，也要做好对符合自身发展模式的政治发展道路的自我证明。特别在新时代中国特色社会主义历史条件下，通过“四个自信”的坚守，不断赢得世人与国人的认同，不断赢得自身政治发展的话语权，十分具有必要性。

我们以为，在一个复杂的自然及社会的生态环境中，一个人，一个组织乃至一个国家要不要自证即自我证明，回答应该是肯定的。一个人，一个组织，一个国家，自证是不可或缺的。尤其是自

① 乔耀章．多质态社会管理中的共同性与差异性[J]．甘肃社会科学，2012(4)．

② 习近平．决胜全面建成小康社会夺取新时代中国特色社会主义伟大胜利[N]．人民日报，2017—10—28(001)．

证中国，或中国自证是不可或缺的。这不仅是一个哲学问题，而且也是一个不能回避的现实政治问题。特别是在政治发展道路自证问题上，面对一个多面体、多棱镜的客观存在的中国，如果我们仅从中国看中国，可能基于中国内部的特殊差异性，会有“不识庐山真面目”或“雾里看花”之感，故中国不能完全自证；但如果仅从西方看中国，可能会有不公平、不公正之感，会失却自信而只剩“他信”，故中国也不能完全由他证，而放弃自证；最理想的是从全球或世界看中国，那既需要超越中国也需要超越西方，从制高点以及全局观点和战略眼光看待中国。[①] 在“一球两制”且“资强社弱”的现时代条件下，对于中国特色社会主义的政治发展实践，国际舆论很难以客观公正理性地思维方式予以看待。尤其是作为国际政治生活的主要实体单位——国家，都具有某种程度的阶级性与国家利益性。任何国家、政府的主流媒体看待有别于本国的经济、政治、文化、社会等“他国”实践，总是夹杂着自身利益的主观评价。尤其是处于社会探索阶段的文明“先行者”，其本身政治发展模式获得世人的认识与理解需要一个渐进的过程。而作为“他信”的处于国际舆论主导权的西方媒体，或者对其成功发展模式认识不清，或者歪曲报道，在这种情况下。我们自身就需要做出某种程度的自证，以让国人、世人更好地了解并接受“自我”。我们中国对其自身政治发展模式的自证，某种程度上就属于这种类型。

中国自证，就要在充分把握其内部差异性、特殊性基础上的普遍性。我们自证中国，主要是对中国总体发展阶段的普遍性特征与规律给予自证。历史唯物主义原理告诉我们，即使在社会主义

---

① 乔耀章．“中国特色社会主义”概念再定位及前瞻性审思[J]．南京社会科学，2012(2)．

发展阶段，生产力和生产关系，经济基础与上层建筑的社会基本矛盾仍是推动社会发展的基本动力。我们中国现阶段发展所选择的经济基础、社会制度、文化模式都必须依赖于我国现阶段的社会历史方位。故我们对自己发展方式与模式的“自证”离不开对其自身现阶段中国特色社会主义进入了新时代的历史方位的准确认知。

（一）中国自证的历史方位

党的十九大报告明确指出，经过长期努力，中国特色社会主义进入了新时代，这是我国发展新的历史方位。[①] 在新的历史方位条件下，从社会发展基本国情看，我们现在仍处于并将长期处于社会主义初级阶段；从社会主要矛盾看，我们社会的主要矛盾已经从人民日益增长的物质文化生活需要同落后的社会生产转化为人民日益增长的美好生活需要和不平衡不充分的发展之间的矛盾；从国际地位看，我国作为世界上最大的发展中国家的国际地位没有变。基于此，我们以新时代中国特色社会主义的基本国情、主要矛盾、国际地位三个方面的历史方位来自证我国现实社会发展阶段的“合规律性”。

1. 基于基本国情的中国“自证”

看待中国当今一切发展变化，都要立足于中国特色社会主义新时代仍处于并将长期处于社会主义初级阶段的基本国情定位。从基本国情看，我们既不能忽视我国社会主义的质的方向规定性，又不能离开社会主义初级阶段这一发展程度的量的现实性。我们应当清醒地认识到：尽管从自身发展历史进程看，我国已由半殖民

---

① 习近平.决胜全面建成小康社会夺取新时代中国特色社会主义伟大胜利[N].人民日报，2017—10—28(001).

地、半封建、半资本主义社会过渡到了中国式的社会主义社会，现在正经历着社会主义社会初级阶段（我们以为是后新民主主义社会的另一种表达法①）向中国特色社会主义的下一阶段过渡。在此过渡时期内，社会主义的经济、政治、文化因素将同必然存在着的非社会主义（尤指中国式的资本主义、外国资本主义，还指前资本主义的）经济、政治、文化因素长期共存、合作、竞争和斗争。在此社会主义初级阶段，作为非主体因素存在的非社会主义因素存在着某种社会发展阶段的合理性、合规律性。② 我们既要承认社会主义初级阶段的社会主义因素的主体性，同时又不能回避非主体的非社会主义因素对主体社会主义因素的影响。在社会主义初级阶段，社会主义因素始终占据发展的主导面，要想法设法让社会主义初级阶段的非社会主义因素为主体社会主义服务。在社会主义初级阶段，一方面，体现社会主义本质属性的公有制为主体，多种所有制经济共同发展的基本经济制度以及由此所决定的按劳分配为主体，多种分配方式并存的分配制度应当始终坚持。另一方面，我们也应当承认由于我国所处"初级阶段"，生产力发展水平有待提高，实践"纯净度过高"的生产关系所有制并不适合当今中国社会发展需求。

基于基本国情的中国"自证"，有利于"自证"现有发展阶段战略的合理性。我们既不好高骛远，去追求不符合现实发展阶段的社会主义"纯净度"过高的老路，又不妄自菲薄，改旗易帜地去走西方资本主义的邪路。

---

① 乔耀章."后新民主主义社会"——中国特色社会主义初级阶段的另一种表达法[J].江苏科技大学学报(社会科学版),2008,(1).

② 乔耀章.略论作为社会主义定向的政治发展[J].江苏社会科学,2002,(02):151.

基于基本国情的中国“自证”，有利于我们保持清醒的头脑。既通过“自证”宣传，让人民群众知晓我国发展的社会主义定向性，同时又敢于和勇于“自证”自身发展阶段生产力相对滞后等问题。在承认以社会主义共同富裕为发展目标的前提下，同时承认人民实际生活中还存在着历史阶段必然性的发展困境。

2. 基于主要矛盾的中国“自证”

自从 1949 年中华人民共和国成立以来，中华民族的发展进入了新的历史纪元。中国人民在中国共产党领导下，先后经历了从站起来、富起来到强起来的伟大飞跃。[①] 尤其是改革开以来，随着实事求是思想路线的恢复，党的十一届六中全会在对党的八大主要矛盾判断“扬弃”的基础上，把党的主要矛盾从人民对于建立先进的工业国的要求同落后的农业国的现实之间的矛盾，人民对于经济文化迅速发展的需要同当前经济文化不能满足人民需要的状况之间的矛盾[②]，进一步发展成人民对于日益增长的物质文化生活需要同落后的社会生产之间的主要矛盾。党的十九大，以习近平同志为核心的党中央，在把握历史发展新阶段特征基础上，郑重提出我国社会主要矛盾已然转化为人民日益增长的美好生活需要和不平衡不充分的发展之间的矛盾。[③] 我国新的主要矛盾，是我国进入决胜全面建成小康社会的历史阶段后所提出的符合社会历史发展规律的正确判断。

从主要矛盾自证中国，我们既要看待我国人民的物质文化生

---

① 习近平. 决胜全面建成小康社会夺取新时代中国特色社会主义伟大胜利[N]. 人民日报，2017—10—28(001).

② 中国共产党第八次全国代表大会关于政治报告的决议[N]. 人民日报，1956—9—28(001).

③ 习近平. 决胜全面建成小康社会夺取新时代中国特色社会主义伟大胜利[N]. 人民日报，2017—10—28(001).

活水平已经提高，同时我们也要认识到我国发展的不平衡不充分的问题仍然十分严峻。人民群众对于现实获得感的要求已经从单一的物质文化生活方面转向对民主、法治、公平、正义等多方面的美好生活需求。

从主要矛盾自证中国，既能清醒地看到党领导下的中国社会已经成功的实现了人民对于温饱社会的需求以及更高层次的总体小康需求发展目标，同时也应清醒地认识到党治国理政的实践同人民对于美好生活的多元化需求仍有较大差距。在习近平新时代中国特色社会主义发展阶段，我们既要勇于自证带领中国人民已经取得的历史性成就，同时也要敢于自证发展中仍然存在的不足。只有基于对中国特色社会主义新时代的主要矛盾的清醒认知，才能做到对自身发展成就与前进方向的认知与自证。基于主要矛盾的中国自证，党和国家就能把握人民群众所需，就能始终践行党的政治初心，为人民谋幸福，为民族谋复兴。①

3. 基于国际地位的中国"自证"

党的十九大指出：我国作为世界上最大的发展中国家的国际地位没有变。这是基于国际力量对比以及我国发展的现实国际态势的科学判断。我国在对外关系处理中经常面对一对矛盾：一方面，西方发达国家指责我们没有承当应有的"国际责任"，但另一方面，当我们以"一带一路"等战略，通过共商共建共享等共赢原则主动承担国际责任的时候，西方发达国家又指责我们为"新殖民主义"。在西方"他证"视野中，中国正常的发展，民族复兴或者被他们说成是中国威胁论，或者被认为是空中楼阁、虚无缥缈。西方主

---

① 习近平. 决胜全面建成小康社会夺取新时代中国特色社会主义伟大胜利[N]. 人民日报，2017—10—28(001).

流媒体习惯于，要么对中国改革开放近四十年的发展成就置若罔闻，仍然宣传中国是一个落后衰败的中国；要么就是不恰当的捧杀，到处宣传中国威胁论。他们很难做到以正常心、以平常心态看待中国的民族复兴。

我们应当承认大多数国家看待中国，都是基于国家利益与国家力量的结合。如果我们中国不能自证或者正确地自证自我，总是被西方媒体的捧杀或无端指责所缠绕，那么中华民族伟大复兴的征程，就会徒增无谓地波澜与烦恼。党的十九大仍然认为我国是世界上最大地发展中国家的国际地位。这一方面，承认了我国是国际力量的重要一级，同时也明确了我国目前仍然处于由大到强的发展阶段。我们主张：在较长历史时期内，我国仍要继续坚持“冷静观察，稳住阵脚，沉着应付，善于守拙，决不当头，韬光养晦，有所作为”①的外交战略。

基于中国现实的国际地位，我们既要“自证”自己的发展成就，同时也要“自证”自己的发展不足，审慎制定外交战略行动，审慎合理的承担世界上最大的发展中国家国际地位的国际责任，为构建人类命运共同体承担起符合自身国家利益与国家力量的责任担当。

（二）中国“自证”的现实积淀：“四个自信”

中国的现实发展成就离不开中国的“自证”。党的十九大报告指出中国特色社会主义是改革开放以来党的全部理论和实践的主题，是党和人民历尽千辛万苦、付出巨大代价取得的根本成就。改

---

① 冷静观察、沉着应付、韬光养晦、决不当头、有所作为——理论——人民网[EB/OL][2012—10—28] http://theory. people. com. cn/n/2012/1028/c350803—19412863. html.

革开放以来，我国取得举世瞩目的成就，很重要的原因在于我国坚持了中国特色社会主义，并在此基础上形成了中国特色社会主义道路、中国特色社会主义理论体系、中国特色社会主义制度、中国特色社会主义文化。在我国进入习近平新时代中国特色社会主义的历史方位过程中，我们要勇于和敢于总结历史经验，坚守道路自信、理论自信、制度自信与文化自信，勇于和敢于向国人、向世人做出“自证”。

1. 道路自信

习近平同志多次谈到，“一棵大树上没有完全一样的两片树叶，天下没有放之四海而皆准的经验”。① “鞋子合不合脚，自己穿了才知道”。一个国家的发展道路合不合适，只有这个国家的人民才最有发言权。② 我们要敢于向国人与世人“自证”中国特色社会主义道路。中国特色社会主义道路立足于对我国基本国情的动态把握，立足于对党的“一个中心两个基本点”基本路线的长期坚持，立足于党的“五位一体”的总体布局，其目标指向是“为中国人民谋幸福，为中华民族谋复兴”③。中国特色社会主义道路是中国人民的富民之道，是中华民族的强国之道，是对近代以来中华民族历史和现实清晰把握基础上形成的适合中国人民利益，适合中国大地发展的康庄大道。中国近四十年改革开放的历史性成就，已经“自证”其道路的历史与现实合理性。

2. 理论自信

中国特色社会主义理论体系是马克思主义中国化的第二大

---

① 习近平接受金砖国家媒体联合采访[N]. 人民日报，2013—3—20(001).

② 张广昭等. 习近平如何向世界讲中国故事？[N]. 人民日报海外版，2017—2—22.

③ 习近平. 决胜全面建成小康社会夺取新时代中国特色社会主义伟大胜利[N]. 人民日报，2017—10—28(001).

理论成果，其内在包括邓小平理论、“三个代表”重要思想、科学发展观、习近平新时代中国特色社会主义思想。邓小平理论，是以邓小平同志为核心的第二代党中央集体，在思想解放的思想路线基础上，对改革开放前不完全适应社会主义生产力发展要求的经济基础与上层建筑的“拨乱反正”。通过解放思想，打破了人们长期实际存在的对社会主义固化、僵化、极化的认识误区。重点回答了“什么是社会主义，怎样建设社会主义”的命题；20世纪九十年代，党中央深刻认识到建设一个什么样的党，关系到改革开放的成败，关系到建设有中国特色社会主义的成败。在此基础上，以江泽民同志为核心的第三代中央领导集体，在进一步回答“什么是社会主义，怎样建设社会主义”的历史命题基础上，与时俱进地提出了“三个代表”重要思想，立志于回答“建设什么样的党，怎样建设党”的历史命题；新世纪以来，面对我国总体上处于粗放式发展的现实态势，以胡锦涛同志为总书记的党中央，求真务实地提出了科学发展观，立志于回答“实现什么样的发展，怎样发展”的发展模式问题；党的十八大以来，以习近平同志为核心的党中央，聚焦中国特色社会主义，立志于回答新时代坚持和发展什么样的中国特色社会主义、怎样坚持和发展中国特色社会主义的历史命题。中国特色社会主义理论体系的每一个有机部分，是针对我国每一个特定历史发展阶段的现实理论迫切性需要而提出的，具有强烈地问题意识与人民情怀，是对中国特色社会主义具体实践经验的总结，是具有中国气派、中国气质的马克思主义中国化理论成果。中国特色社会主义理论体系是实践基础上的不断理论创新，其体现了党与时俱进的理论品质，是指引我国不断发展和变革的先导。我们必须长期坚持与发展中国特色社会主义理论体系，并不断给予“自证”。

3. 制度自信

中国特色社会主义制度既包括中国特色社会主义的公有制为主体，多种所有制经济共同发展的基本经济制度，也包括人民代表大会的根本政治制度，中国共产党领导的多党合作与政治协商制度、民族区域制度、基层群众自治制度等基本政治制度以及其他中国特色社会主义法律体系以及建立在基本经济制度基础上的其他相关制度。① 中国的发展成就依赖于中国对其特有制度的坚持和发展。

中国特色社会主义制度在中国的实践，证明了其制度的合理性与合规律性。中国特色社会主义制度是植根于中国大地基础上，是中国人民探索建设社会主义正反历史经验基础上逐步形成的适合中国现实需要的制度。习近平指出：世界上没有完全相同的制度模式，任何制度，尤其是政治制度不能脱离特定社会条件和历史文化传统来抽象评判，不能定于一尊，每个国家都不能生搬硬套外国制度模式。② 我们中国在建国近 70 年的历程征程中，曾经一段时间自觉不自觉地模仿过苏联僵化式的社会主义制度，后来在反思的基础上，结合自身国情，才逐步形成适合我国文化特色、发展阶段的制度模式。我们“自证”自身制度的合理性，并不是向西方霸权国家那样，谋求输出自身制度模式，而是希望通过对中国自身制度的合理有效性的“自证”，让本国人民坚信自身制度选择的“和规律性”；让世界上那些既希望加快自身发展又希望保持自身独立性的国家和民族多一种方案选择。我们要勇于和敢于对中

---

① 习近平. 决胜全面建成小康社会夺取新时代中国特色社会主义伟大胜利[N]. 人民日报，2017—10—28(001).

② 习近平. 决胜全面建成小康社会夺取新时代中国特色社会主义伟大胜利[N]. 人民日报，2017—10—28(001).

国特色社会主义制度给予“自证”，强化国家和民族对其发展制度的自信。

4. 文化自信

文化自信是一个国家、一个民族发展中更基本、更深沉、更持久的力量。我们坚持文化自信，在当代中国，主要是坚持中国特色社会主义文化自信。中国特色社会主义文化是源自于中华民族五千多年文明历史所孕育的中华优秀传统文化，其熔铸于党领导人民在革命、建设、改革中创造的革命文化和社会主义先进文化，植根于中国特色社会主义伟大实践。[①] 中国特色社会主义文化，其坚定地人民立场、社会主义立场以及发展过程中的百花齐放，百家争鸣，既有利于巩固马克思主义在意识形态领域的核心地位，掌握舆论话语权，又有利于繁荣我国文化市场，提升我国文化软实力。

坚守中国文化自信，就是对中国特色社会主义发展的内心认同与自信。一个民族的强大，其真正在于其国民心态的强大。国民对于其发展阶段形成的特有文化认同，可以给国家和社会发展提供诸多无形的发展动力和力量源泉。无论是最早经历工业化的英国还是后起发展并作为当今世界唯一超级大国的美国，在其经济、政治、军事硬实力不断发展壮大的同时，都曾通过文化软实力等形式“自证”其发展的正当性与合理性，都曾不断培育国民的自尊文化心态。随着我国成为世界第二大经济体，以及我国政治军事等其他方面实力的提升，我们应当通过文化“自证”，让更多地国民形成既非自卑，也非自负，而是更多自尊地成熟稳定的大国国民

① 习近平. 决胜全面建成小康社会夺取新时代中国特色社会主义伟大胜利[N]. 人民日报，2017—10—28(001).

心态。

实现中华民族伟大复兴要敢于文化自证，既要打破国人基于近代屈辱史历史基础上而形成的技不如人、制度不如人的自卑文化心理现象，同时也要打破某些存在于中国部分个体中的文化自负现象。我们中国要敢于文化“自证”，使其国民不断强化对其国家发展方式以及文化血脉的认同，提升中华民族文化向心力。

坚守中国特色社会主义的理论自信、制度自信与文化自信才能更好地实现中国特色社会主义道路、特别是政治发展道路的自信。

（三）中国自证的未来指向：民族复兴

在谋求中华民族伟大复兴的时代条件下，每个国家既不能完全自证，也不能完全离开“自证”。面对未来中华民族的伟大复兴，中国需要用自己的进一步行动自证其发展的合理性。我们一方面要让世界认识一个真实的中国，理性看待中国。同时更为重要的是，我们要以习近平新时代的现实历史方位为根本立足点，正确审视自己的发展成就，进一步“自证”自身发展阶段的合理性。党的十九大指出：从现在起到2020年，是全面建成小康社会决胜期；从党的十九大到二十大，是“两个一百年”奋斗目标的历史交汇期。[①]我们党既要带领全国人民全面建成小康社会、实现第一个百年奋斗目标，又要乘势而上，开启全面建设社会主义现代化国家新征程。同时，党的十九大，中国共产党人前瞻性地提出了实现第二个

---

① 习近平.决胜全面建成小康社会夺取新时代中国特色社会主义伟大胜利[N].人民日报，2017—10—28(001).

百年奋斗目标的大致具体征程：全面建成小康社会→基本实现社会主义现代化→社会主义现代化强国①。

对民族未来发展指向的清醒认知与现实路径的前瞻性规划，是我们中国共产党领导下的中国的独特性制度优势。西方国家利益集团操纵下的政治选举，在不同利益集团分赃过程中，任何一个政党，限于执政时限与自身利益的考量，往往把体现国家民族长远利益的发展规划束之高阁。在这些国家很难提出并有力实践国家发展战略。相反，在我国则表现为：一个又一个民族复兴的战略规划图逐步成为现实。改革开放以来，我国中国共产党带领中国人民，先后经历了旧三步走战略（十三大提出）、新三步走战略（十五大提出）。以习近平同志为核心的党中央，着眼于新的历史方位，在党的十五大发展战略前两步已基本实现的前提下，又对其第三步战略目标具体划分为两个阶段：基本实现社会主义现代化阶段以及实现社会主义现代化强国阶段。中国共产党领导下的中国特色社会主义实践，能够不断提出强国富民的发展路径，并数十年连续奋战，这是其他资本主义国家发展制度所不能比拟的。但是囿于制度差异和国家利益差异等，对于我国这种前瞻性地规划设计，西方国家媒体往往喜欢选择性遗忘。西方国家基本不愿意承认或者不想承认中国政治发展路径的优越性，更谈不上对中国发展经验、中国方案的世界性推介。在现实政治实践中，国内部分不谙世事的群体与个人，受到西方舆论的影响，对我国发展的成功经验也经常视而不见，因此，我们中国必须敢于对自己已有的发展成就以及民族复兴大业的宏伟蓝图自证。

---

①　习近平．决胜全面建成小康社会夺取新时代中国特色社会主义伟大胜利[N]．人民日报，2017—10—28(001)．

直面杂音四起且西方价值观仍然占主体面的世界舆论市场，特别是对那些蓄意抹黑中国、贬低乃至否定中国在当今世界的重要地位与形象的种种声音，我们中国必须以国家姿态出场作出恰当的自我证明。经过近四十年的改革开放，我国已进入了新时代中国特色社会主义发展阶段。在此新的历史方位中，一方面我们要基于基本国情、主要矛盾、国际地位的中国特色社会主义新时代的历史方位做好自证，同时也要勇于和善于对中国特色社会主义伟大实践基础上形成的中国特色社会主义道路、中国特色社会主义理论、中国特色社会主义制度、中国特色社会主义文化给予恰如其分地自证，亦即在习近平新时代中国特色社会主义思想长期指导下，要勇于和敢于总结历史经验，坚守道路自信、理论自信、制度自信与文化自信，勇于和敢于向国人、世人做出“自证”。同时，必须指出的是，中国自证，并不是中国自傲，更不是中国自负或夜郎自大，而是基于自尊基础上的对本国现实历史方位发展经验的客观、自觉清醒的自信。只有通过我们“自证”，自证我们特定历史方位基础上的道路自信、理论自信、制度自信与文化自信，才能更好地让我国社会各族人民万众一心，“像石榴籽一样紧紧抱在一起”，才能更好地让全国人民相信，在中国共产党的领导下，坚持中国特色社会主义道路，中华民族伟大复兴的中国梦必将能够如期实现。

本章小结

在探讨了中国政治发展的一般目的之后，本章合乎逻辑地探讨了如何通向中国政治发展目标及一般目的的政治革命、经济革命、文化革命、政治改革、社会革命及其时空关联的现实道路。笔路蓝缕，风雨兼程，百折不挠，艰难困苦，玉汝于成。中国政治发展道路是始终坚持中国共产党的集中统一领导，坚持以马克思主义科学理论为指导，根植中国大地，具有深厚的中华文化根基，学习借鉴人类政治文明发展的智慧，不忘初心，肩负使命，从近代苦难的历史深处走来，正视风云变幻的现实，奋勇开拓中华民族和人类命运与共的政治未来，确保中国政治发展始终沿着马克思主义科学社会主义理论论证的方向前进。

第七章　中国政治发展道路与中国共产党

中国政治发展是中国发展的有机组成部分。中国政治自系统的发展受制于中国非政治系统的存在和发展状况，同时能动地反作用于中国非政治系统的存在和发展，这就意味着中国政治发展不仅仅是为着中国政治自系统的事。中国共产党是中国政治自系统发展的有机组成部分，既受制于中国政治的客观存在及其发展状况，同时又能动地引领着中国政治发展。中国共产党在推进中国政治发展的历程中起着十分关键的核心地位与作用，这是中国政治发展最显著的优势与特色。中国共产党人不忘初心，牢记使命，将通过自身建设，自我革命，自我发展，直接推动着中国特色社会主义政治的可持续发展，实现中华民族的伟大复兴。这就意味着引领中国政治发展既是中国共产党人自己的事又不仅仅限于中国共产党人自己的事，责无旁贷！

一、中国政治发展道路的最大特色

习近平同志指出："世界上没有完全相同的政治制度模式，政治制度不能脱离特定社会政治条件和历史文化传统来抽象评判，不能定于一尊，不能生搬硬套外国政治制度模式”。[①] 这就表明，中国政治发展道路必须服从服务于中国政治发展的现实国情。研究以为，结合中国政治发展道路的历史与现实、理论与实践，中国共产党的坚强领导是中国政治发展的最大特色。

（一）政界关于中国政治发展特色的相关文献

建国前，毛泽东同志最早关注到中国经济政治发展不平衡所决定的中国政治发展特色问题[②]。邓小平同志在《选举法》出台后指出，《选举法》的颁布则标志着我国人民民主政治发展的新阶段，是划时代的。[③] 江泽民同志认为，世界上任何国家的政治发展都要与其经济社会发展相适应[④]。胡锦涛同志讲：没有政治发展、文化发展和人的全面发展不断推进，单纯追求经济发展，经济发展难以持续，最终也难以搞上去[⑤]；一个国家的政治发展、经济发展、文化发展是互为条件的，政治发展为经济发展、文化发展提供制度保证，经济发展、文化发展为政治发展提供物质基础和智力支持；[⑥] 政治发展道路是否正确，对一个国家盛衰兴亡具有决定性意义[⑦]。

① 习近平. 决胜全面建成小康社会夺取新时代中国特色社会主义伟大胜利[N]. 人民日报，2017—10—28(001).

② 毛泽东. 毛泽东选集：第1卷[M]. 北京：人民出版社，1991：188. 根据中国政治和经济不平衡的状态，第三阶段的战略反攻，在其前一时期将不是全国整齐划一的姿态，而是带地域性的和此起彼落的姿态。

③ 邓小平. 邓小平文集（一九四九～一九七四年）中卷[M]. 北京：人民出版社，2014：82.

④ 江泽民. 江泽民文选：第三卷[M]. 北京：人民出版社，2006：236.

⑤ 胡锦涛. 胡锦涛文选：第二卷[M]. 北京：人民出版社，2016：168.

⑥ 胡锦涛. 在首都各界纪念全国人民代表大会成立50周年大会上的讲话[M]. 北京：人民出版社，2004：22.

⑦ 胡锦涛. 胡锦涛文选：第二卷[M]. 北京：人民出版社，2016：73.

胡锦涛同志在党的十七大、十七届二中全会、党的十八大多次强调中国政治发展道路特色问题，如“坚定不移地发展中国特色社会主义民主政治……不断推进社会主义政治制度自我完善和发展”①；建设社会主义政治文明必须从我国国情出发，坚持走自己的路。我们党和人民选择的政治发展道路，是党领导人民经过长期探索和实践而开辟出来的②；中国特色社会主义政治发展道路，是一条符合我国国情、顺应时代潮流，能够为国家富强、民族振兴、人民幸福、社会和谐提供根本政治保证的政治发展道路，体现了全国各族人民根本利益③。党的十八大之后，以习近平同志为核心的党中央关于中国政治发展特色有诸多经典理论表述，以习近平系列重要讲话数据库为例，共有 35 处经典理论表述。在《习近平在首都各界纪念现行宪法公布施行 30 周年大会上的讲话》中，习近平同志继续维持党的十六届二中全会以来党中央对中国特色社会主义政治发展道路的理论认知，强调保证党的集中统一领导与人民当家做主与依法治国等三者的有机统一，“发展社会主义政治文明”(2012 年 12 月 4 日)。在《求是》杂志发表的《习近平同志在党的十八届一中全会上讲话》中，习近平同志指出中国特色社会主义政治发展道路，“要实现更加广泛、更加充分、更加健全的人民民主”(2012 年 12 月 15 日)。《在庆祝全国人民代表大会成立 60 周年大会上的讲话》，习近平同志高瞻远瞩系统性地对中国特色社会主义政治发展道路，为什么应当坚持？坚持适合国情的政治发展道路的必要性以及如何坚持等一系列重大理论命题做了深入分析。

---

① 胡锦涛. 高举中国特色社会主义伟大旗帜为夺取全面建设小康社会新胜利而奋斗[N]. 人民日报，2007—10—25(001).

② 胡锦涛. 胡锦涛文选：第二卷[M]. 北京：人民出版社，2016：33.

③ 胡锦涛. 胡锦涛文选：第二卷[M]. 北京：人民出版社，2016：472.

习近平同志特别强调不能追求政治制度上的“飞来峰”，不能脱离特定社会政治条件评判政治制度与政治发展，政治制度“不能归于一尊”等经典理论表述。习近平强调各国各个时期的政治发展、政治制度都应当具有独特性，都应当在渐进改革，内生性演化基础上，由这个国家的人民所决定，都应当符合这个国家的历史传承、文化传统、经济社会发展。习近平同志还提出了评价一个国家政治发展、政治制度优劣性的若干标准：主要看国家领导层能否依法有序更替、全体人民能否依法管理国家、社会事务、经济和文化事业、人民群众能否有效参与国家政治生活、国家能否科学、民主化决策、权力运用能否得到有效制约与监督等。习近平同志深刻认识到中国政治发展过程中，人民当家作主是本质和核心，人民民主是社会主义的生命。或者说没有民主就没有社会主义，更无法实现中华民族伟大复兴(2014 年 9 月 5 日)。习近平同志《在参加河南省兰考县委常委班子专题民主生活会时的讲话》中更明确指出中国政治发展道路的最大特色问题。习近平同志认为，中国最大的国情就是中国共产党的领导。中国共产党领导是中国特色社会主义最本质的特征。什么是中国特色？中国共产党领导就是中国特色。(2014 年 5 月 9 日)。除此之外，习近平同志还《在庆祝中国人民政治协商会议成立 65 周年大会上的讲话》中强调中国社会主义民主政治中独特的、独有的、独到的民主形式——协商民主，指出协商民主形式源自中华民族近代以后的政治发展现实进程，源自党领导人民革命、建设、改革的政治实践等，具有深厚文化、理论、实践与制度基础(2014 年 9 月 21 日)，因此，应当要毫不动摇走中国特色社会主义政治发展道路，积极稳妥推进政治体制改革，巩固和发展生动活泼、安定团结的政治局面。习近平同志还特别强调：中国特色社会主义民主是个新事物与好事物。但并不是说中国政治制度已然完美无缺，不需要再完善和发展。制度自信不是自我满足，更不是故步自封。《在纪念马克思诞辰 200 周年大会上的讲话》与《在庆祝改革开放 40 周年大会上的讲话》，习近平同志又反复强调，“社会主义并没有也不可能定于一尊、一成不变，只有把科学社会主义基本原则同本国具体实际、历史文化传统、时代要求相结合起来，才能把蓝图变为美好现实”。作为拥有悠久历史，人口大国的中国推进自身政治发展，没有可以借鉴的金科玉律的教科书（2018 年 12 月 18 日）。

（二）学界关于中国政治发展特色的相关研究

张士海等指出中国特色社会主义政治发展道路有其内在的历史、理论与实践逻辑机理。历史逻辑的传承借鉴、理论逻辑的耦合融通与实践逻辑的有机统一是其逻辑机理所在①。王浦劬指出新时代中国政治发展特色表现为坚持党的全面领导与调动各方积极性的有机统一，坚持国家有效治理与人民民主的有机统一，坚持问题导向、目标导向与发展战略的有机统一等方面。② 徐奉臻指出中国特色社会主义政治发展道路，植根于近代以来中国独特的历史环境和历史命运，形成于围绕“民族独立和人民解放”、“国家富强和人民富裕”的探索之中。中国特色社会主义政治发展道路实践证明，资本主义政治发展道路并非唯一途径。③ 叶战备指出中国特色政治发展呈现出以党为领导、政府为主导、经济发展为动

---

① 张士海，孙道壮. 中国特色社会主义政治发展道路的生成逻辑[J]. 当代世界社会主义问题，2018(3).

② 王浦劬. 习近平新时代中国特色社会主义政治发展思想论析[J]. 政治学研究，2018(3).

③ 徐奉臻. 中国特色社会主义政治发展道路的生成逻辑[J]. 当代世界与社会主义，2018(2).

力、公共利益为目标、渐进改革、社会协同参与为一般特征。叶长茂认为中国政治发展是中国的政治发展充分保持了权威与民主的有效平衡，具有渐进式平衡的特点①。施雪华等认为中国政治发展特点可以具体体现为发展目标、发展战略与发展模式等方面。在政治发展目标上，集体体现为建设社会主义高效政治和民主政治的有机结合；在政治发展战略上，表现为秩序优先的渐进式改革；在政治发展模式上，表现为执政党主导的有限自主和有限控制的结合②。许耀桐认为中国政治发展模式有自己的特色，主要集中表现在指导战略思想、核心力量、经济基础、方式和步骤、重点和次序等等政治发展方面具有自己的显著特色。③ 房宁认为自近代以来中国各种思想理论、政治力量、社会运动的历史价值和现实命运，规定了自身社会政治发展的特殊路径，形成了具有中国特色的有别于西方三权分立的民主政治发展模式。辛鸣更指出中国特色社会主义政治发展道路具有鲜明的实践特色、理论特色、民族特色、时代特色。总体而言，学者们主张中国政治发展的最大特色在于中国共产党的集中统一领导。

（三）中国政治发展道路的最大特色是坚持中国共产党的坚强领导

从中国的近现代史出发，从理论与现实实践出发，可以清晰地得出中国共产党的领导是中国特色社会主义政治发展道

---

① 叶长茂.如何完善中国特色政治发展模式的平衡机制[J].求实，2011(9).

② 施雪华，孙发锋.改革开放30年中国共产党对中国特色社会主义政治发展道路的理论探索——关于中国政治发展的目标、战略和模式[J].马克思主义与现实，2008(6).

③ 许耀桐.论民主政治发展的多样性及其特色[J].新视野，2008(1).

路的最大特色。中国共产党领导是中国特色社会主义最本质的特征，是中国特色社会主义事业的领导核心。党的领导是做好党和国家各项工作的根本保证，是战胜一切困难和风险的“定海神针”。

就我国近现代的理论与实践、历史与现实而言，都不可辩驳的得出：中国共产党是中国特色社会主义政治发展的最大特色。只有中国共产党作为实现人民美好政治生活的核心力量与核心行动者，才能引领我国人民实现美好政治生活。

从国际共产主义运动史看，由各国共产党引领各国无产阶级实现美好政治生活符合马恩经典作家理论原理。经典马克思主义者，以“巴黎公社”为蓝本，在《法兰西内战》与《共产党宣言》等著作中，构想了社会主义的美好政治生活运作模式：“议行合一”制。经典马克思主义者在《共产党宣言》等著作中，强调共产党人本身“没有任何同整个无产阶级利益所不同的利益”[①]，这就决定了各个实现无产阶级革命的社会主义国家，都应当由各国共产党领导无产阶级政权，承担“议行合一”的权力运作。就其现实而言，中国共产党不只具有经典作家所承认的“权力运作”合法性的角色承担者，同时政党熔铸于人民之中的政治实践与政治品质，也赋予其可以作为人民的整体代表，承担“议行合一”的角色。对于此观点，马克思较早在《法兰西内战》中对无产阶级统治的国家权力运行模式进行了理论设想。马克思认为取代大多数人处于被统治支配地位的无产阶级社会，在人类历史上首次实现了大多数权力人对少数权力人的统治。马克思认为

① 马克思，恩格斯.共产党宣言[M]//马克思，恩格斯.马克思恩格斯选集：第1卷.北京：人民出版社，1995：285.

“无产阶级统治雏形的巴黎公社，是劳动者获得经济解放的政治形式”[①]。马克思强调公社的“一切权力机构与人民代表由人民直接选举产生”，且公社“不是议会式的机构，其既是行政机关，同时也是立法机关”。“这样，公社有别于资本主义国家资产阶级内部的三权分立，开始以无产阶级国家的崭新的民主组织形式取代资产阶级议会制度”[②]。马克思认为“议行合一”式的“人民共和国”，必须由人民直接掌管政治权力。人民掌握政治权力以后，人民再委派“社会公仆——行政人员”从事国家行政事务。同时，马克思也始终强调，“为防止社会公仆变成主人，人民要拥有随时罢免社会公仆的权力”，也就是人民始终拥有对选举出来的任何公共权力代为执掌者的罢免权。经典作家“议行合一制”的经典原理表述，为社会主义国家的权力运作总体上设定了理论框架。

经典马克思主义者，一方面构想了无产阶级专政的社会主义国家需要“议行合一”的政治发展运作模式，另一方面也指出这种“议行合一”的权力运作，需要“自为”阶级的政党领导。马克思强调工业文明时代到来之后，无产阶级专政主要体现为工人阶级为主要领导的专政。且作为工人阶级先锋队组织的共产党具有天然承担“议行合一”权力运作模式的角色合法性。马克思在《共产党宣言》中明确指出：“（共产党人）他们不提出任何特殊的原则，用以塑造无产阶级的运动。在实践方面，共产党人是最坚决的、始终起推动作用的部分；在理论方面，共产党人胜过其余无产阶级群众的

① 马克思. 法兰西内战[M]//马克思，恩格斯. 马克思恩格斯选集：第3卷. 北京：人民出版社，1995：59.

② 马克思. 法兰西内战[M]//马克思，恩格斯. 马克思恩格斯选集：第3卷. 北京：人民出版社，1995：55.

地方在于他们了解无产阶级运动的条件、进程和一般结果”[①]。有鉴于此，无产阶级“必须建立属于自己阶级的群众性的真正革命的政党”，并通过自身阶级的政党，承担起各国无产阶级革命的历史重任，从而引领各国的政治权力运作。马克思主义政治学基本原理已经指出，在无产阶级专政的社会主义国家，由本国共产党带领本国无产阶级的人民群众执掌权力具有理论逻辑的合理性与必然性。

从中国近现代史的大历史逻辑看，中国近代以来的政治发展不是内生性的自主发展与变革，而是在外敌侵略和世界现代化潮流对传统帝国冲击，外部异质文明打破原有“王朝循环”的历史逻辑基础上，被早发现代国家强行“拽进”世界现代化潮流而引发的外生性政治变革。晚清时期，当面对“三千年未有之大局”，为适应世界“达尔文主义”之浪潮，辛亥革命的资产阶级革命先贤推翻帝制，从此拉开了现代中国政治发展的序幕。但是，随之而来的是辛亥革命的失败与社会秩序的进一步混乱，使先进的中国人开始思考，中国应该依靠什么样的社会力量才能实现政治发展，建构和支撑现代民主共和。

作为近现代中国历史的“弄潮儿”，孙中山先生在比较总结各国政治发展路径的基础上，自觉地将政党与现代国家建设有机结合起来。他强调：“吾人立党，即为未来国家之雏形”，“党有力量，可以建国”，“民主之国有政党，则能保持民权自由，治一致而无乱。君主之国有政党，亦能保持国家秩序，监察政府之举动。若无政党，则民权不能发达，不能保持国家，亦不能谋人民之幸

① 马克思，恩格斯. 共产党宣言[M]//马克思，恩格斯. 马克思恩格斯选集：第1卷. 北京：人民出版社，1995：285.

福，民受其毒，国受其害。是故无政党之国，国家有腐败，民权有失败之患”[①]。“国家必有政党，一切政治始能发达。”[②]。孙中山先生强烈地认识到，政党是现代国家的基本要素，没有政党，现代中国就无法成立。于是面对传统社会秩序崩塌后的国家独立、人民解放的无望以及苏联“十月革命”成功的启发，孙中山先生开始想方设法，通过人为努力，在中国建立起一个能够支撑民主共和的政治力量。为此，他最早改组国民党（早期是同盟会），设法建立为党的主义而奋斗的革命军，从而在我国较早开启了党建国家的现代国家建设序幕。新生的中国共产党一开始就参与了孙中山先生党建国家的政治实践，并促成了北伐的成功。尽管后来反革命的政变与叛变，但中国共产党，继续承继孙中山先生开创的党领导军队、党建设国家的国家革命和建设模式的政治实践。[③] 针对这一党建国家的历史选择过程，林尚立先生就总结道：“中国要达成民主共和，就必须在千年帝国的废墟上建设现代国家，而中国建设现代国家的承担主体就只能是现代政党”。基于历史使命的政治实践选择，中国革命与中国人民最终选择了中国共产党作为这一现代国家建设的最终使命承担者。[④]

党建国家模式的突出特点是，党在国先、以党建国。这就导致党建国家中的政党在国家大厦中具有轴心地位。[⑤] 在党建国家模式中，其优势在于当面对传统国家的总体性危机时，拥有高度组织性纪律性的政党可以凭借其组织化力量，去动员整个社会，然后建

① 孙中山. 孙中山全集 1913—1916 第 3 卷[M]. 北京：中华书局，1984：43.

② 孙中山. 孙中山全集 1913—1916 第 3 卷[M]. 北京：中华书局，1984：4.

③ 林尚立，赵宇峰. 中国协商民主的逻辑[M]. 上海：上海人民出版社，2016：5—6.

④ 林尚立. 协商民主中国的创造与实践[M]. 重庆：重庆出版社，2014：69.

⑤ 李路曲. 比较政治学研究第 3 辑[C]. 北京：中央编译出版社，2012：237.

设一个以政党为政治运作轴心的现代政治国家。[①] 党建国家的突出优势还在于其是近代民族国家传统秩序塌陷之后的一种国家秩序建构的优先选择。孙中山先生根据自身多年的政治实践，认为面对一盘散沙的长期中国农业社会，必须由先进阶级组成政党，通过阶级动员与整合，才能实现国家独立与人民民主。[②] 林尚立根据近代中国的政治实践，总结道：近代中国社会要从传统走向现代，只有政党才能承担起社会的支撑力量与整合力量的历史角色。这样，“党建国家”就是近代中国国家建设的必然政治逻辑。[③] 林尚立还强调，“如若现代国家的自我转换，缺乏这种整合力量的角色，就极有可能导致整个社会的自行崩溃”[④]。而中国近现代史表明，中国共产党就是近代中国的这一支撑力量所在。中国共产党，作为“控制着积聚起来的个人资源、有组织而且团结的基本力量，作为能实现的目标远远超过单个个人的集体力量”[⑤]，作为一种轴心力量和现代国家基本要素的政党，领导中国人民完成了民族独立、人民解放的第一大历史任务，从而在人民心中树立了历史的合法性。

从中国近现代史的政治实践来看，面对近代中国“三千年未有之大局”，在“主义”纵横的时代，中国人民最终选择了无产阶级及其政党——中国共产党，中国才得以避免了亡国灭种的危险。作为一个扎根中国社会的政党，中国共产党先后带领中国人民完成了新民主主义革命、社会主义革命、社会主义建设等诸多可歌可泣

---

① 李路曲. 比较政治学研究第 3 辑[C]. 北京：中央编译出版社，2012：237.

② 林尚立. 协商民主中国的创造与实践[M]. 重庆：重庆出版社，2014：72.

③ 林尚立. 中国共产党与国家建设[M]. 天津：天津人民出版社，2017：196.

④ 林尚立. 中国共产党与国家建设[M]. 天津：天津人民出版社，2017：24.

⑤ [美]丹尼斯·朗. 权力论[M]. 陆震纶，郑明哲，译. 北京：中国社会科学出版社，2001：286.

的党建国家成功政治实践，完成了民族独立与人民解放的第一大历史任务，开启了“国家富强人民富裕”的第二大历史任务新征程，从而不断赢得了人民的信赖。中国共产党根植于人民，在国家制度的初创期，就视政党自身为人民先锋，通过为人民谋幸福，为民族谋复兴的政治初心践行，聚合民众与凝聚社会。[①] 同时，作为社会主义国家的中国，一方面国家一切权力属于人民，另一方面社会主义国家的国家制度类型决定了其领导阶级是无产阶级。中国共产党作为“中国工人阶级的先锋队、中国人民和中华民族的先锋队”的政党性质，决定了中国政治社会的领导阶级是无产阶级，且这个无产阶级必定是由最先进成员所组成的先锋队组织——中国共产党来。

建国以来，作为国家最高行为准则的宪法，历次修改都明确规定与确认党对一切工作的领导。现行 1982 年宪法第一条与第二条分别规定“中华人民共和国是工人阶级领导的、以工农联盟为基础的人民民主专政的社会主义国家。中国共产党领导是中国特色社会主义最本质的特征”、“中华人民共和国的一切权力属于人民”[②]。这亦表明，在较长时期阶级社会还存在的前提条件下，实现以工农联盟为基础的人民美好政治生活需要，特别需要强调工人阶级的领导（农民阶级先天具有“马铃薯”质态[③]）。而作为工人阶级先锋队组织的中国共产党，为其阶级基础：无产阶级（工人阶级），谋求美好政治生活与为其政权基础：工农联盟，谋求美好政治

---

① 林尚立. 政党与国家建设：理解中国政治的维度[A]. 中国模式建构与政治发展[C]，复旦政治学评论，2012(2).

② 中华人民共和国宪法中国政府网[EB/OL]http://www.gov.cn/guoqing/2018—03/22/content_5276318.htm.

③ 马克思，恩格斯. 马克思恩格斯选集：第一卷[M]. 北京：人民出版社，1995：676—677.

生活具有内在一致性。特别是作为领导核心的中国共产党，在国家制度的初创期，就视政党自身为人民先锋，通过为人民谋幸福，为民族谋复兴的政治初心践行，聚合民众与凝聚社会，最终政党自身也建立在人民之中而得以不断发展。① 故从逻辑意义而言，宪法所赋予的工人阶级领导与中国共产党的领导在我国具有历史与现实的统一性、合法性与合理性。

改革开放以后，随着革命后政权权力运作的日常化，单纯革命党向现代执政党的角色转变，特别是作为经济基础重要组成部分的非公有制经济的成长，中国社会利益的多元化趋势日益明显。在社会利益的多元化趋势条件下，人民内部的不同政治主体，出于差异性的利益考量，开始谋求差异化的利益，这无形间造成了人民内部非对抗性矛盾的快速成长。随着建设与改革进一步成为时代的主旋律，中国共产党始终代表中国最广大人民利益，不断强化对人民利益的调解功能。特别是随着党的十六大把党的性质从“工人阶级的先锋队”组织，进一步顺应时代趋势发展成“工人阶级的先锋队与中国人民与中华民族的先锋队组织”，党的性质从以阶级性为主转向阶级性与民族性的双重特色，很大程度上就是为了应对新时代条件下，党的利益综合、利益调解功能的时代化发展需要。

改革开放 40 年以后，中国共产党针对不同时期，不同阶层的利益诉求、权力诉求，通过利益表达、利益综合、利益调解，不断坚持和完善中国共产党领导的多党合作和政治协商制度，从而在纷繁变化的世界格局中，充当了社会“稳定器”的作用，维护了国家权

---

① 林尚立.政党与国家建设:理解中国政治的维度[A].中国模式建构与政治发展[C],复旦政治学评论,2012(2).

力秩序的动态稳定。在我国现阶段，必须依靠社会主义国家的领导阶级：无产阶级（工人阶级）的政治性组织——中国共产党，才能引领中国人民实现美好政治生活。正如习近平同志所强调的“党政军民学东西南北中，党是领导一切的”①，我国政治生活的历史与现实、理论与实践都赋予中国共产党在我国国家政治生活中的核心行动者地位。作为核心行动者与核心力量的中国共产党引领人民实现美好政治生活是其阶级属性所赋予其的必然职责。

尽管历史和现实、理论与实践，都赋予中国无产阶级（工人阶级）政党：中国共产党，引领人民实现美好政治生活的核心行动者的政党角色。但是囿于国家场域的不断发展变化的现实，特别是生产力与生产关系、经济基础与上层建筑的社会基本矛盾运动规律的影响，任何一个以组织国家政治生活，致力于实现人民美好政治生活为目标的政党，都不能故步自封，都随时需要根据时代与人民要求做好自身转型。否则，危机就会接踵而至②。面对改革开放以来，利益差别基础上的人民内部矛盾，党中央曾在21世纪初期（党的十六大），根据时代与人民发展需要把党的性质从单一的“工人阶级的先锋队”发展进阶到“工人阶级的先锋队与中国人民和中华民族的先锋队”③。把党的性质从阶级性发展进阶到阶级性与民族性的高度，为党在新时代条件下，吸纳新型社会阶层进入美好政治生活提供了渠道，也为党带领人民实现美好政治生活拓宽了政治基础。

---

① 习近平.决胜全面建成小康社会夺取新时代中国特色社会主义伟大胜利[N].人民日报，2017—10—28(001).

② 郑永年.中共转型是重新定位与人民的关系[N].联合早报，2017—8—14.

③ 中国共产党历次全国代表大会数据库[DB/OL].[2002—11—18]http://cpc.people.com.cn/GB/64162/64168/64569/65444/4429114.html.

值得注意的是，新时代国家政治场域环境的变化，党在革命时期与建设时期所依赖的单一的阶级基础：工人阶级和农民，正在由多元化阶级阶层结构所替代。在中国特色社会主义新时代，面对多元化人民的美好政治生活需要，党需要在坚持自身是人民的有机组成部分的定位基础上[①]，进一步及时作出符合时代需要以及人民需要的时代转型。且作为人民有机组成部分，担负引领人民实现美好政治生活核心行动者角色的中国共产党，首先要做好榜样与先锋带头作用。通过不断加强自身建设，做好自身角色转型，做好自我建设与自我革命，才能确保党的核心领导地位得以不断巩固与加强，才能用党内政治生活的生动活泼、安定团结去带动人民美好政治生活的生动活泼与安定团结。

二、中国共产党的权力模式转型

中国共产党，传统最早以革命党的名称主要存在。作为革命党的名称在经典作家马克思、恩格斯、列宁等著作中也都曾使用。经典作家认为革命党主要是以领导社会底层进行革命、夺取政权为目的的政党。[②] 毛泽东也认为："既要革命，就要有一个革命党。自从有了中国共产党，中国革命的面目就焕然一新了"[③]。

在革命时期，中国共产党作为一个仿照苏联布尔什维克革命

---

① 郑永年. 中共转型是重新定位与人民的关系[N]. 联合早报，2017—8—14.

② 王长江. 中央党校大讲堂王长江讲稿[M]. 北京：中共中央党校出版社，2013：45—46.

③ 毛泽东. 全世界革命力量团结起来反对帝国主义的侵略[M]//毛泽东. 毛泽东外交文选. 北京：中央文献出版社，1994：72.

党建立起来的政党。成立初期，其主要目的不像现代西方政党，主要在于在大众和现有政权间仅仅建立“利益调解组织”的联系，而主要目的是“要彻底打碎旧的国家机器”，用革命的手段实现反帝反封建的双重民主革命任务。革命化政党的色彩，使中国共产党在革命战争时期的很长一段时间里某种程度上具有半军事化组织特征。

解放战争时期的“三大战役”结束以后，随着党的七届二中全会的召开，中国共产党开始寻求从革命党为主向建设型政党为主的战略重心转型。① 七届二中全会，毛泽东同志指出：“从现在起，党的工作重心要由乡村移到城市……必须用极大的努力去学会管理城市和建设城市。必须学会在城市做各种斗争”；“如果不去学会作各种斗争，并在斗争中取得胜利，我们就不能维持政权，就会站不住脚，就会失败”②，毛泽东认为新中国成立之际，中国共产党既需要做好工作重心、战略、方略等方面的转型，同时也要抓好斗争，为巩固新生政权而斗争。对于刚刚建国时期的中国共产党来说，这两点都是十分重要的。转型不成，政权无法产生真正的效能；斗争不力，政权就无法得到有效巩固。然而，从国内主要矛盾的转变看，随着政权的巩固和国家建设的展开，为巩固政权而准备的那些斗争应当逐步让位于国家建设。不幸的是，建国后中国共产党尽管寻求从单纯革命党为主向现代执政党权力转型，但很多方面还是沿袭了传统革命年代的做法。挂执政党之名，往往实施

---

①　王公龙. 长风破浪会有时[M]. 上海：上海人民出版社，2016：222. 传统马克思主义经典作家把无产阶级政党以革命党的视角关注较多。而对于其革命成功之后，政党应当担负起的革命后国家政权的建设角色，经典作家没有做出及时深刻的理论准备。

②　毛泽东. 在中国共产党第七届中央委员会第二次全体会议上的报告[M]//毛泽东. 毛泽东选集：第 4 卷. 北京：人民出版社，1991：1427.

的还是传统政治革命的路数。[①] 在政权得以巩固的基本条件下，依然把传统革命化的阶级斗争思维，运用到执政党的总体建设逻辑之中。而后通过一次次连续革命，甚至像"文化大革命"一类的全局性错误，"阻断了党在狂风暴雨地革命后本应实现的真正权力转型，即从领导人民完成新民主主义与社会主义革命的政党转变为领导人民当家做主、建设国家的执政党"[②]。

需要指出的是，尽管建国后，诸多"无谓的革命"对党和国家事业造成了损失，但是中国共产党在民族独立与人民解放的新民主主义革命和社会主义革命中所建立的丰功伟绩以及社会主义建设时期建立起来的独立自主的工业体系，导致中国共产党本身作为中国革命、建设的"核心行动者"的角色没有得到根本削弱。

随着改革开放以来，经济领域的社会主义市场经济方向改革，政治生活领域的"拨乱反正"，作为"领导我们事业核心力量的中国共产党"[③]，作为中国革命、建设事业的"核心行动者"[④]，开始了其政党的现代权力转型。

研究以为这种权力模式的现代转型应当主要体现在三个方面：从"破"到"立"的角色转型、从"助产婆"到"粘合剂"的功能转

① 沈传亮. 大转型：中国治理变革研究[M]. 石家庄：河北人民出版社，2013：174—175.

② 林尚立. 党的执政能力建设[M]. 重庆：重庆出版社，2009：16—18.

③ 毛泽东. 为建设一个伟大的社会主义国家而奋斗[M]//毛泽东选集：第 5 卷. 北京：人民出版社，1977：133. 毛泽东在 1954 年第一次全国人民代表大会上的开幕词特别强调："领导我们事业的核心力量是中国共产党。指导我们思想的理论基础是马克思列宁主义。"

④ 据研究者考证，"核心行动者"，一词国内使用最早的学者主要为苏州大学张晨教授。张晨教授在多次学术会议中，针对地方政府的治理研究，指出地方政府某些公权力机关领导者实质上承担着地方治理的核心行动者角色。这里借鉴使用其"核心行动者"一词，用来形象地比喻中国共产党在中国国家治理中的核心领导作用。

型、从“浪漫”到“理性”的意识形态转型。

（一）角色转型：从“破”到“立”

革命者的权力转型，意味着“从单纯的传统革命党转向执政党”，从现有政治秩序的破坏者向政治秩序的制定者与维护者转变。陈明明就强调，传统革命党的这种从“破”到“立”的角色转型过程，是大规模的急遽的社会动员的终结，其主导思路应当是破坏让位于建设。[①] 这种角色转型，意味着作为“核心行动者”的中国共产党，需要将自己以打破旧秩序为目的的传统定位，转换为以秩序行为的建设者的新定位。在权力角色转型过程中，摈弃以单纯的革命理想号召集纳社会力量的行动方式，而要开始更多地练习一种重社会秩序、尊重制度建制的规制化行动进路。[②] 这种权力角色转型，要求我们执政党不能再虚幻地期望以过去的革命理想维持社会秩序和理想生活状态，我们需要更多地通过制度化、法制化，制定更多良法，通过法治思维治国理政，让国家的权力运作进一步奠基于人民的合作之上。这种权力角色转型，立足于人民主权原则的行动基础，立足于权力分工等制度原则而不断规范党的权力运作。[③] 尤其在现代利益结构与权力结构分化的时代，执政党的制度化建构尤为重要。只有通过制度化权力转型，才能使自身权力运作规范化，才能赢得权力主体的人民对其权力的进一步政治认同。

意大利学者帕尼比昂科认为政党角色转型过程中，有两个变

---

① 陈明明.在革命与现代化之间关于党治国家的一个观察与讨论[M].上海：复旦大学出版社，2015：63.

② 任剑涛.后革命时代的公共政治文化[M].广州：广东人民出版社，2008：18—19.

③ 许章润，任剑涛，高全喜.重思国家[M].北京：中央编译出版社，2015：138.

量:政党的制度化程度以及政党本身的规模。这两个因素影响其角色转型快慢。帕尼比昂科指出在政党转型开始前,如果政党制度化的程度较低,转型就会比较快;如果制度化程度越高,政党所承受的转型压力就越大。另外,政党规模较大,其对转型的压力感受就最大。如果政党规模较小,压力反而较小,可能达到较为迅速的转型。[①] 作为疾风暴雨式的革命后执政的中国共产党,在革命年代,理想型政党导致其制度化程度相对较低。尽管理想型政党的特征有利于其较快完成向现代执政党的权力转型,但是限于其本身规模较大,其作为世界上规模最大的政党,权力转型“牵一发而动全身”,这无形间限制了政党权力的现代角色转型进程。但是随着自身从“打碎旧的国家机器”、“炸毁旧的国家权力”的主要角色,转向向谋求长期执政的政党目标的转变,要求其必须做出适合时代需要的角色转型。特别是在改革开放 40 年之后的今天,在党的群众基础、组织结构等发生重大变化的条件下,立志于人民主体地位目标的中国共产党,必须摈弃其原先单纯革命化时代破坏秩序的权力运作模式,才能不断赢得主体权力人的人民信赖。[②]

(二) 功能转型:从“助产婆”到“粘合剂”

马克思认为“要建立新的国家制度,总要经过真正的革命”[③];“暴力是每一个孕育着新社会的旧社会的助产婆”[④]。单纯革命化

① [意]帕尼比昂科.政党组织与权力[M].周建勇,译.上海:上海人民出版社,2013:300.

② 俞可平.偏爱学问[M].上海:上海交通大学出版社,2016:128.

③ 马克思.黑格尔法哲学批判[M]//马克思,恩格斯.马克思恩格斯全集:第1卷.北京:人民出版社,1956:315.

④ 马克思.《资本论》第一卷(节选)(之四)[M]//马克思,恩格斯.马克思恩格斯选集:第2卷.北京:人民出版社,1995:266.

政党在传统社会主要承担着启发革命,推动革命的“助产婆”作用。王沪宁先生就曾指出:“革命不是定做的,革命是人民群众的不满情绪爆发的结果”。在这种情况下,革命政党为达成革命目标,必须发动千千万万未觉悟的无产阶级及其同盟军,以革命政党的理念与精神激发大众参与到激情的革命事业中。中国共产党作为革命的“助产婆”,适应当时中国政治社会发展需要而出现,就是基于这样理论与历史逻辑的结果。特别是联想到近代中国政治现实:当孙中山领导的辛亥革命推翻了传统帝制之后,原来成熟完整、统一稳定的传统社会被继之而起的军阀混战所代替。[①] 在中国社会失序、一盘散沙,但形式上统一全国的中国国民党又无法彻底完成民主革命的任务时,中国共产党顺应时势需要,靠着“主义”,通过暴力方式的“助产婆”,完成了国家秩序的重构。

新中国成立以后,特别是改革开放以来,随着大规模疾风暴雨式革命的彻底结束,伴随着以阶级斗争为纲向以经济建设为中心的执政党任务转移。由“向革命进行到底”到“向改革进行到底”时代的来临,社会利益的多元化要求中国共产党要进一步成为凝聚不同利益诉求的“粘合剂”。尤其中国共产党作为中国法理意义上的唯一合法执政党,很大程度上各方面的利益群体都只能“共享一个政治代表,其利益、愿望与要求也只能通过一个政党来表达”。[②] 在此情况下,执政党的政治“粘合剂”功能,就要其具备更广泛的包容性,超脱于单个集团或组织利益,容纳各种不同地区、行业、民族等利益,并始终能够综合与整合各方面利益。只有如此,中国共产党才能够在人民心中进一步树立起权威。尽管在政治“粘合剂”的

① 林尚立.中国共产党与国家建设[M].天津:天津人民出版社,2017:266.

② 王长江.现代政党执政规律研究[M].上海:上海人民出版社,2002:182.

作用发挥过程中，限于政党的阶级属性，很难发挥“全民党”的整合作用，但是出于“为人民谋幸福为民族谋复兴”的历史使命，出于“中国人民和中华民族的先锋队”性质，中国共产党必须设法整合最广大人民利益，保证人民意志得到切实执行①，只有这样执政党才能真正实现权力转化为权威的效果。

学者陈明明就强调：“对于立足于在一党执政体制内谋求长期执政的政党而言，以党权的轴心地位不断强化中央权威，以党权的巩固扩张不断拓展改革空间，以党权的集中统一不断打破利益分割，可能就是特定历史条件下的一党执政体制走向现代国家的必经阶段”。② 在此过程中，我们中国共产党既要超脱于具体的某个集团利益，又要能够做到整合各方面利益，发挥好政治“粘合剂”功能，引导好社会不满情绪的宣泄与“喷射”，才能满足现代执政党的权力转型要求。

（三）意识形态转型：从“浪漫”到“理性”

从“把革命进行到底”到“将改革进行到底”的时代，一方面颠覆了原有的意识形态权威，但另一方面也造成社会内部的团结更加困难，削弱了国家的秩序力量。“革命后政权”面临的困境在于其“必须坚持原有革命的正当性理论逻辑，但又不能说以后的革命一定都是邪恶的”③。因此，“革命后政权”必须注意自身意识形态的“战略性更新”。中国共产党，在转型过程中也较早注意到了实

---

① ［美］古德诺. 政治与行政一个对政府的研究［M］. 王元，译. 上海：复旦大学出版社，2011：60.

② 陈明明. 在革命与现代化之间关于党治国家的一个观察与讨论［M］. 上海：复旦大学出版社，2015：303.

③ ［英］伯特兰·罗素. 权力论新社会分析［M］. 吴友三，译. 北京：商务印书馆，2012：90.

现自身意识形态的调试性时代要求，即从一种以传统革命为核心的意识形态彻底转型到一种以建设为核心的意识形态。[①] 这种调试意味着我们既要坚持马列主义的意识形态指导地位，同时更多地要对革命年代单纯革命党所惯常使用的意识形态权力话语给予建设型话语重心转型。郑永年指出意识形态的这种转型调试可以包括三个方面：转型、创新和发展。其中就第一方面的调试而言，郑永年指出，在现代社会没有一个政党可以完全放弃旧的意识形态，同时也没有一个政党可以固守旧的意识形态而得以生存和发展。只有通过转型调试才能保持意识形态和现实的相关性；其中，就第二方面的创新而言，郑永年强调针对变化了的外界实际情况，要注意对意识形态作创新，用新的理论和概念来解释新的现实，从而证明意识形态本身的合理性；其中就第三个方面的发展而言，郑永年指出发展就是在转型和创新基础之上的升级。只有升级了的意识形态才能充分解释现实，并且指导和引导现实的政治变化和发展。[②]

在革命年代，中国共产党根据中国革命的现实情况，把马克思主义基本原理中国化，形成了新民主主义革命理论与社会主义革命理论。随着 1956 年"三大改造"任务的完成，进入社会主义建设阶段以后，中国共产党又形成了社会主义建设理论。它们共同构成了马克思主义中国化的第一大理论成果——毛泽东思想。可以说中国共产党在革命与建设时期就一直不断地与时俱进地做出符合自身发展要求的意识形态话语调试。只是由于单纯革命化政党的历史惯性原因，进入社会主义时期后，以集体智慧结晶出现的毛

---

① 郑永年.郑永年论中国再塑意识形态[M].北京：东方出版社，2016：117—118.

② 郑永年.郑永年论中国再塑意识形态[M].北京：东方出版社，2016：117—118.

泽东思想的重要组成部分——社会主义建设理论，仍然被单纯革命时代所习惯性的“浪漫”情怀所感染，导致本应在建设时期就应当实现主体调试的传统革命化意识形态，迟迟未完成“理性”转型。这样，改革开放前，一次又一次的革命浪潮，淹没了社会主义建设时期诸多可喜的意识形态创新性成果。

随着改革开放以来，中国特色社会主义理论的“孕育而生”，针对20世纪80年代所急需回答的“什么是社会主义怎样建设社会主义”、20世纪90年代所急需回答的“建设什么样的党怎样建设党”、21世纪初所急需回答的“实现什么样的发展怎样发展”以及新时代“建设什么样中国特色社会主义怎样建设中国特色社会主义”等关乎国家发展命运的理论命题，中国共产党人不断坚持、调试、创新与发展自身的意识形态权力话语，以不断满足时代与人民的“理性”需要。在中国特色社会主义理论体系的不断完善过程中，中国共产党不断根据政治实践需要，理性做出自身意识形态的调试与发展。这就打破了改革开放前单纯革命化政党所赋予的意识形态话语的“浪漫”型色彩。事实上，也只有意识形态权力话语开始更多地跟人民群众切身利益、时代利益结合起来，作为“核心行动者”的中国共产党才能完成自身的彻底现代权力转型。

单纯传统革命党向现代执政党的权力转型过程中，“要始终牢记‘马上得之，安能马上治之’的历史规训。当传统单纯的革命党完成夺取政权的历史任务之后，要想继续维持自己社会政治功用，就必须勇于面对自身的转型问题”①。这就启示我们：对于立志于为中华民族伟大复兴而永续执政的中国共产党，“要想进一步夯实

① 任剑涛.后革命时代的公共政治文化[M].广州：广东人民出版社，2008：16.

执政基础,必须顺利历史趋势,根据变化的条件,不断对自身做出调整改革。只有不断提高自身对环境的适应能力,免疫能力,才能求得长久地生存和发展”①。

三、全面从严治党

中国共产党的坚强领导是中国政治发展道路的最大特色,这就决定了中国特色社会主义政治发展道路的实践探索,既要顺应时代发展趋势,做好角色、功能与意识形态的现代执政党权力模式转型,同时更要在新时代社会革命条件下,通过全面从严治党,实现自我革命。

(一)政界关于全面从严治党的相关文献

从严治党相关思想早在中国共产党建党初期,就已经存在。1927 年,《中国共产党第三次修正章程决案》,就开始关注治党问题。1945 年,毛泽东在《论联合政府》中提出中国共产党人的三大作风②。必须承认的是,三大作风内在地包含着以毛泽东同志为核心的第一代中国共产党人从严治党的决心。新中国成立以后,党的八大对党员管理问题做了多方面阐释,如邓小平同志在《执政党的干部问题》中提出:党要管党。一管党员,二管干部。对执政

---

① 王长江. 中央党校大讲堂王长江讲稿[M]. 北京:中共中央党校出版社,2013:344.

② 毛泽东. 毛泽东选集:第 3 卷[M]. 北京:人民出版社,1991:1093—1094:“以马克思列宁主义的理论思想武装起来的中国共产党,在中国人民中产生了新的工作作风,这主要的就是理论和实践相结合的作风,和人民群众紧密联系在一起的作风以及自我批评的作风”.

党来说,党要管党,最关键的是干部问题[①]。改革开放后,邓小平同志着重强调,要聚精会神地抓党的建设,这个党该抓了,不抓不行了。[②] 江泽民同志提出:江泽民提出:治国必先治党,治党务必从严[③]。胡锦涛同志立足于从思想建设、组织建设、作风建设、反腐倡廉建设以及制度建设等方面全面从严治党。

习近平同志始终认为:“办好中国的事情,关键在党,关键在坚持党要管党、全面从严治党”[④]。2014 年 10 月 8 日,习近平在党的群众路线教育实践活动总结大会上,指出这个大会,是对党的群众路线教育实践活动进行总结,对巩固和拓展教育实践活动成果、加强党的作风建设、全面推进从严治党进行部署[⑤];从严是党做好一切工作的重要保障,作风建设如此,党的建设如此,党和国家一切工作都如此。也就是在这次会议上,习近平同志首次抛出全面从严治党理论命题。紧接着,2014 年 12 月,习近平同志在江苏调研时指出,要“协调推进全面建成小康社会、全面深化改革、全面推进依法治国、全面从严治党”。习近平同志指出:“全面从严治党,核心是加强党的领导,基础在全面,关键在严,要害在治”。[⑥];不全面从严治党,党就做不到“打铁还需自身硬”,也就难以发挥好领导核心[⑦]。

---

① 邓小平. 邓小平文选:第 1 卷[M]. 北京:人民出版社,1994:328.

② 邓小平. 邓小平文选:第 1 卷[M]. 北京:人民出版社,1994:314.

③ 江泽民. 论党的建设[M]. 北京:中央文献出版社,2001:464.

④ 习近平. 在庆祝改革开放 40 周年大会上的讲话[M]. 北京:人民出版社,2018:34.

⑤ 习近平. 在党的群众路线教育实践活动总结大会上的讲话[M]. 北京:人民出版社,2014:1.

⑥ 习近平. 在第十八届中央纪律检查委员会第六次全体会议上的讲话[M]. 北京:人民出版社,2016:16.“全面”就是管全党、治全党,面向所有党员与党组织。“严”就是真管真严、敢管敢严、长管长严。“治”就是从党中央到省市县党委,从中央部委、国家机关部门党组(党委)到基层党支部,都要肩负起主体责任。

⑦ 习近平. 习近平谈治国理政:第二卷[M]. 北京:外文出版社,2017:24.

习近平同志总结近四十年的改革开放成功经验，得出任何时候都离不开全面从严治党。或者说全面从严治党永远在路上[①]。“如果没有全面从严治党，就不可能有党和国家今天这样的大好局面”[②]；“全面从严治党，是改革开放取得成功的关键和根本”[③]。习近平同志还强调，“推进全面从严治党取得了显著成效，但还远未到大功告成的时候”[④]，“打铁还需自身硬”是党的庄严承诺，全面从严治党是党对人民立下的军令状[⑤]；党只有永远坚守全面从严治党，不断坚持真理与修正错误，才能始终坚守本色，始终成为“走在时代前列、人民衷心拥护、勇于自我革命、经得起各种风浪考验、朝气蓬勃的马克思主义执政党”[⑥]；对于坚持全面从严治党的方法，习近平同志指出要坚持问题导向与战略定力[⑦]，以党章为根本遵循，要坚持严明党的纪律，决不回避政治问题[⑧]，要抓好关键少数，坚持真管真严、敢管敢严、长管长严，坚持思想、执纪、治吏、作风、反腐等方面的从严态势，注重规范惩戒与积极引导相结合，让理想信念和道德情操产生引领作用[⑨]，发展积极健康的党内政治

---

① 习近平. 在第十八届中央纪律检查委员会第六次全体会议上的讲话[M]. 北京：人民出版社，2016：16.

② 习近平. 在全国组织工作会议上的讲话[M]. 北京：人民出版社，2018：7.

③ 习近平. 在庆祝海南建省办经济特区30周年大会上的讲话[M]. 北京：人民出版社，2018：20.

④ 习近平. 在全国组织工作会议上的讲话[M]. 北京：人民出版社，2018：8.

⑤ 习近平. 习近平谈治国理政(第二卷)[M]. 北京：外文出版社，2017：161.

⑥ 习近平. 在纪念马克思诞辰200周年大会上的讲话[M]. 北京：人民出版社，2018：23.

⑦ 习近平. 习近平谈治国理政：第二卷[M]. 北京：外文出版社，2017：64.

⑧ 习近平. 在第十八届中央纪律检查委员会第六次全体会议上的讲话[M]. 北京：人民出版社，2016：19.

⑨ 习近平. 在第十八届中央纪律检查委员会第六次全体会议上的讲话[M]. 北京：人民出版社，2016：21.

文化,全面净化党内政治生态[①],做好严肃党内政治生活的基础性工作,不断推动全面从严治党向纵深发展[②]。

(二) 学界关于全面从严治党的相关研究

据研究者考察,国内学术界关于全面从严治党的 CSSCI 期刊文献成果已有 530 余篇。在全面从严治党理论研究方面,学者们围绕党内法规、政治生态、党内政治生活、政治纪律、党内监督、执政党自身建设、党风廉政建设等研究领域多角度分析。全面从严治党最主要的代表性学者主要有齐卫平、肖贵清、石仲泉、杨德山、许耀桐、何增科等学者。齐卫平指出党的十八大以来全面从严治党新局面的形成有效改善了党的政治生态,习近平全面从严治党思想具有丰富的战略价值[③]。齐卫平还指出当代中国政治生态面临“修复”与“创造”的双重任务[④]。肖贵清等指出党要管党、从严治党是新的历史条件下党的建设遵循的基本规律,也是中国共产党长期执政必须坚持的基本原则。[⑤] 石仲泉指出要实现“四个全面”,最为关键的是要真正做到全面从严治党。全面从严治党是中国共产党长期执政实现中国梦之魂[⑥]。

---

① 习近平.决胜全面建成小康社会夺取新时代中国特色社会主义伟大胜利——在中国共产党第十九次全国代表大会上的报告[M].北京:人民出版社,2017:26.

② 习近平.在全国组织工作会议上的讲话[M].北京:人民出版社,2018:3.

③ 齐卫平.全面从严治党的基本思想和主要特点[J].新疆师范大学学报(哲学社会科学版),2015(5).

④ 齐卫平.修复与创造:在全面从严治党中净化政治生态[J].中共中央党校学报,2017(4).

⑤ 肖贵清,杨万山.全面从严治党的时代意义及基本途径[J].山东社会科学,2015(7).

⑥ 石仲泉.全面从严治党是中国共产党长期执政实现中国梦之魂[J].中共党史研究,2015(8).

许耀桐等学者关注了党内法规制度建设与全面从严治党的关系问题[①]。刘军胜等从政治自觉、政治建设等方面重点关注了全面从严治党，强调严肃党内政治生活是全面从严治党的基础。[②] 何增科指出加强党内监督是全面从严治党的内在要求和基本内容。加强党内监督，确保党的各级领导干部用好手中的权力，确保各级党组织不偏离党的路线方针政策，是保证中国共产党长期执政的需要，也是党领导人民进行社会主义现代化建设的需要[③]。杨德山指出全面从严治党在“四个全面”战略布局中起着根本保证作用，从理论建构和实践表现看，具有关键性与整体性相统一、重点性和全面性相结合、严肃性与规范化相协调、创造性与继承性相联系、开放性与自主性相协应等特征。[④] 全面从严治党从本质论上看，进一步阐明“马克思主义执政党”和“中国特色社会主义事业的坚强领导核心”的深刻内涵；从主体论上看，从政治高度阐明了“党的建设”和“党的事业”的辩证关系；从方法论上看，针对党建工作存在的实际问题，强调“思想建党”和“制度治党”同向发力、同时发力、互为过程；从整体论上看，系统阐述了“全面”的基本要求[⑤]。总之，学者们基于党的十八大以来，中国共产党全面从严治党的理论与实践对全面从严治党理论命题给予了持续性重点理论研究，涌现出了一系列高质量研究成果。这为我们开展治党、全面从严治党理论研究提供了多重学术思路。

---

① 许耀桐．党内法规制度建设与全面从严治党[J]．人民论坛，2017(29)．

② 刘军胜．强化政治自觉落实全面从严治党[J]．红旗文稿，2017(5)．

③ 何增科．全面从严治党：加强党内监督问题专题研究[J]．河南社会科学，2017(1)．

④ 杨德山．准确把握全面从严治党的特征[J]．中国特色社会主义研究，2015(3)．

⑤ 杨德山．试论“全面从严治党”的理论价值[J]．马克思主义研究，2017(10)．

（三）论治党

中国共产党自成立以来，无论是在革命时期，建设时期还是改革时期，都起着中流砥柱的作用。国际共产主义运动的理论与实践、中国近现代史的历史经验都表明，中国共产党作为中国特色社会主义事业的领导核心或者形象地说“核心行动者角色”只能加强，不能削弱。但是中国共产党作为组织，其是由一个个鲜活的个体所组成的，鲜活的个体的差异性决定了组织内部的不同层级，其先进性与纯洁性也存在着差异。在此过程中，尽管党的总的路线、方针、政策具有科学性与先进性，但是并不表明组成各级党组织的所有党员能够始终保持先进性与纯洁性，某些情况下，组织的部分成员犯错误也具有某种程度的不可避免性。在此情况下，我们就要不断学习、整改、提升，不断强化党的多重能力建设，强化党的纯洁性与先进性建设。

自中国共产党产生以来，特别是中华人民共和国成立以来，我们党不断认识到只有不断加强党的政治建设、思想建设、组织建设、作风建设、制度建设、纪律建设、反复倡廉建设，才能使党永葆青春。特别是党的十八大以来，以习近平同志为核心的党中央，在中共十八届六中全会专题研究全面从严治党，在十九大《政治报告》以文件内容的最大部分聚焦全面从严治党问题，分析党的建设的伟大工程，这就启示我们要使我们党“成为一个成熟和郑重的党”就要进一步强化对“治党”问题的理论关注。

一般说来，“治党”可以说是“党的建设”的另一种表达法或同义语，但又有与时俱进的意涵。中国共产党历来都十分重视党的自身建设问题。可是，一方面，我们党的建设往往是通过“运动”（如延安整风运动，文化大革命运动）或“活动”（如保持共产党员先进性教育活动；党的群众路线教育实践活动）来展开的。另一方面，无论是在政界还是在学界，关于党的建设问题一般不用“治党”、“从严治党”、“依法治党”等这样的概念或术语，而是多用“党的建设”等概念来表述的。然而，这两方面的内容在中国共产党近百年历史进程中却是统一的。从“四个全面”战略的提出到党的十八届六中全会以“全面从严治党”为鲜明主题，从而释放出治党亦即党的建设的最强音，进而把全面从严治党的实践和理论推向了新的阶段、新的深度、新的高度。如此可以认为，自从党的十八届六中全会正式文献中提出“治党”、“全面从严治党”比较规范化的用语，也就正式表明我们党的建设问题已经实现了新的实践与理论的跃迁与升华。

其实，自 1978 年改革开放以来，在我国学界和政界先后就有人开始关注与研究治党、从严治党、依法治党、依法从严治党以及依法全面从严治党问题。例如，有关与治党相关的文章网索已有 20 多万篇，其中绝大多数可谓“跟风之大作晚成”，比较早关注研究治党问题的研究成果有：王为良的《治“混”须先治党》(1990)，唐存标的《治党治国的根本原则——学习邓小平关于民主集中制的论述》(1994)，杨章钦的《加强制度建设是治党的方向》(1996)，尹德慈的《试论“依法治党”的提出》(1998)，邹永贤的《从治党治国的高度认识德治的战略地位》(2001)，刘红凛的《“依法治党”辨析(2001)，汤啸天的《“治党从严”与宪法诉讼》(2002)，许海青的〈治党论〉(2004)，燕继荣的〈治民、治政、治党——中国政治发展战略解析〉(2006)，等等。课题负责人对治党问题的关注也比较早，主要集中在《依法治吏更为本》(《社会科学报》1998 年 2 月 26 日)后来被《光明日报》摘载(见 1998 年 3 月 8 日)，《从治民到官民互治——行政现代化历程分析》(2002)，《领导、执政、行政——中国共产党执政能力问题中的三者关系探究》(2005),《中国共产党执政资源的节流与开源》(2005),《吐故纳新至关重要——略论保持共产党员先进性教育活动与党的先进性建设可持续发展》(2006)等文章中。

历史已经昭示着人们:相比较而言,在实践与理论的关系问题上,治党的实践或党的建设的实践要先于治党的理论或党的建设理论;在“治党”学术概念、术语的发明与使用上,则学界要早于政界。历史也同样昭示着人们:依据宪法法律的坚守与执行,依靠党内法规制度的健全与完善,而不是依靠政治运动以及零星的活动来治党、加强党的建设,这是年近百岁的中国共产党不断趋向成熟的一个重要标志。也正如列宁所指出的那样:一个政党对自己的错误所抱的态度,就是衡量这个党是否郑重,是否真正履行它对本阶级和劳动群众负责义务的一个最重要最可靠的尺度,公开承认错误,揭露错误的原因,分析产生错误的环境,仔细讨论改正错误的方法,这才是一个郑重的党的标志。这就是党履行自己的义务,这才是教育和训练阶级,进而又教育和训练群众。① 正是因为中国共产党以巨大的理论与实践勇气,敢于和善于直面与承认党自身存在的现实的重大问题,揭露这些问题存在的极其复杂的原因,分析产生这些问题的极其复杂的国内与国际环境,仔细讨论化解和解决这些重大问题的既治标更要治本的方法,聚焦全面从严治党的重大主题,通过党的十八届六中全会的两个文件②,以教育和训练全体党员永远保持先进性,进而又教育和训练广大人民群众。

---

① 列宁. 列宁全集:第39卷[M]. 北京:人民出版社,1971:37.

② 中国共产党第十八届中央委员会. 关于新形势下党内政治生活的若干准则[Z]. 2016—10—27;中国共产党第十八届中央委员会. 中国共产党党内监督条例[Z]. 2016—10—27.

充分表明了党中央坚定不移推进全面从严治党的政治决心，开创了党的建设新格局和新境界。中国共产党将以其更加趋向成熟和郑重党的标志，继续证明其伟大、光荣和正确，继续为党旗添光彩，继续为国旗争光辉。

治党是为着更好地实现党的领导或“党治”。历史已经向人们证明并还将继续证明，中国的事情关键在共产党。“领导我们事业的核心力量是中国共产党，指导我们思想的理论基础是马克思列宁主义。”①有研究表明，中国共产党的八大、九大、十二大、十六大、十八大通过的《中国共产党章程》及其修正案的决议，先后对中国共产党的性质、地位和作用作了较为完善的界定。正因为中国共产党肩负着带领中华民族各族人民走中国特色社会主义道路的艰巨任务，所以要全面从严治党，以便更好地实现“党治”。

所谓“党治”，主要是指中国共产党作为履行历史责任与义务的现实主体，在国家和社会生活的各个方面都应当发挥它的正确的领导核心作用。这里的党亦即中国共产党领导是治理的主体，其治理的客体或对象除“党治党”（党治理民主党派）外，主要是指党治理国家、治理军队、治理政府、治理社会及治理人民等公共事务的简称。

党治国家，亦即党领导国家。这就绝对要求党正确处理好通常人们所说的共产党成为执政党与领导党的关系，其实质上应该是共产党“领导执政”问题。党对国家的领导，是党的领导的最主要最基本的内容，主要表现为党对国家权力机关、司法机关和行政机关、军事机关的政治关系及其运作与领导关系等，这就是通常所

① 毛泽东．毛泽东选集：第5卷[M]．北京：人民出版社，1977：133、173．

说的大的党政关系。在这些关系中,领导党与执政党具有同等的内涵,甚至可以认为领导党优重于执政党。党治国家,就是党领导国家,就是共产党成为全面领导国家的"领导党",而不仅仅是作为事必躬亲的"执政党",甚而至于是把自己作为不掌舵而只是直接亲自划桨的"行政党"。共产党亲自缔造了国家,建立了新中国,就没有理由不把国家治理好。否则,就会以党代政,疏忽领导,荒于执政,忙于行政,削弱党的领导能力与执政能力。由是观之,若无党对国家的正确领导则国将不治。①

党治军,亦即党领导军队。在中国共产党的历史上,党缔造人民军队早于党缔造国家。在党——军队——国家三者关系上,有两组重要关系,即党与军队或军队与党的对关系;国家与军队或军队与国家的关系。后者强调依据宪法和法律治军强军;前者则特别强调党对军队的绝对领导。党对军队的绝对领导是我军建军的根本原则和根本制度,体现了人民军队作为党的军队、人民的军队以及社会主义国家的军队的本质要求。坚持党对军队的绝对领导,是历史的必然选择,是由中国特色的政治制度决定的。实践证明,坚持党对军队的绝对领导,有利于运用国家政权的力量加强军队建设,有利于保证军队的最高领导权和指挥权的高度集中统一,有利于发挥军队在保卫和国家建设中的职能与作用,有利于党巩固领导执政地位提供重要的力量保证,有利于保证国家的长治久安。党的十八届四中全会指出,坚持把党对军队的绝对领导作为依法治军的核心和根本要求。仅仅围绕党在新形势下的强军美标,着眼全面加强军队革命化现代化正规化建

---

① 参见乔耀章.领导、执政、行政——中国共产党执政能力问题中的三者关系探究[J].学习论坛,2005(4);乔耀章.从治民到官民互治——行政现代化历程分析[J].北京行政学院学报,2002(2).

设，创新发展依法制军理论和实践，构建完善的中国特色军事法治体系，提高国防和军队建设法治化水平。俗话说得好，“兵熊熊一个，将熊熊一窝”。在保证党对军队绝对领导的前提和基础上，治军当先治好军队干部。习近平同志在全军政治工作会议上明确指出治好军队干部的20字标准：“对党忠诚、善谋打仗、敢于担当、实绩突出、清正廉洁”。好的军队干部，应加强党性修养，自觉站稳党的立场，践行党的宗旨，严守党的纪律，维护党的形象。把爱党、忧党、兴党、护党落实到具体行动上。正如《孙子兵法》开宗明义所云：“兵者，国之大事，死生之地，存亡之道，不可不察也”。“将者，智、信、仁、勇、严也”。由是观之，治国当先治军，治军当先治帅、治将！

党治政府，亦即党领导政府。党治政，党领导政府，是党治国，党领导国家的有机组成部分，但也有所侧重。在国家和政府治理体系与治理能力方面，其共同的治理发展趋势是：治理权威的理性化，治理体系的民主化，治理制度的合理化，治理决策的科学化，治理行为的文明化。在治理政府或政府治理方面，切实落实党的全心全意为人民的宗旨，切实做到人民政府为人民。坚持政府改革，先从政府放权，政府自动收缩权力范围，改革管理和管辖方式做起，以便给社会自主和个人自由发展腾出更多的空间；再到政府开始针对自身进行改革，先后推出了人事制度改革——实施有效地改造政府，机构改革——从机构精简和裁员到职能转变等。沿着这条路线，政府又推行行政审批制度改革，司法制度改革，行政问责制的实际推行，公示制度和听证制度的部分实施等等。通过一系列的政府改革、政府建设和政府治理实践，不断规范着政府管理行为，限制着政府公共权力，努力探索一种适应现代化发展的政府模式，包括政府的构建模式和政府的管理模式，希望打造一个文明管理的公共政府。[①] 如同治国先治官吏道理一样，治政、治理政府也当先治官吏，即首先也应当做到“依法治官吏”。[②] 由是观之，党“治官吏”成为治理政府的一个核心问题。

党治社会、党治民，亦即党领导社会、党领导人民。如若从宏观政治结构和政治系统着眼，政党与社团、企业、事业单位个人等属于国家政府的外部政治结构，社会、政党、社团、个体公民则组成非政府政治体系。由此，上文所言党治国、党治军、党治政就属于跨政治结构、跨政治体系的情景。那么，党治社、党治民则属于相同政治结构、相同政治系统内部的事。党之所以能够在本政治结构、本政治系统内实行对社会、对人民的治理，这主要是由于党作为政治性组织，党员作为政治性的社会成员，相比其他社会组织和社会成员更具有先进性的缘故。其中，在党治社，实行对社会的领导方面，主要表现为党通过自己的组织和成员，通过国家立法、司法和行政机构，贯彻党的纲领、路线、方针、政策，了解和贴近社情民意，协调利益关系，化解矛盾，通过政治调控，保持社会稳定和协调发展。在党治民，实现对人民的领导反面，改革开放以来，主要实行的是放松管制，开放搞活，还权利与民，规范社会行为，实现社会和个人的自由化。如在农村，有村民自治和“草根民主”运动，在城市有城市居民委员会的改革和社区自治运动。由是观之，社会及其人民需要治理，社会及其人民决定治理，社会及其人民决定于

① 燕继荣.治民·治政·治党——中国政治发展战略解析[J].北京行政学院学报，2006(1).

② 参见乔耀章.领导、执政、行政——中国共产党执政能力问题中的三者关系探究[J].学习论坛，2005(4)；乔耀章.从治民到官民互治——行政现代化历程分析[J].北京行政学院学报，2002(2).

治理。其一,世上没有不需要治理的社会和人民。无论是社会还是人民都是会“生病”的,既然生病了就要治理,当社会、人民不能自治理或不能自治时,就需要诉诸、接受“他治理”或“受治理”——如党治理、国家治理、政府治理,而且当社会愈是原始、愈是落后、愈是不发达,或人民愈是相对民智未开,那么,这种他治理、受治理就愈加不可或缺,可见,究竟要不要治理以及需要什么样的治理,这并不取决于党、国家或政府的意愿。由此,其二,社会和人民决定治理。从历史唯物主义视域出发,社会存在先于社会治理,有什么样的社会和人民就会需要有什么样的社会治理。中国的治理必须要从中国真实的社情、民情出发。由此,其三,社会和人民的文明程度取决于治理。从唯物辩证法的视域审视,在社会及人民自治理的基础上,社会的存续和发展,人民的成长及其文明度,在很大程度上取决于党治理、国家治理及政府治理是否有效及其程度。换言之,党治理、国家治理及其政府治理有着巨大的能动的正向或负向的反作用。社会和人民所期盼着的是其能动的正向的反作用。①

新中国成立以来,特别是改革开放以来,中国共产党为治理国家、治理军队、治理政府、治理社会和人民,为推进中华民族的经济社会政治文化全面发展做出了不懈的努力。我们试图把这一系列的治理实践过程进行逻辑抽象,绘制成两张示意图,示意图中间以政治发展相连接,从侧视的塔式图发展为俯视的同心圆式图,试图表明中国的政治发展图谱将由上下塔式结构发展为扁平化的结构趋势(见下图)。

---

① 乔耀章.从“治理社会”到社会治理的历史新穿越——中国特色社会治理要论:融国家治理政府治理于社会治理之中[J].学术界,2014(10);乔耀章.略论政府包容性[J].江苏行政学院学报,2012(6).

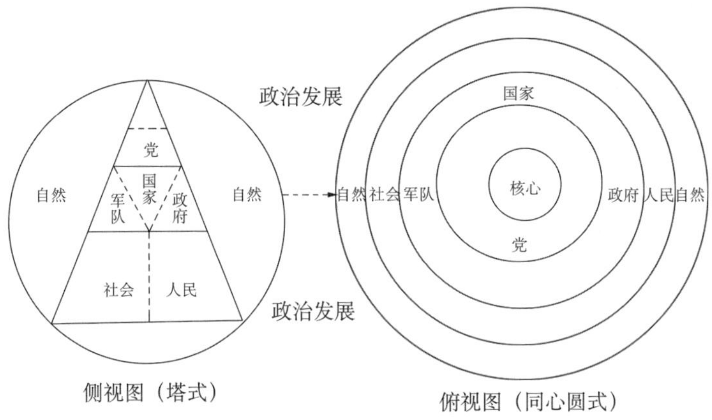

资料来源：根据中国政治的实际发展状况自制而成。

图 7-1　中国政治发展塔式结构扁平化示意图

我们如此作示意图的寓意已有三：寓意一，党犹如是水，只有汇入人民之汪洋大海，才能不会被孤立、不会被蒸发、枯竭；寓意二，党作为领导核心，只有同社会保持亲和力，永远置身于最广大的人民群众心中，才能获得不竭的力量之源泉；寓意三，党作为振兴中华民族的中流砥柱，只有如同安泰拥抱大地母亲时，才能会变得强大无敌而不可战胜！

治党彰显“党自觉”、“党自治”。作为一个成熟的郑重的政党，共产党区别于其他任何政党的一个显著标志就是作为自觉的阶级政党。正如恩格斯在致格尔桑，特利尔的信中所说的“要使无产阶级在决定关头强大到足以取得胜利，无产阶级必须(马克思和我从1847 年以来就坚持这种立场)组成一个不同于其他所有政党并与它们对立的特殊政党，一个自觉的阶级政党。”①自觉方能觉他。这种阶级自觉表现在治党问题上，就是“党自觉”，因为她是以马克

① 马克思恩格斯. 马克思恩格斯全集：第 37 卷[M]. 北京：人民出版社，1983：321.

思主义科学的世界观方法论作为理论基础的，深谙人类社会历史发展规律、社会主义发展规律和党建设发展规律。俗话说得好，打铁先得本身硬。党治理国家，党治理军队，党治理政府，党治理社会，党治理人民，首先要做到的事就是党自治理，由此，我们不妨就称之为“党自治”。只有做到党自治，才能更好地做到“党治他”。

在治党问题上彰显党自觉和党自治的显著标志，就是中共十八届六中全会通过的《关于新形势下党内政治生活的若干准则》和《中国共产党党内监督条例》两份决定党和国家命运的重要文献。这两份文献都有一个共同概念词就是“党内”，这就足以证明中国共产党有充分的自信心做到自觉，做到自治。只有通过共产党“自我革命”，才能够做到或得到“党自救”。

《准则》以前所未有的辛辣语言和笔调，自我解剖了在一些党员、干部包括高级干部在政治生活中出现的一些突出问题[①]。党内存在的极其严重的突出问题极大地有损于共产党的健康肌体。这说明“党生病”了就得治，强身治病，既要治标更要治本。对此，《准则》特别强调治党的重点和关键：新形势下加强和规范党政治生活，重点是加强和规范各级领导机构与领导干部。为此，《准则》要求每个党员必须做到坚定理想信念，坚持基本路线、维护党中央权威、严明组织纪律等要求，通过开展批评和自我批评，通过加强权力运行监督，保持清正廉洁的政治本色。

《条例》针对党的政治生活中实际存在的诸多问题，依据《准

---

① 理想信念不坚定、对党不忠诚、纪律松弛、脱离群众、独断专行、弄虚作假、慵懒无为；个人主义、分散主义、自由主义、好人主义、宗派主义、山头主义、拜金主义、不同程度存在；形式主义、官僚主义、享乐主义和奢靡之风问题突出；任人唯亲、跑官要官、买官卖官、拉票贿选现象屡禁不止；滥用权力、贪污受贿、腐化堕落、违法乱纪等现象滋生蔓延；特别是高级干部中极少数人政治野心膨胀、权欲熏心、搞阳奉阴违、结党营私、团团伙伙、拉帮结派、谋取权位等政治阴谋活动。

则》，明确规定了党内监督的任务、内容和主要对象。《条例》特别强调党内监督的重点对象是“关键少数”。为此，《条例》特别强调了党的中央组织的监督、党委（党组）的监督和党的纪律检查委员会的监督。《条例》还进一步明确了党员的监督义务。

由《准则》和《条例》观之，如同治国先治官吏的道理一样，全面从严治党的关键是从严治党的干部尤其是党的高级干部。党内监督要增强党的“四自”能力，即党的自我净化能力、自我完善能力、自我革新能力和自我提高能力。如果《准则》和《条例》能够得到真实有效地贯彻执行的话，那么，可以如是说，为着振兴中华，实现中国梦，中国共产党正在经历着一场党的建设历史上从未有过的名副其实的自我革命。通过全面从严治党，进行党的自我革命，从而实现党的“自救”。当然，对于一个领导执政的党来说，党“自救”并不是目的本身，还只是实现其他重要目的的一种重要手段，这个重要的目的就是：全面建成小康社会及以后共同富裕的社会，实现振兴中华的中国梦。

治党不仅仅或不完全是党自身的事。在治党，全面从严治党问题上，有一个不可回避的逻辑和非常现实的问题，就是究竟谁来治党？如果回答只由党来治党，显然是不尽全面，也不尽科学，因为不完全符合我国的实际。从语法结构来审视，“治党”本是谓宾语结构，“治”是谓语动词，“党”是“治”的宾语，“党”是“治”的对象，“治党”隐去了谁来治党，谁来全面从严治党问题的逻辑主语。我们把“治党”转换成“党治”，则是主谓语结构，“党”由逻辑宾语内转为逻辑主语，其“治”动词的宾语即治理对象如上文所说主要是指国家、军队、政府、社会和人民。“党自觉”、“党自治”则是指党“自主体”治理，即“党治党”，构成主谓宾语重叠一体，充分体现出全面从严治党的一种高风亮节的性质样态。这是治党问题上的一个非常重要和不可或缺的方面，也是中国共产党对自己的“四个自信”即道路自信、理论自信、制度自信及其文化自信的具体体现。然而，历史事实反复证明并且将继续证明，在一个面临全球化、开放耗散的复杂的政治生态巨系统中，党的适度（而不是失度或自负，过于自负会面临不应有的风险）自信是必需的，但光有党的自信和“四自”这些方面内容还是不够甚至远远不够的。因为还难以回答诸如既然中国共产党历来注重党的自身建设理论，历来注重党治党即党的建设的实践，那么为什么还会出现目前这么多如此重大而又非常严重的问题呢？可能在注重党自身建设，自体监督的过程中，还要注重顺势、借力和借道。所谓顺势，即顺民心之势，所谓借力，即借人民之力，所谓借道，即借为民之正道。进而实现在党自治即“党治党”与“民治党”方面的有机结合。也就是说全面从严治党的力量之源泉最终来源于人民群众之中。

在一个比较理想的政治生态中，治理总是相互的，治理的主体与客体具有其对象的二象性。即在一定的条件下，治理的主体也会转变为治理的客体，只是治理的主客体经过转变后的具体内容与形式有所不同罢了。比如，党在治理国家、治理军队、治理政府、治理社会和治理人民的过程中，党也要接受治理。哪有治理者不首先接受治理的。就如同教育者必须首先接受教育的道理一样。问题在于，党要接受的治理是什么样的治理。需要特别说明的是，党所接受的治理大体分为三种情形：其一，是党自治理党；其二，是国家、军队、政府也会在特定的条件下转化为对党的治理；其三，是社会及人民也会在一定的条件下转化为对党的治理，或简略为民治党，这是由人民是国家和社会的主人这一特质决定的。历史将会证明，只有形成这三方面情形的实际合力，才能更加有效地实现全面从严治党。

通过学习十八届六中全会文献精神，我们体悟到，事实上，在会议《公报》和《准则》以及《条例》的有关条文字里行间已经有比较明确的阐述。

在会议的《公报》中指出，我们党来自人民，失去人民拥护和主持，党就会失去根基。必须把坚持全心全意为人民服务的根本宗旨、把持党同人民群众的血肉联系作为加强和规范党内政治生活的根本要求。全党必须贯彻党的群众路线，为群众办实事、解难事，当好人民公仆。坚持问政于民、问需于民、问计于民，决不允许在群众面前自以为是、盛气凌人，决不允许当官做老爷、漠视群众疾苦，更不允许欺压群众、损害和侵占群众利益。必须坚决反对形式主义、官僚主义、享乐主义和奢靡之风。各级领导干部必须深入实际、深入基层、深入群众，多到条件艰苦、情况复杂、矛盾突出的地方解决问题，千方百计为群众排忧解难。

在《准则》的第五部分指出，全党必须牢固树立人民群众是历史创造者的历史唯物主义观点，站稳群众立场，增进群众感情。党的各级组织、全体党员特别是各级领导机关和领导干部要贯彻党的群众路线，做到一切为了群众，一切依靠群众，从群众中来，到群众中去，为群众办实事、解难事，当好人民公仆。改进和创新联系群方法，建立和完善民意调查等制度，利用传统媒体和互联网等各种渠道了解社情民意，倾听群众呼声，密切党群干群关系，把对上负责和对下负责一致起来，着力实现好、维护好、发展好最广大人民根本利益。

在《条例》的第六章党内监督和外部监督相结合中，明确提出“外部监督”，区别于党内的党内监督或“自体监督”，所谓“外部监督”有三外：一外是党系统以外的国家各级、同级人大、政府、监察机关、司法机关依法进行的监督，人民政协依章程进行民主监督，审计机关依法进行审计监督；二外是各民主党派及无党派人士的监督；三外是各级党组织和党的领导干部认真对待、自觉接受社会监督、群众监督、舆论监督等。

此外，从特定意义上说，依宪治党，依法治党，也是一种外在的力量或“外部监督”，因为宪法和法律对于党来说也是属于外在的，虽然党领导制定宪法与法律。徒法不能自行。宪法和法律同社会及人民在内在本质上是一致的。宪法和法律是人民根本利益与意志的表现。宪法和法律至上同人民的根本利益与意志至上是根本一致的。由是观之，依据宪法和法律与人民根本利益和意志治党，亦即“官民互治”，做到依法治官吏和依法官吏治的有机统一，应该是全面从严治党的题中应有之义。

治党是对党忠诚与对人民忠诚的一致性。忠诚，一般是指对一个人、一种理想、一种习惯、一项事业、国家、政府等组织的忠实状况或程度。由此，忠诚一般有三个层面的意涵，即对个人忠诚，对信念、信仰的忠诚和对组织机构的忠诚。忠诚往往表现在态度忠诚、服务忠诚和行为忠诚等方面。中国共产党致力于全面从严治党的忠诚是一种政治忠诚，是全体党员对党组织的忠诚，对党的理想、信念、信仰的忠诚。这是一种现代的新式的忠诚。这种新式忠诚是由党的先进性质、宗旨决定并浑然一体的。这种新式忠诚新就新在最终表现为多人民的赤胆忠诚。正如马克斯·韦伯所说，其特性中起决定性作用的地方是：这种忠诚并不与封建或世袭的权力关系中臣仆火门徒所具有的忠诚相同，它并不与一个“具体人”建立关系。新式的忠诚只对不因人而异的职能性的目标效忠。当然，在这种职能性目标的背后，“文化价值观念”是经常起作用的。这些目标就成为那种世俗的和超现实的人格化了的主人的替身。[①]

---

① 马克斯·韦伯. 官僚制[A]. 彭和平，竹立家. 国外公共行政理论精选[C]. 北京：中共中央党校出版社，1997：37.

中国共产党史是中国各族人民利益的忠实代表。全心全意为人民服务是中国共产党的根本宗旨,凝聚了民心,赢得了人民的爱戴和支持。中国共产党从诞生之日起,就是为中华民族的解放和为人民的解放而斗争的,就是全心全意为中华民族服务、全心全意为人民服务的。早在 1944 年 9 月,毛泽东在追悼张思德大会上所作的《为人民服务》的报告中指出,我们这个队伍完全是为着解放人民的,是彻底地为着人民的利益而工作的。此后不久,在中共第七次代表大会上毛泽东又指出:全心全意地为人民服务,一刻也不脱离群众;一切从人民的利益出发,而不是从个人或小集团的利益出发;向人民负责和党的领导机关负责的一致性;这就是我们的出发点。同时,中共七大将全心全意为人民服务载入党章。在这里,毛泽东首先强调的是对人民负责,再就是强调对党的领导机关负责,而且还特别强调这两种负责的一致性。

中国共产党的这一宗旨已成为几代中国共产党人的优良传统,并一直得到了很好的继承和发扬光大。例如,2012 年 11 月 15 日,刚刚在党的第十八届中央委员会第一次全体会议上当选为中共中央总书记的习近平和中共中央政治局其他 6 位常委在北京人民大会堂同采访十八大的中外记者见面时指出的那样,他说,全党同志的重托,全国人民的期望,是对我们做好工作的巨大鼓舞,也是我们肩上的重大责任。这个重大责任,就是对民族的责任,就是对人民的责任,就是对党的责任。人民对美好生活的向往,就是我们的奋斗目标。十八大以来的理论与实践已经证明并且将继续证明,他们是这样说的,也是这样做的。

以习近平为核心的党中央在直面千头万绪的工作中,牵牛鼻子的工作就是全面从严治党。坚持全面从严治党,就要做到对党绝对忠诚。习近平同志多次指出,对党绝对忠诚的要害在“绝对”

两个字，就是唯一的、彻底的、无条件的、不掺任何杂质的、没有任何水分的忠诚。坚持对党的绝对忠诚，必须对党高度信赖，做到热爱党、拥护党、永远跟党走。在党言党、在党忧党、在党为党。对党绝对忠诚就要大公无私、公而忘私。对党绝对忠诚就要加强道德修养。党的十八届六中全会报告指出，党的各级组织和全体党员必须对党忠诚老实、光明磊落，说老实话、办老实事、做老实人，如实向党反映和报告情况，反对搞两面派、做"两面人"，反对弄虚作假、虚报浮夸，反对隐瞒实情、报喜不报忧。党的十八届六中全会报告还指出，要坚持问政于民、问需于民、问计于民，决不允许在群众面前自以为是、盛气凌人，决不允许当官做老爷、漠视群众疾苦，更不允许欺压群众、损害和侵占群众利益。同时还指出，对一切搞劳民伤财的"形象工程"和"政绩工程"的行为，要严肃问责，依纪依法处理。

党员对党绝对忠诚与全心全意为人民服务的宗旨是完全可以相通或共通的。既然党员要做到对党、对党组织及其理想、信念的绝对忠诚，那么，党、党员及党组织还要绝对忠诚于谁呢？答案只能是：党、党员及党组织也应当绝对忠诚于中华民族的各族人民，亦即在坚定不移推进全面从严治党的历史进程中，应当做到保持对党绝对忠诚和对人民绝对忠诚的一致性，就像在全心全意为人民服务问题上，做到保持对人民负责和对党负责的一致性一样。因此，我们每个党员都应当明白这样的大道理，即对党的"绝对忠诚"绝对不仅仅是为了党自身，更不是为了不应有的特殊党员，而是归根结底为着绝对忠诚于中华民族的各族人民。这是一种新式忠诚。这种新式忠诚，在党内，在全体党员之间，在党的各级组织之间，在全体党员和党的各级组织之间在政治上是平等的和相互的。这种新式忠诚，在党和人民之间也应当在政治上是对等的和相互的。这种新式忠诚，对党是立身之本，对人民是一种责任与义务，为此，党应当对人民全力以赴，党应当始终忠诚于人民。

由此可见，在全球化和改革开放的大背景下，中国人的事情主要靠中国人自己办，靠中国共产党团结全国各族人民同心协力、众志成城地办好。只要有全体党员对党的忠诚，进而有党始终对人民事业的忠诚，我们就能够克服一切艰难困苦，化解各种社会风险和社会危机，就能继续走向辉煌。不过，我们应当时时刻刻牢记毛泽东的谆谆教导："我们应当相信群众，我们应当相信党，这是两条根本的原理，如果怀疑这两条原理，那就什么事情也做不成了"①。

在全面从严治党的过程中，要始终谨记：中国共产党是一个成熟与郑重的党，治党是为着更好地实现党的领导，治党彰显着党自觉和党自治，治党并不完全是党自身的事，还有赖于党自身的外治，以及法治抑或民治，以实现对党忠诚与对人民忠诚的一致性为出发点和归宿点。

四、中国共产党的自我革命

世界近代以来的政治即政党政治。共产党人领导的为了多数人根本利益而进行的多数人的革命运动的一个最为显著的特定点和优点之一，就是它在"革他人的命"、"别人命"的同时，也勇于和善于革自己的命，亦即"自我革命"。具体表现在中国政治发展的政治革命、经济革命、文化革命、政治改革亦即社会革命的历史进程中。

---

① 毛泽东. 毛泽东选集：第5卷[M]. 北京：人民出版社，1999：423.

(一) 政界关于中国共产党自我革命的相关文献

2015年习近平同志在中央全面深化改革领导小组(第十二次会议)指出“勇于自我革命……共同把全面深化改革这篇大文章做好”,也就是指自我革命的提法最先指在全面深化改革中要以自我革命气魄推进改革,强化把改革进行到底的决心。此后习近平同志在《在庆祝中国共产党成立95周年大会上的讲话》、《全面净化党内政治生态》、《在纪念刘华清同志诞辰100周年座谈会上的讲话》、《在学习〈胡锦涛文选〉报告会上的讲话》、《必须旗帜鲜明讲政治严肃认真开展党内政治生活》、《决胜全面建成小康社会夺取新时代中国特色社会主义伟大胜利》、《在2018年春节团拜会上的讲话》、《在纪念周恩来同志诞辰120周年座谈会上的讲话》、《在第十三届全国人民代表大会第一次会议上的讲话》、《开放共创繁荣创新引领未来》、《在纪念马克思诞辰200周年大会上的讲话》、《在纪念刘少奇同志诞辰120周年座谈会上的讲话》以及《在庆祝改革开放40周年大会上的讲话》等多次重要讲话中论述自我革命理论问题。这些观点主要表述为:勇于自我革命……是我们党最鲜明的品格(2018年3月1日),党要继续担负领导人民进行改革开放和社会主义现代化建设伟大社会革命的历史重任,必须继续敢于清除一切侵蚀党的健康肌体的病毒(2018年3月20日)(2018年12月18日),“以彻底自我革命的政治勇气,不断增强党自我净化、自我完善、自我革新、自我提高能力,不断增强党的政治领导力、思想引领力、群众组织力、社会号召力,才能实现管党有方、治党有力、建党有效”(2016年7月1日)(2018年3月1日)(2018年5月4日),才能确保党始终与人民同呼吸,共命运,保持血肉关系。习近平同志关于党的自我革命的思想理论,为我们党的自我革命理论研究提供了根本指引与方法论。

（二）学界关于中国共产党自我革命的相关研究

党的十八大以来，特别是 2015 年中央全面深化改革领导小组第十二次会议以来，习近平同志多次强调党的自我革命理论问题。根据中国知网数据截止 2019 年 9 月，国内学界对中国共产党自我革命的研究文献多达 700 多篇，其中报纸文献 136 篇；期刊文献 380 多篇（其中核心期刊与 CSSCI 期刊 90 余篇）。学者们从中国共产党的自我革命历史演进、基本经验、理论逻辑、内在机理、理论溯源、内在维度、自我革命精神、社会革命与自我革命等各个视角对党的自我革命理论问题进行了学理研究，产生了多角度、多棱度的理论成果。王纪臣与尚庆飞等就研究了党自我革命的内在动力（马克思主义理论）、外在动力（人民监督）与制度保障（自我监督机制）等问题①。王喜峰指出中国共产党开展自我革命的现实指向是权力、资本和利益。能否约束权力、驾驭资本、超脱利益是衡量中国共产党是否勇于自我革命的重要标准。王喜峰强调中国共产党是马克思主义执政党，同时也是马克思主义革命党。革命是中国共产党的逻辑起点，革命精神是共产党最为醒目的精神标识。②新时代中国共产党人要通过由己及人、由内而外、先党后国、以上率下积极推动自我革命实践。赵绪生认为自我革命是以习近平同志为核心的党中央新时代管党治党新理念新要求，是自我警醒、自我否定、自我反思、自我超越的一种积极的、主动的革命性行为。

---

① 王纪臣，尚庆飞. 长期执政条件下推进党的自我革命重大命题研究[J]. 学海，2018(5).

② 王喜峰. 新时代中国共产党自我革命的现实指向与行为逻辑[J]. 河南社会科学，2018(11).

中国共产党在新时代条件下，推进自我革命，主要是寄希望于通过自我监督确保党长期执政地位地持久性巩固，从而进一步建设世界上最强大的政党。[①] 胡柳娟在探寻中国共产党自我革命的政治逻辑中，认为自新中国成立以来，党的自我革命植根于党的执政使命、内嵌于党的执政理论体系、成形于党的组织原则和制度体系。作为从革命战争中成长起来的政党，在组合国家治理资源、编织政权网络、实现社会发展与稳定的过程中，中国共产党自身也在不断调试中发展。[②] 许耀桐指出党坚定不移推进伟大自我革命，就是针对党内所存在的“三个不纯”、“四个考验”与“四大危险”等问题，主动发起的自我革命。[③] 李思学指出以人民为中心是党的自我革命的根本立场、以正视问题与刀刃向内的自觉是党的自我革命的关键，以批评与自我批评方法的运用是党自我革命的锐利武器。党的自我革命的过程中，要敢于破旧立新，以不断构建适应时代要求的党内法规制度体系，推进管党治党制度化规范化。[④] 李海青认为中国共产党勇于自我革命是由中国共产党本身使命型政党的角色特性所决定的，面对新时代新矛盾新特点，中国共产党人必须进一步加强思想、组织、作风等建设，才能更好地领导人民进行伟大社会革命，担当起民族复兴的历史重任。[⑤] 李海青还认为对于一个承担重大使命的政党来说，如果不进行自我革命，就不能长期

---

① 赵绪生. 论新时代中国共产党的自我革命[J]. 中共中央党校学报，2018(5).

② 胡柳娟. 新中国 70 年中国共产党“自我革命”的政治逻辑[J]. 贵州社会科学，2019(4).

③ 许耀桐. 坚定不移推进党的伟大自我革命[J]. 人民论坛，2018(36).

④ 李思学，李敬煊. “把党的伟大自我革命进行到底”——新时代党的自我革命论析[J]. 马克思主义与现实，2019(2).

⑤ 李海青. 使命型政党的自我革命与新时代改革的再出发[J]. 人民论坛，2018(20).

有效保持先进性、纯洁性，就可能党内派系林立、纪律废弛，缺乏凝聚力与战斗力，也就不能攻坚克难，也就可能在新的环境中缺乏承担使命的能力与资格。[①] 吴春梅指出推进党的自我革命是一个系统性工程，要依托个体、组织与制度三个方面整体协同推进[②]。陈一收指出作为马克思主义执政党，“没有自己的特殊利益”，是其勇于自我革命的根本动力。[③] 陈德祥指出中国共产党诞生于革命战争年代，自其成立伊始就肩负着民族独立和人民解放之重任，作为带有使命型政党的中国共产党不同于西方选举型政党，要想更好地承担好历史使命，必须寻求“变”与“不变”的灵活统一。[④] 石仲泉从党领导人民革命、建设、改革的纵向线索出发，认为党在不断发展壮大的过程中，“八七会议”、“遵义会议”、“延安整风运动”、“党的十一届三中全会”的不同时期所出现的自我革命，都是党适应世情党情国情主动自我革命的结果，都是中国共产党人兴党强党，使党持续保持生机活力的生动体现。[⑤] 辛向阳认为共产党人彻底的自我革命精神最根本的渊源就是马克思主义。马克思主义既给我们提供了强大的免疫力和抵抗力，又给予我们战斗力和斗争力，或者说马克思主义本身是一种战斗的、革命的思想。[⑥] 王建军指出党的三大作风是党实现自我革命的有效机制。[⑦] 阚和庆指

---

① 李海青.使命型政党的自我革命与新时代改革的再出发[J].人民论坛，2018(20).

② 吴春梅.坚定不移推进党的伟大自我革命[J].思想理论教育导刊，2019(3).

③ 陈一收.勇于自我革命是中国共产党最鲜明的品格[J].思想理论教育导刊，2018(7).

④ 陈德祥.自我革命与保持党的先进性和纯洁性[J].马克思主义理论学科研究，2019(1).

⑤ 石仲泉.中国共产党是勇于自我革命的政党[J].党建，2018(7).

⑥ 辛向阳.共产党人如何练就彻底的自我革命精神[J].人民论坛，2018(20).

⑦ 王建军.中国共产党实现自我革命的内在机理[J].中共福建省委党校学报，2019(2).

出我们中国共产党之所以能够引领中国人民开启改革开放波澜壮阔的历史实践，与党的自我革命的政治禀赋须臾不可分离。[①] 曲青山从理论、历史、现实与未来四个维度论证了中国共产党自我革命的政党优势。指出自我革命是党的本质属性和内在要求，是历史实践的科学结论，是党规范自身政治生活的关键所在等问题。[②] 郑永年认为中国共产党是中国唯一的执政党，其面临着两种选择，即“被革命”和“自我革命”。“被革命”就是由他人来“革命”，而“自我革命”则是自己对自己的革命。十八大以来，中国共产党选择的是“自我革命”。通过“自我革命”，强化了中国共产党的领导力量。郑永年还强调现代政治社会执政党要通过行动主动规定，追求和获取自身的现代性。只有通过不断更新和规定其现代性，执政党才能在不断更新自身的同时保持其引领社会发展的使命感。中国共产党勇于自我革命的政治实践，使自身获得了现代性。[③] 何毅亭认为中国共产党的自我革命，就是不忘初心，牢记宗旨，在不断自我警醒与否定中，进而实现自我净化、完善、革新与提高。中国共产党领导中国人民取得一次又一次的革命、建设与改革胜利，正是靠着这种自我革命的勇气，靠着这种壮士断腕的精神，中国共产党才实现了一次又一次的“凤凰涅槃”，确保了自身战斗力的不断有效提升。[④] 自以习近平同志为核心的党中央提出党的自我革命理论命题以来，国内学者对其理论命题的多角度分析论证，体现了学者们关心中国现实政治发展的理论品质，这为我们进一步开展

---

① 阚和庆.党的自我革命：改革开放成功的政治密码[J].红旗文稿，2018(16).

② 曲青山.勇于自我革命是我们党的鲜明品格[J].党建，2017(4).

③ 郑永年.中国共产党的“自我革命”——中共十九大与中国模式的现代性探索[J].全球化，2018(2).

④ 何毅亭：论中国共产党的自我革命[J].红旗文稿，2017(15).

自我革命理论研究提供了“坚实的臂膀”。

（三）自我革命是中国共产党人的鲜明政治品格

中国共产党，这个拥有9000多万党员的世界第一大政党，带领中国人民“不断创业”，不断爬坡过坎，创造了一个又一个举世瞩目的人间发展奇迹，其重要秘诀在于我们中国共产党能够始终坚持从严治党，勇于自我革命，敢于直面问题①。新时代条件下，作为中国政治发展核心行动者的中国共产党，在全面从严治党过程中，既面临着“四大考验”，同时也面临着“四大危险”②，在这种情况下，以习近平同志为核心的党中央加强了党的自我革命理论研究。

中国共产党作为马克思主义理论武装起来的革命党，其要完成中国特色社会主义伟大事业，完成中华民族伟大复兴的伟大梦想，就必须加强党的建设。只有如此，才能不断寻求社会革命的一个又一个胜利。而这种伟大斗争，就需要我们党本身必须不断继承和发展马克思主义政党的自我革命精神，坚持如下理论认知：无产阶级政党不可能不犯错误，甚至会犯严重的错误，党的一切成功正是靠其自身不断自我革命、自我斗争、自我批评等来纠正予以实现的。自我革命基础上的自我纠正能力，是党的力量所在，也是无产阶级政党区别于其他政党的标志③。

根据习近平同志关于党的自我革命理论表述，我们以为中国共产党勇于和敢于开展自我革命，主要是由以下三个方面所决定

① 孟财，余远来，共产党员要勇于自我革命[M]. 浙江：浙江人民出版社，2016：1.

② 习近平. 决胜全面建成小康社会夺取新时代中国特色社会主义伟大胜利[N]. 人民日报，2017—10—28(001).

③ 孟财，余远来，共产党员要勇于自我革命[M]. 浙江：浙江人民出版社，2016：1.

的。其一、马克思主义政党的革命性；其二，现实国际环境的复杂性；其三，中国共产党本身的使命与面临的挑战。马克思曾经指出，无产阶级革命和任何其他革命的一个不同地方，就在于它能自己批评自己并靠批评自己而壮大起来。①在《法兰西内战》中，马克思又进一步指出"公社并不像一切旧政府那样，自以为永远不会犯错误。公社敢于把自己的一切缺点都告诉民众。"勇于和敢于自我革命是马克思主义政党区别于其他政党的鲜明标志。就现实国际环境而言，东欧剧变与苏联解体之后，社会主义之所以进入低谷，很大程度上就是以苏联为首的多数世界社会主义国家与政党失去了自我革命的能力，失去了马克思主义革命党的先进性与纯洁性，远离了各国人民群众，最终导致其走进历史的博物馆。就中国共产党本身的使命与面临的挑战而言，中国共产党是以中国特色社会主义作为伟大奋斗目标而不断奋斗的政党，其历史使命始终在于为人民谋幸福、为民族谋复兴。然而，改革开放以后，西方个人主义思潮等对党本身的侵蚀，导致党本身内部也出现了腐败现象，影响了党内良好政治生态的构建，在此条件下，需要党进一步强化自我革命，方能持续赢得人民的信赖。

我们应当始终明确中国共产党的自我革命观的主要战略目标是锻造坚强领导核心、战略布局是严政治、严思想、严组织、严作风、严纪律、严作风、严反腐，战略重心是突破治权瓶颈、提升监督机能、治理政治生态，战略抓手主要是坚定理想、肃正作风、惩治腐败、从严治吏与严明纪律，其战略保障主要是构建完备的党内法规制度体系②。自我革命要在净化党性灵魂、严肃党内政治生活、净

① 斯大林．论批评与自我批评[M]．北京：人民出版社，1955：17．

② 汤俊峰．自我革命全面从严治党战略[M]．北京：研究出版社，2017：目录．

化党内政治生态的基础上实现党的自我净化能力提升，要在完善权力运行和制约监督机制、构建不敢腐、不能腐、不想腐的体制机制基础上实现党的自我完善能力提升，要在不断加强多方面本领学习、增强理论修养、保持进去意识基础上强化自我革新能力提升、要在持忧患、顺民心、树担当基础上强化自我修炼，提升自我提高能力。

中国共产党的自我革命观主要立足于自我净化、自我完善、自我革新、自我能力的提高等四个方面，为的是从问题出发，以刮骨疗伤的气魄，破除涉及深层次利益和矛盾的难以推进的改革，破除妨碍社会生产力发展的体制机制障碍。中国共产党人认为党自我革命的过程也是其补钙壮骨、强身健体、提高自身免疫力的过程。中国共产党人始终坚信，作为马克思主义政党，要想始终保持朝气蓬勃、青春活力，就要始终坚守自我革命，坚持从严管党治党的最鲜明政治品格。只有如此，中国共产党人才能始终保持政治本色，经受各种风浪，始终走在时代前列，始终受到人民拥护，始终保持与人民群众的血肉联系。中国共产党人，也只有不断自我革命，以人民的利益为一切政治行为的出发点，才能实现现实的每个中国人的美好政治生活，也才能真正实现自身政治领导力、思想引领力、群众组织力、社会号召力的有效提升。正如我党我军共和国的缔造者毛泽东主席深情地指出：因为我们是为人民服务的，所以我们如果有缺点，就不怕别人批评指出。只要你说得对，我们就该改正。你说的办法对人民有好处，我们就照你的办。①

① 毛泽东. 毛泽东选集：第3卷[M]. 北京：人民出版社，1991：1004.

本章小结

中国特色社会主义政治发展的历史必然性，诉诸于中华民族各族人民历史主观能动性的自觉发挥。中华民族各族人民群众的历史主观能动性能否自觉发挥以及自觉发挥的程度如何，在很大程度上取决于作为“关键少数”的、中国无产阶级先锋队、中华民族先锋队的中国共产党的领导核心地位与作用能否真正自觉发挥及其自觉发挥的程度如何，取决于中国共产党人能否真正自觉有效地自我革命及其自我革命的程度如何。如果中国共产党人不能在新的历史条件下，结合新的社会革命发展需要，真正做到有效的自我革命，那么就将有可能被革命。中国共产党和广大人民群众犹如“舟水关系”。只有中国共产党人心中永远有人民、信仰人民，人民心中才会有党、相信党，才能同舟共济。只有党和人民心心相印，才能万众一心，众志成城。还是毛泽东主席说得千真万确：“相信人民、相信党，这是两条基本的原理，如果怀疑这两条基本原理，那就什么事情也做不成了”①。本研究认为，中国共产党人和中国人民都不是圣人，都会犯错、试错、纠错。只要中国共产党和各族人民命运与共，相互为师，相互有信仰，中华民族就有希望，人民的民主共和的国家就有力量。

---

① 毛泽东. 毛泽东文集：第 6 卷[M]. 北京：人民出版社，1999：423.

本课题研究的基本结论与展望

本课题研究自申请到提交结项成果耗时近六年光阴。通过课题组成员的团结合作，我们自以为在认真学习借鉴相关马克思主义基本理论、政界文件及学界相关研究成果基础上，对中国政治发展道路特色问题的研究作出了微薄的思想理论学说贡献，散见于相关章节的陈述之中以及相关小结里面。在中国政治发展道路中，我们特别聚焦中国政治发展与非政治发展相互作用中的政治发展的正向能动作用；在中国政治发展道路的自系统中，我们特别聚焦中国政治发展中的中国共产党自觉正向能动作用；在多质态的时代、多质态的社会存在和多质态的政治发展中，我们特别聚焦中国政治发展的成败得失，中国社会主义制度的坚持与完善与否，乃至中华民族复兴与否，都系于中国共产党一身。我们的研究还将针对不足与缺陷继续进行。

正值本课题结项之时，恰逢党的十九届四中全会胜利召开。虽然我们不能奢望本课题研究的内容在许多方面与四中全会《决定》涵涉的精神“不谋而合”，但我们还是假借聚焦《决议》的精彩之笔来提升我们本课题研究基本结论的含金量：

中国共产党第十九届中央委员会第四次全体会议审议通过了

《中共中央关于坚持和完善中国特色社会主义制度、推进国家治理体系和治理能力现代化若干重大问题的决定》。该决定作出一个重要判断：中国特色社会主义制度是党和人民在长期实践探索中形成的科学的制度体系，我国国家治理的一切工作和活动都依照中国特色社会主义制度而展开。我国国家治理体系和治理能力是中国特色社会主义制度及其执行能力的集中体现。实践证明，中国特色社会主义制度和国家治理体系是以马克思主义为指导、植根中国大地、具有深厚中华文化根基、深得人民拥护的制度和治理体系，是具有强大生命力和巨大优越性的制度和治理体系，是能够持续推动拥有近十四亿人口大国进步和发展、确保拥有五千多年文明史的中华民族实现"两个一百年"奋斗目标进而实现伟大复兴的制度和治理体系。①

让我们更加紧密地团结在以习近平同志为核心的党中央周围，增强"四个意识"、坚定"四个自信"、做到"两个维护"，不断完善制度保障，不断发挥制度优势，彰显政治优势，把我国制度优势更好地转化为国家治理效能。在新长征路上披荆斩棘、一往无前，为实现中华民族伟大复兴和全面实现社会主义现代化作出更大贡献！

---

①　习近平.中共中央关于坚持和完善中国特色社会主义制度　推进国家治理体系和治理能力现代化若干重大问题的决定[N].人民日报，2019—11—06(001).

“大时空视域中的中国政治发展道路特色问题”(14AZZ001)总结报告

本课题主持人以学习研究马克思主义科学社会主义及政治学理论与实践为志业已近半个世纪。自 1978 年改革开放以来，一直关注中国社会主义理论与实践问题的研究。在国内学术界较早出版第一本《中国社会主义特色纵横谈》(1996)，该书以“中国社会主义特色”概念鲜明的不同于“中国特色社会主义”命题，集中探讨和论述了中国特色社会主义的“五个方面特色”即：命题特色、理论特色、实践特色、制度特色和发展特色。由于时间与空间是一切事物的存在形式。从这个意义上说，中国社会主义特色纵横问题的研究亦即中国特色社会主义的时空问题研究，从而为开展本课题“大时空视域中的中国政治发展道路特色问题研究”奠定了一定的理论和学术基础。有所不同的是，本课题研究的侧重点则聚焦于中国特色社会主义之中的政治发展道路问题。中国政治发展道路问题犹如硕大无比的巨象，我们有幸介入该“摸象”的行列。现将稍显稚嫩片面的初步研究成果呈现如下，恭请各位专家读者批评赐教。

本课题预期研究计划的执行情况

本课题在原《项目申请书》中计划完成时间为2016年底。但由于一些主客观因素申请推迟到现在才提交结项，实为憾事，敬请领导和专家们多多宽容！然而，在预设最终成果以专著形式(实际包括注释约35万字)及研究的主要内容、基本观点、研究思路、研究方法和创新之处等方面，则比较严格地践行原《项目申请书》中的相关承诺，并根据立项以后我国的政治理论、制度与实践的发展作出了与时俱进地跟踪研究和拓展，已公开发表36篇以上阶段性研究成果(其中课题主持人发表16篇)。课题自立项以来发表CSSCI系列文章21篇，新华文摘题录1篇，人大复印资料全文转载文章8篇次。

本课题围绕中国政治发展道路的特色问题，最终形成的成果主要包括绪论、课题解析、中国政治发展的时代背景、逻辑起点、历史起点，中国政治发展的性质、条件和一般目的以及中国政治发展的现实道路、中国共产党的自我革命等方面。本着宁可稚嫩切勿老陈的治学与求索精神，本课题研究力求少说大话、套话、空话和假话，力求做到政治理论与实践相结合、历史与逻辑相结合、共性与个性相结合，多说真话、实话和有益于我们直面现实政治生活的有用的话。

本课题成果研究内容及方法的创新程度、突出特点和主要建树

本课题研究从解析课题中的大时空、大历史、大文明、大时代、

大环境和中国政治发展道路特色问题切入，着重聚焦于中国政治发展道路的时代背景、逻辑起点、历史起点、社会特质、现实道路及其核心力量等方面，阐发、解释和论证中国政治发展道路从何而来、现在何处以及向何处发展而去等问题。中国政治并不能孤立地自我存在，总是在普遍联系的大时空中存在和发展着。

本研究认为中国政治发展，首先和主要的是中国的和社会主义的政治发展，不是别国的政治发展、不是别的什么主义的政治发展。中国政治发展有自己的国情及历史、现实和未来，中国的政治发展是以社会主义特别是以马克思主义的科学社会主义为定向性的政治发展。中国的政治发展应当要处理好与传统的封建主义政治、现代的资本主义政治和现实的中国特色社会主义初级阶段政治的关系。中国政治发展绝不能也不会价值无涉。

本研究认为中国政治发展，也首先和主要的是中国特色社会主义的政治发展，尤其是中国共产党自身的政治发展是决定一切的。研究认为中国特色社会主义政治发展不仅仅是政治发展自系统的事。中国特色社会主义政治发展道路是中国特色社会主义道路的有机组成部分。研究中国特色社会主义政治发展道路问题应当置于中国特色社会主义道路的大系统中以及中国特色社会主义社会的总体发展进程之中。根据政治是经济的集中表现的原理，中国特色社会主义政治发展与中国特色社会主义经济发展等他系统的发展应当是互为条件互为目的的发展。由此决定着中国的政治发展与非政治发展在中国民族国家层面命运与共。

本研究认为中国政治发展，不仅仅是中国的以及社会主义的政治发展，中国政治发展离不开人类社会历时态政治文明发展的大道。当今人类社会正处于“多质态的时代”，由此决定着中国社会不能不是“多质态的社会”，进而决定着中国政治发展不能不是

“多质态的政治”发展。在全球化的共时态视域中，中国政治发展绝不能孤立自在，它同国外尤其是同西方先行资本主义国家政治发展有着共时态维度的互动，它们往往通过共存、矛盾、冲突、斗争、互鉴等相互作用，推动着人类命运共同体之政治文明的进步与发展。

本研究认为中国特色社会主义政治发展道路是我国政治发展所选择的模式、航道与指向，它规定了我国政治发展的指导思想、根本原则、制度安排、发展目标和发展战略等，它与我国的历史和国情有关，与我国经济和社会发展阶段相连接，关系到我国民主政治发展和整个国家社会主义事业兴衰成败。为此，本课题从本质上揭示这条道路的历史必然性，从纵向发展中认识其所具有的生命力，从横向上比较其具有的优越性，从而达到对中国特色社会主义政治发展道路理解与认同的自觉性和自信性，对于进一步促进我国的民主政治建设，对于建设中国特色社会主义的伟大事业，既具有重要的学术价值，也具有重大的历史意义与现实意义。

本课题研究资料收集和数据采集情况

研究中国政治发展问题，本课题组成员属于“后学”“后研”，应当从“先学”“先研”已有的思想文献材料出发。本课题研究资料收集和数据采集主要从三方面着手：

其一，是认真学习领会党中央的一系列相关文件精神，把握政治文明建设与政治发展道路的理论和实践关系。研究发现中国特色社会主义政治发展道路是中国特色社会主义政治文明建设的同义语或另一种表达法，它们的内在本质有其一致性。

其二，是密切关注国家社科基金关于政治发展、政治文明研究的立项统计分析。研究认为这些立项研究项目从各个层面展示了国内外学者研究政治发展关涉的研究主题、分析论域以及不同时期研究的侧重点。

其三，是通过中国知网数据库收集国内外研究政治发展相关成果并述评。对主要的大量的期刊文献与著作文献进行学术梳理。通过图绪1—4分别自制成国内政治发展研究的年度趋势图、政治发展研究领域的主要学术关键词图、关于政治发展研究领域应用率最高的学术文章作者分布云图、引用率最高的194篇学术文献的共引关键词图谱。

通过对政界和学界正式提出中国政治发展道路问题的相关文件、课题立项及其国内外政治发展相关研究成果的资料收集和数据采集，才有可能使本课题的学术研究站在这些“巨人的肩膀上”，有所发现、有所发明、有所创新、有所推进。

本课题成果的学术价值和应用价值以及社会影响和效益

本课题研究从比较新的思路切入，着眼于大时空论域，不局限于1978年改革开放以来的中国政治发展问题，力求以政治及政治发展面临的真实问题为逻辑起点和历史起点，以全球化为背景，从多维度对政治指导思想、政治领导核心、政治理论、政治制度设计及政治设施、政治行为等诸要素的整体互动中展开纵横矩阵式研究。认为政治问题是非政治问题的集中体现，政治问题往往决定于非政治问题但又能动地反作用于非政治问题，由此政治发展与非政治(经济、文化、社会、生态)发展是互为条件互为目的的;认为社会主义政治发展是人类社会政治发展的一种历史类型,属于“后资本主义政治发展”类型;认为中国特色社会主义政治发展是马克思主义科学社会主义政治发展的一种具有民族国家的政治类型;认为中国特色社会主义政治发展本质上是一种坚持、实现和保障以人民为中心的民主政治发展;认为中国特色社会主义初级阶段实际上是历史性地处于后新民主主义社会,实质上是一种发展中的多质态政治共存的差异性社会;认为中国特色社会主义政治发展必须始终坚持中国共产党的正确领导、人民当家作主和依法治国的有机统一,必须始终坚持以科学社会主义为定向性的政治发展正路,避免走“左”路、右路、老路和邪路。为此,本课题研究努力做到融视角创新、问题创新、领域创新、观点创新、方法创新为一体。

本课题研究过程中的阶段性成果已发表36多篇文章,被《新华文摘》、《中国人民大学复印报刊资料》等二次文献转载9篇次,被中国社会科学网、中国知网等转载、下载、引用达数千篇次,其中有研究成果最高被下载引证近3200多次,在学术界已经产生了一定的社会影响力。

本课题研究成果存在的不足缺陷、尚需深入研究的问题

我们以为中国政治如同其他历史类型的政治一样,是个极其复杂的多面客体(巨象),自有其由来、所处的历史方位及其发展趋向,自有其独特的发展规律,但本课题对它的触摸、感知、研究还是

初步的、表象的、甚至是显得稚嫩而知之不多。虽然我们关注到了一些重大问题,但如何有效地研究、认知、处理或解决这些问题,我们课题组成员还没有令人信服的把握。譬如我们已经关注到的重大关系问题主要有:1.中国政治发展中的政治与非政治的唯物与辩证的关系;2.中国政治发展中的多质态的时代、多质态的社会、多质态的政治的关系;3.中国政治发展中的封建主义政治、资本主义政治、社会主义政治(西方政治与中国政治)历时态的变迁和共时态并存的关系;4.中国政治发展中的政治理论、政治实践、政治制度、政治行为等等的逻辑与实证的关系;5.中国政治发展中的政治发展与政治衰退、政治退却的关系;6.中国政治发展中的政治主、客体对于政治生态的依存度的关系;7.中国政治发展中的政治主体与政治主导、相信群众与相信党、群众与干部等彼此的依存度的关系;8.中国政治发展中的政治发展与发展政治的关系;9.中国政治发展中的教育干部与教育群众的关系;10.中国政治发展中的为人民谋幸福与为人民谋权利的关系;11.中国政治发展中的普及法律与普及民主都不可或缺的关系;12.中国政治发展中的从治民到官民互治亦即依法治官吏与依法官吏治的关系;13.中国政治发展中的政党治理与治理政党、国家治理与治理国家、政府治理与治理政府、治理社会与社会治理、治理民众与民众治理的关系;14.中国政治发展中的自上而下的政治发展与自下而上的政治发展的关系;15.中国政治发展中的社会政治国家化与国家政治社会化的关系,等等等等。这些都可谓是本课题研究成果存在的不足缺陷、尚需深入研究的问题。

本课题研究的基本观点之一是:中国政治发展的逻辑起点是现实的中国个人。由此,要保持中国政治健康有序的发展,政党有责,国家有责,政府有责,社会有责,人民有责,公民有责,现实的中国人人人有责！因此，中国的政治发展，不仅仅是政党的事、国家的事、政府的事，也是人民的事、公民的事。本课题研究认为美好政治生活是政治发展的显著标志之一。中国政治发展道路应当从确保现实的中国个人过上美好的政治生活做起！因为美好的政治生活是美好生活的重要组成部分，而且美好政治生活还会影响和制约其他美好生活的方方面面。如果没有美好的政治生活的引领和保障，其他方面的美好生活就会大打折扣。这或许是中国政治发展道路的最终目的而非一般抽象的"目标"使然。

本课题负责人：乔耀章

主要参加人：芮国强　巩建青　周义程

张　晨　崔　洁　范广垠

王金水　李宪军

图书在版编目(CIP)数据

为人民谋权利:大时空视域中的中国政治发展道路特色问题研究/乔耀章,巩建青著.
—上海:上海三联书店,2023.4

ISBN 978-7-5426-8028-0

Ⅰ.①为… Ⅱ.①乔…②巩… Ⅲ.①中国特色社会主义—社会主义政治经济学—研究 Ⅳ.①F120.2

中国国家版本馆 CIP 数据核字(2023)第 057817 号

为人民谋权利

——大时空视域中的中国政治发展道路特色问题研究

著　　者　乔耀章　巩建青

责任编辑　钱震华

装帧设计　陈益平

出版发行　上海三联书店

　　　　　中国上海市漕溪北路 331 号

印　　刷　上海晨熙印刷有限公司

版　　次　2023 年 4 月第 1 版
印　　次　2023 年 4 月第 1 次印刷
开　　本　700×1000　1/16
字　　数　380 千字
印　　张　31.5
书　　号　ISBN 978-7-5426-8028-0/D·576
定　　价　98.00 元